康德历史哲学新论

A New Treatise on Kant's Philosophy of History

刘凤娟　著

復旦大學出版社

国家社科基金后期资助项目出版说明

后期资助项目是国家社科基金设立的一类重要项目，旨在鼓励广大社科研究者潜心治学，支持基础研究多出优秀成果。它是经过严格评审，从接近完成的科研成果中遴选立项的。为扩大后期资助项目的影响，更好地推动学术发展，促进成果转化，全国哲学社会科学工作办公室按照“统一设计、统一标识、统一版式、形成系列”的总体要求，组织出版国家社科基金后期资助项目成果。

全国哲学社会科学工作办公室

目　录

康德著作引用与简称说明

本书有关康德著作的引文，德文主要参考1900年以后德国科学院（原皇家普鲁士科学院）版 *Kant's Gesammelte Schriften* 和 Felix Meiner Verlag 出版社的部分著作版本；英文参照盖耶尔（Paul Guyer）和伍德（Allen W. Wood）总主编、剑桥大学出版社出版的康德著作系列；中译主要参考李秋零主编、中国人民大学出版社出版的九卷本《康德著作全集》，《纯粹理性批判》《实践理性批判》和《判断力批判》参考邓晓芒翻译、杨祖陶校对，并分别于2004年、2003年、2002年由人民出版社出版的译本；某些概念和语句的译法笔者做了改动。德语术语、边码、卷数来自德国科学院版，其中《纯粹理性批判》的边码采用1781年和1787年两版A/B版的页码。具体引用时采取"书名全称或简称＋边码＋中译本页码"格式，如"《纯批》A167/B209，第159页"表示《纯粹理性批判》1781年版第167页、1787年版第209页，以及邓晓芒中译本第159页；部分《纯粹理性批判》引文只出现在1781年第一版或1787年第二版时只写A或B版的边码。"《奠基》4:420，第427页"表示德国科学院版全集第4卷《道德形而上学的奠基》第420页，李秋零中译本第427页。目前还没有中译本的康德著作只标注德国科学院版卷数与页码信息，译文出自笔者。

康德主要著作的简称如下：

《纯粹理性批判》:《纯批》

《实践理性批判》:《实批》

《判断力批判》:《判批》

《道德形而上学的奠基》:《奠基》

《自然科学的形而上学初始根据》:《初始根据》

《纯然理性界限内的宗教》:《宗教》

《关于一种世界公民观点的普遍历史的理念》:《普遍历史》

《回答这个问题:什么是启蒙?》:《启蒙》

《人类历史揣测的开端》:《开端》

《论俗语:这在理论上可能是正确的,但不适合于实践》:《俗语》

《约·戈·赫尔德的〈人类历史哲学的理念〉第一部、第二部书评》:《书评》

《论目的论原则在哲学中的应用》:《应用》

序　言

相对于黑格尔(Georg Wilhelm Friedrich Hegel)、海德格尔(Martin Heidegger)、胡塞尔(Edmund Gustav Albrecht Husserl)等人,康德(Immanuel Kant)一直是国内学术界受到较多关注和研究的西方哲学大家[①],这一方面是因为他代表了西方理性主义思维的典型形态和人类理性的主体性哲学的顶峰,另一方面是因为他之后的很多哲学家或多或少从他这里汲取思想资源,或者将其作为批判的靶子。因此,康德不仅在近代哲学中担负着承前启后的历史使命,更是开启现代西方主流哲学问题和哲学视域的重要人物。而从这种哲学史演变逻辑的视角看,康德哲学中被分析的最细致、最精深的是其认识论思想,其次是其实践哲学。相对而言,其历史哲学较少得到系统的分析和阐明,因而,从历史哲学这一维度来看,康德与其前后哲学家的内在联系乃至其现当代哲学意义还有待进一步揭示。

近代以来,历史哲学作为一种特殊的哲学门类也有明显的思想建构过程和理论发展轨迹,而康德在其中所占据的地位是举足轻重的。黑格尔与马克思(Karl Heinrich Marx)的历史观、辩证思想在很大程度上与康德具有深厚渊源;柏格森(Henri Bergson)、狄尔泰(Wilhelm Dilthey)、胡塞尔、海德格尔、伽达默尔(Hans-Georg Gadamer)等人的时间和历史学说,与康德也具有直接或间接的联系。本书的写作意图就在于,一方面系统性地建构康德的历史哲学,另一方面以此为基础阐明近代以来历史哲学的演变逻辑以及康德在其中的地位和贡献。按照这种意图,本书将康德历史哲学的时间观理论前提和辩证思想内容作为重点和创新点进行论述[②],这构成作为本书主体的第二章和第三章。第一章讨论其历史哲学何以可能的问题,第四章阐明康德历史哲学

① 笔者在中国知网上进行了一个粗略统计,截至2018年底,以“康德”为标题的哲学与人文科学类学术论文共计5400多篇,这远远多于以“黑格尔”“海德格尔”“胡塞尔”等为标题的学术论文的数目。同时,从笔者近几年参加西方哲学类会议的经验来看,每年以康德哲学为研究主题的会议论文也是比较多的。

② 时间观如何为历史哲学奠基的问题以及与之相应的时间与历史的关系问题,是康(转下页)

的实践性目的，第五章考察其历史哲学所关涉的几个难题，第六章尝试梳理康德之后历史哲学的发展逻辑，第七章反思康德历史哲学对构建中国历史哲学的意义。这几章之间具有思想递进关系：第一章形成全书建构工作的理论基础。第二章考察其普遍历史的形式，即时间，尚未涉及历史的内容，因为时间观只是康德形成连续性、系统性、发展性、无限性的普遍历史观的必要条件，而不是其核心精神和理论实质。第三章则从内容上（亦即从历史中的人性）考察历史的合目的性进程如何辩证发展的问题，这构成其历史哲学的精神实质。第四章随之阐明普遍历史所趋向的实践性目的及其实现问题，这体现了历史哲学对于其全部哲学体系的建构意义。到此为止，康德历史哲学思想体系的建构工作基本完成，接下来的几章是对其体系的补充或对其历史观的延伸性论题的考察。第五章尝试解决从历史的实践性目的等主题中衍生出来的几个难题：历史与宗教的关系问题、历史的终结问题、人类历史中的道德公平问题。第六章从哲学史视角以康德为基点考察其后历史哲学的演变路径，揭示康德历史哲学的哲学史意义。第七章则超出西方哲学视域，从中西哲学对比的视角，呈现康德历史观中对构建当代中国历史哲学具有启发性的思想要素。

就康德历史哲学何以可能的问题，本书从纵向与横向两个维度进行讨论。从纵向的思想史发展逻辑来看，作为康德历史哲学思想框架的神学目的论和世界主义都具有深厚的哲学史渊源。苏格拉底（Socrates）朴素的神学目的论，奥古斯丁（Saint Aurelius Augustinus）所描述的神道计划在人类社会中的支配作用，莱布尼茨（Gottfried Wilhelm Leibniz）的上帝前定视角下的世界秩序和单子运动，诸如此类，这些都属于那种宏观整体性的神学目的论思想传统。康德在其历史哲学中反复提到的神意、大自然隐秘计划正是来自这种古老的思想。斯多亚学派将万事万物看作是由世界理性所支配的，并遵循逻各斯这一客观法则，这为那种将人类看作是一个整体的世界主义观念提供了思想基础。基督教神学所宣扬的博爱精神也超越了具体的民族、地域和时间，传达出一种普遍性、世界性观念。最早使用“历史哲学”概念的启蒙思想家伏尔泰（Voltaire）也形成了“世界史”的观念。康德同时代的思想家加特勒（Johann Christoph Gatterer）、施勒策尔（August Ludwig Schlözer）、赫尔德（Johann Gottfried Herder）等人都具有一种普遍性和世界性的历史研究眼光。

（接上页）德能够与现当代许多哲学家进行直接对话的重要视角，同时也是被研究的最少的一个主题。其历史哲学中的辩证思想和宏大叙事在一定程度上被黑格尔与马克思继承下来，但这种继承关系和思想联系同样没有得到充分重视。

这些都直接或间接地成为康德世界主义历史观的思想渊源。基于这种思想框架，康德历史哲学以人性从自然状态到自由状态的辩证发展过程为主要内容。而近代的霍布斯(Thomas Hobbes)、洛克(John Locke)、休谟(David Hume)、卢梭(Jean-Jacques Rousseau)等思想家对自然状态的预设、对人性的关注等，无疑对康德的这种研究旨趣具有直接影响。

从康德自身哲学体系的横向维度来看，其普遍历史的理念和思想架构主要根源于其独树一帜的理性观念。一方面人类理性区分了现象和物自身、自然和自由，这种二元论为其普遍历史理念提供了张力；另一方面理性被设想为能够使自然和自由得到统一的能力。从理论上看，普遍历史理念就是人类理性对一切经验性行动进行系统把握的先验概念；而从实践上看，作为人性中核心元素的理性能力在历史进程中自我驱动着发展其自身，并逐渐趋近于完善的政治共同体，甚至伦理共同体。在康德那里，理性一方面是一种理智的立法能力，另一方面也是能够在现象界和现实经验中产生结果的绝对自发的作用因。因此，理性不仅是历史理念在理论上的先验旁观的主体，更被看作是自身进入时间和历史，并在历史中自我实现的实践主体。

就时间与历史的关系问题，本书从微观和宏观两个角度展开论述。从微观上看，普遍历史理念所描述的是人的经验性行动，而行动是一种现象。康德在其理论哲学中对知性规定下的经验性现象的论述，在一定程度上能够揭示历史与时间的微观联系。任何现象(包括人的经验性行动)都是发生在连续时间段上的变化事件，其客观性来自知性的规定，而知性的客观规定主要体现在它对现象杂多的时间秩序的安排。在康德这里，任何一个经验性行动都被看作是按照客观的时间相继秩序被排列的杂多现象的统一体，这个行动本身已经包含了诸多时间点的统一性和时间点上诸经验性表象的统一性。可以设想：这种连续性的时间观念使得诸行动之间的实在的和连续的因果联结成为可能，推而广之，也使得个体甚至人类整体在历史中的文化传承、道德进步成为可理解的。与之相对，休谟持一种间断性的时间观。在他看来，行动是发生在某个时间点上的瞬间事件，诸时间点之间不具有连贯性，因为时间的连贯性是不具有最原始和最生动的感觉印象来源的。人们能够知觉到的时间总是一个个具有最小单位的诸瞬间，而事件就是这种瞬间上的知觉印象。就休谟的这种时间观而言，人们很难从中推想一种具有系统整体性和连续发展性的普遍历史。事实上，历史对于休谟而言的唯一使命仅在于发现永恒不变的人性原则；而康德在其连续性时间观前提下能够设想一种系统性的和合目的性的普遍历史。历史的实践主体就是不断自我驱动和自我完善的人性，历史就是人性由恶向善的自我发展的全部过程。

从宏观上看，康德的普遍历史理念可以被看作是时间上的世界整体概念在历史领域的运用。世界概念是理性的先验理念，它意味着一切经验性现象的系统联结。既然现象都是呈现在连续时间段上的，那么一切现象的系统联结所得到的就是一切时间段的系统整体。就康德的历史理念以人类一切经验性和现象性行动为描述对象而言，历史同时就是所有行动上的时间段的系统联结的概念。因此，普遍历史与世界理念具有时间上的类似的系统整体性。但康德也明确指出，世界理念主要针对的是从当下向过去回溯的时间整体性，而历史理念是时间的过去、现在、将来三种维度上的系统统一性，甚至历史主要地针对将来。这是因为，康德提出的世界理念主要用于解释现象在其原因方面的完备性，原因总是在时间上先于结果的；而作为沟通自然和自由之中介的历史理念，是康德用以解释道德形而上学目的的客观实在性的概念，一切道德目的的实现都要指望于将来而不仅仅是过去和当下。同时，普遍历史也对应于灵魂不朽的实践公设。灵魂不朽意味着一种个体性和本体性的永恒持存，并具有鲜明的来世特征。它只能与人类朝向未来无止境地世代绵延的历史观念相提并论，而不能仅仅与一切过去时间的整体性相对应。所以，历史理念是世界理念的宽泛运用，而不是严格的运用。

就康德历史哲学中的辩证思想而言，本书首先简要梳理了哲学史中的两种辩证法：一种是描述概念和思维的内在运动的思辨辩证法，另一种是描述思维之外客观事物运动变化的辩证法。这两种辩证法在古希腊哲学中的分野是很明确的：芝诺(Zeno)的论证方式、苏格拉底的精神助产术是思辨辩证法的典型表现形式；而赫拉克利特(Heraclitus)“万物永恒流变”的思想，表达的则是关于客观世界中事物本身的辩证运动。这两种辩证法在康德哲学中有合流的趋势，而在黑格尔哲学中达到了相对的统一。康德在描述理性的辩证幻相时一方面揭示了思维本身的思辨运动，另一方面将其归于人类理性的自然倾向。其历史哲学更是呈现了人性自我驱动、自我完善的活生生的主体力量，这对其先验辩证论视角下的思辨思想是一种超越和扬弃。

其次，康德这种体现人性活生生的主体力量的辩证思想，以他对人性内部矛盾的描述为基础。人性中存在着社会性和非社会性的内在对峙，也存在着向善的禀赋和趋恶的倾向的双重本性。康德在其《普遍历史》《宗教》《判批》等多部著作中都提到过，人性中看似负面的和消极的那些要素在整个人类历史的发展进程中，恰恰能够发挥积极的作用。非社会的社会性或者说善恶两种本性的内在对立，被描述为历史发展的驱动力。这种人性观与霍布斯、卢梭等人的思想具有本质区别。霍布斯将自然状态下的人性看作是恶的，卢梭将自然状态下的人性看作是田园牧歌式的原始之善，这导致他们在思考人类从自然状态到契约状态的历史进程时，无法真正将人类自身看作是历史的主体，卢梭更是干脆将人性在历史中演变的原因看作是外在偶然因素，由此造成人性与历史的疏离。而从康德所描述的整个历史进程来看，人性的最终完善看起来恰恰是由其非社会性、根本恶所驱动的，和平是在战争的不断尝试中逐步建立起来的。这是康德对人性的最精彩的描述，也是其历史哲学中最精华的思想。

就康德历史哲学的实践性目的而言，本书首先阐明康德在设定整个自然界乃至人类历史的目的时的思维方式和思想背景，其次着重讨论完善的政治共同体和上帝治下的伦理共同体这两种理念在历史中的实现问题。康德将人类历史描述为普遍的、合目的性的，在《判批》中这种合目的性来自理性托付给反思性判断力的先验原则。反思性判断力依照其合目的性原则调节性地将整个自然界看作是一个目的系统，人类社会也隶属于这个目的系统，因而也具有合目的性秩序。这种目的论一方面具有哲学史的思想渊源，另一方面在康德自身哲学体系中是按照与人的合目的性行动的类比而设定的。每个作为理性存在者的人都视其行动为合乎自身理性目的的，而整个自然界或者整个人类社会也被设想为出自一个超越的创世者之意图的合目的性系统。历史的终极目的就是使这样的目的系统成为可能的理性理念，全部人类历史的合目的性进程符合于这个创世者的隐秘计划和意图。而为使历史的终极目的得以实现，还必须有一种存在于历史合目的性秩序之中的最后目的，亦即完善的政治共同体。在康德这里，普遍历史的实践性旨归就在于完善的政治共同体和上帝治下的伦理共同体两种目的。

对于政治共同体的实现而言，康德诉诸于大自然隐秘计划的实施和人自身的主观努力，特别诉诸于正义元首或道德的政治家对完善的政治共同体的自觉维护。在一种调节性视角下，人类经验性行动被看作是符合大自然的某种隐秘计划，由此，本来显得盲目和杂乱无章的诸行动就具有了合目的性的秩序。人在满足其感性需要的过程中却逐渐达到规训其自然本性的结果，这是人性从其自然状态向其自由状态逐步提升的过程，同时也是文化进步的历史过程，而法制文化是人类一切文化形态中最高级和最完善的。但个体对于这种宏观的大自然计划和整体性的文化进程往往是无意识的，甚至是不情愿的。康德并未苛求每一个人都自觉自愿地服务于、服从于这样一种隐秘计划，而是特别地要求国家元首成为自身公正的，甚至是具有善良意志的。或者说，人性自我驱动的历史进程以及绝大多数人对神意的无意识的符合，必须与作为元首的理性存在者自觉自愿地对法律秩序的维护相结合。

对于伦理共同体及其实现而言，笔者将其与目的王国等理念相提并论。这两种理念具有类似的内部结构，并都着眼于人的内在意念的道德完善。康德将伦理共同体在历史中的实现寄托于一种心灵的革命或思维方式的转变，而这种革命是建立在每个个体自觉自愿地遵守道德法则的基础上的。伦理共同体的实现对于每个个体而言就意味着，每个人在内在意念中对其理性之中的作为纯粹榜样的耶稣的模仿。耶稣在康德哲学中被诠释为道德法则的拟人化概念，这是指一种人世间道德完善的神圣存在者；每个人对自己内心中这一神圣存在者(榜样)的遵守就是对道德法则的遵守，从而也就是将作为善的原则的道德法则当作其纯粹动机。心灵革命的实质就是，每个人在其内在意念中将善的原则而非基于感性欲求的原则当作其行为动机，这与政治共同体的实现问题上大多数人对历史的宏大计划的无意识是不同的。但康德也指出，心灵革命是无法被认识的，能够被感知到的人类在历史中的道德进步仍然是那种外在行动层面的逐渐改良；而能够将所有人的内在意念系统联结起来，并在其道德和幸福之间造成完满统一性的是上帝，伦理共同体的最终实现依赖于上帝对所有人的共同立法。耶稣和上帝两种理性理念在不同的问题域，并在不同的信仰层面关涉伦理共同体的实现。

康德历史哲学涉及多个难题，就历史和宗教的关系而言，康德不仅在神学目的论视野中思考其历史哲学，而且也在一种历史性思维方式中思考宗教。中世纪以来的神学家、理性主义哲学家(包括康德在内)往往倾向于以一种神学历史观的宏大背景来设想人类历史。这种历史观自然而然地带有世界主义、合目的性、整体性、超越性等特征，只是哲学家借以描述历史之具体演进的视角和思维方法见仁见智。但这种历史观带有其固有的理论困境：历史哲学对神学的依赖无非是想要赋予历史事件以超越现实的意义，这种历史意义在真实历史事件中不是自明的。这样一来，以终极意义来解释历史事件，历史又可能沦为无意义的了。康德历史哲学同样面临这种困境，因此，他不再将历史背后的大自然隐秘计划当作一种独断的和构成性的原则，而是将其诠释为认识主体用以思考全部人类历史的调节性、权宜性视角。这实际上是弱化了上帝在人类历史中的地位。从而，在历史的演进过程中起决定性作用的就不再是隐秘的神意，而是人性自身的内在矛盾和对立。康德在神学框架下凸显了人性在历史中自我驱动、自我完善的主体能动性，这符合其自身哲学乃至近代哲学的启蒙精神和理性精神。

在其普遍历史视域之下，宗教也得到了全新阐释。在康德这里，普遍历史的理念是理性对人类一切经验性活动的系统联结的概念。信仰活动也包含在人类历史整体之中，并呈现为纯然理性界限内的系统的宗教史。在这种宗教史中,作为理念和根据的是那种属于哲学道德的纯粹信仰或形式的宗教;在纯粹信仰之下,历史中的启示性信仰或质料性的宗教可以得到纯粹理性的系统把握。纯粹信仰是建立在纯粹道德哲学之上的,在这种语境下,人对自己的义务只是调节性地被思考为就神而言的义务,上帝、耶稣等神学概念仍然是人类理性内部的理念。启示性信仰包含那种并非出自纯粹理性的普遍立法,而是作为神的诫命的义务,这种义务和信仰观念并不属于纯粹道德哲学,只是被看作对纯粹信仰具有促进和推动作用。所以,启示性信仰虽然处在纯然理性界限之内,但不属于纯粹哲学。康德对纯粹信仰的高扬以及对历史中启示性信仰的合理性解读和包容的态度,是对西方基督教思想史上奥古斯丁-路德(Martin Luther)主义和贝拉基(Pelagius)-伊拉斯谟(Desiderius Erasmus)主义两种信仰路径的持久论战的解决。这符合其一贯的调和性哲学立场,同时也是明显受到了门德尔松(Moses Mendelssohn)宗教宽容思想和启蒙思想的启迪。

就历史的终结问题而言,康德哲学同时容纳两种观念:从现象界看,历史永不终结,这符合其普遍历史无止境延伸和人类整体的不朽的立场。从本体领域看,任何一个个体在结束其肉体生命并进入灵魂的本体存在方式时,都意味着自然中万物的终结乃至人类历史的终结。因为,虽然对于任何在感官世界中仍然存在着的事物来说,世界照常运行,但唯独对于这种本体存在者来说,全部感官世界都成了彼岸世界。灵魂不再能够返回其中并对之施加任何自然影响,就此而言,感官世界就是终结了的世界。康德在其灵魂不朽的设定中拒绝那种灵魂在感官世界里不停轮回转世的永恒观念。从这两个视角可以推论出来:历史的终结真正说来不是发生在某个最遥远的未来时间点上,而是发生在全部时间进程中,或者说,世界每时每刻都在终结。人类历史乃至全部自然界的合目的性历史进程就是一个完整的终结过程。这就好像说,人一生下来就开始死亡了,历史开端的那一幕同样也是终结开始的一幕。在康德看来,历史的终结乃至其终极目的的实现是需要历史中每个个体参与进来才能完成的,而不是最后一个世代在某个时间点上瞬间完成的。个体从感官世界到本体世界的过渡作为单独的终结事件,构成了全部历史之终结的一个单元。基于如此这般的终结观念,康德对宗教中的末日审判思想进行了全新诠释。审判不是发生在一切时间消亡的地方,而是每个个体在其临终之时都要面对的,并且审判者就是每个个体的纯粹理性,而不是外在于其理性的上帝或耶稣。在此意义上,末日审判对于康德而言就是每个理性存在者的自我审判。康德宗教观与历史观的相互交融不仅体现在宏观思想架构上,也体现在终结论、末日审判这些具体问题上。

就人类历史中的道德公平问题而言，康德的确表达过：最后一个世代的人将有幸生活在配享幸福的大厦中，之前一切世代都要为此从事艰辛的工作，但这并不意味着普遍历史进程中不同世代的人之间的不平等。这是因为，第一，任何个体的尊严都不是从其经验性行动和现象性存在角度来考察的，而是从其人格中的人性或者纯粹的立法理性中来思考的，而在这种纯粹理性层面，人与人之间是平等的。第二，从德福一致的思想来看，历史中的个体所配享有的幸福的份额是与其德行相匹配的，换句话说，任何个体的幸与不幸都是其自我招致的。最后一个世代之所以有幸生活在幸福的大厦中，是由于这是他们在自己德行的基础上配得的。康德如此描述人类历史的世代更替，不是要传达一种消极观念——好像先前世代的人都仅仅是工具性的存在者，他是要表达与普遍历史相应的连续的道德进步观念和人类幸福指数提升的观念。就像历史的终结不是在遥远的未来某一瞬间完成的，德福统一性也不是如此实现的，而是在普遍历史的无限进程中被连续推进的。道德和幸福之间的公平配比发生在任何时代和任何个体身上。

就康德之后历史哲学的发展逻辑而言，笔者从两种路径展开论述：从康德到黑格尔再到马克思，这是一条具有逻各斯的历史哲学发展脉络；从狄尔泰到海德格尔再到伽达默尔，这是一条逐渐去逻各斯中心主义的历史哲学发展脉络。第一条路径揭示了近代理性主义思维达到巅峰状态的情形，理性主义的实质就是逻各斯精神，逻各斯精神的核心则是一种普遍法则精神。人类历史的发展过程在这种思维方式中呈现出合规律性、合目的性、辩证性等特征。在第二条路径中，各个哲学家不再以规律性的思维方式把握历史，而是在人的原初生命体验、内在意识流变（绵延）、生活世界、理解活动等基础上思考时间和历史。需要指出的是，本书并不试图事无巨细地介绍康德之后历史哲学的全部问题意识和思想流派，而是以逻各斯精神为研究视角对上述两种路径进行梳理。

就康德历史观对中国历史哲学建构的意义而言，本书从中西哲学比较研究的角度总结出三种建构原则：历史的未来维度、历史的世界性、历史对人性的关照。在当下建构中国历史哲学可以从这三种原则着手。对未来维度的重视有利于呈现历史的发展性趋势，也符合人类过去经验中所表现出的真实情形。对历史的世界性的关注有利于最大程度地理解国家之间的利益共同体。而对人性的考察则是中西文化中自古以来的恒久议题。但那种对人性的抽象的和本体的设定已经不适合于当下历史哲学的建构，人们应当从最真实的生活经验和社会民生等角度思考这种思想建构。康德历史哲学中的某些思想要素或许已经过时了，但这三个方面所带来的启示仍是开放性的，值得深入思考和借鉴。

最后但也是最需要着重强调的是康德历史哲学的方法论。本书在对其辩证思想进行阐述时，可能会给人造成“康德已经有明确的辩证思维方式”的印象。康德的确已经触及历史辩证法，本书试图揭示的就是他的这种处于雏形和萌芽状态的辩证思想，以便呈现德国古典时期辩证思维更清晰的演变过程。但必须承认，其辩证思维方式还不是自觉的。或者说，康德从辩证视角考察人性、历史甚至自然，乃是对其思辨的和形而上学体系的辅助。黑格尔的辩证逻辑以具有彻底的历史性生成模式的绝对精神为本体论根基，马克思的辩证法是在人的劳动实践活动和生动的物质世界中施展开来的，而康德的抽象的理性本体论无法将辩证逻辑确立为主导思维方式。这种并不作为主流和主导，而是被他不自觉地甚至作为先验思维之工具而运用的辩证思维，后来被黑格尔、马克思等人自觉地发扬为普遍的方法论原则。康德处在近代哲学从机械思维向辩证思维过渡的中间阶段，他在这种思维演变历程中的贡献不可被拔高，也不能被忽视。

而在先验逻辑框架中，人们最多只能站在道德形而上学和人性最完善状态的至高地反思人类历史乃至整个自然界，将其权宜地看作好像合目的的、有规律的、辩证发展的。这不是严格的知识和客观规律。甚至这种先验合目的性的思维方式也是逐渐变得明确和成熟的。他在与《普遍历史》几乎同时期的第一批判中，将这种合目的性原则看作是理性悬拟的、拟议的系统统一性原则，理性只是为了自身思辨利益而将世界万物看作好像出自一个最高理性的意图和安排。后来在 1790 年的第三批判中，康德将这种合目的性原则看作是“理性托付给反思性判断力”的，并对之加以更详尽的阐述。这样看来，康德辩证历史观的真正发源地乃是作为先验立法者的人类理性。正是人类理性将人性看作是历史的主体，将神意看作是人类历史的超验筹划者，这才会有其历史观中的辩证精神。这种更本源的先验语境和方法论是不能被忽视的，本书也是在这种先验方法论的框架内部展开其辩证历史观的。因此，可以说，康德历史哲学的思维方式是以先验逻辑为主导、以辩证思维为辅助的复合方法论。

导 论

历史作为哲学研究的对象是很晚近的事情，历史哲学这样一个特殊哲学部门的出现同样如此。对于近代哲学家来说，在思维方式上对其造成巨大影响的是数学和物理学。这两门科学在近代所取得的举世瞩目的成就，使哲学家们也倾向于以数理科学的严谨的合法性、合理性来衡量哲学研究；而历史的价值在一定程度上被低估了。例如，笛卡尔（René Descartes）就说过："就连最忠实的史书，如果不歪曲、不夸张史实以求动听，至少总要略去细微末节，因而不能尽如原貌；如果以此为榜样亦步亦趋，每每会同传奇里的侠客一样限于浮夸，想出来的计划每每会无法实现。"[①]历史作为一种可能失真的和缺乏确定性的学说，根本不在笛卡尔以清楚明白著称的哲学思维考虑范围之内。即便是以实验和观察为基础的经验主义哲学家，对同样立足于人类生活经验的历史学的态度也是不积极的。历史逐渐成为哲学所考察的对象，这要归功于赫尔德、康德、黑格尔等人。正是这些人开始意识到历史之于哲学的意义，并在近代机械性思维方式占主流地位的情形下，赋予哲学以目的论和动态性的特质。

然而，人们通常将康德历史哲学看作是其"庞大体系的边缘"[②]，这种评价是有失偏颇的。康德哲学具有一种必然的历史性维度，这决定了其历史哲学在其体系中的不可或缺的地位。尽管康德在理论哲学和实践哲学上花费的笔墨远远多于历史哲学，但这并不意味着历史哲学就处在"边缘"位置。下面我将从多个角度阐发其重要性。

首先，康德的先验逻辑思维方式可以容纳一种历史性维度，也必然需要这种历史性维度。其先验逻辑的核心思想是，人的先天认识能力虽然不是来自经验，但必须运用于经验。康德的这种思想不是超越时间和历史的，而是

---

① 〔法〕笛卡尔：《谈谈方法》，王太庆译，北京：商务印书馆，2000 年，第 7 页。

② J. Thyssen, *Geschichte der Geschichtsphilosophie*, Bonn, 1974, p. 41. 亦见 K. Weyand, *Kants Geschichtsphilosophie. Ihre Entwicklung und Ihr Verhältnis zur Aufklärung*, Köln, 1963, pp. 38 - 39。

对迄今为止(到他那个时代为止)各种科学特别是自然科学发展的一种反思和抽象。在他看来,自然科学作为一门科学在近代已经取得了空前的成就,虽然相对于数学、逻辑学,它走上科学的可靠道路要晚得多,但康德从不怀疑自然科学在他那个时代的明晰性和确定性。康德是在对自然科学乃至数学、逻辑学作为科学的成功范例进行分析之后,才得出其先天综合判断的新型逻辑思维的。这就意味着,先验逻辑是在人类认识活动的历史发展进程中被运用和被锻炼的,这是其作为思维工具和认识工具的必然使命。所以,虽然先天认识能力本身是没有历史性和经验性来源的,但这种能力的运用必须具有历史性。历史过程中人类各种科学知识的进步,同时伴随着其先天认识能力的经验性运用的不断发展。

康德以这种先验逻辑的工具论立场批判并扬弃亚里士多德(Aristotle)的形式逻辑思维传统,这是人对自身认识能力不断反思和深入认识的结果。在古希腊的逻各斯精神视域中,客观世界的运动法则和主观思维中的逻辑观念是具有严格的对应关系的,主观观念总是对客观世界及其法则的反映。逻各斯精神既体现在客观世界的外在运动变化之中,也体现在主观思维的内在运动之中。这是一种原始而朴素的主客同一性或思维与存在的同一性的思维模式。在这种模式中,亚里士多德将其形式逻辑看作是认识客观对象的工具,这种做法是合理的。因为,思维中的任何逻辑规则都被看作是与客观世界中事物的存在与运动相对应的。而在康德哲学中,逻各斯精神从客观世界和超验的神圣存在者那里退隐于人类理性之中,主客体的原始同一性随之也就被彻底打破了①,原来能够与客观世界具有对应关系,从而充当为一种思维工具和认识工具的形式逻辑,就失去了其特定对象。在逻各斯精神的这种内在化阶段上,形式逻辑的工具论意义让渡给了先验逻辑②。主体以其纯粹理性之中的先天法则为作为现象的自然立法,也为作为欲求能力和行动能力的意志立法,由此就构成自然科学和道德哲学中的先天综合命题,这就是其

---

① 不少学者可能会将笛卡尔看作是打破思维与存在原始同一性的始作俑者,但笛卡尔是不彻底的。当他经由普遍怀疑建立起清楚明白的自我意识之后,随之就从意识中的上帝观念推论出来上帝的客观实在性,而这种推理的依据正是思维与存在的同一性。所以,笛卡尔表面上造成了思维与存在的二元对立,使这两者的统一成为一个难题,但就其自身而言仍然没有冲破传统逻各斯精神的大一统的思维框架。

② 在康德看来,形式逻辑如果被当作一种工具论来看待,就成了一种幻相的和辩证的逻辑;而如果先验逻辑被当作普遍地和无限制地运用的工具,那么也会导致一种先验的幻相和辩证论。先验逻辑虽然相对于形式逻辑来说可以称得上是一种工具论,但却是有限定条件的。先验逻辑只能是对人的先天认识能力的经验性运用加以评判的法规,一旦人们想要去认识经验之外的超验对象,先验逻辑的工具论意义就无效了。因此,形式逻辑不具有任何工具论意义,先验逻辑只在人的认识能力的经验性运用范围内具有工具论意义。

先验逻辑思维中所呈现的知识判断类型。

康德认为，不论人们有没有意识到，人类历史中一切科学知识都包含着先天综合判断，在各门科学的发展中，人们都是以其先天认识能力去统摄和规定后天经验杂多的。其先验逻辑思维本身也是对形式逻辑的超越和扬弃。他并没有完全否定形式逻辑的意义，而是将其看作是不涉及内容的普遍思维法则。对于科学知识而言，形式逻辑给出了最低和最起码的标准，它是真理的必要非充分条件，因而是一种消极条件。在此基础上，知识还依赖于人们使用其先天认识能力中的普遍法则去规定时间和历史中的特定对象。在考察其先验逻辑时，这种历史性视域和背景是不容忽视的。否则，康德先验逻辑的思维方式就成了空中楼阁。

其次，康德对"哲学"这一概念的定义也揭示了其"形而上学"思维背后隐秘的历史性关切。在《纯批》的先验方法论第三章"纯粹理性的建筑术"中，康德给出了三种哲学的定义："一切哲学知识的系统就是哲学"；"哲学就是有关一切知识与人类理性的根本目的（teleologia rationis humanae）之关系的科学"；哲学就是"人类理性的立法"[①]。这三个定义共同揭示了康德乃至整个近代时期哲学观的变革：古希腊时期典型的哲学观是人对思维之外客观法则和实体的研究，这被理解为对智慧的向外求索。而在康德这里，智慧和法则就存在于人类理性之中，无需外求，只需反思和内省。进一步而言，作为思维之认识对象的客观事物也不是完全脱离于思维的，而是由主体自身建构起来的。人类一切知识门类体现的都是主体先天认识能力通过建构认识对象而达成主客体的统一性，这一点正是人类理性立法的精神实质。而且，人类理性的立法或者其认识活动所要达成的不仅仅是知识的分殊的统一性，而且是一种系统的统一性。

康德在建筑术这一章明确指出，一种知识部门之所以能够被称为科学，是由于这种知识具有系统统一性，这种系统性是理性通过将杂多和分殊的知识统摄在一个理念之下才可能的。每一门科学的理念所代表的是人类理性在这种科学研究和认识活动中的根本目的，而按照这一根本目的，这门科学中的杂多知识就具有了合目的性的系统统一性。"这个理念为了实现出来，就需要一个图型，即需要一个从目的原则中先天得到规定的本质性的杂多和各部分的秩序。"[②]这种按照理性的理念或根本目的安排杂多之秩序的图型，实际上就是杂多知识之间目的和手段的目的论联结方式，通过这种联结方

① 《纯批》，A838-840/B866-868，第633—634页。

② 《纯批》，A833/B861，第629—630页。

式，知识就具有了系统统一性。康德不仅将每一门具体科学看作是出自理性理念的系统性知识，也将人类一切科学知识都通盘把握在一个唯一的系统整体之中，由此就需要一个终极的目的或者一个最高的理念。而哲学就是对纯粹理性按照其诸多根本目的在各种科学内部达成系统统一性的这种建筑术的呈现，同时也是对纯粹理性按照一个唯一的最高目的对人类一切科学知识进行系统把握的建筑术的呈现。在这种意义上，康德的哲学概念具有对人类认识能力本身的关切。在他看来，正是出自人类理性的理念和原则，每种科学知识的内部系统联结乃至一切科学的外部系统联结，才得以可能。纯粹理性的建筑术就是关于各种知识的系统统一性的艺术，而出自理性原则（出自理性提出的理念、目的）的系统统一性是各种知识之所以能成为科学的关键。

康德所理解的科学就是人类理性立法之下的系统性的知识，第二个和第三个哲学的定义可以比较明显地揭示人类理性立法与知识的科学性、系统性之间的联系，而任何一门科学的系统性知识必然要在时间和历史中呈现出来。人类认识不是一蹴而就的，而是有一个不断摸索、发展、积累的过程，人的先天认识能力也需要在认识过程中不断得到训练。人类在其认识进程中逐渐获得知识的系统性和整体性，而纯粹理性的建筑术就是这种系统性和整体性的艺术。这种系统性艺术本身是纯粹理性先天地提出的，但理性在经验中的运用和实施必须呈现在历史中。这符合其先验逻辑思维方式。知识的系统是历史过程中的知识整体，不是脱离于历史的。就此而言，对一切科学知识进行理性立法的哲学概念必然容纳历史性维度。

上述关于哲学概念的三个定义中，第二、第三个定义都是从人类理性与人类认识之间的关系思考的，这样的哲学概念涵盖人类一切科学知识，而第一个定义是专门就哲学史中各种哲学流派和哲学家思想而言的。哲学一方面是指人类历史进程中一切科学知识的系统整体，以及带来这种整体性的那种理性立法和系统性艺术，另一方面是指历史中各个哲学学派思想的系统联结的整体[①]。前一种定义考察的是在思维和存在（认识主体与认识客体）关系上的理性的建筑术思想，后一种定义考察的则是哲学思维自身的系统性，或者就是纯粹理性对各个哲学学派中理性运用的系统统一性的建筑术思想。康德将一切哲学知识的系统看作是对一切做哲学研究的尝试加以评判的范本，这个范本不是哲学史上现成的某个学派的、某个哲学家的思想，而是关于人类哲学思维的系统整体的理念。在康德看来，作为理念和范本的哲学不可能具体地被给予，哲学史中每个哲学家（包括他自己）都是从各种不同的道路

① 由此可以看出，康德仍然秉持着“哲学乃一切科学之母”的古老观念。

试图接近这个理念。从这个意义上他指出,人们只能学习做哲学研究,“即按照理性的普遍原则凭借某些正在着手的尝试来锻炼理性的才能,但却总是保留着理性对那些原则本身在其来源上进行调查、认可和抵制的权利”①。康德哲学中实际上到处存在着先天立法的理性与在历史中被锻炼的理性之间的内在张力。

人类理性的先天立法充当了一切哲学研究活动和认识活动的最高法庭,也构成其自身批判的法庭。没有哪个人可以直接地代替这种作为最高法庭的理性自身发话,所以历史中可以有很多学习做哲学研究的人,也可以有很多从事理性的专门工作的人(如每个自然科学家、逻辑学家、数学家等),但他们都只是在锻炼理性能力,是在一定程度上接近于真正的哲学理念和范本,而不是已经将其实现出来。康德也将这种作为理念的哲学概念拟人化为哲学家的理想,他不同于一切理性的专门家,而是人类理性的立法者。数学家、逻辑学家、自然科学家,甚至哲学史中各个学派的哲学家(学习做哲学研究的人),无论他们在各自领域取得怎样高的成就,相对于作为理想的哲学家蓝本,他们都还只是一个专门家、学习者、锻炼者。哲学家不在于知识的广博,而在于他承担了人类生存的终极目的,这样的人真正说来是一种道德学家。

康德以道德或道德学家(道德的拟人化)来阐释哲学及其拟人化,并将其作为人类理性运用的终极目的,由此,他就建立起来一个以哲学或道德为终极目的,以历史中的各种哲学学派思想和各种理性的专门家为手段的系统,这个系统就是纯粹理性的建筑术所要求的。并且,在他看来,哲学的理念也好,哲学拟人化的理想存在者也好,都是一种蓝本、范本,它们对历史进程中所有哲学学派和哲学家都具有系统联结作用。但历史中任何一个人都还不是哲学家,“自称是一位哲学家并自以为比得上那个仅仅存在于理想中的蓝本,这是非常大言不惭的”②。

以哲学蓝本的理念统摄历史中一切学习做哲学研究的人的学派思想,这里面已经隐约包含了黑格尔“哲学就是哲学史”的基本内涵③。康德与黑格尔一样,他们对以往哲学家的思想成就并没有完全否定和抛弃,而是将其统摄在一个更高的哲学概念之中。从这里可以看出,康德的哲学观本身已经带

① 《纯批》,A838/B866,第633页。

② 《纯批》,A839/B867,第634页。

③ 在黑格尔那里,哲学广义上意味着其《哲学全书》的动态发展的系统整体,狭义上意味着哲学史的系统整体。这两种意义的哲学观在康德这里也有所体现:哲学是一切知识的系统或一切学派哲学知识的系统。康德与黑格尔之间的这种隐秘的思想联系是值得深思的。

有历史性维度，甚至哲学史的发展进程在他这里也呈现出一种按照目的和手段的合目的性联结的规律性。他的这种系统建筑术视角下的哲学观如果缺失了历史性的维度，那就真的成了康德个人的思想独白。尽管康德最终将历史中的各个学派哲学和理性的专门家，都归结于人类纯粹理性抽象的哲学理念或哲学家理想，而不像黑格尔那样将哲学史看作是精神自我展开和自我认识的具体过程，但他已经有了在哲学概念自身中包容历史性维度和以往哲学研究思路的倾向。德国古典哲学的系统性、整体性、历史性思维在康德这里已经得到了奠基。

只是需要注意，这种具有历史性维度的哲学观并不意味着哲学就是一种历史知识。康德首先区分了出自单纯事实的历史知识和出自原则的理性知识，其次在理性知识中他又区分了从概念而来的哲学知识和从概念的构造而来的数学知识。由于数学知识的这种构造性质，康德认为，在一切先天的理性科学中只能学习数学，不能学习哲学。因为，学习数学的过程已经需要人们运用自身的理性能力，这已经体现了其理性的能动性和生产性。数学知识和数学概念不是某种客观的、在思维之外静止的对象，而是需要主体自身运用其理性能力才首次建构起来。如果不是每个人自己在其直观中并出自理性原则构造出来数学的概念和原理，他就不可能得到数学知识。因此，学习数学就是一种创造性的和能动性的理性活动。

但学习哲学并不一定具有这样的创造性和能动性。哲学是人类理性的立法。这种立法能力不是通过历史性地向外寻求和学习获得的，而是每个理性存在者先天具有的。真正的哲学知识就是出自这种先天理性的纯粹立法的知识的系统整体。人们最多可以按照理性对一切对象的系统性把握的思维特质学习做哲学研究，这就是锻炼理性的这种立法能力和通盘把握能力，而不是将哲学和理性作为静止对象去历史性地学习。因为历史性地得到的知识不是出自学习者自身的理性，他在这个学习过程中只是模仿了他人的知识成果，而没有自己的独立思考。用康德自己的说法，他缺乏“生产能力”①。

历史知识与哲学知识的根本区别就在于，前者是可以作为事实对象外在地获得的，后者必须出自每个人自己的理性生产性地被获得。如果将哲学看作是可以外在获得和学习的历史知识，那这个学习哲学的人就永远无法超出一种学徒的模仿性质以及一种学派哲学。而哲学的精髓在于批判、怀疑、超越，只有真正运用自身理性学习做哲学研究的人才有望超出某个固定学派，

---

① 《纯批》，A836/B864，第632页。

并建立自己的学派。康德在区分学习哲学和学习做哲学研究时很可能是以自己为例。他的思想虽然脱胎于莱布尼茨(Gottfried Wilhelm Leibniz)-沃尔夫(Christian Wolff)的学派哲学,但他不仅仅是一个学习者,而是一个学习做哲学研究的人。因为,康德正是出于其自身理性能力的运用才从这一独断论迷梦中惊醒,从而建立了自己的批判哲学体系和形而上学的思想体系。单纯的学习哲学只是将哲学作为历史知识来看待,这就掩盖了哲学的创造性的精神实质,而学习做哲学研究至少是在锻炼每个人的理性的创造能力和生产能力。尽管这还不直接就是哲学本身,但一个有志于锻炼自身理性能力,并能够对任何既定学派哲学有所批判、怀疑、反思的人,已经接近于真正的哲学蓝本了。所以,作为理念和范本的哲学不是有待学习的历史知识,而是一切学习做哲学研究的人的评判范本和一切理性运用的最高法庭。假如将哲学作为单纯学习的客观对象或静止对象,那就真的将其降格为一种经验性和历史性的知识了。哲学的历史性维度建立在纯粹理性对历史中一切理性运用的通盘把握上,而不是说,将哲学作为一种客观对象被历史性地和外在地学习。

康德区分了没有理性创造力的学习哲学活动、锻炼理性创造力的学习做哲学研究的活动以及真正的哲学活动三种类型。与之不同的是,学习数学的活动由于离不开理性自身的创造性和生产性运用,所以学习到的数学不是历史知识而是理性知识,在数学活动中没有像在哲学活动中那样的层次区分。

但无论如何,哲学所要求的是将一切哲学知识乃至一切其他科学知识系统地联结在一起的整全的总体性。这样的哲学只能作为理念和范本,而不可能被历史中某个具体的哲学家及其哲学学派思想所达成。哲学的历史性维度体现在作为范本的哲学理念对各种科学知识和哲学学派思想的系统统一性,这些具体的科学和学派毕竟是在历史中并且通过具体的理性专门家发展出来的。哲学理念不是完全抽离于人类认识历程,而是对人类认识整个过程的系统把握的概念。人类理性能力正是在历史进程中才得以锻炼和运用,其先天立法并不取消它在经验历史中的发展演化。这也是康德思维方式的调和性和包容性的体现。假如他所理解的纯粹理性不仅是不掺杂经验因素的,而且是完全脱离于经验的,那么其理性立法和哲学概念也会沦为柏拉图式的超离的理念,其哲学观中就真的没有任何历史性维度了。但其扬弃和包容了人类历史中各种科学知识和学派思想的哲学概念,也绝不是那种可以通过外在学习而获得的关于静止的事实对象的历史知识。历史知识体现不出来主体的生产性和创造性,因而无法锻炼理性的立法能力。总之,纯粹理性的立法和哲学的理念不是历史性的,但却可以并且必须对历史进程中一切具体的科学知识和哲学学派知识具有系统统一性，历史性维度是以这种被统摄的方式包含在其哲学观中的。

康德的具有历史性维度的先验逻辑和哲学观打破了近代机械性思维方式的垄断，并为黑格尔等人的进一步发展提供了契机和方向。由于康德等哲学家揭示了历史对于自然科学和哲学研究的价值，此后，人们才逐渐意识到"涉及知识、道德和科学的哲学讨论[只有]通过思考过去卓越的哲学家论题才能有所获益。即使我们无需满足于这些'老一辈的同代人'的立场，我们仍然被建议去思考他们，以免重蹈其覆辙"①。可以说，从康德开始，"哲学史意识"变得尤为重要。而康德哲学的这种历史性维度更集中而鲜明地体现在其历史哲学的著述和思想中。本书对康德历史哲学的研究有助于呈现这种历史性维度，缓和人们对其哲学体系的过于"形而上学"的印象，由此也更清晰地揭示其在哲学史上的贡献。

康德对历史的思考见诸几个篇幅不长的论文中，也散布在关于宗教和目的论的多种著作中。相对于理论哲学和实践哲学，其历史哲学受到的关注和研究是较少的。尽管如此，仍有一些学者发掘出了康德历史观中长期被忽视的思想价值。在这方面，国外学术界的研究起步较早。贝克（L. W. Beck）早在二十世纪六十年代就注意到康德哲学中自然和自由两重世界之间的历史领域，并将代表其政治的和历史的观点的著作编辑成书，引起了学界对康德历史哲学文本的关注。克莱恩戈尔德（Pauline Kleingeld）是较早对康德历史观进行系统研究的学者之一。她认为，康德历史哲学虽然存在着理论上的漏洞，但仍然构成其成熟哲学体系不可或缺的一部分。有鉴于此，克莱恩戈尔德对康德历史哲学中的道德发展问题、道德公平问题、世界大同主义思想的演变等展开了深入分析和阐述。威尔金斯（Burleigh Taylor Wilkins）虽然没有对康德历史观进行过全面考察，但他注意到了其目的论思想的重要性，这种目的论维度使历史哲学不仅仅充当其道德信念、政治信念以及进步观念的副产品，而且成为独立的思想部门。这为后来学者从自然目的论视角进一步解读康德历史观奠定了基础。此外，威尔金斯对黑格尔、波普尔（Karl Popper）历史哲学的大篇幅研究，也能成为学界研究康德历史观的重要参考资料。德斯普兰（Michel Despland）在其《康德论历史与宗教》（*Kant on History and Religion*, 1973）一书中侧重于从宗教角度解读康德的历史哲学。在他看来，十八世纪的历史哲学总是与宗教思想联系在一起，历史哲学或者

---

① Lorenz Krüger, *Why does History Matter to Philosophy and Sciences?* Berlin: Walter de Gruyter, 2005, p. 1.

是建立在上帝的信仰中，或者是建立在对基督教信仰的不信任中。基于这种视角，德斯普兰指出，康德的历史哲学与上帝之城和耶稣的教诲是联系在一起的。盖斯顿（William A. Galston）在 1975 年出版了《康德与历史问题》（*Kant and the Problem of History*）一书，他从现代性的统一性（unity of modernity）和发展问题中，引出康德合理的历史观对当代政治、历史思想的价值和局限性。同时盖斯顿着重分析了《人类历史揣测的开端》这篇论文，并比较了卢梭和康德在对待自然和自由、道德和幸福的二元论时不同的解决路径。约维尔（Yirmiahu Yovel）在专著《康德与历史哲学》（*Kant and the Philosophy of History*，1980）中，从哲学史的角度揭示了康德的理性历史观是对柏拉图开创的永恒性理性观和近代经验主义历史观的调和。但理性在时间和历史中发展完善的思想违背了其理论哲学中理性与时间不相容性的前提预设，由此导致了一个二律背反：理性与时间既是相容的又是不相容的。这是康德历史哲学难以规避的理论困境。

较晚一些的研究者中，阿里森（Henry E. Allison）从《判断力批判》的自然合目的性原则理解康德 1784 年《普遍历史》中的思想。盖耶尔专门讨论了这篇论文第六个命题中的一个比喻：从造就人的弯曲的木头中，不可能加工出任何完全直的东西。这涉及如下问题：具有根本恶的人是否会成为政治共同体得以实现的不可逾越的障碍？史东（Thomas Sturm）着重考察了施勒策（August Ludwig von Schlözer）、赫尔德（Johann Gottfried Herder）对康德历史观中世界大同主义思想的影响。赫希（Henrik Hdez-Villaescusa Hirsch）分析了康德哲学中揣测的、神话的历史开端与经验性时间的矛盾。斯威特（Kristi E. Sweet）从文化与历史的对比中对康德历史观展开了研究。安德森-戈尔德（Sharon Anderson-Gold）仔细分析了康德的根本恶与道德发展的内在联系。此外，伍德、平卡德（Terry Pinkard）、比特（Rudeger Bitter）、劳埃德（Genevieve Lloyd）、福斯特（Eckart Forster）、施尼文德（J. B. Schneewind）、库恩（Manfred Kuehn）、阿梅里克斯（Karl Ameriks）、德利吉奥吉（Katerina Deligiorgi）、克莱因（Joel Thiago Klein）、帕帕斯蒂法努（Marianna Papastephanou）、杜普瑞（Louis Dupré）、霍菲（Otfried Hoeffe）、赞米托（John H. Zammito）等学者也从不同角度对康德历史观有所涉略。

随着研究的深入，国外学界逐渐形成几个讨论热点。首先，就康德历史哲学所涉及的个体性和社会性问题，安德森-戈尔德认为，至善是一个社会理念（social ideal），是一个集体性的道德目标，而经常被忽视的根本恶对于这种社会性的伦理学和历史哲学是至关重要的。帕帕斯蒂法努也指出，“人类种族的原始潜能只可能在一个母体(即一个普遍的世界存在体)中得到发展”[1]。杜普瑞也有关于恶的社会性的论述,他指出,恶超越了个体生活及其道德责任,因而恶在历史的辩护中至关重要。盖耶尔则从康德以无止境的历史理念扬弃个体灵魂不朽的思路,解释了个体在道德进步中的不足。但盖耶尔也指出,道德的最终实现仍然是每个人自由选择的结果,历史只是提供了手段。林登(Harry van der Linden)也认为安德森-戈尔德的这种社会性解读是不全面的,因为“道德完善的斗争必须从集体事业退回到个体事业”[2]:教会只是实现伦理共同体的不完善保证,而完全的道德解放最终需要宗教团体靠边站,并被一种不可见的宗教和善良意志的内在联合所取代。

其次,就道德发展观中涉及的理论难题而言,克莱恩戈尔德指出了三点:其一,理性发展观与道德法则的无条件性是不相容的;其二,理性发展观与道德主体的本体性和非时间性是矛盾的;其三,道德进步似乎意味着不同世代人们之间的不平等,这与其人性公式中人们之间的相互平等、尊重的思想相违背。赫希所揭示的难题是,从理论上看,历史的神话性的时间开端和历史的连续性道德进步是没办法调和的,康德只能从道德上去理解它们的统一性,由此就造成了理论上和实践上的理性的割裂。杜普瑞与盖耶尔都指出,康德批判哲学中灵魂不朽的设定对于道德进步是没用的,因为灵魂是个体性的,而道德进步是人类整体意义上的。

第三,在对历史的定位上,一些学者的立场也不尽相同。克莱因认为,康德第三批判中的普遍历史理念不是从理论的和系统的视角被合法化的,而是从一种实践的视角被合法化的。克莱恩戈尔德与伍德则认为,普遍的世界历史就是一种理论理念。阿里森有点模棱两可地指出,历史理念接近于实践上的政治理念,但却是一个理论理念。此外,伍德、盖耶尔认为,康德的历史哲学是自然主义的,伍德甚至对其道德哲学有一种历史主义和相对主义的解读,这受到了克莱恩戈尔德、德利吉奥吉、赞米托和约维尔等人的严厉批判。

第四,对非社会的社会性概念的理解,也是一个研究热点。施尼文德从哲学史角度梳理了康德非社会的社会性概念的思想渊源,社会性观念可以追溯到伊壁鸠鲁和斯多亚学派,而非社会性与社会性的内在矛盾思想直接地来自格劳秀斯。此外,霍布斯、卢梭、普芬多夫(Samuel Pufendorf)、沙夫茨伯里(Shaftesbury)、曼德维尔(Bernard Mandeville)、哈奇森(Francis Hutcheson)对

[1] Marianna Papastephanou, “Kant's cosmopolitianism and human history”, *History of the Human Sciences*, 2002, Vol. 15, pp. 17-37.

[2] Harry van der Linden, “Review of Sharon Anderson—Gold, unnecessary evil: history and moral progress in the philosophy of Immanuel Kant (2001)”, *Kantian Review*, 2002, p. 138.

康德也有影响。伍德将非社会的社会性看作是符合康德生物学目的论的一个特殊概念，并且是理性发展完善的经验条件。伍德还指出，这一概念对应于《实践理性批判》的自负（self-conceit）概念以及《纯然理性界限内的宗教》的趋恶的倾向概念。克莱恩戈尔德认为，在理性发展的过程中，人的特殊的心理状态是非社会的社会性，外在状态则表现为战争。斯威特指出，大自然规训感性偏好，从而降低其对人类意志的影响，这是通过非社会的社会性完成的。

卡西尔（Ernst Cassirer）对康德历史哲学的“第四批判”的解读在一定程度上构成了国内学术界的研究起点。李泽厚[①]较早对康德历史观特别是《普遍历史》这篇纲领性的文章进行了评价，并对卡西尔式的解读路径有直接反驳，他指出康德不可能有第四个批判。何兆武对康德历史哲学著作的编译与研究引起了学界较大反响，他站在卡西尔立场上强调“第四批判”和“历史理性批判”的合理性[②]。邓晓芒[③]（1986、2004）、丁三东[④]、李秋零[⑤]等学者对康德哲学中是否存在历史理性和第四批判的问题均持否定观点。他们之间的争论形成国内康德历史哲学研究领域最早和最主要的思考话题，并且逐渐确立了非卡西尔路径的主流地位。由此也引出一些更深层问题：既然康德历史哲学并不构成第四批判，那么它是隶属于其批判哲学（邓晓芒、丁三东、张骏等学者的论点）还是形而上学（李秋零论点）？如果隶属于其批判哲学，那么是隶属于第一批判（丁三东论点）还是第三批判（邓晓芒论点）？

此外，李秋零对康德历史哲学中由恶向善的道德进步观念进行了述评[⑥]，并梳理了从康德的自然意图到黑格尔的理性狡计的德国古典历史哲学思想进程[⑦]。王连喜从历史发展观角度[⑧]，童世骏从“人可以希望什么”的问题意识[⑨]，储昭华从康德历史哲学中自然概念的角度[⑩]，安希孟从历史与自

---

① 李泽厚：《论康德的宗教、政治、历史观点》，《社会科学战线》1978 年第 1 期。

② 何兆武：《“普遍的历史理念”是怎样成为可能的》，《学术月刊》1990 年第 5 期。

③ 邓晓芒：《批判哲学的归宿》，《德国哲学》1986 年第 2 辑；《康德历史哲学：“第四批判”和自由感——兼与何兆武先生商榷》，《哲学研究》2004 年第 4 期。

④ 丁三东：《从康德的观点看：历史哲学是否可能？》，《世界哲学》2005 年第 1 期。

⑤ 李秋零：《德国哲人视野中的历史》，北京：中国人民大学出版社，2011 年。

⑥ 李秋零：《历史是由恶向善的进步——康德历史哲学述评》，《哲学动态》1989 年第 3 期。

⑦ 李秋零：《从康德的“自然意图”到黑格尔的“理性狡计”——德国古典历史哲学发展的一条重要线索》，《中国人民大学学报》1991 年第 5 期。

⑧ 王连喜：《康德历史发展观述论》，《史学理论研究》1994 年第 4 期。

⑨ 童世骏：《“我们可以希望什么？”——读康德的〈历史理性批判文集〉》，《历史教学问题》2002 第 2 期。

⑩ 储昭华：《康德历史哲学中的“自然”概念及其意义》，《广西社会科学》2002 年第 5 期。

然、自由的关系角度[1]，李永刚从目的论角度[2]，各自对其历史观进行了专题讨论。李明辉所编译的《康德历史哲学论文集》[3]和李秋零编译的《康德历史哲学文集》[4]为学界提供了较新和较全面的译介材料。王平在其博士论文基础上出版的《目的论视域下的康德历史哲学》[5]是近年来为数不多的相关专著之一，他梳理了西方目的论思想的逻辑演进，以此为背景对康德历史观展开论述。除了在具体问题上的针对性思考，国内学者的研究兴趣还在于把康德与卢梭、黑格尔、马克思等人进行比较，并阐明他们的内在联系。

综上所述，国内外有不少学者对康德关于历史思想的著作有所思考，并且对其中一些重要问题和概念已经有比较深入的分析和论述。但对康德历史哲学进行专题研究的著作还不充分，仅有的几部研究专著倾向于从道德发展观、目的论、宗教观等视角，展现康德历史哲学的某个或某些方面，还缺乏一种全局性的、历史性的、系统性的建构，也没有充分呈现康德之后历史哲学的发展逻辑，乃至近代以来的西方历史哲学的整体演进路径。此外，很少有学者思考康德历史观与其时间理论的内在关系问题，已有的成果对非社会的社会性等概念的理解也没有上升到辩证思想的高度。但时间性和辩证性却是康德历史哲学能够与现当代哲学进行对话和比较的两个重要维度。

本书旨在系统性地建构康德历史哲学，由此更清晰地揭示康德在哲学史上的位置。其中，主体部分着重阐发其历史哲学的时间观前提和辩证思想，当然，对其实践性目的的论述也将成为本书主要内容。对于学界关注较多的道德公平等难题，本书将努力提供更成熟的观点，以求有所推进和突破。此外，笔者也会对公共正义的元首、道德的政治家等较少受到关注的概念，进行深入研究和阐发。总之，本书试图兼顾系统性思想建构和具体问题的具体分析，点面结合，以期为国内学界贡献一份关于康德历史哲学的较为全面的研究资料。

---

① 安希孟：《必然王国和自由王国——从康德历史哲学中的自然和历史说开去》，《社会科学论坛》2004 年第 10 期。

② 李永刚：《目的论的康德历史哲学》，《中南大学学报（社会科学版）》2013 第 2 期。

③ 李明辉编译：《康德历史哲学论文集》，台北：联经出版事业公司，2002 年。

④ 李秋零编译：《康德历史哲学文集》（注释版），北京：中国人民大学出版社，2016 年。

⑤ 王平：《目的论视域下的康德历史哲学》，上海：上海交通大学出版社，2012 年。

第一章 康德历史哲学何以可能

全面建构康德历史哲学需要思考的第一个问题就是，其历史哲学何以可能？对这个问题的澄清和解决将构成全书建构工作的理论前提。笔者从"历史"概念的考证开始。

"历史"对应的德语词是 Historie 和 Geschichte。Historie 对应于希腊单词 ίστοραί，原意是侦查、探察，派生自词干 Fιδ(看见、知道)。Historie 在古希腊语境中主要是指对世界整体进行考察和研究得到的知识。从亚里士多德开始，Historie 演变成作为文学种类的历史编纂学概念，后来引申为人们描述和撰写历史事实的文本、方法。Geschichte 则主要是指历史事实本身。笼统地说，Historie 和 Geschichte 实际上就是主体与客体的关系。Historie 是主体对客观事件加以考察形成的文本，以及在这种考察和文本写作中所使用的指导思想(方法论)。Geschichte 表达了人们对历史的客观性诉求。一方面，历史事件一经发生就不再是可以任意修改的东西，而成了过去了的事情；另一方面，世界进程本身也通常被理解为不依赖于人的主观意志而运作，或者说有一个客观法则在支配着整个世界的运动。但无论是已经发生的成为事实的事件，还是世界整体的进程，总是人类自身的实践活动，并且总是要在人的思维中被把握，完全独立于人的思想的客观事实是不可思议的。所以，仔细思考一下，经由 Historie 所呈现的历史与 Geschichte 所指涉的历史事实也许并不是那么截然对立。就像康德在其认识论中所指出的那样，任何在经验中被给予我们的事实或事件已经是主体自发地获取的东西，已经带有了观察者的主观视角。绝对客观的、自在的历史事实就好像他的物自身那样不容易被理解，而成为知识对象的事实已经是理解的产物了。这样来看，对历史事实的描述和撰写就成为对主观理解的再理解[①]。Geschichte 对应于历史事实

① 康德在《应用》中也指出，"**历史**(Geschichte)这个词在它所表述与希腊词 Historia(叙述、描述)一般无二的意义上，已经用得太久太久"(《应用》8：162－163，第 161 页)。虽然康德对这两个词做了区分，但它们并不是毫无联系，这从其语用史就可看得出来。

以及人们在历史事件发生过程和发生之后的主观理解，Historie 则是对 Geschichte 的思想提炼和升华。

从有待规定的、杂乱无章的历史事实到经由主体规整了的客观历史世界和文本著述，这是康德对传统历史观中客观性诉求的重新诠释。康德在其最重要的历史哲学文本《普遍历史》的题目中使用的是 Geschichte，他想要描述的是人类社会整体的普遍而必然的发展历程，或者就是独立于每个人的个体意愿的客观世界进程。但如此这般的客观进程在其《判批》中是出于反思性判断力的自然合目的性原则而成立的，这已经带有主体自身的研究视角。只是在康德看来，这种原则不是出自个体的主观认识，而是出自人类理性的先验预设。就此而言，这种原则具有普遍性、必然性乃至客观性，由此呈现的历史进程是人类理性站在道德形而上学的高度调节性地反思人类社会的结果。可以说，古希腊哲学中存在于客观世界的普遍法则以及在基督教神学中由上帝赋予世界的普遍法则，在康德哲学中都演变为人类理性内在的先验法则。人类理性不仅以一种机械的自然法则来看待自然界和人类社会，而且还以一种反思性的合目的性原则来看待这些对象，由此，普遍历史的宏大图景才得以展现出来①。所以，历史（Geschichte）在康德这里不是主体之外自在的事实世界，而是主体视野之内的具有普遍原则的世界，甚至这个世界就是主体所建构起来的。这种历史观的重点是人类理性对历史进程之整体的把握和设想，诸如揣测其开端，预设其终极目的，揭示其发展动力等等。这种工作已经超出了 Geschichte 这一概念的原初含义。

当然，思想变革不是康德一己之功，而是那个时代自然科学发展和人们思维能力提升的综合结果。康德的历史哲学也不是突兀地就呈现在了人们面前，而是具有十分丰富的思想渊源。从其普遍历史观中，读者可以琢磨出多种思想元素，例如神学目的论、世界主义、从自然状态到契约状态的发展观设定、近代政治哲学中的人性主题等等。康德的历史著述虽然篇幅寥寥，但人们仍可从中看出他对哲学史上各种思想资源的娴熟调和与扬弃。所以，对于其历史哲学何以可能的问题，笔者认为首先应当考察的就是他在阐发其历史观时对各种思想资源的有机整合和创造性运用。

---

① 但笔者要提醒读者注意的是，按照合目的性原则呈现出来的普遍历史图景，不是一种客观性知识，而是人类理性为了系统性地、连贯性地理解人的行动而悬设的一个理念。历史作为一个系统整体概念就像康德先验宇宙论中提出的世界整体概念一样，不是直观和知识的对象，而是用以带来知性知识（经验性行动）的系统联结。

第一节　康德历史哲学的思想渊源

康德将人类历史看作是大自然的一项隐秘计划的实施，这个“自然”有时又被他叫做神意、天意、最高智慧等，其实相当于上帝这一概念。这是一种典型的神学目的论的思维框架，历史好像就是上帝为实现其隐秘意图而在世间搭建的大舞台。在这个舞台上，每个人似乎都在按照自己的私人目的行事，但却无意中充当了上帝及其意图的工具。这种思想最早可以追溯到苏格拉底。从智者学派开始，哲学所关注的对象从自然转向人自身，但智者们的兴趣只在于诡辩、修辞等实用性目的。苏格拉底从对正义、德性等问题的讨论中将人自身的合理性生存作为思考重点，同时也将包括人在内的整个自然看作是一个合理性的整体。在这个整体中，所有事物、所有发生的事件，都不是多余的，都有其为什么是这样而不是那样的原因。事物按照这样的原则构成的和谐有序的整体就是一种合目的性的整体。而在世界背后起支配作用的就是神，神按照其善的目的论原则掌控世界中一切事物的运动变化，万物才不会显得杂乱无章。苏格拉底的神学目的论中包含了合目的性秩序的原始观念，从中也衍生出了“自然从不做无用功”这样的自然目的论原则。这一原则可以被看作是神学目的论的消极表达，其积极的表达方式则在于，神使得万物都按照自己的意图和目的而运动。那么，作为自然成员的人类也必定遵循这种原则。所以，人的行动一方面具有其私人意图，另一方面对于整个社会来说也不是无足轻重和盲目的，而是符合神或大自然的宏观目的。苏格拉底以目的论原则扬弃古希腊的宇宙论自然观，这对于后世历史研究的意义在于，该原则为人的存在展开了一个合目的性的、具有明确秩序和发展规律的历史世界。

基督教哲学受到苏格拉底和柏拉图（Plato）的深刻影响，其神学目的论也延续了苏格拉底的基本思想。在耗时十四年才完成的《上帝之城》中，奥古斯丁表达了神道计划在世俗生活背后起支配作用的观念。他把世界历史看作是人类戏剧的浮沉：“从起源到终结，整个世界是以建立一个神圣社会作为唯一目标的”，“如果有可能相信可以对最小的事件和最卑微的生命做出最终的解释，那么占有这个秘密的就是上帝之城”[1]。奥古斯丁认为，上帝之城和世俗之城相混合的历史进程就是善恶两种人性相交织的时间进程。这两座

---

① 〔古罗马〕奥古斯丁：《上帝之城》，庄陶、陈维振译，上海：复旦大学出版社，2011 年，第 8—9 页。

城之间的对抗就是这两种人性的对抗，最终当然是善战胜恶，上帝之城战胜世俗之城。由此，神的计划就实现了。在世界历史的进程中，不可避免地存在着恶和战争，但奥古斯丁指出："从长远的眼光看，善最终要战胜恶。当然，造物主上帝确实允许了恶的存在，以便证明，神道和正义甚至能够把恶用于怎么样的善的目的。"[①]艾米丽·奥克森伯格·罗蒂（Amélie Oksenberg Rorty）与詹姆斯·施密特（James Schmidt）在其编辑的关于康德《普遍历史》的研究论文集中表明："康德追随着奥古斯丁，在历史中看到一种神意（providential significance）"，但康德更"关注人在其历史中（通常是对抗性地和无意地）努力实现千禧年的方式"[②]。其实，康德在其《宗教》里对善恶两种原则的描述更接近奥古斯丁对两种人性和两种城市的描述；而在其历史著作中，他倾向于解释历史如何在人性的自我驱动下向前推进，这被描述为神的隐秘计划的实施。但是，康德的目的并不是直接渲染神意如何完美和伟大，而是突出人性自身在历史进程中的主体能动性，确立提出普遍历史理念的人类理性的立法权威。所以，即便康德历史观中可以找到奥古斯丁式的神学目的论的影子，但他们的立场是不同的。奥古斯丁是要为基督教信仰、为上帝做辩护，反击当时异教徒对基督教的怀疑和指控；康德则是历经启蒙思潮洗礼的思想斗士，他要维护的是人类理性的地位。

神或上帝在人类社会背后支配着历史进程的思想还直接地来自莱布尼茨。他在其《单子论》中明确表达了这样的思想："世界上没有荒凉的东西，没有贫瘠不毛之地，没有僵死的东西；没有混沌，没有紊乱，除非只是表面上的混沌、紊乱。"[③]这与"自然从不做无用功"的原则是同样道理。并且康德与莱布尼茨在如下这一点上观点一致：上帝并不直接地干预个体。在莱布尼茨看来，单子与单子之间没有实质性的相互作用，而是需要上帝在创造单子的时候预先确定其本性，使它在其全部发展过程中与其他单子相互作用、和谐一致。在康德那里，神意最多只是调节性地被看作是人类社会秩序的创造者，真正在历史中具体地起作用的是人自身。特别是在维护公正的社会秩序的问题上，人们所需要的不是上帝直接赋予某个君主以管理整个国家的权力，而是需要有一个具有善良意志的、见多识广的、经验丰富的、公平正义的元首，或者至少是一个遵循法权原则的道德的政治家。

---

① 〔古罗马〕奥古斯丁：《上帝之城》，庄陶、陈维振译，第 251 页。

② Amélie Oksenberg Rorty and James Schmidt (eds.), *Kant's Idea for a Universal History with a Cosmopolitan Aim*, New York: Cambridge University Press, 2009, pp. 1 - 2.

③ 〔德〕莱布尼茨：《单子论》条目 69，收录于《神义论》，朱雁冰译，北京：生活·读书·新知三联书店，2007 年，第 495 页。

应该说，康德在其历史哲学中虽然继承了古希腊以来的神学目的论的世界图景，但他赋予人类理性以绝对的能动性和自发性，甚至上帝及其神意已经不再具有实在性和构成性，这是康德的创造性意义所在。同时，在近代经验主义和实证主义大行其道的情况下，康德坚持神学目的论的思想框架并从中阐发出一种理性主义历史观，这种思想贡献是值得关注的。正如张文杰所言："实证主义者试图把自然科学的方法引进到历史学研究的领域中来，他们认为有可能发展出一种在方法和概括上与自然科学相类似的社会科学……然而，他们却忽视了这两种科学不同的性质。"[①]奥古斯丁在神学目的论视角下提供了一种整体性的世界历史，维科提倡运用论题法而不是经验论证方法来研究历史[②]，这些都是与实证主义历史研究方法的分庭抗礼。在笔者看来，只有这种历史研究才能称得上是"哲学"。康德在其历史哲学中弘扬人类理性以及目的论原则，这相对于当时机械主义的和实证主义的哲学观，的确算得上是一股清流[③]。

与这种神学目的论相联系，康德历史观中存在一种世界主义视野。他所感兴趣的不是某一个国家或民族的历史，也不是某个特定时代的历史，而是人类整体的发展过程。由此所导向的目的是内部完善和外部完善的政治共同体，甚至也是所有人道德和幸福得以最终实现的至善或伦理共同体理念。无论就历史进程而言，还是就其目的而言，康德都有一种那个时代少有的宏大叙事格局。这种世界性和普遍性视野当然也是西方文化特别是基督教本身所带有的，《圣经》中的博爱精神在康德哲学中就有很鲜明的体现，但能够在历史观中融入世界性视野的思想家在当时那个时代还是不多见。因为在多数人看来，历史研究与哲学研究是有本质区别的，前者的对象往往是人类社会中已经成为既定事实的、经验性的事件，对这种事件的描述不应当掺杂任何抽象设定和形而上学的内容。所以，历史研究好像与对自然现象的研究

---

① 张文杰：《从奥古斯丁到汤因比——略论西方思辨的历史哲学》，《史学理论研究》1998 年第 3 期。

② 沃尔什将维科和奥古斯丁看作是历史哲学的发明者。参见〔英〕沃尔什：《历史哲学导论》，何兆武、张文杰译，北京：北京大学出版社，2008 年，第 3 页。

③ 西方哲学家对历史的研究大致有三种路径：经验主义者或实证主义者将自然和人类社会等同视之。以康德为代表的理性主义者将自然事物看作是遵循机械法则，将人类社会的发展看作是遵循目的论原则，只是该目的论仍然要以机械法则为基础，并将其统摄在合目的性原则之下。以狄尔泰、海德格尔等为代表的现当代欧陆哲学家摒弃一切以抽象法则和思辨概念理解历史的思维方式，将历史哲学奠定在人的生命体验和原始存在的本体论基础上，自然科学研究甚至也要以这种历史研究为前提。康德虽然还没有完全区别开自然科学和历史科学的思维方式，但已经有意识地以目的论来扬弃机械论，这无疑为现当代历史哲学研究提供了启示，使其最终将自然现象和人的生存方式彻底区别开来。

一样，向来是实证性的、经验性的。这也是某些经验主义哲学家(如休谟)以恒常不变的原则来考察历史的思维方式：就像自然事物的普遍必然联系遵循一定的人性原则一样，人类社会中人们的行为任何时候也都遵循或者彰显着某种人性原则。只要发现并持有这种原则，人们就可以对具体历史事件的意义进行揭示，这种历史研究往往具有时空局限性。超越研究者的民族和时代去设想人类整体的发展历程，这种普遍性研究被看作是流于抽象和表面而不具有说服力。近代思辨的和普遍的历史哲学产生之前，这种抽象历史往往只存在于神学中，而不存在于科学中。将历史作为哲学对象来思考的维科、奥古斯丁，以及将历史哲学作为科学来对待的康德、黑格尔，与主流的经验性历史研究是格格不入的。康德的历史哲学就是在这种思想背景中发展起来的。

世界主义观念可以追溯到希腊化时期的斯多亚学派。这个学派认为，宇宙万物构成一个整体，并遵循着一个普遍法则(又被称为世界理性、逻各斯、命运)，这是西方政治文化中“自然法”思想的源头。人作为世界的一部分，同样要遵循这个普遍法则，世界理性由此可以进入人类社会和政治、历史领域。基督教哲学在其精神实质上对斯多亚学派的这种世界主义是有所继承的。犹太教只关注犹太人自己民族的并且是政治性的福祉，基督教则具有了世界主义的普遍性关怀，这集中体现在其博爱精神中。《圣经》中多处记载着耶稣“要爱邻人，甚至爱敌人”这样的训诫，也传达着“四海之内皆兄弟”的大一统思想。奥古斯丁通过对上帝之城和世俗之城的描述也传达了一种世界主义历史观。

但最早使用“历史哲学”这个概念的是伏尔泰。在他看来，哲学应当从整体上理解历史以及历史背后起支配作用的那些原则和意义，所以，他描述的不是某个国家或地区的历史，而是世界史。同时，其世界史研究也不是事无巨细的泛泛考察，而是有一定的导向。伏尔泰作为启蒙运动思想家之一，其指导思想是对人的理性和自由的弘扬。他批判了基督教的神意历史观和建立在这上面的封建专制思想，与近代政治哲学对君权神授观念的批判相呼应。“汤普森曾经这样评价伏尔泰，他认为伏尔泰有两大贡献：第一，他是第一个把历史作为一个整体进行观察的学者；第二，他把历史理解为人类一切活动表现的记录。”[①]伏尔泰以理性原则取代神学目的论视角下历史观的神意原则，但其整体性和世界性视野与之一脉相承。

加特勒(Johann Christoph Gatterer)是康德同时代的历史学家，是“普遍

---

① 张文杰：《从奥古斯丁到汤因比——略论西方思辨的历史哲学》，《史学理论研究》1998年第3期。

历史"观的先驱之一。他认为,历史研究应该系统性地描述"世界中各种事物之间的整体联系(the overall connection of things in the world)"[①],而不是简单地按照时间顺序将这些事件堆积在一起。这里的整体联系是指事件之间普遍的因果联系。但加特勒也指出,对历史事件的因果解释需要挑选那些与之相关的因素,这对于历史学家来说是不容易的。加特勒的追随者施勒策尔也持一种世界主义的历史观。施勒策尔认为,世界历史要么是专业历史学家以各自方式聚集在一起形成的完备的历史研究整体;要么是一个真正的系统,在这个系统中,世界和人性构成一个实体。在他看来,能够使历史学家将世界加以系统理解的要素是地震、洪水、流行病以及火、面包、酒精等的发明。康德的学生赫尔德不满意于施勒策尔大而化之的描述方式,而是花很大精力处理世界历史的细节和精神力量。赫尔德将历史看作是两种力量相互作用的结果,即作为人类环境的外在力量和被描述为人类精神的内在力量,而且每个国家都有自己独特的精神。他指出,"只有通过既充实历史又取自历史的精神","我们才参与了人类和民族的历史"[②]。英国历史哲学家沃尔什(William H. Walsh)认为,赫尔德组织其繁杂历史资料的方式也是黑格尔所遵循的典范。从对精神的重视这一点来看,赫尔德的历史研究与后来者黑格尔确实具有相似性。但是,赫尔德敏感的和浪漫主义的思维方式并不受康德待见,对赫尔德《人类历史哲学的观念》的回应构成了他1785年以后历史思想的部分内容。

神学目的论和世界主义观念构筑了康德历史哲学的思想框架,而人性从自然状态到契约状态的发展完善过程则构成其主要内容。在这方面,康德深受近代政治哲学的影响。霍布斯、洛克、卢梭等思想家对自然状态的假设和对人性的关注,为康德历史哲学提供了问题意识和研究主题。"自然状态"概念的提出有一定的宗教神学背景。近代政治哲学对君权神授思想进行了激烈的批判,并逐渐转向君权民授立场。这代表着延续了整个中世纪的神权与君权之争的落幕,也是近代理性主义发展的必然结果。但由此就导致一个问题:君主权力是如何从世俗之人手中产生的?基于对这一难题的解决,近代哲学家们普遍地设想了完善的政府和契约状态所从出的自然状态。所以,"自然状态"概念从一开始就暗含着历史性意义。

---

① Thomas Sturm, "What did Kant mean by and why did he adopt a cosmopolitan point of view in history?" *Working papers series*, no. 12, Open Anthropology Cooperative Press, 2011, p. 4. 或参见 http://creativecommons.org/licenses/by-nc-nd/3.0/。

② 〔美〕凯利:《多面的历史:从希罗多德到赫尔德的历史》,陈恒、宋立宏译,北京:生活·读书·新知三联书店,2003年,第459页。

霍布斯将自然状态看作是一种战争状态。在自然状态中，人与人之间在能力上是平等的，但由于竞争、猜忌、荣誉三种原因，“在没有一个共同权力使大家慑服的时候，人们便处在所谓的战争状态之下。这种战争是每一个人对每个人的战争”[①]。而在战争状态中，也就无所谓公正与不公正，因为没有公共权力就没有法律，没有法律就没有衡量公正与否的准绳。但人们在战争状态中对死亡的恐惧、对舒适生活的渴望，促使他们提出“使人同意的方便易行的和平条件”[②]，即自然律。霍布斯的最基本的自然律有两条：寻求和平，信守和平；己所不欲，勿施于人。这两点所表达的无非是人们寻求保卫自己生命和自由的理性法则。理性提示人们：只要有获得和平的希望，就应当努力去实现和平，在不能得到和平时，也可以运用战争为手段；当别人也愿意为了自身自然权利而放弃对所有事物的权利时，我也应当出让权利以达成某种协议。如果每个人都拒不放弃自己对所有事物的权利，那人们就永远都只能处于战争状态。而由这两种自然律就推出了契约的概念。契约就是由所有人出让权利而达成的一致同意的协议。所以，第三条自然法就是，所确立的契约必须得到履行。有了契约和对契约的履行，正义的观念就产生了，人与人之间才有了可以和平共处的参考准绳。因此，合理的社会秩序产生于合理的契约。这就是霍布斯所描述的从自然状态到契约状态的发展过程。但霍布斯对社会契约的理解也并未完全脱离宗教。赵敦华教授指出，“霍布斯极力反对的是‘教权至上’的中世纪传统，而不是‘神权国家’的历史真实性”[③]。多数学者比较重视霍布斯的人类政治中的社会契约思想，忽视了他的神的政治中的社会契约思想。前者当然是通过理性来论证的，但霍布斯也通过对旧约的理性批判，将其中所包含的历史成分作为理性论证下的契约思想的事实依据。

洛克对自然状态的理解与霍布斯有诸多不同。洛克在认识论上反对笛卡尔式的天赋观念，但在政治上却持一种天赋权利论。他认为，上帝对一切人都是一样的，“一切具有同样的共同天性、能力和力量的人从本性上说都是生而平等的，都应该享有共同的权利和特权”[④]。在洛克这里，自然状态是完备无缺的自由状态和平等状态，没有哪个人可以比别人拥有多一点的权利。因为，“自然状态有一种为人人所应遵守的自然法对它起着支配作用；而理

---

① 〔英〕霍布斯：《利维坦》，黎思复、黎廷弼译，北京：商务印书馆，1985 年，第 94 页。

② 同上书，第 97 页。

③ 赵敦华：《从自然状态到社会状态的历史过渡：从圣经的观点看》，《哲学研究》2013 年第 1 期。

④ 〔英〕洛克：《政府论》（上），瞿菊农、叶启芳译，北京：商务印书馆，1982 年，第 57 页。

性，也就是自然法，教导着有意遵从理性的全人类：人们既然都是平等和独立的，任何人就不得侵害他人的生命、健康、自由或财产”[①]。这种友爱、和平的自然状态与霍布斯的猜忌、竞争的自然状态形成鲜明对比。但洛克的自然状态也使人感到孤独、焦虑、不安全，甚至“充满着恐惧和经常危险”[②]。这是因为，自然状态中没有共同的法律和裁判的尺度，没有按照共同法律解决争执的公正裁判者，也没有权力支持正确的裁判，使其得到执行。即使人人都是善良、友爱的，也有发生争执的可能；一旦发生争执，人们的财产、自由等权利就很难得到保障。于是，进入一种有契约的状态就是必然的。但洛克并不像霍布斯那样要求人们放弃自己的全部自然权利以便达成某种协议，而是认为，人们只需要把部分自然权利让渡给国家。

卢梭对自然状态和契约状态的理解与霍布斯和洛克都有所区别。在他看来，自然状态下的人是自由、平等和独立的，甚至也能够和谐相处。他们服从两个原理：自我保存和对他人的同情。但人具有自我发展的能力，这种能力在外在偶然因素的激发下可以促进其他能力发展[③]。正是人的自我发展导致了私有制的产生，并反过来侵蚀着人的天然本性。在卢梭这里，战争不是自然状态下人们自然而然陷入的状态，而是社会发展和文明进步的副产品。为了摆脱这种战争状态，重新获得和平，人们需要“创建一种能以全部共同的力量来维护和保障每个结合者的人身和财产的结合形式”，这个契约可以总结为一句话：“每个结合者以及他所有的一切权利已全部转让给整个集体了。”[④]卢梭虽然也要求人们转让自己的全部权利，但与霍布斯那种将权利转让给某个具体的人不同，卢梭认为自然权利只能转让给集体，而不是个人。缔约的所有人形成的是道德的共同体，这个共同体具有自己的生命和意志，是一种公共人格。这就是卢梭著名的“公意”思想。所以，在卢梭这里，有一个从自然状态的和谐到战争再到契约状态下的和平的复杂演变过程。

上述三位思想家尽管在具体细节上有所差异，但在从自然状态到契约状态的发展观上具有一致性。这是近代政治哲学中最重要的一种理论，并在康德历史观和宗教思想中都有所体现。此外，近代哲学所关注的人性论题也成为康德历史哲学的主题。但近代比较流行的是一种恒常不变的人性观，这在休谟哲学中表现得最为显著：“在各国各代人类的行动都有很大的一律性，而且人性的原则和作用乃是没有变化的”，“历史的主要功用只在于给我们发现

---

① 〔英〕洛克：《政府论》（下），叶启芳、瞿菊农译，北京：商务印书馆，1964年，第6页。

② 同上书，第77页。

③ 参见〔法〕卢梭：《论人类不平等的起源》，高修娟译，上海：上海三联书店，2011年。

④ 〔法〕卢梭：《社会契约论》，李平沤译，北京：商务印书馆，2011年，第18—19页。

出人性中恒常的普遍的原则来”[①]。这一恒常原则就是:“人们永远寻求社会。”[②]休谟看待人与人的关系类似于他看待自然事物之间的因果关系,自然物都遵循普遍而恒常的因果律,人类社会中也同样具有恒常的人性原则。在霍布斯与洛克的社会契约论中,人性在自然状态和契约状态中也具有一定的恒常性;发生变化的是人与人之间的关系,而不是人的本性。这种永恒不变的人性观对康德也有所影响,史东指出,“至少到1775—1776年,康德也接受人性是恒常的这种本体论论点,甚至将其与自己的人类学概念联系在一起”[③]。

与这种恒常的人性观不同,卢梭的立场独树一帜。他认为,善恶、自私等概念不适合用以描述自然状态中的人,因为这样的人还不具有思想和知识,甚至不具有自由意志。人在自然状态中只是出于本能而自我保存并对他人具有同情心,但随着私有制的产生和文明的进步,“原始人所拥有的自我完善、社会美德和其他各种潜能”,“通过一系列可能不会发生的外部偶然因素”[④]得到发展。这些因素“教化了人,却败坏了整个人类”,“所有后来的进步虽然都似乎使作为个体的人一步步走向完善,却使人类整体上迈向老朽”[⑤]。在卢梭看来,人性最初是美好的,在进入社会状态之后,却发生了整体的堕落。康德继承了近代哲学对人性的关注,但他对各家思想有批判、调和、升华。其成熟时期的人性概念既具有向善的社会性的一面,也具有趋恶的非社会性的一面;同时,这种人性从本体层面看是永恒不变的、持存的,从现象层面看却是由恶向善发展变化的。康德关于人性的发展观尤其体现在历史哲学中。

至此,笔者对康德历史观的思想渊源进行了简要追溯。其历史哲学的基本框架表现在神学目的论和世界主义观念两个方面。神意或天意概念是康德理解人类社会整体的调节性理念,在此基础上形成的历史理念,不是对某个国家或某个阶段的历史事实描述,而是人性在类的、整体的层面上的发展完善。作为历史之实践性目的的政治共同体和伦理共同体概念,也体现了这种世界主义视野。在具体内容上,康德主要关注人性在历史中的发展完善。他批判地吸收了古希腊以来的各种思想资源,并将其创造性地融入自身哲学

① 〔英〕休谟:《人类理解研究》,关文运译,北京:商务印书馆,1957年,第75—76页。

② 〔英〕休谟:《人性论》,关文运译,北京:商务印书馆,1980年,第440页。

③ Thomas Sturm, “What did Kant mean by and why did he adopt a cosmopolitan point of view in history?”, pp. 8-9. 或参见 http://creativecommons.org/licenses/by-nc-nd/3.0/。

④ 〔法〕卢梭:《论人类不平等的起源》,高修娟译,第48页。

⑤ 同上书,第55—56页。

体系和思想框架中。其历史哲学就是这样一种既兼收并蓄又开拓创新的理论形态。

即便仅就他的历史哲学文本而言，也可以看出他对当时思想界历史思考和历史问题的回应。在科学院版《康德全集》第8卷注释部分，有一则简短文字，其中提到舒尔茨（Johann Schultz）1784年的一个评论："康德教授先生的一个钟爱的理念是，人类的最终目的是达成完美的国家宪政，而且他期望，一位哲学的历史学家会着手在这方面为完美提供一部人类的历史，并且指明人类在不同的时期如何接近或者远离这个最终目的，以及为达到这个终极目的还要做些什么。"[①]作为对舒尔茨这一评论的展开，康德撰写了《普遍历史》这篇论文，发表在1784年稍晚的《柏林月刊》（*Berlinische Monatsschrift*）上。这是康德首次明确阐述其历史思想，并很快引起赫尔德在其《人类历史哲学的理念》（*Ideen zur Philosophie der Geschichte der Menschheit*）中的讨论。康德继而在他对赫尔德这一著作的评论（1785年）以及他的《开端》（1786年）中做了回应，而《普遍历史》和《开端》是康德历史哲学最重要的两个文本。康德始终保持着对那个时代甚至自古希腊以来重大哲学问题的敏锐探察和思考。并且这两篇论文的写作时间正处于其批判时期黄金阶段，可以设想，他对历史问题的研究对后来第三批判（1790年）中自然和自由的沟通工作有所贡献。尽管有不少学者都认为，康德对历史并不太感兴趣[②]，但不可否认的是，其历史哲学在批判哲学的思想体系中占据着不可替代的地位。既然如此，那么康德自身哲学体系应当能够容纳其历史思想，为其可能性提供理论根据。笔者认为，对于其历史哲学何以可能的问题，除了梳理哲学史中的思想渊源外，还应该从其自身思想中寻找答案。

第二节　康德历史哲学在其自身体系中何以可能

康德深受启蒙运动影响，在他看来，哲学就是人类理性的立法。他的历史思想也以这种理性本体论为基础。著名康德历史哲学研究学者约维尔将

① 〔德〕康德：《康德历史哲学文集》，李秋零译注，北京：中国人民大学出版社，2016年，8:468，第1页。

② 沃尔什就曾断言："我们也不能够认为，康德对于为历史本身而读历史，有着一种真正的兴趣。"参见〔英〕沃尔什：《历史哲学导论》，何兆武、张文杰译，第120页。劳特里奇《五十位主要的历史思想家》是这样描述康德的："康德不想成为一个历史学家，他的哲学看起来是异常地非历史的（ahistorical）。"见 Marnie Hughes-Warrington, *Fifty Key Thinkers on History*, third edition, *Key Guides*, New York and London: Routledge, 2015, p. 177。

其历史观称为"理性的历史"(history of reason)①。康德保留了对理性的本体性界定,这批判地继承了西方理性主义思维传统。在这种传统中,人类理性往往被理解为天赋的,无需在时间中获得、发展、完善,具有如此这般理性能力的人生而具有对世界的认识能力。因为人身上的理性能力和客观世界的运动规律是具有同一性的,神在创造世界时将逻各斯既赋予了自然对象,也赋予了人的理性思维,思维和对象之间不存在是否能够具有统一性的问题。只是到了近代认识论转型时期,特别是在笛卡尔的普遍怀疑论中,思维和对象之间出现了二元对立的格局。笛卡尔通过对一切物理对象的怀疑,将思维的关注点从客观世界引向思维自身,由此确立了清楚明白的自我意识;但同时也割裂了思维和对象之间的天然联系,将两者分立两级。当然,笛卡尔并不怀疑人是能够认识客观对象的,也并不怀疑思维和存在具有统一性。只是,对于这两者如何能够重新统一起来的问题,笛卡尔陷入了理论困境。自我的理性思维能力和物体的广延是两种完全不同的属性,它们之间的统一性要么借助于上帝的超自然干预,要么依赖于人类理性的主体能动性和物质对象对主体的刺激。从这两条路径中衍生出笛卡尔的自然影响学说或身心交感学说,也衍生出了马勒伯朗士的偶因论和莱布尼茨的前定和谐学说等。但他们都没有能够最终解决该难题。

康德同样面临这样的问题,他以人类理性统摄自然现象的方式使主客体达到统一性,但由此留下了现象与物自身的对立。他将自身哲学体系中这种新型的二元论称为自然和自由两大领域的对立。在《判批》中他提出自然合目的性原则,使按照机械法则被认识的自然现象和人类行动具有了合目的性和系统性联结,这为人类历史的合目的性发展观奠定了基础,而整个自然界乃至全部人类历史的目的根据则是人类理性设定的道德上的终极目的。这种思维方式在1784年的《普遍历史》中已露端倪。在这篇论文中,康德指出,人的行动与自然中的其他现象一样符合自然法则,但仅仅在这种视角下,人们的行动看起来是杂乱无章的。这类似于近代政治哲学中对自然状态的描述:无论人性最初是自私的还是善良友爱的,没有法律来规范人的行为,仅仅任其按照自身意图行事,那么整个社会看起来只能是盲目的。康德在这篇论文中虽然还未提出反思性判断力及其合目的性原则的概念,但已经具有神意、大自然隐秘计划等概念②。按照大自然的隐秘计划,表面看起来没有章

① Yirmiahu Yovel, *Kant and the Philosophy of History*, Princeton: Princeton University Press, 1980, p. 5.

② 在第三批判中,这些概念被看作是反思性判断力的合目的性原则的核心概念。

法的人类行动也可以被看作是合目的的，而人类行动的合目的性的系统整体就衍生出时间整体和普遍历史的维度。在康德这里，历史一开始就是人类理性按照某种合乎秩序的方式理解自身行为的视角，而且这种视角不是对个体之人的行为的考察，而是对人类整体的行为的系统性考察。这种思维方式在第三批判中演变为理性托付给反思性判断力的合目的性原则，普遍历史理念实际上就是这种合目的性原则之下的理性概念。

历史在康德这里就成为沟通人类自然存在与其自由存在的桥梁。人类历史从其相互对抗的自然状态开始，以一种普遍管理法权的国家机体乃至合法的外部国际关系为目的。后者实际上就是康德在《道德形而上学》法权论部分所描述的、人们外部自由或行动上能够和谐共处的社会状态。换句话说，历史以人们外在自由的实现为最后目的。而在一个外部自由得到满足的政治共同体中，人性的自然禀赋才可以最终得到完善，道德上的终极目的也才能够得以实现。由此可见，在康德这里，人类理性经由哥白尼式的思维方式革命完成了对认识对象的地位逆转，但却留下现象和物自身、自然和自由的二元对立。而自然和自由的张力恰恰为历史的合目的性进程提供了合理空间，这种对立是康德历史哲学得以可能的必要非充分条件。

但作为认识能力的、无时间性的理性不仅为历史提供了这样的张力，而且能够使其结果进入时间与历史中，由此成为创造历史的实践主体。理性在康德这里首先是与时间相容的，只有这样的理性才能在时间进程中被考察，其历史哲学所要表达的就是作为自然禀赋的人类理性（人性）及其目的在历史中如何发展完善并最终得到实现的问题。其次，理性使普遍历史作为"理念"得以可能。历史在康德这里既是一种以时间整体为形式的概念，也是一种以人性辩证发展和人类行动系统联结为内容的概念，而整体性和系统性只能通过理性的通盘把握的能力来获得。

理性既具有无时间性又能够进入时间和历史，这是一种自相矛盾的思维吗？众所周知，其批判哲学中的理性概念具有纯粹性、先验性、理智性等特征，如此这般被理解的理性绝不会是从经验中获得的能力。但康德也不再坚持"人类理性来自上帝天赋"的独断立场，而是仅仅保留其本体性设定，或者只是调节性地将人类理性看作是上帝先天赋予的。由此看来，理性在康德这里似乎成了某种悬空的东西。康德深受启蒙思潮影响，将人类理性理解为绝对的自发性能力，这一点是对莱布尼茨的相对自发性概念的超越。但只要他仍然保留着理性的本体地位的设定，就会产生一个难题：作为独立于经验而具有绝对自发性的理性，如何能够进入时间呢？

这个问题已经将人类理性与时间的相容作为前提了。在康德那里，人类理性不同于上帝的理性，后者是那种仅仅在观念上与现象界存在物具有因果联结的概念。如果非要将上帝作为现象中事物及其变化事件的原因，那么它们之间的关系最多只能被描述为“无中生有”。《圣经》有言，“神说要有光，就有了光”（《创世记》1:3），又有“道生成了肉身，住在我们中间”（《约翰福音》1:14），这些都是从单纯观念创造出质料的生成方式。康德明确指出，“创造作为事件在现象中是不能允许的”[①]，因为，“一个创造的概念并不属于实存的感性表象方式，也不属于因果性，而只可能与本体发生关系”[②]。所以，上帝的理性与时间以及时间中的现象不具有实在的相容性。

与此不同，人类理性与现象中的事件（如行动）却具有实在的因果联系，它作为能够引起现象序列的自发性原因，是一种“推动而不创造”的能力。理性并不无中生有地引起现象界事物的状态变化，而只是作为本源动力因推动这些事物，使之相互作用，产生变化。从中可以推论出来，人类理性只是理智的能力，不是像上帝那样独立于感官世界的理智存在者，这种能力还必须被归属于在感官世界存在的人。而人的一切有意识的行动最终都可以被归结于这种与现象啮合在一起的理性主体，但不能被归属于上帝那样的独立的理性主体。康德在《纯批》中将人类理性称为“一切任意行动的持存性条件”[③]。人的行动，如果要为其寻求负责任的主体，只能追溯到这种理性，不能追溯到某种自然原因或者上帝这样的超验根据。因为理性在人这里已经是一种绝对的自发性，或者就是能够在本体和现象两个领域造成跨界的和实在的因果联结的能力。像休谟那样将行动归责于某种内在心理的但仍然是自然的原因，或者像莱布尼茨那样将现象中的行动归咎于上帝的预先规定，这些都是康德所批判的。康德将传统独断论中本来归属于上帝的绝对自发性赋予人类理性，又将经验主义心理学的自然因果联系统摄于其自由的因果秩序中，由此他完成了理性与时间中现象序列的整合。

理性概念在逻辑上就包含它对现象的系统把握的设定。绝对自发性被康德界定为一种因果性能力，在这一概念中，理性包含了一种理智的、自发的原因与现象中自然因果序列的联结。这是一种自由的因果性联结，相对于自然因果序列而言，它是完备的，具有系统性和整体性。康德提出绝对自发性的自由概念，其理论意图就在于为知性所规定下的分殊的因果知识带来系统统一性。而因果知识的系统统一性的关键在于，有一个理智的和自

① 《纯批》，A206/B251，第 187 页。

② 《实批》，5:102，第 140 页。

③ 《纯批》，A553/B581，第 446 页。

发的作用因充当现象界中自然因果序列的第一开端，由此带来这个序列的完备性。举例来说，我今天在公交车上给一位老人让座，这是一个发生在现象界的行动。当追溯其责任主体时，我找到了我自己的理性能力。但理性作为理智原因，它与我让座的这个具体行为之间不是直接相联系的，而是有一个中介，这个中介就是该行动在现象界的自然原因，也就是我内心的动机和目的。理性首先将我的某种欲求对象表象为一个目的概念，并以该目的来规定我的意志，从而间接地产生行动。在当前这个行动过程中，我想到的是我应该给老人让座，如果我不让座，我自己都会觉得惭愧。我想要心安理得，这就是我当时的内心动机，按照这种动机我做出了让座的行动。所以，该行动不是直接地从理性的自发性中产生的，而是从理性自发地设定的目的和动机中产生的。但在这个完备的因果链条中，理性的自发性能力毕竟是第一开端。虽然就其作为理智原因而言，理性是非时间性的(atemporal)，但由它所推动并造成的自然因果作用毕竟还是发生在时间中的。所以，从因果联系的完备序列来看，或者就理性能力的结果来看，理性与时间必然是相容的。

需要注意的是，理性的持存性与作为现象的实体的持存性具有本质区别。在康德这里，现象中实体的持存性相当于物理学中的能量守恒定律，能量在物体之间的转移以及所发生的形态变化都只能在连续时间段中进行，所以，实体的持存性离不开时间。但理性作为任意行动的持存性条件是不能借助于时间来理解的。理性是一种虽然其结果呈现在时空中，但其自发性本身绝不在时空中的能力。理性发挥作用时完全独立于时间和经验，就此而言，它不受制于时间。理性的持存性就在于它能够在不依赖于时空的条件下，随时随地自发地推动现象界事物的发展变化，因此它"对于人的一切行动来说在所有的时间关系中都是当下的和同样的"[①]。这样的理性不需要被设想为由于一直在时间中存在着才能引发时间中的一个结果，而是必须被设想为任何行动的当下的第一开端和完全自发的原因。

康德似乎是将基督教中被奉为圭臬的上帝的绝对自发性能力经过十分隐晦的改造赋予了人类理性，然后仅仅留给它一个虚名，聊以慰藉像老兰珀那样普通大众的心灵，或者麻痹德国警察[②]。而要论及上帝理念的真正诞生地，还要在人类理性这里来寻找。人可以自己活成上帝的样子，也许这才是

---

① 《纯批》，A556/B584，第448页。

② 参见〔德〕海涅：《论德国宗教和哲学的历史》，收录于《海涅全集》第8卷，孙坤荣译，石家庄：河北教育出版社，2003年，第284页。

康德真正想要表达的东西。即便他在各种著作中都提到,人类并不是这个世界之中和这个世界之外唯一一种有理性的存在者,但其他理性存在者的概念并不具有与人类理性概念同等的地位。它们或者是为了辅助人们理解其自身的理性能力,或者是为了给被他改造的面目全非的宗教信仰留下最后的观念上的寄托。从这个角度说,康德哲学中的理性概念不仅是与时间相容的,而且是以前所未有的方式融于时间与历史的。这种悬空的但又必须与时间相容的理性,尽管有其理论困境,甚至难以自圆其说,却暗藏着康德想要冲破独断思想桎梏的决心。

理性与时间的相容使其结果能够进入历史中,历史就是人类理性能力在时间中不断锻炼、发展、完善的过程。这是从实践角度来讲的。从理论的或先验的角度思考,理性能够使得普遍历史作为理念成为可能。普遍的世界历史在康德那里是一种哲学的理念,这个理念可以引导人们"至少在宏观上把人的行为的一个通常没有计划的**集合**展示为一个**系统**"[①]。这表明,普遍历史就是人类行为的系统整体的概念,而行为是一种现象,能够对现象进行通盘把握并使之成为一个系统整体的,只能是人的理性能力。所以,历史哲学之所以可能的问题,必须追溯到普遍历史的理念如何可能,而普遍历史的理念来自理性对人类行动的系统性把握。

康德历史哲学的最重要文本《普遍历史》发表于1784年,这正是他的批判哲学(尤其是其理论哲学)的确立时期。在《纯批》中,康德系统阐述了感性、知性、理性等各种认识能力的作用方式、作用范围、相互协作关系等。相对于知性对进入内感官中的现象杂多的分殊的统一性,理性能够对现象进行系统统一,使其具有系统统一性,尽管这是以知性为中介达成的。知性是对现象的时间秩序进行客观规定的规则能力,理性则充当了知性规则的连贯运用和知性概念的扩展运用的原则。理性是人类所有先天认识能力中最高的、最本源的能力,它通过对知性概念的扩展运用而得到自己的概念,这些概念并没有确定的和可直观的对象,只是使知性的知识达成一种系统联结。因为"规则的杂多性和原则的统一性是理性的要求,为的是把知性带进和自己的彻底关联之中"[②]。

康德有一种观念:科学知识应当具有系统统一性,并且知性概念的普遍运用应当被归结为尽可能小的数目。这延续了奥卡姆所提出的思维经济原则:如无必要,勿增实体。在人类认识活动中,理性的意图不是要呈现出来一

---

① 《普遍历史》,8:29,第36页。

② 《纯批》,A305/B362,第265页。

个个具体的、相互分离的知识单元，而是要使各种知识尽可能地被联结起来，甚至构成一个统一整体。知性规则尽管能够对现象杂多进行综合统一，但是这些规则自身单靠知性是没办法联结在一起的；理性通过对知性诸规则的系统统握，也间接地使现象具有了系统统一性。康德指出，理性的理论意图就在于对知识的这种系统联结，而不是为了将现象的整体当作确定对象直接地给出来。

就人的行动而言，知性能够将进入内感官（时间）中的杂多规定为客观的变化事件，即一个现象性行动，但它没有能力将人类所有行动的系统联结呈现出来。康德的历史观不仅包含对经验性行动的具体描述，更包含对人类一切行动的系统把握，他由此设想了人性在全部时间进程中的发展完善，以及纯粹理性所设定的各种目的在人类社会中的实现。就其历史观的宏大叙事而言，知性是不足以完成其构想的。

康德在《普遍历史》的论文中虽然没有直接地表明理性在建构历史理念时的作用，但人们可以通过对其先验辩证论中相关文本的分析，并通过先验辩证论与《普遍历史》的文本对照，来思考理性对于历史理念的意义。康德在其先验辩证论中提出了三种理念：灵魂、世界、上帝。他明确指出，这些理性概念在理论上并不能够作构成性的运用，只能够充当知性知识最大扩展和联结的调节性原则。历史理念就是理性对人类一切行动系统把握的悬设的概念，这是一种理论上的理念，是人们用以思考人类整体的一种调节性视角。人类行动的系统整体性可以被看作是意指一切现象的系统整体的世界理念的运用。而从普遍历史的永恒持存性和人类整体的不朽来看，历史理念与灵魂不朽的公设必定具有内在思想联系。进一步而言，人类自然禀赋按照一种隐秘的神意计划的发展完善过程，则揭示了上帝理念在历史领域的范导作用。普遍历史理念就是上述几种理性概念在历史领域的运用，“康德的《纯粹理性批判》已经为历史学确立了基础”[1]。

康德通过人类行动的系统整体的历史概念是想要表达人的自然禀赋在时间中的合目的性的发展完善，从而由此揭示人类整体的道德进步过程。对于德福一致的至善目的或伦理共同体的实现而言，历史过程中所逐渐达成的理性能力的完善以及律法社会的建立都只是必要非充分的条件。普遍历史理念意指这些条件本身得以可能的无止境的时间过程和人类行动的系统联结。在康德看来，“理性自身并不是依照本能起作用，而是需要尝试、练习和

① 丁三东：《从康德的观点看：历史哲学是否可能？》，《世界哲学》2005年第1期。

传授，以便逐渐地从洞识的一个阶段前进到另一个阶段”[①]。理性的发展完善意味着人逐渐能够运用自身理性掌控其动物性的粗野，使其得到规训并被统摄在理性法则之下。当人的理性能够逐渐自主地对其动物性进行约束和控制时，其道德水平也随之得到提升。因此，理性在历史进程中的发展完善同时意味着道德的不断进步过程。

在《实批》中，康德以灵魂不朽的设定来保证道德的无限的进步过程[②]，但是灵魂是个体性的和抽象的，无法保证人类整体在时间中的持续的道德进步，而历史哲学恰恰“强调人类只有通过社会这个媒介，才能实现其真正的道德任务”[③]。因此，康德在其批判时期实际上倾向于以无止境的历史进程来弥补灵魂不朽这一公设的缺陷：“只要人们假定：一个动物的类应当具有理性，并且作为有理性的存在者的等级，这些有理性的存在者全都将死亡，其类却是不死的，仍将达到其禀赋之发展的完备性。”[④]而个体意义上的灵魂不朽与人类整体意义上的普遍历史是能够并且必然相统一的，这一点将在第五章的第二节得到详细论述。

康德在论述其历史观时，还将神意和人类所有行动的系统整体的关系类比于人类个体的理性能力与其具体行动的关系。从个体的角度看，每个人通过其理性能力将其欲求对象表象为一个目的概念，目的作为概念原因进而规定其意志去行动，所以，他的行动都有其理性的自有意图。但人们的诸行动从这个角度看是没有任何合理秩序可言的，每个人按照其私人目的行动，由此构成的只能是毫无章法的集体。康德将这样的集体看作是自然机械法则之下的盲目的社会。因为，在这个社会中，每个人都是按照其感性欲求行动的，理性只是充当了实现其感性欲求对象的工具。在康德这里，只有从纯粹理性的角度才能产生人与人之间的普遍一致，而感性欲求到处都是特殊的甚至相冲突的。但如此这般被考察的个体及其行动换个角度看就不一样了：“当他们每一个都按照其自己的心意，而且经常是一个违背另一个的心意，追逐着其自己的意图时，他们在不知不觉地依照他们自己都不知道的自然意

① 《普遍历史》，8：19，第26页。在康德历史哲学中，人类理性一方面需要在历史中得到发展完善，一方面是历史理念得以可能的先天认识条件。这中间好像存在着一个循环或悖论，但按照康德通常的思路，他也许会这样为自己辩护：历史进程是理性发展完善的本体论条件，而理性则是历史进程得以呈现出来的认识论条件。可参见《实批》序言中关于“自由是道德法则的存在理由，道德法则是自由的认识理由”的思想。

② 参见《实批》5：122，第168页。

③ 〔德〕卡西勒：《康德历史哲学的基础》，吴国源译，《世界哲学》2006年第3期。

④ 《普遍历史》，8：20，第27页。

图，就像依照一条导线那样前进，并且在为促进这个自然意图而工作。”①

自然意图在这里可以被理解为上帝或神的意图（神意），好像所有的人类行动都是按照上帝所设定的某个目的而合乎规律地、有秩序地被实施的。个体不可能将人类行动的整体设定在一个系统整体中，他只能将自身行动设定在其理性能力之下。尽管其自身的理性作为因果性能力而言，也能够对其自身行动具有系统的统一性，但他与他人之间的关系还处在未被规定之中。仅仅从个体性的理性的视角来考察，人们所处的集体只能是一种自然状态下的盲目的集体；而要达成所有人按照自觉自律的原则组成的和谐的契约共同体，还需要一个无止境的历史发展过程。康德将这个历史过程类比于个体完善自身的行动过程：上帝通过人类所有行动来实现其自身意图，就好像个体之人通过其自身行动来实现其理性意图那样。在这种意义上，以描述人类行动为使命的历史就成了上帝演练其神意的一个巨大剧场：人在这个剧场上自以为在完成着自己的个体目的，但却同时在实现着上帝之神意。上帝及其圣灵在每个个体身上隐秘地做功，这是康德建构其历史哲学的一个隐性线索。

神意及其对人类行动的这种系统统一性不可以被独断地理解。上帝理念在这里只是一个调节性的概念，只是为了带来人类行动的系统性秩序。李秋零教授就曾指出，这只是康德在历史领域的一个公设，“历史的规律性不可能出自上帝的旨意，因为历史属于现象界，上帝在这里不起任何作用”②。对上帝概念的调节性的运用使康德区别于黑格尔的客观理性的狡计，后者是将历史中个体背后的世界理性看作绝对的主体。而在康德这里，人类理性无论是作为普遍历史理念的先验主体还是作为在历史进程中自我驱动的实践主体，都是主导性的。历史不具有脱离于人类理性的客观自在的意义。

康德在历史领域对人的个体和上帝之间的这种类比，为人们提供了合目的性地看待人类整体及其历史发展过程的视角。这是哲学家以小见大理解世界的一种思维方式。与之相反的一种思维方式是以大见小地理解对象。柏拉图在其《理想国》中描述了苏格拉底的正义观，苏格拉底运用个体之人与整个城邦的相似性，从城邦的正义来映射个体的正义，由此也论证了“正义之人是幸福的”这一论点。康德则将上帝按照其神意安排人类一切行动的历史过程，类比于个体之人按照其理性意图的行动过程。在个体身上，其理性的因果性通过目的概念将其行动统摄起来；而在上帝那里，人类所有行动的系

---

① 《普遍历史》，8：17，第24页。

② 李秋零：《从康德的“自然意图”到黑格尔的“理性狡计”——德国古典历史哲学发展的一条重要线索》，《中国人民大学学报》1991年第5期。

统整体成为上帝实现其意图的"一个"举措。由此,在单纯机械视角中杂乱无章的行动,在这种神意的视角中也就具有了合目的性的秩序。

当然,对于这种合目的性秩序,康德在其关于历史哲学的几篇论文中还没有非常清楚地将其作为理性的一种原则阐述出来。他所使用的概念是"合乎计划的"(planmäßig)这种更形象的术语,甚至在第一批判中,康德也只是一笔带过地将理性对现象的系统统一性叫做"合目的的"(zweckmäßig)。他指出:"理性要求按照一个系统统一的诸原则来看待世界的一切连结,因而就好像这些连结全部都是从一个唯一的无所不包的、作为最充分的至上原因的存在者那里产生出来的似的。"[1]人与人之间行为上的联结必定也从属于这种系统统一性,因而也应当被看作是好像来自上帝这一最高存在者。这种基于上帝理念的统一性就是"合乎目的的统一性"[2]。按照康德的这种思维方式来理解人类行动和历史,即使人们现实中并没有达到足够完善的地步,并且其理性的运用哪怕还只是工具性的,也可以隐秘地参与到人类整体的道德进步之中。

到了第三批判中,康德则为历史哲学中的神意及其隐秘计划找到了更为确切的先验依据,即反思性判断力的自然合目的性原则。对于这种原则,康德描述道:"按照我的认识能力的特有的性状,我关于那些物的可能性及其产生不能作任何别的判断,只能是为此而设想出一个按照意图来起作用的原因",这"只不过是对于反思性的判断力的一条主观的原理,因而是反思性的判断力的一条由理性托付给它的准则"[3]。这就意味着,理性为了能够将自然有机物乃至整个自然界看作是系统整体所提出的那种合目的性原则,是它托付给反思性判断力去执行的评判能力。在《纯批》中归属于理性的合目的性原则,在这里被下放给反思性判断力。综合这两个文本,反思性判断力应该是从属于理性的先天认识能力,而反思性判断力所承担的最重要的使命则是连结理性和知性,并使得从自然到自由的过渡成为可能。这就推论出来:人类理性自身区分了现象和物自身,又通过自身的合目的性原则对之进行沟通。而历史理念的实质就在于从自然到自由的合目的性发展进程,理性不仅为历史理念提供了自然和自由之间的张力,更提供了历史在自然和自由之间加以沟通的先验原则。同时,灵魂、世界、上帝等理性理念在其历史哲学中也

---

① 《纯批》,A686/B714,第534页。

② 《纯批》,A686/B714,第535页。

③ 《判批》,5:397-398,第252页。

得到了巧妙运用[①]。

由以上论述可以得出这样的结论:历史理念主要是一种理论概念[②]。当人们仅仅以知性的视角来看待自身行动时,所得到的只是单纯的作为现象的事件或事实。在这些事实之间存在的只是机械的和盲目的因果联结,而从人类行动的机械联系这个视角,得到的只能是经验性地描述过去事实的历史。但是,当人们从理性的视角或者从理性托付给反思性判断力的合目的性视角看待人类行动时,一种世界性的、普遍的、合乎神意之计划的历史观就形成了[③]。人类行动之间的机械的自然因果联系就被统摄于某种目的论的秩序之中,并构成一个整体。所以,普遍历史是理性对人类行动进行通盘把握所得到的系统整体的概念,也是理性对知性的连贯运用进行范导所得到的理论上的理念。人类对于这样的历史首先是一种理论的旁观者。但普遍历史同时还是人类自身创造的结果,这是从实践的角度来看的。每个人通过将其理性自发性能力的结果展现在时间中,自身也进入了历史,人类理性在历史中发展完善的过程同时也就是人创造历史的过程。所以,就像何兆武先生所说的:"人对于历史也有两重性,即他既是理解历史的人,也是创造历史的人。作为理解历史的人,他就是一个旁观者;作为创造历史的人,他就是一个参与者。"[④]历史在康德这里具有理论和实践的统一性。

从上文还可以得出另一个结论:人类理性的运用真正说来只有理论上和实践上两个方面,没有专门的和独立的历史理性概念。历史领域的合目的性原则和神意概念都从属于理性的理论运用。在这里,笔者想要对学界关于康德历史哲学的一个争论做出自己的分析和回应。何兆武先生沿用新康德主义者卡西尔的观点,将其历史哲学论文理解为"历史理性批判",并将这第四批判看作是第三批判的理论在历史领域的延伸和应用[⑤]。在讨论康德历史哲学何以可能的问题时,何兆武先生将其追溯到牛顿和卢梭的理性精神。康

---

① 这一节只是提纲挈领地介绍这些理念与历史理念的关系,以突出康德历史哲学的理论根据。笔者将在下文的章节中对此有更深入、细致的阐述。

② 这种理论意义在康德历史哲学中是第一性的,其历史哲学的实践意义则是第二性的。笔者将在第四章就此展开论述。

③ 普遍历史观念一开始主要是关于全世界过去历史的叙述,康德将其上升到先验和未来层面,这一点被费希特、席勒等人继承下来。康德的这种普遍历史概念自然也区别于通史概念,前者囊括一切时间和地域,是针对全人类的,后者可以是针对某一地域的,如中国通史、欧洲哲学通史等。参见刘小枫编:《从普遍历史到历史主义》,谭立铸、王师、蒋开君等译,北京:华夏出版社,2017 年,第 158—195 页。

④ 何兆武:《"普遍的历史观念"是怎样成为可能的——重评康德的历史哲学》,《学术月刊》1990 年第 5 期。

⑤ 同上。

德在其历史哲学中指出，人的全部自然禀赋会合目的地发展出来，因为大自然不做无用功。这种思想正是牛顿提出的："大自然决不做徒劳无功的事，当更少的一些就够用的时候，更多的一些就是徒劳无功的了；因为大自然喜欢简捷性而并不炫耀各种多余的原因。"[①]何先生认为，康德按照牛顿的这种思维方式提出了其历史哲学的基本论点：人类历史就是大自然隐秘计划的实施，并由此推论出来其全部的历史哲学。此外，何先生指出，康德历史哲学还是卢梭的自由观和人性学说在历史学上的深化和发扬。而牛顿和卢梭分别代表在自然领域和社会领域独立运用理性的重要人物。康德从人类理性自身的视角观看历史，以理性范导历史的合目的性进程，并将理性看作是在历史进程中自我解放的，这是对牛顿与卢梭的启蒙精神和理性精神的推进。所以，康德历史哲学是建立在人类理性的独立运用之上的，这也是他对启蒙精神的进一步升华。

邓晓芒教授对康德的历史哲学有不同的理解。在他看来，其历史哲学同样契合第三批判中的自然目的论思想，但这决不足以构成第四批判。同时，历史理性是黑格尔式的概念，不是康德的。邓晓芒教授指出，正是因为何兆武并没有将第三批判的思维方式作为康德历史哲学的前提，所以才会产生"何以康德会遗漏对历史认识本身的批判"这样的疑问；与其硬塞给康德一个所谓的"历史理性批判"，不如将第三批判看作是历史哲学的方法论根据。他的解读思路是将康德的历史哲学论文与其第三批判中的思维方式看作是前后一致的，尽管后者的发表时间晚于前者，但在其历史哲学论文中的思维方式并没有超出第三批判的范围。所以，"康德对'历史知识'或'对历史的认识能力'早就进行了批判，这就是他的第三批判即'判断力批判'"[②]。

对康德著作和思想的一贯性理解，在阿里森那里也有所体现。阿里森认为，"尽管第三批判的发表时间比《普遍历史》晚六年，但它提供了后者据以被考察的透镜"[③]。第三批判的基本思路是，人从感性欲望中的解放创造了一种对美的无私的愉悦，而美则帮助我们更易于接受道德理念；美是道德的象征。熟巧的文化最直接地相关于康德的历史目的论阐释。因为熟巧的手段的发展提供了物质进步的刺激要素，这种物质进步最终导向合法的社会秩序

---

① 牛顿：《自然哲学之数学原理》，转引自何兆武：《"普遍的历史观念"是怎样成为可能的——重评康德的历史哲学》，《学术月刊》1990 年第 5 期。

② 邓晓芒：《康德历史哲学："第四批判"和自由感——兼与何兆武先生商榷》，《哲学研究》2004 年第 4 期。

③ Henry E. Allison, "Teleology and history in Kant: the critical foundations of Kant's philosophy of history", Amélie Oksenberg Rorty and James Schmidt(eds.), *Kant's Idea for a Universal History with a Cosmopolitan Aim*, p. 25.

和国际关系。简言之，熟巧文化是“自然的狡计”在历史中起作用的基本工具。并且，熟巧文化对应于历史过程，法制文化对应于历史和自然的最后目的，即政治共同体的建立。阿里森还认为康德的历史似乎有两个阶段，其中一段的目的是政治共同体，另一段的目的是伦理共同体。这两段历史表达了康德不同时期哲学立场的变化。《普遍历史》论文中没有表达第二段的历史进程，仅仅表达了对于政治共同体的那段历史，而对于伦理共同体的历史是在宗教中展开的。但关于这两段历史进程的总体思路是在第三批判中得到论述的。

丁三东与邓晓芒和阿里森的立场一致。在他看来，康德没有第四批判，“‘合目的性’概念是我们在反思自然、历史时必然要运用的一个概念，它从属于反思的判断力”[①]，而其第一批判不仅批判了以往的形而上学，也批判了以往的历史哲学。康德通过对人类认识能力的重新考察为自然科学奠基的同时也为历史哲学确立了根基。以往的历史哲学已经是不可能的了，如果还能够有一种历史哲学的话，那么它就不再是一种知识，而是一种信念。这种关于历史哲学的信念建立在主观普遍性之上，并最终源于康德的合目的性思想。

上述几位学者的争论焦点在于康德是否有单独的历史理性以及历史理性批判，卡西尔、何兆武持肯定态度，邓晓芒、阿里森、丁三东持否定态度，并且历史哲学应该从第三批判甚至第一批判已经奠定的思维方式来理解。王平在其《目的论视域下的康德历史哲学》一书中则提出了另一个争论点。他同意邓晓芒对第四批判的否认，但不赞同他关于“康德历史哲学并未超出第三批判的方法论”的论断。在邓晓芒和丁三东看来，康德历史哲学不是严格意义上的知识，只是好像是一种知识，或者仅仅是一种信念。而王平指出，这种解读会使康德历史哲学沦为第三批判的附庸。他从三个角度反驳邓晓芒的论据。首先，康德历史哲学的几个重要论文，《普遍历史》《开端》《评赫尔德〈人类历史哲学观念〉》，发表于 1784 和 1785 年，主题鲜明，并具有相同的写作动机和连续性的思考过程，所以，并不像邓晓芒讲的是一些不成系统的散论。其次，康德历史哲学的目的论和二律背反思想与其三大批判的基本思想是一致的。尽管其历史哲学并没有严格的分析论、辩证论、方法论的格式，但不能因此说历史哲学是游离在三大批判之外的散论。第三，历史哲学中的目的论不是第三批判中目的论的沿用，相反，第三批判中的目的论是历史目的论的继续和深化。对历史哲学中目的论的理解是王平与邓晓芒商榷的焦点，

---

① 丁三东：《从康德的观点看：历史哲学是否可能》，《世界哲学》2005 年第 1 期。

他指出,“康德哲学中的目的论思想由来已久,第三批判中的目的论思想只是康德目的论思想的最后完成”[①]。从这点出发,他将康德历史哲学看作是独立的思想部门,特别是独立于第三批判的理论框架。在王平看来,只有这种独立于批判哲学体系的历史思想,才能在哲学史上占据举足轻重的地位。

对于上述争论,笔者认为,第四批判和历史理性的说法的确牵强。康德最重要的历史哲学论文是 1784 年的《普遍历史》,在这个时期,其第二批判和第三批判还没有完成,何来第四批判呢?如果康德有意打造一种历史理性批判的体系,那么后来出现的《实践理性批判》就不会是第二批判了。并且康德在整个批判时期都坚持理性只有理论的和实践的两种运用,中间应该不会莫名冒出一种独立的历史理性。在其历史哲学中的思维方式最初被看作是隶属于理性的合目的性的和系统统一性的原则,后来在第三批判中被看作是理性托付于反思性判断力的一种原则。但即便在第三批判中,康德也明确认为,人类对自然和人类社会的一切合目的性评判,仍然只是认识能力的调节性原则,并具有悬设的性质。所以,康德历史哲学可以被看作是第一批判已经确立的理性的系统统一性原则在历史领域的运用,而这种原则在第三批判中又得到了更完善与详尽的阐述。从思维方式和方法论角度来看,其历史哲学并没有独创一种完全不包含在批判哲学体系中的新的思维,而是完全在先验逻辑的框架下展开的。邓晓芒和丁三东等学者也是从这个视角对卡西尔、何兆武的论点展开批判的[②]。

但是,文本的单薄和对批判哲学体系的依赖并不取消或者使人忽视康德历史哲学的价值。任何研究历史哲学(特别是近代历史哲学)的学者都不应该忽视康德历史观的意义。就像在认识论和道德哲学等领域康德构成思想史上不可或缺甚至至关重要的一环那样,在历史哲学领域,康德的地位同样不容小觑。但目前来看,康德历史哲学的价值还没有得到充分的重视,其历史观也没有得到详尽的阐明。当然,他关于历史的论述确实只有几篇论文,或者散杂在第三批判和关于宗教学说的著作中,但人们仍然可以从这些散乱文本中抽丝剥茧地建构起来一个历史哲学的体系。这个体系不一定非要具有像三大批判那样的固定逻辑结构,但一定能够自成一格,并且可以勾连起康德其他思想部门以及哲学史上康德前后乃至其同时代各种历史观。由此,康德在历史哲学的发展历程中,特别是在近代的发展历程中的地位就可以得

---

① 王平:《目的论视域下的康德历史哲学》,上海:上海交通大学出版社,2012 年,第 141 页。

② 相似论点还可参见张骏:《康德历史理论中的批判哲学因素》,《社会科学战线》2018 年第 9 期。

到更明确的揭示。所以，在笔者看来，对康德历史哲学进行系统建构，并揭示他在历史思想发展过程中的价值，也许比争论康德历史哲学是否独立于其批判哲学更有意义。即使其历史观是依托于批判哲学的思维方式和整体框架而成立的，这也丝毫不减损它作为思想史上关键环节的重要意义。

最后，笔者想要就康德关于历史哲学的几个文本的内容及其相互关系做下说明。这其中最重要的是1784年的《关于一种世界公民观点的普遍历史的理念》。该文本相当于康德历史哲学的大纲，同时，他关于历史哲学的核心观点都在其中得到了阐发。《普遍历史》包含一个引言和九个命题。在引言部分，康德对普遍历史进行了界定。首先，历史是以叙述人的现象性行动为己任的，并且这主要不是针对个体的具体行动，而是针对人类整体而言的。换言之，普遍历史就是描述人类经验性行动的系统整体的理性概念。其次，普遍历史所描述的人类行动的系统整体，背后隐藏着一种自然意图的线索，这就是他在后面九个命题中要徐徐展开的上帝的隐秘计划。康德在这个引言的两个段落中已经初步交待了其普遍历史观的整体性、世界性和神学目的论的思想特质。

《普遍历史》的九个命题是按照一种神学目的论的宏大叙事格局而展开的。其中第一个命题开宗明义，将普遍历史确立为一切造物之自然禀赋(包括人性)合目的地展开的过程。命题二明确规定了其历史哲学的人类整体视角：人的理性禀赋(人性)不是在个体中而是在类中得到发展完善的。命题三指出其历史观中的两个核心观点：人性必须是自我驱动的，这是自然(上帝)所期望的；人性的发展过程是无限的，因为人类整体是不死的。命题四揭示了人性自我驱动和自我完善的动力因，即非社会的社会性。命题五指出，自然规定人类去完成的最高任务就是达成一个普遍管理法权的公民社会。命题六揭示了实现这样一个公民社会的困难，即不可能找到一个自身公正的公平正义的元首。命题七将实现完善的公民宪政问题转向合法的外部国际关系上。命题八总结康德的普遍历史设想：人类历史就是上帝的隐秘计划的实施。这个计划就在于实现一种内部完善和外部完善的国家宪政，使得人类的一切禀赋在其中得到完全发展。该命题也揭示了普遍历史的隐藏着的终极目的——使人类禀赋达到绝对完善性，这相当于其他文本中的至善、伦理共同体等概念。命题九将如此这般的普遍历史观念确立为一种哲学尝试，康德就此表明，他所描述的普遍历史是一种哲理的历史。

康德在各种文本中关于人类历史的几乎所有观点都是围绕这个提纲展开的。其中，1784年的《回答这个问题：什么是启蒙?》揭示了公众而不是个体给自己启蒙的重要观点，这契合《普遍历史》中人类整体的发展观。1786

年的《人类历史揣测的开端》是基于普遍历史的无限性的定位而成立的;普遍历史无论是向过去回溯还是向未来延伸,都不可能具有时间上的边界。因此,历史的开端不可能是某个确切的时间点。在这篇短文中,康德通过对《圣经》中人类始祖的故事的重新诠释,给出了他关于人类历史之开端的设想。1794年的《万物的终结》则阐明了历史的终结问题。历史的终结同样不是某个确切的时间点,而是在全部时间进程中每时每刻都进行着。普遍历史既是一个人类发展自身、完善自身的过程,也是永恒地终结着的过程。1795年的《论永久和平》具体地论述了国家间永久和平的临时条款和确定条款,其中重点论述了公民宪政、国际法权、世界公民法权等问题,这些问题在《普遍历史》的命题五、六、七有初步的讨论。尤其值得一提的是,在《普遍历史》中悬而未决的那个公共正义的元首难题,在《论永久和平》中得到了适度的解决。1794年的《纯然理性界限内的宗教》谈及一种建立在纯粹信仰和启示信仰的统一性之上的普遍的宗教史,这是康德将他在历史哲学中的先验逻辑思维方法运用于宗教领域得出的结论。该文本也将康德的普遍历史观念明确地推进到宗教信仰领域,这在《普遍历史》中只是作为隐秘的线索而存在的。其他文本诸如《学科之争》《论目的论原则在哲学中的应用》《论俗语:这在理论上可能是正确的,但不适用于实践》等,也多少包含与其历史哲学相关的论点。

本书从这些文本中提炼出三个关键性的论题:康德历史哲学的时间观理论前提、康德历史哲学中的辩证思想、普遍历史所趋向的实践性目的。其中,时间是历史的形式,有什么样的时间观,必定就有什么样的历史观。这部分将作为本书的重点在下一章得到论述。康德历史哲学的辩证思想是从内容上来思考普遍历史时所得出的结论,这部分将在第三章得到论述。第四章详细阐明历史的最后目的和终极目的,这实际上就是他在《普遍历史》命题五提到的完全公正的、普遍管理法权的公民社会,以及在命题八提到的人类禀赋的完全发展。其他问题,例如,历史的开端问题、历史的终结问题、普遍的宗教史问题等将在第五章得到论述。

小　结

康德历史观离不开他所处时代的历史研究的视域和问题意识,也离不开他对其他思想家之成果的批判性继承和扬弃。在其自身的哲学体系中,现象和物自身、自然和自由的二元论确立了其历史哲学的理论空间,历史哲学是先于第三批判对自然和自由进行沟通的理论尝试。而康德对理性概念的独特的理解以及他在此基础上确立的理性本体论立场，成为其历史哲学的直接的理论依据。可以说，康德的认识论、实践哲学、历史哲学等思想部门都是建立在其特有的理性概念之上的。所以，要探究其历史哲学何以可能的问题，必须从他的理性观入手。

而在这样的理性本体论基础上建立的历史理念，一方面是对其自身自然和自由的二元论的解决，另一方面是对近代政治哲学中从自然状态到契约状态的历史性描述的继承与回应。人的感性存在和现象性行动其实就是造成人类生存之自然状态的东西，康德通过一种调节性的甚至悬设的视角，将历史看作是自然状态下的人们向着普遍法则之下的政治共同体行进的无止境过程。这既是理性或人性不断发展完善的过程，也是自由、道德、法制社会得以逐渐实现的过程，或者也就是法制、契约的发生学过程。康德在其历史观中谈到了历史的合目的性进程、历史发展的动力、历史的社会性和整体性视野、历史的揣测性的开端、历史的实践性的目的、历史与宗教的关系、历史的终结论等一系列问题，这些问题和相应观点分布在其各种文本中，要从中建构起来一种逻辑清晰、结构完整的历史哲学思想体系，不是一件容易的事情。本章主要澄清康德历史哲学得以成立的思想渊源和理论根据，而从其各种历史观中建构起来一个历史哲学的体系，则依赖于接下来几章的论述。

读者可能会提出一个质疑：康德自己只是提出了各种历史观点，但并没有一个严格意义上的历史哲学的思想体系。从一个研究者的角度去建构其历史哲学是否合理合法？笔者的考虑是这样的：康德自己没有去完成一个关于历史的思想体系，但他毕竟从其批判哲学的思维方式中发表了关于历史的多种观点；如果能沿着他开创的思路与方法继续把他的观点和论证组织起来，构成一个思想整体，那就是对康德哲学体系本身的推进，也是对学术界关于近代历史哲学研究的贡献。笔者想要通过这种建构，为学界描画一个更为清楚的康德思想肖像。这是本书的写作意图。同时，由于这种建构的事业不是康德本人，而是笔者去完成的，所以，本书所呈现的历史哲学会显得是“康德式的”(Kantian)，不是“康德的”(Kant’s)。而“哲学”在这里意味着思想的系统性、清晰性、完备性。笔者将通过接下来几章的研究工作，努力使康德的历史哲学“真正成为可能”。

第二章　康德历史哲学的时间观理论前提

在康德那里，普遍历史从形式上意味着一种时间整体；而从内容上来看，历史则是指人性自我驱动和自我完善的合目的性进程，或者就是人类的理性启蒙、道德进步、信仰观念变迁等方面的完整历程。本章主要从形式上论述康德哲学中历史与时间的内在关系，暂且不涉及历史中发展变化的人性内容。

历史总是与时间联系在一起的，因为历史是“按照**时间**的描述”，“涉及就时间而言前后相继地发生的事件”[①]。可以说，有什么样的时间观，就会有什么样的历史观。虽然康德在其各种历史著述中并没有详细分析历史与时间的关系，但人们仍可以从其时间观中理解其历史理念的实质[②]。康德的时间观在西方哲学发展的历程中有其独特的意义，代表着传统的科学化、可计量的时间观向以柏格森、胡塞尔、海德格尔为代表的绵延时间观、内时间意识、存在论时间观过渡的中间环节，也是传统理性主义哲学中具有神学背景的、形而上学的时间观走向没落的一个标志。康德对时间的“主观性”理解决定了其历史哲学的“主观性”[③]特质，但他在这种主观性视域中又开启了历史相对于人的个体的客观性。人对于历史既是理论上的先验观察者，又是实践上的自我成就者；人性既是历史的主体，也是在历史中被完善的客体。这种复杂的历史思想以其时间学说为必要的（而非充分的）理论前提：时间本身是一种纯直观形式，它自身不足以赋予人的历史生活以深刻意义；时间只有在高级认识能力（知性、理性）的规定下才能使人类历史成为合目的性的先验理念。而当这种直观形式在知性或理性的自发性能力的激发下发挥作用时，它

---

① 《自然地理学》，9：160，第161—162页。

② 因为，其《普遍历史》与《纯批》是同一时期作品，前者包含其核心的历史思想，后者包含其成熟的时间观念。其时间观对其历史观是有所影响的，即便这种影响是隐含着的，而不是被他明确表述出来的。

③ 这里的“主观性”并不是说康德的时间和历史学说就没有客观性了，只是说相对于近代流行的客观性时间观，康德将时间理解为主体的感性认识能力，而不是独立于主体的客观事物。

就成为现象的伴随物。伴随于对象的时间因而就具有了知性规定下的客观性秩序，以及理性通盘把握之下的系统整体性。历史正是从这种时间学说中获得形式上的本质规定的。要理解康德的历史观，必须从其时间观入手；而要理解康德的时间观，需要将其放在西方哲学史中与其他思想家的时间观念作对比。

第一节　西方各种时间观以及康德在其中的定位

柏拉图在《蒂迈欧篇》中借蒂迈欧之口描述了宇宙生成的过程，其中包含了他对时间的理解。蒂迈欧首先区分了可以通过单纯思维推理来把握的永恒自持的东西和通过感性来把握的变动不居的东西。宇宙就是被创造出来的可感的东西，其创造者德穆革（神）及其思想则是永恒存在的。这个神先创造了世界灵魂，然后创造出天体和时间，可感事物都在时间中。所以，时间在柏拉图那里是一种被造物，是客观的。他对时间的定义是："依数运行的永恒影像。"[①]日、月、年是时间的部分，现在、过去和将来则是时间的生成形式，它们按照数的法则旋转。在柏拉图那里，时间就好像是空间那样的客观容器，事物在时间中运动变化。这样的时间也是一种客观对象。

亚里士多德对柏拉图的时间观做了改造。在《物理学》中，他指出，时间既不是运动，也离不开运动，而是通过运动来呈现的。当人们在运动中感觉到前后区别时，就有时间过去了。时间就是"关于前后的运动的数。因此，时间不是运动，而是使运动成为可以计数的东西"[②]。但数有两种，一种是用以计数的数，一种是被数的数。时间是被数的数。亚里士多德通过对"现在"的分析来解释这一点。"现在"在事物运动中是可数的前和后，虽然前后的"现在"概念上相同，但前一个"现在"不同于后一个"现在"；前后的"现在"之间构成连续体，时间就是无数的"现在"前后相连形成的连续体。通过时间的连续性，运动也成为连续的。亚里士多德对时间已经有一种较为抽象的理解，时间已经不是单纯客观对象，甚至不是数本身，而是使客观对象的运动成为可计数的东西。时间通过数本身被计数，运动继而才通过时间来计数。这样的时间已经成为事物身上的一种规定性。并且，亚里士多德还指出了时间对意识的依赖性："如果我们自己的意识完全没有发生变化，或者发生了变化而没有觉察

---

① 〔古希腊〕柏拉图：《柏拉图全集》（第三卷），王晓朝译，北京：人民出版社，2003年，第288页。

② 〔古希腊〕亚里士多德：《物理学》，张竹明译，北京：商务印书馆，1982年，第125页。

到，我们就不会认为有时间过去了。”[①]柏拉图把时间看作是按照数而运动的永恒原型的影像，亚里士多德则将时间看作是依赖于主体意识而变化着的、可计量的数。这其实是对时间的一种抽象和提升，也是将时间拉近了主体。

普罗提诺在《九章集》中也给出了自己对时间的理解。他赞成亚里士多德对时间与运动的关系的分析，指出时间就是度量运动的尺度。但是，它是用以度量灵魂之生命运动的尺度：“在灵魂运动之前的是永恒……灵魂运动首先进入时间，并产生了时间，与它自己的活动一起拥有时间。”[②]这里的灵魂是指太一和理智之后的第三层次的理念，太一、理智、灵魂三位一体，类似于后来基督教中的三位一体思想。这样的灵魂可以产生生命运动，因而进入时间中。灵魂在宇宙中无处不在，所以时间也无处不在，并且时间和灵魂的运动都是连续的。普罗提诺的时间观是对柏拉图理念论和亚里士多德时间理论的调和。

奥古斯丁在其《忏悔录》的第 11 卷指出，通常人们将时间分为过去、现在、将来三种，但是未来和过去并不存在，比较恰当的说法是过去的现在、现在的现在、未来的现在三类，“这三类存在于我们心中，在别处无法找到”[③]。过去事物的现在是记忆，现在事物的现在是直接的感觉，而将来事物的现在是一种期望。无论是直接感觉还是记忆、期望，都是呈现在人心中的东西，不是心外的事物。奥古斯丁明确反对柏拉图那种将时间看作是日月星辰更替或天体运行的观点，他将时间看作是内在思想的延伸。奥古斯丁的时间观已经明确具有主观性特点，这是对古希腊客观时间学说的超越。他在《忏悔录》中还指出，“人的活动不过是人生的一部分，那么对整个人生亦如此；人生不过是人类整个历史的一部分，那整个人类历史又何尝不是如此呢?”[④]他对人类历史的这种描述类似于后来康德对历史的看法。历史就是人类活动组成的整体，而整个人类历史就是上帝全部创世计划的一部分，是上帝演练其自身意图的剧场，是人类赎罪的戏剧，这是奥古斯丁在《上帝之城》中表达的观点。康德则将人类普遍历史看作是大自然隐秘计划的实施，是人类整体逐渐从恶向善的道德进步过程。

到了近代，客观时间观又经过牛顿和莱布尼茨的强势影响力在自然科学与哲学领域占据了主流地位。牛顿在《自然哲学的数学原理》的“定义”部分表达了其时间观：“绝对的、真实的和数学的时间，由其特性决定，自身均匀地

---

① 〔古希腊〕亚里士多德：《物理学》，张竹明译，，第 123 页。

② 〔古罗马〕普罗提诺：《九章集》(上)，石敏敏译，北京：中国社会科学出版社，2009 年，第 344 页。

③ 〔古罗马〕奥古斯丁：《忏悔录》，许丽华译，合肥：安徽人民出版社，2012 年，第 202 页。

④ 同上书，第 210 页。

流逝,与一切外在事物无关,又名延续;相对的、表象的和普通的时间是可感知和外在的(不论是精确的或是不均匀的)对运动之延续的度量。"[1]绝对时空观念构成牛顿力学的基本框架,由此引申出宇宙在时空上的无限性。牛顿将绝对时空的原因归于上帝,绝对时间是没办法认识的,能够被认识的只是相对的时间。因为相对时间在运算和度量运动时才是有意义的,人们可以在度量运动时认识相对时间。莱布尼茨在与克拉克[2]的论战中表达了与牛顿不同的观点,他不同意牛顿一派将时间看作是不依赖于宇宙中存在物的绝对实在的观点,而是指出"时间应该是和被创造物共存,并只凭借它们的变化的秩序和量来加以思想的"[3]。在莱布尼茨看来,时间就是被创造物的相对的关系和秩序,而不是一种绝对存在物本身。但从更高的层面来看,牛顿和莱布尼茨都代表着近代关于时空观的客观性立场,这不同于奥古斯丁对时间的"内在思想延伸"的主观性立场。

休谟的时间观应该算是近代哲学乃至整个西方哲学史中最另类的了。休谟在《人性论》中对时空观念还是比较重视的,在其第一卷"论知性"中,他对时间和空间的论述占据整整一章的篇幅;但到了《人类理解研究》中,这一章就被删去了。休谟在《人性论》中首先表明心灵能力是有限的,心灵的观念的分割也是有限的,所以,任何观念和印象都有最小的无法再被分割的单位。由此,休谟得出一个结论,无论是时间还是空间(广袤)都不是无限可分的。时间不仅是不能无限可分的,而且是"接续的",时间上任何邻近的部分都不能同时并存;只是这里的接续不同于其他哲学家时间观中的连续性,而是瞬间时间点之间的间断的连接。时间就由那些单纯的、不可再分割的刹那(或瞬间、单位)组成。每个刹那都不同于其他一切刹那,所以诸刹那点之间不存在连续性,只有接续性。此外,休谟对时间也有一种主观性界定:"时间观念是由我们各种知觉的接续中得来的……当我们没有接续着的知觉时,我们便没有时间概念……时间不能单独地或伴随着稳定、不变的对象出现在心里,而总是由于可变的对象的某种可以知觉的接续而被发现的。"[4]这表明人们关于时间的观念是从其关于事物变化的接续的感觉经验中获得的,这一论点符合休谟一贯的经验主义认识论的思维方式。他并不像其他哲学家那样独

---

① 〔英〕牛顿:《自然哲学之数学原理》,王克迪译,西安:陕西人民出版社、武汉:武汉出版社,2001年,第10页。

② 克拉克是牛顿的朋友和拥护者,他与莱布尼茨时空观上的差异代表牛顿与莱布尼茨之间世界观的争论。

③ 〔德〕莱布尼茨:《莱布尼茨与克拉克论战书信集》,陈修斋译,北京:商务印书馆,1996年,第74页。

④ 〔英〕休谟:《人性论》,关文运译,北京:商务印书馆,1980年,第48页。

断地宣称,时间是某种客观对象或者客观对象的客观秩序和关系,甚至宣称时间来自神的创造;而是将时间仅仅看作是来自知觉的内心观念,是关于对象存在方式或秩序的观念。这种主观性的时间观对康德具有深刻影响。后者将时间作为主体内感官的纯形式,而不再是思维之外的客观对象或客观秩序,这至少在主观性立场上与休谟是一脉相承的。

总体来看,在康德之前,西方哲学中客观的时间观占据主流地位。亚里士多德的时间观则是主客体相结合的一种立场;而主观的时间观仅以奥古斯丁、休谟最为著名。同时,时间往往被看作是由神创造的,并与事物的运动变化一起被理解。康德将时间看作是感性直观的纯粹形式,将其纳入认识主体的认识能力之中,并且时间表象作用的发挥依赖于主体的自发性能力的激发。这种彻底的主观性立场是对近代主流的客观时间观以及形而上学时间观的直接超越,也是对奥古斯丁主观时间观的遥相呼应。但是,康德继承了哲学家们一贯以来从事物运动变化的角度理解时间或者展示时间的思维方式,以及对时间的连续性的界定。这一点不同于休谟的那种间断式的经验主义时间观。此外,康德将时间看作是对象得以被认识的一种先验形式,这其实也批判地延续了莱布尼茨和休谟对时间作为对象存在方式或秩序的界定。康德的时间直观形式同样具有为现象排列秩序的功能[①]。但需要注意的是,在康德和其他哲学家的思想中,有一个关于时间观的共同之处,那就是时间的可计量性、科学性特点。即便在休谟、康德的主观时间观中,时间也好像空间中一条线那样,其绵延是可以科学测量的。这是一种典型的空间化时间观,因为时间的可测量性被类比于空间的可测量性,好像时空具有相同的属性。这种空间化时间观受到柏格森等现当代哲学家的激烈批判[②]。

在柏格森看来,以往大多数哲学家经常将不占空间的内心意识看作是占据空间的东西,把本来属于时间和绵延的质量变为数量,由此展开对时间以及与时间相关的内在意识的科学分析和测量,这是极其错误的混淆。由于这种混淆,人们关于自由意志的一切论断都是成问题的。因为,柏格森认为,自由与内意识、自我相关[③],并且不是绝对的,而是有程度差异。自由指的是人

① 只是要注意:在康德这里,时间为现象排列秩序的功能是借助知性完成的。

② 邓晓芒教授指出,康德的时间观处于传统空间化时间向力学化、能动化时间的过渡中,这也是造成其时间观内在困境的地方。参见邓晓芒:《康德时间观的困境和启示》,《江苏社会科学》2006 年第 6 期。

③ 当然也有学者看到了柏格森的这种自由观的局限性,自由对于柏格森来说是确切无疑的,但也是不可证明的,因为"证明"这个概念是在科学研究中获得的。参见 Arjen Kleinherenbrink, "Time, duration and freedom—Bergson's critical move against Kant", *Diametros* 39(2014), p. 225。

们当下发出动作时的自我的表现，是要从当下动作本身中去寻找的，而不是从这个动作与尚未发生的动作的关系中寻找。柏格森将以往的自由选择概念解释为类似于事物在空间中摇摆的一种观点，这种观点的理论基础就在于对时间和内在意识的空间化和机械性的解读。他认为，时间的本性不是像空间那样可量化的，而是一种绵延，是流动的、内在的、多样性的。时间和绵延属于具有内意识的心灵，“科学要从时间里去掉绵延，从运动中去掉可动性，才能处理它们”[①]，这是对时间的格式化的处理方式，但时间与意识本身是流动的、连续的。这意味着，“当我们的自我让自己活下去的时候，当自我不肯把现有状态跟以往状态隔开的时候，我们意识状态的陆续出现就具有纯绵延的形式”[②]。所以，时间或绵延在柏格森那里意味着意识本身的连续性，这种连续性不同于以往时间观中点与点之间的贯通的连续性，而是一种活生生的生命流变。在这种生命意识的流变中，不会有类似于空间中一个点与另外一些点之间的外在关系，意识状态之间可以相互渗透。

这种剥除了空间性秩序和科学测量特质的时间观，也一并抽掉了传统哲学思维中占据核心地位的逻各斯精神。在传统的形而上学或理性主义哲学中，逻各斯主要是一种法则。这种法则不仅存在于客观世界，也存在于主观思维中，所以无论时间是客观的还是主观的，都不可能脱离这种逻各斯精神而独立存在。时间总是被看作要么能够容纳普遍的法则、秩序，要么自身就是一种秩序。柏格森对时间的纯绵延的解释，扬弃了其逻各斯精神，使之被还原为生命本来的流动性和渗透性。甚至有学者指出，“他借由绵延引入了一种流变的哲学，在连续变化而又纯粹融合的时间(即绵延)中，逻各斯的序列荡然无存。这正是柏格森主义与康德的先验主义哲学在时间问题上的根本差异”[③]。而在笔者看来，柏格森对康德时间观的批判也代表了他对整个西方哲学中格式化、科学性的时间观的批判。他自身的内在意识之绵延的时间观则引领了现当代时间观的一个新方向。

胡塞尔与柏格森一样，也是从内在意识角度对时间展开思考的。赫伯特·施皮格伯格就曾说过：“当现象学在法国舞台上出现的时候，柏格森主义仍然是占据支配地位的哲学。这两种哲学之间的某种相似是明显的。”[④]胡塞尔甚至称自己是真正的柏格森主义者。他指出，我们所接受的是“一个

---

① 〔法〕柏格森：《时间与自由意志》，吴士栋译，北京：商务印书馆，1958年，第86页。

② 同上书，第74页。

③ 王亚娟：《逻各斯的退隐——柏格森对康德时间观的批判》，《哲学分析》2013年第4期。

④ 〔美〕赫伯特·施皮格伯格：《现象学运动》，王炳文、张金言译，北京：商务印书馆，1995年，第593页。

存在着的时间，但这不是经验世界的时间，而是意识进程的**内在时间**"[①]。在胡塞尔看来，"客观空间、客观时间以及与它们一起的现实事物和过程的客观世界，所有这些都是超越的"[②]。这里的超越不是传统形而上学对经验的超越性，也不是康德的自在之物对现象的超越，而是一种类似于柏格森所说的科学性的、格式化的时空观对真正的生命流变的超越和偏离。而真正的时间具有内在意识流变的特征，人们在流动的意识中感觉到时间，因而才有"时间化的感觉内容和感觉内容的时间化"[③]。胡塞尔现象学分析中的时间客体是一种特殊的和流变的时间。例如，当一个声音响起，那么传统哲学中客体化的立义会把刚才延续着的但已经消失的声音作为分析对象，这是一种静止的描述和分析；而现象学的分析则会把这段声音的延续本身作为对象，这种延续着的声音本身就是一个时间客体。对这种延续着的事物的意识是流变的，而这种流变的意识就是时间性的意识。这种内时间意识包含三种，即感知、回忆、期待；它们对应于内在时间的三种结构：现在、过去、将来。但是，回忆和期待与感知一样都是当下性的意识行为，对刚才响起的一段声音的意识就是一种当下进行的回忆，在当下的流动的意识中的声音仍然是一种延续的声音，不是静止的声音客体。现象学视角下的时间就是内在意识的流变本身，这与柏格森的意识流的绵延相似。

柏格森和胡塞尔对时间的流变性的理解，为海德格尔的存在论时间观奠定了基础。相对于胡塞尔将意识看作时间性的，海德格尔将此在看作时间性的，这一点也得益于柏格森以生命本身为基础对时间和绵延的理解。舒红跃教授指出："如果不是因为柏格森对意识与时间、时间与生命的分析，胡塞尔对内在时间之流的描述，海德格尔难以创造《存在与时间》这部在哲学史上具有同亚里士多德的《形而上学》和康德的《纯粹理性批判》一样地位的巨著。"[④]可以说，这三位哲学家奠定了现当代时间观的基调。海德格尔的时间观是在对此在的存在论描述中展开的。此在必须呈现为一个整体，这个整体意味着此在生命体验的全部内容，并且必须从时间的角度去描述。传统时间观以空间化的线性结构否定时间本身的流动性，由此也否定了具有时间性的事物的流动性，从而达到对客体的静观，这是柏拉图"心灵之眼静观理念"的理性主义思维方式的基本特征。海德格尔要做的就是将时间与科学化地被

① 〔德〕胡塞尔：《内时间意识现象学》，倪梁康译，北京：商务印书馆，2010年，第39页。

② 同上书，第40—41页。

③ 倪梁康：《胡塞尔早期内时间意识分析的基本进路》，《中山大学学报(社会科学版)》2008年第1期。

④ 舒红跃、张黎：《何为时间：从柏格森、胡塞尔到海德格尔》，《江汉论坛》2014年第6期。

考察的运动相区别，回到时间本身的流变和此在的存在活动。这样的时间实际上就是在世界之中存在的此在的生活统一，即此在的存在论整体结构。能够将此在的存在作为整体呈现出来的是“向死而生”；死亡是在世的终结，是此在不得不承担的存在之可能性。而“操心构成了此在的结构整体的整体性”[①]，操心就是先行于自身的此在的存在，其可能性的源始条件就是时间性。也就是说，时间性是此在整体性的存在意义，这种意义是通过操心揭示出来的。死亡作为此在的终结先行地呈现在操心中，这就是此在的“向死而生”，即向着终结的可能性的整体性存在。操心将这种向死存在表达为先行到死的可能性中去，这里面就包含了海德格尔的时间性的意义：时间不是从过去到现在再到将来的直线式的、诸瞬间点之间的静态连接，而是将先行于自身的死的可能性置于存在的当下之中进行操心，此在始终是承担着死亡的可能性而存在的。这样的时间不是一种容纳客观事物的框架和形式，而是自身具有流动性和此在的向死而生的存在本身。简言之，时间即是存在，存在即是时间。此在不是在时间框架之中存在，而是以其存在本身构成时间性。这与柏格森将生命的意识流本身作为绵延（时间）的思维方式是一致的。

以柏格森的时间绵延与生命哲学为转折点，现当代哲学不仅发展出现象学的和存在论的时间观，更发展出与之相应的各种历史观。时间性与历史性在现当代以前所未有的统一性甚至同一性呈现在哲学家的视域之中，这为反观康德历史观的时间前提提供了启示。不同于康德借助人类理性的先验法则为时间中的人类行动赋予意义的做法，现当代多数欧陆哲学家将时间自身看作是历史意义的自足的生发之源。这样的时间不再是一种单纯形式，而是具有深刻内容的生命流变或生存体验。

胡塞尔对历史的基本理解是，“历史从一开始不外就是原初的意义形成和意义沉淀的共存与交织的生动运动”[②]。他指出，关于事实的历史学从不将一般的意义基础以及这种意义基础的结构上的先验性作为研究主题。而在胡塞尔的历史观中，只有揭示出处在我们的现在之中，以及处在过去和将来的现在之中的本质的结构，才能使历史成为可能。而我们所处的现在以及过去和将来的现在，就是我们乃至整个人类生活于其中的历史的时间，对这种时间的揭示能够成就历史。这是胡塞尔现象学中时间和历史的内在联系。

在海德格尔那里，“已经完成的对此在本真的能整体存在的阐释以及由

---

① 〔德〕海德格尔：《存在与时间》，陈嘉映、王庆节合译，北京：生活・读书・新知三联书店，2006年，第271页。

② 〔德〕胡塞尔：《欧洲科学的危机与超越论的现象学》，王炳文译，北京：商务印书馆，2001年，第449页。

此生长出来的对操心之为时间性的分析，为历史性的生存论构造提供出指导线索"[①]。操心就是从此在的出生与死亡"之间"的时间性中建构此在的整体性的，此在在这个整体的时间性中的伸展着的旅程或行运就是此在的演历，此在的演历包含开展和解释。此在不仅在其整体时间中开展着其作为操心的存在方式，更从这一存在方式中把握历史。此在的历史性并不在于这个存在者由于存在于历史中而是时间性的；相反，其历史性在于，由于它的存在是时间性的，它才能够历史性地生存着。所以，此在的时间性是此在的历史性得以可能的前提。历史性源出于时间性和操心。这是海德格尔哲学中时间性与历史性的关系。历史在他这里不是历史的科学，也不是历史学的对象，而是意指"未必对象化了的这个存在者本身"以及"'在时间中'演变的存在者整体"[②]。历史对于海德格尔来说已经是存在者的一种领域，是生存着的此在发生在时间中的演历；所以具有历史性的首先是此在这种"主体"本身，而后是在世界之中照面的东西，例如上手工具和周围自然世界。这些非此在的存在者由于属于世界而具有历史性，这样的事物被海德格尔叫做世界历史事物。这表明，海德格尔的世界历史不光是人的历史，而且是真正的世界整体（包括自然）的历史。

伽达默尔的历史观是在对海德格尔历史观的扬弃的基础上发展起来的。方向红指出，"从个体而不是从类出发，从有限性而不是从永恒出发，从出于本己而不是来自他人的抉择和行为出发，构成了海德格尔独树一帜的历史观"[③]。但由此呈现的只能是本真的此在的历史，不是本真的历史本身[④]。而海德格尔宣称，其历史不仅是此在的演历，而且是一切此在及其上手工具乃至周围世界的整体的演历。这就导致海德格尔的历史既是个别化了的此在的演历，又是类的此在的演历，这是他从此在及其时间性角度理解历史的一种局限性。伽达默尔提出的"效果历史"以海德格尔的存在论为思想依据，而不仅仅以其时间性思想为据点。在伽达默尔看来，理解从来就不是对某个给定对象的主观性行为，而是属于被理解的东西的存在。理解者与其理解的文本之间不是主客体关系，而是对话关系。历史就在于"它不具有任何绝对的立足点限制"[⑤]，它是一种关系，在此关系中同时存在着历史的真实和历史理

---

① 〔德〕海德格尔：《存在与时间》，陈嘉映、王庆节合译，第426页。

② 同上书，第428—429页。

③ 方向红：《从"本真的历史"到"效果的历史"——论〈真理与方法〉对海德格尔早期历史观的改造》，《同济大学学报（社会科学版）》2012年第6期。

④ 刘开会教授也曾指出，"向死而在"的唯一性并不能保证历史的本真性。参见刘开会：《伽达默尔对海德格尔历史观的发展》，《兰州大学学报（社会科学版）》1997年第2期。

⑤ 〔德〕伽达默尔：《诠释学Ⅰ：真理与方法》，洪汉鼎译，北京：商务印书馆，2010年，第430页。

解的真实。人既是历史的理解者也真实地在历史中存在着。所以，每个人都无法超出自己的历史处境，其存在是历史性的和有限性的，其理解也是历史性地进行的。

可以看得出来，现当代这几位哲学家的历史观和时间观越来越重视将人放到世界之中进行描述[①]。在这种研究倾向中，每个个体与其他人、人与世界、人与时间、人与历史的圆融一体，与近代历史哲学对人性自身的关注，显然具有差异，与形而上学历史观中以超验的神性存在者或先验法则解释历史的思维方式也具有本质区别。康德在这种思维方式转变中无疑是至关重要的，他是近代主流的客观时间观向主观时间观过渡的中间环节。柏格森通过对康德的批判将时间直接理解为生命意识的绵延，胡塞尔、海德格尔则在此基础上进一步将时间理解为内时间意识，甚至存在本身。在康德那里，作为主体纯粹直观形式的时间决定了其历史理念的先验性质。该理念是理性托付给反思性判断力所做出的对人类整体的合目的性评判的结果，自然的合目的性原则就是历史得以呈现出来的先验根据。但依照这种历史观，人类理性也需要在历史过程中发展完善。所以，人既是历史的理解者，也是历史造就的对象。人与历史在康德那里已经不是单纯的二元对立的主客体关系。纯粹理性在逻辑上先于历史，而历史则在时间中促进人类理性的完善。康德哲学中到处存在着这种逻辑上和时间上的双重秩序，先不论其中是否存在着理论难题，这已经表明康德对以往机械思维的自觉扬弃。由此，他才能开启现当代时间观和历史观的全新面貌。所以，对康德时间观的研究对于建构其历史哲学，乃至揭示其后历史哲学的发展脉络具有重要意义。

在康德这里，自然界一切物体的运动变化只有通过作为内感官的时间才能被认识，作为一种变化事件的人的行动当然也需要在内感官中得到认识，空间则成为一种外感官。物体刺激外感官，在外感官中形成一种外部现象，这些外部现象杂多进入内感官成为内部现象。关于事物运动变化的知识就在于知性范畴对内感官中现象杂多的规定，而经由知性规定了的现象就成为客观的变化的知识。在其他哲学家那里，作为主客体出现的思维和物质实体的对峙，在康德这里转变为时空对峙。因为空间尽管被作为外感官也一并纳入了主体的先天认识能力，但康德并未将其当作思维能力，而是将其作为外部对象的一种符号和表征。康德对时空的主观性理解，使得客观对象也演变为主体自身建构起来的现象性存在；空间以及空间中的现象不再是与思维完

---

① 笔者将在第六章对康德之后以狄尔泰、海德格尔、伽达默尔为代表的去逻各斯中心主义的历史哲学发展路径有专题性的梳理。

全对立的东西，而是依赖于思维。因为在时空关系中，康德明确将时间作为空间的根据。一切进入空间中的现象都必须被纳入内感官中才能得到知性的规定，时间就是外部空间现象与知性之间发生联系的中间场域。以空间为标志的外部世界既然是认识主体的思维能力自主建构起来的，那么世界的客观法则自然也来自主体自身；这样的外部世界存在于思维中，也存在于思维所投射出去的附属性的空间中。

人的行动，就其作为外部现象而言也依赖于时间和知性的建构。历史以描述人的行动为使命，历史的世界当然也是既存在于思维中也存在于附属于思维的空间中。时间则成为理解历史的重要维度和理论根据。笔者接下来从微观和宏观两个视角揭示康德哲学中时间与历史的内在联系。

第二节　微观视角下的时间与历史

一、微观视角下时间与历史的内在关系体现在具体行动上

康德在《普遍历史》一开头就以人的行动为切入点展开论述，而历史哲学在将行动作为其描述对象时，这样的行动已然是经由知性规定了的客观的变化事件了。至于知性如何对内感官中的现象杂多进行规定，从而使变化的知识成为可能，这是康德在第一批判中重点论述的内容。所以，历史描述以其第一批判中的论述为基础，被当作意志的现象[①]和变化事件的行动，其实是人类主体认知视域下的现成事物。康德在这篇文章中直接地运用了理论哲学的研究成果而未加赘述它们的内在联系，可以猜想这有两个原因：要么他这篇论文并不是对历史哲学的系统论述，所以对历史与理论哲学及其时间观的关系并没有进行详细分析；要么康德认为理论哲学的思想运用于历史领域完全没有问题，不需要过多说明。无论康德出于什么考虑，不可否认的是，其历史哲学与理论哲学是存在思想关联的。既然如此，那么读者应该可以从中分析出来其时间观和历史观的一种内在关系。而从其时间观来考察其历史观，既符合现当代历史哲学的研究思路，又能够更清楚地揭示其各思想部门之间的系统建构，使其历史观更清晰地得以呈现。在康德这里，历史从宏观上看是人类一切行动的系统整体的理念；但从微观上看，历史毕竟是由一个个具体的经验行动构成的。

---

① 李秋零教授将 Erscheinung 翻译为显象，邓晓芒教授将其译为现象；笔者按个人写作习惯采用第二种译法。

一个具体的经验行动可以从三个角度来看待：首先，它和任何别的自然事件一样都被机械的、普遍的自然法则所规定，这就是第一批判中所说的知性规定下的客观的变化事件。其次，该行动是出自自由意志并按照理性所设定的目的而实施的，理性将意志的欲求对象表象为某种目的概念，目的作为概念原因进而规定意志产生了这个行动。再次，当把该行动放在人类一切行动中来考察的时候，这个行动可以被看作是符合一种隐秘的自然计划。康德已经反复强调，同一个行动在遵从自然法则的同时仍可以出自自由意志和理性的规定，因为人终究不像动物那样仅仅依照本能和单纯的自然机械法则行事。但即便如此，每个个体的行动毕竟总是符合其自身理性的私人意图。仅仅从前两个角度看，人与人之间无论在内在动机还是在外在行动上都不可能构成一个和谐有序的共同体。康德将一个人人和谐相处的共同体描述成有理性的世界公民在整体上依照一个商定的计划行事，这其实类似于卢梭基于公意和契约的人人平等的社会。但在历史发展过程中的人还不能或者还没有达到世界公民的完善程度，所以，个体不会按照一个普遍的"公意"合乎计划和规则地展开自己的行动。然而，对于一个理性主义哲学家来说，人的行动杂乱无章、毫无规则也是不可思议的，对康德而言同样如此。于是，他借用传统的神学目的论的思维方式在个别地看毫无章法的行动背后设置了一个隐秘的大自然计划（或神意、天意）。当然，康德并不断言这个大自然计划的任何客观实在性，而只是为了使人能够有一种合乎秩序的视角来理解人类行动。所以，个别的人的具体行动必须被看作是能够系统地联结在一起的。那么，对每个具体行动的时间分析就必须能够呈现诸行动系统联结的可能性。笔者接下来就详细展开对具体行动的时间分析。

二、历史中的具体行动是发生在连续时间段上的事件

众所周知，在康德那里，能够被认识的不是自在之物，而是自在之物向人的感官呈现出来的现象。现象无论是在外感官中还是在进入内感官之后，都只是一种经验性的表象，是自在之物刺激感官形成的经验性感觉内容，而不是自在之物本身。这就决定了被知性所规定并作为认识对象而存在的不是自在之物，而只是经验性表象进一步客观化的结果。这是康德不同于其他理性主义哲学家的地方。近代哲学经历了一场认识论的转型。笛卡尔通过普遍怀疑建立了清楚明白的自我意识，同时也确立了清楚明白的认识对象；前者是具有思维能力的精神实体，后者是具有广延属性的物质实体。主体对客体的认识就是精神实体通过其思维能力对物质实体的把握，由此获得认识上的主客统一性。近代其他大部分哲学家也都是在这种思维和广延的对峙中

理解人类认识的。在这种认识论模式中，具有广延的物质实体一般被理解为完全在思维之外实存的事物，而时间作为与客观事物之实存密切相关的东西要么被理解为事物之间的关系或秩序，要么被理解为物质实体的运动变化所发生的客观场所。近代客观主义时间观与主客二元对立的思维模式是联系在一起的。

康德将主客体之间的对立转化为时空的对峙，又将空间理解为依赖于时间和内在思维的认识形式。客体就是空间中的经验性表象进一步在时间中被知性赋予客观秩序和概念的结果。时间是客体之所以可能的关键。对于大多数哲学家来说客观性在于空间，但对康德来说客观性在于时间秩序。历史所描述的经验性行动和其他自然事件一样，也需要经过知性对内感官中经验性表象的时间秩序的客观规定才能成立。

行动作为现象首先在内感官中具有某种主观的时间秩序。这种主观秩序来自直观中领会的综合。康德认为，外感官接受自在之物的刺激所形成的经验性表象，在进入内感官之后，就作为内心的变状而属于内感官，因为，“我们的一切知识作为这样一种变状，最终毕竟都是服从内感官的形式条件即时间的，如它们全都必须在时间中得到整理、综合和发生关系”[①]。一个具体行动的经验性表象杂多在时间中接受领会的综合，从而具有一种主观性秩序。在这个阶段，对表象秩序起决定性作用的是时间，而不是知性。时间本身的属性需要通过空间表象出来，即“用一条延伸至无限的线来表象时间序列，在其中，杂多构成了一个只具有一维的序列，我们从这条线的属性推想到时间的一切属性，只除了一个属性，即这条线的各部分是同时存在的，而时间的各部分却总是前后相继的”[②]。这段话一方面表明了康德对时间的空间化处理，这是他对时间的内在化不彻底的表现；另一方面，这段话表明，在单纯时间中被排列的杂多表象只能具有前后相继的秩序，而不能具有同时性等其他秩序。所以，行动最初的经验性表象杂多在时间中也是前后相继的。但在时间的领会中的前后相继是主观的，康德指出，“一个领会跟随着另一个领会，这只不过是某种主观的东西，而不规定任何客体，因而根本不能被视为任何一个对象的知识”[③]。也就是说，在直观领会中的经验性表象杂多即使已经被时间形式排列为前后相继的秩序，但这只是未定的和主观的秩序，由此得到的还不是关于客体的知识。

---

① 《纯批》，A99，第 114—115 页。

② 《纯批》，A33/B50，第 36—37 页。

③ 《纯批》，A195/B240，第 180 页。

经由领会综合了的经验性表象就形成了一种量。在直观中领会的综合阶段，虽然知性并没有对内感官中的经验性表象（即现象杂多）的客观秩序有所规定，但毕竟还是发挥了某种作用。在知性原理的系统展示中，康德首先分析了直观的公理和知觉的预测两种原理的作用方式。在直观的公理中得到综合的现象成为一种外延的量，在知觉的预测原理中得到综合的现象成为一种内包的量。外延的量的形成是由于部分的表象使整体的表象成为可能，例如领会的综合能力总是具有从一个瞬间到另一个瞬间的相继进程，它通过这个进程中一切时间部分即一切瞬间时间点及其相加，最终就产生出来一个确定的时间的量。这个量就是外延的，"外延"这个概念在这里表达了从一个时间部分到另一个时间部分的相继综合中所得到的时间整体。康德对外延的量的定义就是"在对一个对象的相继领会中时间本身的产生（综合）"[①]。当某物的现象杂多或经验性表象进入内感官之后，内感官不是一下子（在一瞬间）就完成了对这些杂多的全部领会的，而是一点一点地进行的，因而就会产生前后相继的一个领会过程。当然在对这些杂多的相继领会中也会产生一个时间段，这种领会中的时间段被康德叫做外延的量，甚至叫做时间本身的产生。这并不是说，作为纯粹直观形式的时间是在知性的领会的综合中才首次产生出来的，而是说，在那些经验性的杂多表象上的经验性的时间段是通过领会的综合产生的。通过内心的变状和经验性表象来解释时间的产生，以及将时间理解为一种量，这种思维方式是对亚里士多德时间观的某种继承，后者也是通过数和内心的状态变化来理解时间的。

康德对知觉预测中内包的量的描述有些模糊，他没有讲清楚内包的量是在领会中的还是在想象力中的。在"知觉的预测"部分，康德有时说"这个量并不在领会中被遇到"[②]，而是在生产的想象力中产生的；有时又说，"我把那种只是被领会为单一性、并且在其中多数性只能通过向否定性＝0的逼近来表象的量，称之为内包的量"[③]。但是，不管内包的量是通过领会得到的还是通过想象力得到的，它与外延的量的根本区别在于，前者是单一性的，是一种程度，是整体先于部分。外延的量则是部分先于整体，主体通过一个一个部分的综合才得到整体。内包的量本身是一个整体，其中杂多性的表象是部分；这种量是整个地一下子被知觉到的，它代表的是知觉的程度或者就是现象的实在性的程度。举例来说，有一种很艳丽的红色和一种较浅的红色，认

---

① 《纯批》，A145/B184，第143页。

② 《纯批》，A168/B210，第160页。

③ 《纯批》，A168/B210，第160页。

识主体在知觉中对这两种红色的感知具有程度的差异。艳丽的红色给人的感觉是强烈的存在,浅红色给人的感觉较弱。但对这两种红色的知觉都是在一瞬间完成的。也就是说,知觉的预测是将其对象作为一个整体来感知的,而外延的量却是通过对对象的一点一点的领会得到的。可以这样思考这两种量之间的关系,内包的量表达的是事物在某个瞬间上被感知的强度,而外延的量考虑的不是感觉的强度,而是一个瞬间上的感觉与其他瞬间上的感觉之间的统一性。所以,外延的量是诸个别瞬间时间点上实存的经验性表象相互联结构成的整体,它涉及的是一个时间段或时间进程。

领会的综合通过对一个时间段上诸经验性表象杂多的综合,使之成为"一个"直观。这种综合性来自知性,而不是时间自身带有的。时间虽然在诸经验性表象的主观秩序中起决定作用,但是能够将这些表象综合为一个整体性表象的只能是知性。知性具有自发性,内感官只具有接受性。康德指出,如果没有知性对杂多现象的综合能力,"那么这种杂多就是许多现象的一个聚合物,而不是真正作为一个量的现象"[①]。直观中领会的综合已经包含了知性的自发性作用:"每个表象作为包含在一个瞬间中的东西,永远不能是别的东西,只能是绝对的统一性。现在,为了从这种杂多中形成直观的统一性……就有必要首先将这杂多性贯通起来,然后对之加以总括,我把这种行动称之为领会的综合。"[②]这段话表明,其一,知性的自发性可以将各个瞬间时间点上的经验性表象或现象贯通起来,构成一个直观的整体。其二,诸多瞬间可以构成一个连续的时间段,这个连续的时间段对应于这个整体性直观。其三,瞬间的时间点之间既可以间断地理解,也可以贯通地理解,所以,康德的时间概念同时具有间断性和连续性。由此可见,在领会的综合阶段,诸表象是在一个连续的时间段上按照前后相继的秩序被排列的,只是这种秩序还未被知性赋予一种客观性。此外,这里也充分体现了康德思维方式上的机械性,就好像空间中一条线是通过连接两个点形成的,一个时间段也是通过知性对诸瞬间点的贯通而形成的。这种空间化的和量化的时间观不能体现思维和外部存在的本质区别,这就是柏格森和现当代其他思想家对康德不满意并大加批判的根结所在。

康德在第二个经验的类比原理中论述了知性对现象的时间秩序的客观规定,只有经过知性客观规定的现象才能真正被称为客体。在作为变化事件的行动上,领会只能将诸多经验性表象综合为一个连续时间段上的主观相继

---

① 《纯批》,A170/B212,第161页。

② 《纯批》,A99,第115页。

的现象整体，还不能使这个现象整体被称为一个客观变化。因为一切现象在领会中都是前后相继的，变化的事件和持存的事物在这个层面是无法区分的。为了使领会中某个时间段上的现象整体成为一个客观的变化，该现象还必须"从属于某条使之与任何别的领会相区别的规则，这规则使杂多联结的一种方式成为必然的"[1]。对于一个变化的事件而言，这唯一一种联结方式就是该现象中的杂多表象在这时间段中的客观的时间相继性。举例来说，我做出了某个行动，这个行动作为一个事件表明了我这个行动主体的状态变化。也就是说，在该行动发生前后，我的状态是不同的，这两种状态之间是前后相继的，并且其秩序是不可逆的。而在单纯的主观领会中，我还不能确定这两种前后相继的状态是可逆的还是不可逆的。因为，当前这个行动的表象在领会中是主观相继的，而一个持存的事物的表象（如一座房子的表象）在领会中也是主观相继的。知性在领会阶段只能给出表象的一种量，无法给出表象的必然的时间秩序。要使一个行动作为客观的变化成为可能，必须借助于更高级的知性概念和原理，这就是其因果性概念和原理。

康德明确指出，知性为使变化的知识成为可能，所要做的不是使这变化的表象变得清楚，而是使这个变化作为客体的表象成为可能。而这件事的完成是因为，知性把必然的时间相继秩序加到现象及其存有身上，"它赋予每个作为结果的现象以时间中的一个就先行现象而言的先天规定了的位置"[2]。对于康德而言，能够使现象成为一个客体的就是知性所赋予的这种客观的时间秩序。可以说，时间要素在康德的认识论中占据着极其重要的地位，因为一切知识都必须在内感官中得到知性的建构。时间就是作为规定者的知性和作为被规定者的现象杂多相遇的场域，也是主客体的统一性得以完成的唯一的场域。在康德那里，知性和空间以及空间中的来自自在之物的现象杂多是无法直接发生关系的，空间中的现象必须被纳入内感官中才能接受知性的规定，而知性的纯粹范畴必须进入内感官并自身图型化才能发挥其对现象的自发的综合统一作用。所以，在先天认识能力的家族中，有一种处于中介地位的认识形式，即时间图型或先验的时间规定性。时间本身是内感官的纯粹直观形式，它本来只是一维的，所以，一切进入时间中的现象才只能被排列为前后相继的主观秩序。但知性可以进入时间中对时间进行先天规定，使其具有前后相继性、持存性、同时性的客观秩序，这样一来，原本在内感官中只被领会为主观相继的现象就可以被区分为客观相继的变化或持存的实体，甚或

---

[1] 《纯批》，A191/B236，第178页。
[2] 《纯批》，A199/B245，第183页。

同时并存的诸实体。因果性概念在内感官中所建构的就是前后相继的时间图型，经由这种图型的规定，原本在领会中只具有主观相继秩序的现象杂多就具有了客观的相继秩序，或者说，其前后相继的秩序被规定为必然的了。

知性的纯粹概念、概念在内感官中建构的时间图型、建立在图型之上的知性原理，这些都可以笼统地纳入康德所说的自然法则之列。上述认识过程也可以被称为"知性为自然立法"，即知性将其法则赋予内感官中的现象杂多。这种表述方式已经表明：有关变化现象的知识，如人的行动，是由于知性将其法则放进现象杂多中去，该现象才成为客观的变化的知识，而这种立法的实质就在于知性对现象杂多的时间秩序的规定。这一思维方式与休谟完全不同。在休谟看来，人们通过比较、分析许多事件恒常一致地跟随着先行现象，才经验性地发现(或归纳出)一种规则；按照这种规则某些事件总是跟随在某种特定现象之后，由此才得到了原因和结果的概念。因果性观念完全来自感觉经验，甚至时间观念也如此："时间观念是由我们各种知觉的接续中得来的。"[①]休谟的后天时间观导致了他对一个变化事件的理解也与康德有所不同。既然时间在休谟那里只是瞬间时间点以及它们之间的接续，那么就不会有连绵的时间段，事件也就不可能是连续时间段上的变化；而一些瞬间上的知觉的聚集也不会被看作是一个单独的事件，因为一个单独事件毕竟意味着某种统一性的知觉而不是聚集在一起的知觉群。康德毕竟可以通过知觉的预测原理将领会的综合中得到的外延的量进一步把握为内包的量，即具有某种程度的和作为整体的"**一个**"实在知觉。而休谟由于其时间观缺乏真正的连续性，他也就无法获得诸时间点上表象的一个整体，而只能设想聚集的知觉群。所以，事件在休谟哲学中只能是瞬间的事态。埃里克·沃特金斯(Eric Watkins)就曾推论说："对于休谟而言，事件就是时间中特殊时刻的瞬间状态。"[②]人的行动在休谟这里也只能是这种特殊时刻上的事件。

笔者在这里比较休谟和康德对待时间和行动的不同思路，是想要揭示他们历史观之分歧的根本原因。休谟的行动不具有时间段上的连续性，由此，行动与行动之间也不可能具有实质的因果联系。既然行动之间不具有实质联系，那么人们在行动上表现的道德品质也就无法在世代之间进行传递；这实际上否定了人类在历史进程中的道德进步的可能性："在各国各代

---

① 〔英〕休谟：《人性论》，关文运译，第 48 页。

② Eric Watkins, *Kant and the Metaphysics of Causality*, Cambridge: Cambridge University Press, 2005, p. 233. 埃里克·沃特金斯分析了康德和休谟在对待事件和时间上的分歧，类似的研究还可参见 Adrian Bardon, Winston-Salem, North Carolina, "Time-awareness and projection in Mellor and Kant", *Kant-Studien*, 2010, 101(1), pp. 59 - 74。

人类的行动都有很大的一律性，而且人性的原则和作用乃是没有变化的。”[①]休谟的历史观缺少一种系统性和人类世代之间道德进步的传递性，究其根源就在于，他将人的行动和事件建立在单子式的瞬间上。瞬间时间点之间不具有实质的联结，所以行动之间也就不会具有任何实质的因果联结。行动之间的观念上的因果联系只能依靠人们经验性的历史记述和主观的心理联想。由此，人性在休谟这里就不会被表现为在历史过程中有连续的进步和完善。

相对于休谟的经验主义历史观，康德将历史上升到了系统性、哲理性的高度。这一点之所以可能，至少与其独特的时间观和他对行动的理解是分不开的。通过上文的论述读者可以看到，在康德那里，人们既可以思考单独时间点上经验性表象的自成一体以及诸时间点上经验性表象的外延的量，也可以设想这些表象的统一整体或内包的量。由此，人的行动就可以毫无矛盾地被看作是发生在连续时间段上的事件，而不是某个瞬间时刻上的事件。由于行动是连续的时间段上的事件，所以，行动与行动之间是可以发生实质的因果联结的，同时，行动结果之间也可以存在着某种传承。这也就意味着，人在行动上所表现的道德品质以及人类所创造的一切形态的文化都是可以代代相传的[②]，因而，人性在历史进程中是可以连续地发展完善的。历史对于康德而言就是道德发展的连续的时间进程，而不是对某种永恒不变的人性原则的描述。更为重要的是，由于行动背后时间的连续性，人类一切经验性行动可以按照某种合目的性原则联结成一个系统整体，而不仅仅是堆聚为没有任何计划的经验性集合。这种宏观性和整体性的历史视野是休谟的时间观所无法承载的。

如果对康德的知性视角中的行动做一个定义的话，那应该是：发生在连续时间段上的、具有客观时间相继秩序的、以量为内容的、不可逆的事件。由于这种不可逆性，一个具体行动中就包含了行为主体在特殊时间段

---

① 〔英〕休谟：《人类理解研究》，关文运译，北京：商务印书馆，1957 年，第 75—76 页。

② 康德在其《普遍历史》的第二个命题中明确指出，“每一个世代都把自己的启蒙传给别的世代”。人们可以这样去追问：这种世代相传是何以可能的呢？笔者认为，在康德这里，人的行动毕竟是经验性现象，而按照普遍联系的自然法则，诸现象之间是具有实在的因果关系的，所以先前世代的一切文化积累原则上都是可以传递给后来世代的。而诸现象之间之所以能够具有实在的因果联结，是因为康德将现象看作是连续时间段上的事件；或者更准确地说，连续性的时间观为作为现象的行动之间的实在因果联结提供了理论前提，因而也为启蒙与道德的传承提供了理论前提。但从时间到历史的这种思路在康德这里毕竟是隐蔽着的，时间的连续性对应于历史的连续性传承，也对应于历史的系统整体性视域。将这条思路揭示出来有助于呈现康德历史哲学和理论哲学的内在联系，也有助于更深刻挖掘其历史观的思想基础。

上状态变化的客观秩序,人类一切行动的系统联结的整体也可以表达整个社会道德进步和人性发展的不可逆性秩序,这就是人类从恶向善的连续发展历程。

作为现象的行动实际上就是人的感性存在方式的表象,而这种表象的本质是时间。在康德这里,人的感性存在方式其实是通过时间来表达的。康德虽然没有像海德格尔那样将存在直接地理解为时间,但时间仍构成人的感性存在和历史进步的核心要素。在微观视角下,时间与历史的内在联系就体现在人的具体行动上。历史以描述人的行动为使命,而行动是发生在连续的、不可逆的时间段上的。在这个层面,对行动起规定作用的是知性能力,但知性能够将内感官中一个时间段上的杂多表象综合为一个统一的直观,却不能将历史进程中的所有行动联结为一个系统整体,所以,单纯知性视角下的行动仍是杂乱无章地、机械地联系着的,这对于道德的进步和人性的完善而言是没有足够说服力的。诸行动除了普遍的机械联结外,还应当被设想为具有一种目的论上的因果联结,因而还必须按照这种目的因果联系被通盘把握在一个系统整体中。而行动的整体同时也是诸行动的时间段的系统整体,从宏观的视角来看,历史的整体性理念主要对应于时间上的世界整体概念,前者就是后者在历史领域的宽泛运用的结果。

第三节　宏观视角下的时间与历史

在康德哲学中,时间与历史的内在联系还表现在宏观视角下人类行动的系统整体上。普遍历史理念揭示的是人类整体上的不朽,而这种类的整体是从其行动上来考虑的,人类一切行动的系统联结代表的就是其类的整体性和不朽性。就行动是发生在连续时间段上而言,人类整体就意味着无止境地延伸的时间上的整体性。历史理念的实质从宏观上讲就在于时间上的世界整体概念。知性对人的具体行动的规定是从时间秩序方面着手的,理性对人的行动的通盘地和系统地把握同样可以从时间角度来思考。伴随于现象身上的时间既是其客观性的构成要素,也是其系统性的重要表征。

康德在其先验宇宙论的第一个二律背反中讨论了时间上的世界整体概念。这个二律背反揭示了人类理性在思考时间的整体性时所陷入的一个自我困境:世界在时间上有一个开端又没有开端。康德所使用的论证方式是古希腊哲学中最典型的反证法。说世界有一个时间上的开端是因为,假如没有这样的开端,那么每个被给予的时间点之前,都会有一个在世界中的诸事物前后相继状态的无限序列流过了。但序列的无限性就在于它不能通过相继综合来完成,所以,一个无限流逝的序列是不可能的,它必须有一个开端。但从另一个角度看,说世界有一个开端也是没道理的,因为这就意味着在这开端之前有一个什么都不存在于其中的空的时间。而从空的时间到有物存在于其中的时间的过渡就是一种无中生有,这是不可能的。因为空的时间的任何部分都是无区别的,如何在其中找到一个向存有过渡的中介点呢?通过正反双方的证明,读者可以看得出来,康德指出了人们在思考时间上的世界整体时所陷入的自相矛盾。

正题的论证并没有使用传统独断论的思路,而是另辟蹊径。在康德看来,独断论者总是从对无限的抽象概念本身的分析中得出其想要的结论,这本身是一种分析性的思维方式。他自己则从无限性的真实概念来思考:"在测量一个量时对这个统一体的相继综合永远也不可能达到完成","因此这个量就包含一个比一切数目都更大的(给予统一体的)总量,这就是无限的东西的数学概念"[①]。这就推论出来,以某个时间点为界的前后相随的事物的永恒序列不可能是已经流逝了的。因为已经流逝过去的就意味着这个无限序列的完成,但这个永恒序列是不可能完成的。康德在这里将现实中事物之间在时间上的前后相继的序列作为其推理的"经验性"根基,以此与独断论的完全抽象的概念分析区别开来。这种论证思路也并不完全出自他个人独创。古希腊时期爱利亚学派的芝诺曾经有这样的论证:运动是不可能的,因为一个人要想达到某个终点,他就必须首先达到这段距离的中间那一点,而为了达到中间这一点他又必须达到中间这点与起点的中点;以此类推,无有穷尽。既然这种分割是无限地进行下去的,那么运动就是不可能的,否则,这个人就必须在有限时间内通过无限个线段,才能到达最后那一点,而有限不等于无限。在这个论证中,芝诺着眼于空间距离;但就大部分哲学家对时间的空间化理解而言,这个论证也适合于时间。芝诺要证明的是人不可能一点一点地通过无限个空间中的部分,康德要证明的是事物的无限时间序列不可能以相继综合的方式得到完成。其实他们要表达的是同样的道理:无限不可能以经验性的综合的方式呈现出来。

在反题的论证中,康德描述的是经验主义的立场,在其论证中,这一派会将时空看作是思维之外的绝对存在者。而时空的边界就意味着在这边界之外的空的时间和空间,由于他们理解不了这种在经验之外的空的时空,他们就否认世界在时空上有边界。而以莱布尼茨为代表的一派会找借口说,世界

---

① 《纯批》,A433/B461,第365页。

在时空上的边界完全是可能的，而不需要假定空的时间和空间。康德赞同莱布尼茨学派关于时空不是绝对客观存在物的观点，由此也否定了经验主义者通过这种绝对时空观对世界边界加以否认的论证方式。对于康德和莱布尼茨而言，时空只是一种关系、秩序、形式，区别只在于前者将其纳入主体自身的认识能力中，后者将其看作是依赖于客观事物的客观关系。

当代著名康德研究专家赫费对上述论证做了精辟的总结："在数学的二律背反中，两个方面只有在一个前提下才会反驳对方，这个前提就是：只存在有限和无限两种可能性。"[①]这就会造成非此即彼的机械思维方式，但康德在二律背反中所描述的其实不是他自己的真正立场，而是近代两种哲学流派在看待时空整体时的不同态度。康德的立场是：正反双方可能都是错误的。无限的序列是不可能直接地、现实地在经验中给予出来的，同样，时空的边界也不可能在经验中给予出来。对于经验和现象的世界而言，事物的前后相继序列能够延伸到多远，这是不可能给出任何确切答案的。正反双方都是独断的立场，正方提出了一个不可能被经验到的时间的边界，反方也断言了一个不可能被经验到的无限的序列整体。而唯一可以确知的是，"对这个统一体的相继综合永远也不可能达到完成"[②]，这个相继综合就是在经验中发生的现象序列的联结。正题从中不合法地推理出来世界在时空上的边界的存在，康德则从中仅仅得出现象界序列的不确定的延伸。对于康德而言，人们大可以拥有一个时间上的世界整体（统一体）的理念，但其中的现象序列能够延伸到多远是不确定的。这种不确定地延伸着的无止境的概念就是康德所说的"无限性的真实的（先验的）概念"[③]。世界本身的无限性不是一个经验性地给予了的对象，而是引导经验序列不断进展的先验概念。正方由于看不到现象序列的相继综合的完成而在世界中设置了一个边界和栅栏，由此就截断了这种综合的无止境的进展；反方由于质疑世界边界的合理性就认为同一个现象序列可以进展到无限。实际上，正题和反题都背离了经验。相对于正反双方的独断论点，康德则始终坚持认识的有限性。对于人的认识能力而言，能够断言的只是现象序列的不断延伸，世界边界也好，现象序列的无限性也好，都不是人的认识能力所能把握的。康德将无限、世界整体只放在人的思维中，使其仅仅作为理念；而现象序列则始终是在经验中、在人的认识能力能够企及

---

① 〔德〕奥特弗里德·赫费：《康德的〈纯粹理性批判〉》，郭大为译，北京：人民出版社，2008年，第254页。

② 《纯批》，A433/B461，第365页。

③ 同上。

的范围内不断地延伸①。

康德在这个问题上的第三条路径其实在哲学史中也有思想渊源。伍德认为,世界在时间上的无开端性最早是由亚里士多德及其评论者阿威罗伊②所辩护的立场,而正题的论证方式类似于约翰·菲洛普诺斯(John Philoponus)③在其著作 *On the Eternity of the World against Proclus* 中的观点。与这两条思路不同的是阿奎那和奥卡姆的观点,他们认为,"无论是世界的无开端性还是它在时间上的开端都是无法证明的"④。奥卡姆认为,虽然无限的时间不能被穿越,但是设想一种已经被穿越的无限时间是没有矛盾的。阿奎那和奥卡姆将世界的开端理解为某种不能通过哲学论据被证明的东西,但这个开端有可能通过《圣经》的权威(《创世记》)被设想。康德后来在1786年的《人类历史揣测的开端》一文中,将人类历史的开端追溯到亚当违背上帝的诫命偷食禁果并被逐出伊甸园这一神话事件,对历史开端的这种揣测的解释非常类似于阿奎那和奥卡姆的单纯设想中的世界观。

康德所继承的这第三条路径仅仅指出,时间的序列总是能够无止境地回溯,至于回溯到哪里是不确定的,所以,"回溯到无限"与"无限的回溯"是不同的。前者已经预设了无限是被给予的,已经断言这个世界没有边界,但这是不能预料和经验的;后者只是说出经验允许人们说出的不多不少的东西。经验告诉人们,他们无论回溯到哪一个时间点,总是可以继续再往前回溯,不会被迫停下来。回溯的行动本身是无止境的,但是回溯到哪一点是不确定的。康德所反对的只是给出一个在经验中的东西作为时间序列的回溯的边界,但不反对给出一个单纯设想中的神话事件来辅助人们的思考,因为一个抽象的事件对一个经验性的序列而言不具有直接的效力,不会截断其无止境的回溯进程。

康德世界理念中所包含的时间序列的回溯上的不确定性以及这一序列的整体性,不仅对理解时间自身的意义是重要的,更能运用于历史哲学领域,成为人们理解普遍历史理念的重要参照。哲学史中在讨论世界开端问题时总是将宇宙本身的开端和人类历史的开端一起思考,康德同样也在讨论宇宙

---

① 关于这一问题的更详细论述,请参见刘凤娟:《康德的真无限概念》,《哲学研究》2020年第8期。

② 中世纪时期阿拉伯哲学家,其重要贡献在于翻译并注释了亚里士多德的著作。

③ 语言学家、基督教神学家、亚里士多德诠释者,从亚里士多德-新柏拉图主义的哲学传统中决裂出来,反对世界的永恒性,因为这种世界观是异端反击基督教创世学说的基础。

④ Allen Wood, "The antinomies of pure reason" in *The Cambridge Companion to Kant's Critique of Pure Reason*, edited by Paul Guyer, New York: Cambridge University Press, 2010, p. 253.

整体的时间开端问题时引入了对人类历史的思考："我们是否可以从现在活着的人通过他们祖先的序列而上溯至无限，还是只能说，不论我退回到多么远，永远也不会碰到一个经验性的根据来把这个序列看作以某处为边界的，以至于我有理由同时也有责任为每一个祖宗再往前面去对他的先祖加以查找，虽然就是不去加以预设。"[①]他的立场当然是以人类世代的不断回溯为宗旨，而不是在回溯之前就预设一个在时间中的边界。这种思考与其历史哲学中最重要的考量，即过去世代的人的行为是否有助于将来世代人类的实践意图的实现，所涉及的是同一个主题——人类在时间中的世代更替和传承。康德在讨论宇宙论理念时顺便提及人类世代的回溯这一问题，这至少说明人类历史与其时间理论之间具有某种内在联系。

而他对世界开端和人类历史开端是这样进行区分的："**自然**的历史从善开始，因为它是**上帝的作品**；**自由**的历史从恶开始，因为它是**人的作品**。"[②]这里的自然的历史就是《创世记》中描述的，从上帝开始创造这个世界到亚当被驱逐出伊甸园的这个阶段，在这个过程中，一切都按照上帝原初规定好的轨道运行。但自从亚当和夏娃第一次运用自己的理性自由选择违背上帝的诫命，人类的历史就开始了，其开端恰恰在于人类的始祖在其理性的指导下所做出的这种自由行动。这个事件也意味着人从其动物性到人性的过渡。按照经典中的描述，这两个阶段的历史之间的衔接是连续的，人类历史中任何具体的时间段之间也是具有连续性的。后面这种连续性也是康德时间观最重要的特点，这种连续性是可以在内感官中、在经验中直观到的。但自然历史的连续性及其与人类历史之间的衔接不是经验性的，而是揣测的、设想的、抽象的。

由于神话事件本身的抽象性，以之为开端来解释人类历史，看起来似乎是不合理的，因为这里面包含了经验性的时间段和抽象性的神话事件如何衔接起来的问题。这个问题只有在世界理念中才会产生。"灵魂和上帝理念可以被视为虚构的-理性的(pseudo-rational)，因为它们包含了涉及纯粹理性的一个非感性对象的幻象；然而世界理念却可以被看作是虚构的-经验性的(pseudo-empirical)，因为它包含了涉及一个高阶的感性对象的幻象。"[③]阿里森很敏锐地看到了康德这三种理念之间的根本区别：上帝与世间一切存在物的联系仅仅是观念上的，而不是实在的；灵魂与作为逻辑主词的自我之间的

---

① 《纯批》，A512/B540，第419页。

② 《开端》，8：115，第118页。

③ Henry E. Allison, *Kant's Transcendental Idealism*, New Haven: Yale University Press, 2004, p. 360.

推论甚至是一种谬误;但世界整体的理念与经验是具有实质联系的。自由被看作是因果序列上的具有绝对自发性的第一开端,时间的整体被看作是直观中经验性时间向后回溯的整体,离开经验,世界整体是没办法达成的。因为理性在世界理念中依据的原理是,如果有条件者被给予了,那么使这些有条件者成为可能的无条件者也就被给予了。这样一来,人们就"必然会把一个直到给予的瞬间为止完全流过了的时间也思考为给予了的"[①]。在时间序列上的无条件者可以是时间的整体,也可以是揣测中的时间开端,它们都被设想为与经验的时间段具有实质联系。但是,尽管如此,无条件者并不因此就是在直观中已经被给予了的。理性从有条件者到无条件者的推理得到的只是一种幻相,经验中绝不会有一个时间上的整体被给予出来,也不会有一个自由的原因或一个初始时间被给予出来。人们最多只能在思想中设想时间上的整体及其开端,而无法在经验中找到这个整体或开端。思想中的开端(如神话性的开端、亚当的行动)与经验中人的具体行动之间虚构的联结,并不取消经验中各个时间段之间的实在的连续性。可以说,思想中的时间的开端与经验性时间段的联结也只能是悬拟的,但诸经验性时间段之间的联结却是可以直观的。就像先验的无限性概念仅仅在于提示人们:时间中的相继综合永远无法完成,只需不断进行下去,历史的揣测的开端也只是使人能够设想时间序列的完备性,而不要求在经验中证明自身。因此,神话事件与经验性事件的衔接也无需证明。关于历史的揣测的开端本来就不是为了增进人类的知识,而是为了其实践。

赫希对康德这种从神话事件开启人类历史的思想提出了质疑。他指出,第一批判中提出了仅仅具有可能性的自由概念,第二批判确立了自由的实践的和形而上学的实在性,历史哲学表达的则是同一个自由理念的实现。这样的历史观将第一批判中的自由的可能性与基督教特有的线性时间观联结在一起;根据这种神话的时间观,当人从伊甸园被驱逐出去之后,就进入了历史。这种历史的时间就是事件序列的连续和承继,即从出走伊甸园到自由理念的实现。但是,"这种序列的有效性只是道德上的,因为理论上来考虑的话缺乏连贯性:其初始时间的神话虚构本质,一方面正好意味着它出自于这一序列,也就是说不可能是有确切日期的。另一方面,这种情况同样存在于其目的中,即正如先验辩证论所表明的,这个目的**被思考为**一个理念。从**理论的**视角看,这种连续性根本不可能保持其有效性,因为每当我们要思考其开

① 《纯批》,A410/B437,第350页。

端或目的时，它们都会表现出其理论上的不连贯性”[①]。在他看来，作为历史之中的行动主体，每个人都要面临死亡，而死亡意味着他对自由的实现无能为力。因此，从人被逐出伊甸园到自由的实现，这在道德上看是一个连续的过程，但在理论上却由于人的死亡而无法具有连贯性。

赫希的这种担忧是对康德历史理念的误解。康德的历史理念意味着人类种族的整体性的连续的道德进展，而不是个体生命的连续过程。他明确地说过，“这些有理性的存在者全都将死亡，其类却是不死的，仍将达到其禀赋之发展的完备性”[②]。既然历史对应于人类整体，那么个体生命的终结就不会对历史的连续性产生影响。从理论上看，该理念及其神学开端是一种辅助人们理解的调节性概念，并不需要得到经验的验证，而只具有逻辑上的必要性。既然无需经验的验证，那经验中个体的死亡也就无法证伪历史的连续性。康德的时间观和历史观既具有间断性也具有连续性，不能以经验中时间的间断性来否定历史整体的连续性。同理，人们可以设想，普遍历史进程中总是会有某些民族的兴衰甚至消亡，但全部人类历史不会由此就停滞不前。

盖斯顿从对康德的一个实例的分析中，为其历史进程的连续性做了辩护。康德在《开端》的一个脚注中引用了医学之父希波克拉底(Hippocrates)的一句话：“艺术长久，生命短暂”[③]，人们总是喜欢假想：一个科学和艺术的天才只要具有足够的时间和生命长度，就能够使文化发展的成果超越所有时代学者前赴后继所能达到的程度。但是，大自然偏偏让这个天才面临老朽和死亡，因此，“人类实现其全部规定的进程似乎不停地中断，并且始终处在跌回到旧的粗野状态的危险之中”[④]。对此，盖斯顿指出：“自然的寿命为了仅仅允许给‘伟大的发现’做准备，而不是为了这些发现本身，已经足够长了。”[⑤]这表面上构成了人类道德进步的阻碍，但康德有其充足的理由来表明，人类个体生命的有限性与其道德发展观乃至历史的揣测的开端，是能够相容的。一方面，在康德看来，更长久的寿命也许并不直接地导致文化和科学的巨大进步，很可能导致的是人类自爱和自私的欲求的增加，由此反而成为道德进步的障碍；另一方面，如果人类现实情况下的恶和灾祸(例如死亡)

① Henrik Hdez-Villaescusa Hirsch, “Anxiety about history (towards a practical philosophy of history)”, *Actasdel Congreso Madrid*, November 2010, pp. 57 – 61.

② 《普遍历史》,8:20,第 27 页。

③ 《开端》,8:118,第 120 页。

④ 同上。

⑤ William A. Galston, *Kant and the Problem of History*, Chicago: The University of Chicago Press, 1975, p. 87.

的合理性只能通过道德和科学的最后实现来解释,如果死亡使任何一个个体都无法自身获得这种最终的道德实现,那么,对历史和个体的价值的解释就只能在"类""种族"的整体层面上来完成。

普遍历史的目的的实现需要人类经历很长时间的努力奋斗和艰辛劳作,企图增加寿命并依赖于少数天才人物来实现艺术和科学的进步,本身就是一种投机取巧的表现。如果要增加寿命的话,那么活多久才足够一个天才去完成某个重大发现呢?如果社会进步都指望少数几个天才(如牛顿),那么其他人是不是可以以此为借口,乐享其成,而不去努力发展自身禀赋、为社会进步做贡献呢?所以,历史终归对应于人的类和种族,而不是其个体,个体生命的有限性绝不会影响其类的不死和道德进步。文化、科学、艺术、道德的发展和人性禀赋的完善,都只有在这种类的整体性视域中来考察才有意义。

从思想渊源来说,康德历史理念中这种整体性视域就出自其先验宇宙论的世界整体概念,并且从形式上涉及时间的整体性。所以,在先验宇宙论中的康德的立场和观点同样也适用于其历史哲学。康德在《纯批》中反复强调的就是世界中时间回溯的不确定性,正是由于这种不确定性,他不可能以确定时间点上的事件来讨论历史的开始,因为时间中的任何事件都是经验性的,都有其时间上的进一步的先行根据。而以《创世记》中的神话事件来设想宇宙和人类历史的开端,一方面并不会影响时间中经验性序列的无限回溯;另一方面也无需在理论上和经验上得到证明,反而能够辅助人们调节性地理解世界和历史的整体性。时间回溯上的这种不确定性为康德将世界整体和历史整体相提并论提供了合理依据,无论是人类世代的回溯还是世界中经验性事件序列的回溯,都不可能在某个确定时间点停止。由此,人们就不能将人类历史看作是宇宙发展史中某个确定的阶段。这为他以神话事件同时解释世界开端和人类历史开端提供了可能性。康德的这种路径延续了中世纪神学对人类历史的描述,但他融入了历史理念对人类具体经验性行动的系统把握的维度,这是康德历史观中具有创新性的地方。

但是,世界理念与历史理念还是有区别的。康德在《纯批》中将理性在世界理念上的推理原理描述为有条件者与其条件之间的推移,时间上的有条件者就是每个具体的事件,而其条件就是其先行时间中的事件。所以,理性的这种推理原理决定了世界的整体性是从时间回溯的整体性角度来思考的,而不考虑时间向未来进展的整体性。"在时间中,对于一个给予的当下而言,那些作为诸条件的前件(过去)就必须先天地和那些后件(未来)区别开来。因此,一个给予的有条件者的条件序列的绝对总体性这个先验理念所针对的只是过去的时间。按照理性的理念,这整个消逝了的时间作为这被给予的瞬间的条件，必然要被设想为被给予了的。”[①]由此，康德所提供的时间上的世界理念是从过去到当下的一种整体性概念。

但人类普遍历史的理念不仅仅针对过去和当下，也针对未来，甚至主要地针对未来：**“人们要求有一部人的历史，确切地说不是一部关于过去时代的历史，而是一部关于未来时代的历史。”**[②]因为历史“需要一个难以估量的世代序列，其每一个世代都把自己的启蒙传给别的世代，以便最终把它在我们的类中的胚芽推进到完全适合于它的意图的那个发展阶段”[③]。康德在历史哲学中的这种“推进”思路与他在宇宙论中所谈到的人的祖先序列的“回溯”思路是不一样的。应该说，尽管康德将理论哲学中的世界理念运用于历史理念，但是这种运用是宽泛的。他在历史理念中采纳了其世界理念的整体性和系统性，也采纳了时间回溯的不确定性；但他同时以类似的思维提出历史在向未来延伸方面的不确定性，以及历史在过去、现在、未来三个维度的整全的系统性。普遍历史的未来维度与灵魂的来世特征相对应，并且分别表征着人类整体和个体意义上的无限的道德进步。这种未来维度的时间进程与向过去回溯的时间进程一样，都是无限进行中的，至于能够进行到何时是不确定的，这是康德在时间意义上的世界理念所给予的启示。由于历史理念中的时间整体包含了未来维度，所以康德也以完善的政治共同体和伦理共同体作为历史的目的。历史的终结就像历史的开端那样不可能是一个经验性的事件，而是一种理念。所不同的是，历史的目的具有实践意义，而不仅仅是用以辅助人们理解历史之整体性的调节性概念。对于历史的实践性目的，本书将会在下文第四章展开论述。

历史与时间的内在联系证明了其时间观念是可以与其理性本体论相容的。这种相容性一方面是指理性能够对时间乃至时间中的历史事件进行系统把握，由此得到一种时间上或历史上的整体，这是从理论意义上思考的；另一方面，这种相容性是指理性能力能够进入时间和历史中得到锻炼和完善，这是从实践意义上思考的。第一章对理性与时间的相容问题有比较详细的论述，笔者在这里只想简单回应一下约维尔对康德的一个质疑。作为康德历史哲学的著名研究学者，他的质疑是具有代表性的。约维尔指出，康德哲学中还存在着一种历史思想上的二律背反：“就其体系而言，康德的历史理念既是必要的又是站不住脚的……除非放弃他的理性与自然的彻底的二元论，否

---

① 《纯批》，A411－412/B438－439，第 351 页。

② 《学科之争》，7：79，第 76 页。

③ 《普遍历史》，8：19，第 26 页。

则康德就没办法解决这个二律背反，这的确导致其立场的崩塌和黑格尔的扬弃。”[①]约维尔认为，康德的理性历史观与理性的纯粹性不相协调，与其时间理论也不相协调。因为按照其时间理论，理性与经验历史之间的协调性是没办法理解的。理性要成为一种可逐渐得到完善的东西，就必须表现在实际时间中；但根据其先验感性论，时间只是一种直观形式，根本不能运用于理性，只能运用于现象杂多。

如果从康德自身的思想体系来回应，这种质疑是对其理性概念的误解。上一章在讨论康德历史哲学何以可能的问题时已经谈到，能够进入时间和历史中的不是理性的绝对自发性能力本身，而是由这种理智的作用因在现象界产生的结果。这个结果是经验性的(例如人的行动)，因而是能够进入时间的。理性不只是对自然现象在理论上的通盘把握能力，而且是能够确实在自然中、在现象中引起变化事件的实践能力。所以，理性是经验中人的行动的理智原因和主体，它通过人的经验性行动参与到时间和历史中，由此也在历史进程中得到发展完善。而且，人们可以这样去设想：现象界的行动就是理性能力的表现，理性的发展完善必须表现在这种外在行动的道德进步中。在康德这里，不通过现象和外在行动表现出来的理性是完全没有意义的。康德也的确将行动看作是人的外在自由。在历史过程中逐渐被推进的不是理智的和本体的绝对自发性能力本身，而是这种能力引发的行动。人类从其粗野和自爱的行动方式，逐渐发展到自觉自愿地以合乎社会规范和普遍法则的方式来行动，这就已经表现了理性能力在时间中“尝试、练习和传授，以便逐渐地从洞识的一个阶段前进到另一个阶段”[①]。

所以，理性与时间之间不存在无法调和的二元对立。理性通过作为其结果的外在行动进入时间，并在历史中得到训练和提升。外在行动上的道德进步最终必然导向自由的实现和理性所设定的各种目的的实现。在历史发展的最终极的意义上，那种完全符合道德法则的行动[②]毕竟是有可能在时间中产生出来的。而人类行动方式的这种发展无论在任何阶段都不妨碍理性的理智的自发性：理性的理智作用由于不在时间中，所以无法与时间相容；但这种理智作用的结果在时间中，所以又是与时间相容的。约维尔所说的不能与

---

① Yirmiahu Yovel, *Kant and the Philosophy of History*, Princeton: Princeton University Press, 1980, p. x. 德国学者朗格雷贝(Ludwig Landgrebe)有类似观点：“康德哲学是‘非历史的’，而其历史哲学系停留在启蒙运动及其理性乐观主义之基础上。由于这种成见，康德历史哲学之光彩遂为赫德尔(Johann Gottfried Herder)和黑格尔底历史哲学所掩盖。”转引自李明辉：《康德的“历史”概念》，《学灯》2008年第1期(总第5期)。

① 《普遍历史》，8：19，第26页。

② 即那种其内在动机也完全出自纯粹理性和道德法则的行动。

时间相协调的只是这种理智的作用因，而这种作用因不是理性概念的全部意义，只是其能力的一部分。因此，表面上看，的确如约维尔所言，理性与时间既是相容的又是不相容的：在其纯粹哲学中，理性与时间是不相容的；在其历史哲学中，理性与时间又是相容的。但深入分析的话可以得出：与时间不相容的仅仅是理性的理智层面（或本体层面），这一层面的理性是无时间性的；与时间相容的是理性的现象层面（或其结果），这一层面的理性是在时间中，因而也可以在历史中发展完善。完备地看，理性是一种在本体和现象两重世界中构成因果联结的那种能力。

然而，跳出康德的思想语境，其理智的作用因与其经验性行动之间的因果联结仍然难以令人信服。人如何就能断定在其作为现象的行动背后还有这种绝对自发的作用因呢？这种理智原因如何推动而不创造自然中的现象序列呢？现象和本体本来是人们看待唯一一个世界的两种不同视角，如何能够成为理性自身所联结的两个实在世界呢？康德让理性的绝对自发性承担人类行为甚至世界的现象序列的最终主体的重任，却将其留在认识的范围之外；他将理性界定为纯粹的和先验的东西，但又处心积虑地使其进入时间和历史中。在笔者看来，与其说这是理性与时间的二元对立，不如说是理性概念自身的内在对立和矛盾：其本体性的一面是不可知但又必须被设定的，其结果是可知的但却无法承载人性的绝对价值。这样的理性概念无论如何是缺乏自洽性的。

从这个视角来看，黑格尔等后来的哲学家对其自在之物的扬弃是一个必然趋势。黑格尔将哲学、绝对精神彻底地历史化，从而扬弃了其不可知的、黑洞一般的本体性的理性设定。现当代哲学的大陆流派更是对康德的时间和理性观念进行了彻底的批判，使历史、时间贴近最活生生的人的生存体验，使哲学成为真正叙述事情本身的科学。但康德在这种思想变迁中的地位仍是不容忽视的，是康德将理性推到了如此无以复加的境地，更经过黑格尔以极端思辨性和体系性的方式对理性的历史化处理，之后的思想家才“不得不”从完全动态的和流变的视角来看待人和世界的存在。现当代哲学从德国古典哲学中去除的东西无非是康德的本体性和黑格尔的思辨性，但他们毕竟从中继承了一种流动的思维方式，以及对时间和历史的重视态度。

小　结

本章主要从微观和宏观两个视角论述了康德哲学中时间与历史的内在

联系,并将其时间观确立为其历史观的理论前提。从微观视角看,一个具体行动既是连续时间段上发生的客观变化事件,也是普遍历史理念所要通盘把握和系统联结的对象。康德时间观的连续性与间断性的统一性为这种系统联结提供了可能性。人类一切行动的系统联结必须建立在诸行动的实在的因果联系基础上,只有这样,具体行动上所承载的文化、道德等要素才是可以代代相传的。而只有在一个连续不断的道德进步过程中,人们才可以设想人性中原始禀赋的合目的性的发展完善,乃至人类一切实践目的的最终实现。连续性时间观为这种道德发展观和文化传承观提供了必要的理论依据,它使具体行动之间的实在的因果联系成为可能,也使一切行动的系统联结成为可能;而一种间断性的时间观无法解释连续的道德进步和文化的世代相传。

从宏观视角看,普遍历史的理念就是一种时间整体的概念。历史以描述人的行动为使命,而任何行动都是发生在连续时间段上的,所以,一切行动的系统联结同时就是一切连续的经验性时间段的系统联结,由此得到的就是普遍历史概念。《纯批》中所论述的时间上的世界理念有助于人们理解历史理念。世界理念中时间序列向过去无止境地回溯的不确定性同样适用于普遍的人类历史。在康德看来,人类世代总是可以不间断地向过去追寻,不会遇到一个确定的边界。在这种情况下,人们最多只能以悬拟的、揣测的方式(例如从《圣经》的神话事件中)理解世界或历史的开端。这种方式并不会取消时间回溯的无限性和时间进程的连续性。但历史理念主要针对的是时间上的未来维度,这与仅仅包含过去时间之整体性的世界理念是有区别的。究其原因在于,人类普遍历史也对应于灵魂不朽的实践公设。从灵魂的本体视域看,现象界中的时间整体或普遍历史必然是包含未来维度在内的整全性概念。所以,普遍历史理念是世界理念在历史领域的宽泛运用。

对康德哲学中时间与历史的内在思想关系的研究,有助于人们更清晰地理解他在哲学史上承前启后的地位。而这种贡献不仅表现在其时间观上,还表现在其辩证思想中。如果说康德的历史哲学的价值容易被忽视,那么其中的辩证思想就更是如此。人们提到辩证思想,往往第一时间想到的是黑格尔、马克思等辩证法大家,很少直接提到康德。康德最为著名的思想部门是其批判哲学和道德形而上学,但不能因此说其思想中没有任何辩证的成分。其实,康德历史哲学中就包含丰富的辩证思想。在建构其历史哲学的工作中,这部分内容是不能忽视的。

第三章　康德历史哲学中的辩证思想

相对于第二章形式上的考察，本章将从历史的内容方面对其中的辩证思想展开论述。历史在内容上的要义主要表现在人性基于其内在矛盾而自我驱动的辩证发展进程。当然，这不是规定性判断力之下的事实判断或知识判断，而是在一种调节性和反思性原则之下的合目的性评判，康德历史哲学中的这种方法论仍然隶属于其批判哲学的典型的先验逻辑思维方式。本章所论述的辩证思想，是在充分肯定这种先验逻辑的前提下被思考的①。而在具体展开阐述之前，笔者先考察哲学史中辩证法的演变以及康德辩证概念的内涵。

辩证法一般被理解为关于思维、自然乃至社会历史的发展规律的科学，它是西方哲学中最重要的思维方式和方法论之一。辩证思维在哲学史的发展历程中发生了一系列的演变，从最初的对话、论辩艺术，到康德的辩证幻相和历史哲学中的辩证思想，再到黑格尔的包罗万象的概念体系的辩证法，以及马克思哲学中辩证唯物主义的世界观、认识论、方法论的统一等等，这一发展序列既揭示了哲学思想本身的独立演变过程，也揭示了各个具体哲学家在这一发展过程中的贡献。可以说，辩证法的哲学史演变与具体哲学家的辩证思想构成了哲学史的经纬线交织。阐明康德历史哲学中的辩证思想成分，既有利于呈现其自身思维的多样化和全面性，也有助于揭示哲学史本身的辩证发展逻辑。同样道理，要澄清康德的辩证概念，也就必须借助于整个哲学史乃至其自身哲学体系的思想背景来考察。

---

① 笔者在此还要强调，虽然康德已经在其历史哲学中触及辩证思维方式，但这还不是一种自觉的方法论；因而在他那里，还没有一种独立于人类理性的历史理性，更不会有一种历史理性批判。

第一节　哲学史中的辩证法与康德的辩证概念

一、哲学史中的两种辩证法

黑格尔将辩证思维追溯至古希腊时期的爱利亚学派,“我们在这里发现辩证法的起始,这就是说,思想在概念里的纯粹运动的起始”①;而在这一流派中,最出色地运用辩证思维的是芝诺。他的辩证法表现为一种概念自身的运动。这可能与大多数人的想法有所不同。人们会觉得爱利亚学派的学者都否定运动,甚至否认瞬息万变的感官世界具有真理和绝对价值,这种思想基调怎么可能孕育出以运动性为主要特征的辩证法呢?其实,黑格尔在芝诺这里看到的辩证法是一种抽象论证中的概念运动。例如,在关于运动的问题中,芝诺把对立和矛盾更多地表达在思维中;当他否定运动时,实际上是将运动和静止作为相互对立的两个概念结合在了一起。静止是对运动的否定,运动也是对静止的否定。这里面就包含了对立双方的相互否定,因此“必然是两个对立的规定被否定”②。运动通过静止得到规定,静止也通过运动得到规定。这两个对立概念在相互的否定中同时规定了对方。这种抽象的论证方式实际上就是一种反证法。例如,当人们要论证“真理是一”时,不是直接地寻找使该命题成立的论据,而是绕一个圈子,通过证明多是错误的,而论证一是正确的。这种方法也出现在康德的二律背反的论证中,所以,黑格尔指出:“康德的‘理性矛盾’比起芝诺这里所业已完成的并没有超出多远。”③

芝诺的辩证法表达的只是思维在对立的概念和规定之间发生的运动,所以这仅仅是主观的、思辨的甚至消极的辩证法,客观事物本身的运动被忽视了。这种辩证法在古希腊时期是比较流行的一种思维方式,它揭示了思维自身的运动,并在对话和论辩中通过揭露对方观点中的矛盾而获得真理。智者学派将这种论辩的艺术推到极致,发展成一种诡辩术,这是对辩证法的误用。苏格拉底则从这种辩证法中发展出一条从个别到一般、从特殊到普遍的寻求真理、接近真理的方法,他将这种方法称为精神的助产术。苏格拉底认为,人们只有通过对话才能发现真理。他的思路不同于芝诺式的论证,后者有一个清楚的立场和前提预设,通过揭示对立论点的矛盾和荒谬之处,间接地为自

---

① 〔德〕黑格尔:《哲学史讲演录》(第一卷),贺麟、王太庆等译,上海:上海人民出版社,2013 年,第 252 页。

② 同上书,第 276 页。

③ 同上书,第 292 页。

身观点和前提做辩护。而苏格拉底并不预设什么东西，只是就某个概念或问题展开对话，从与之对话的人的观点和论证中找出矛盾，然后引导其提出更具有普遍性和适用性的定义。赵敦华教授指出："希腊文'真理'(a-letheia)一词包含一个否定性前缀'不'和动词词根'被蒙蔽'。据考证，巴门尼德在首次使用'真理'一词时，已经表达出'除弊'之意。苏格拉底方法所朝向的真理也有这种意义。他认为，每个人的灵魂都蕴含着真理，但人们未加考察便加以接受的偏见和谬误蒙蔽了已有的真理。反诘的作用在于清除蒙蔽，但不制造真理。蒙蔽一旦被清除，真理便会显露在心灵之中，无须别人越俎代庖地教导什么是真理。"[①]邓晓芒教授将苏格拉底的辩证法理解为，"在思想的对话和交锋中发现矛盾、并在矛盾的逼迫下飞跃到更高思维层次的方法"[②]。这是最早的归纳推理和普遍定义的思维方式，即在具体事例中揭示矛盾、解决矛盾，从而寻找普遍定义。

无论是芝诺的抽象论证式的辩证法还是苏格拉底的对话式的归纳推理的辩证法，都是思维本身中概念的运动。柏拉图将这种主观辩证法推向极致。对于柏拉图而言，辩证法就是"一种研究纯粹理念(哲学范畴)的逻辑联系与相互转化的学说"[③]。纯粹哲学范畴能够超出自身向其对立范畴转化。某个纯粹概念的成立不仅需要像芝诺那样证明其对立概念的内在矛盾，更需要指出，这两个概念是相互依赖的，是对立统一的。孤立地考察其中任何一个概念都会导致荒谬的结论。举例来说，对于善与恶的纯粹概念而言，当我们想要为善的概念做辩护时，当然可以间接地论证恶的概念是错误的、矛盾的，但这还是不够的。我们还要进一步指出，善与恶是对立统一的一对概念，人们通过善理解恶，也通过恶来理解善。柏拉图在其《智者篇》中揭示了对立概念之所以具有这种必然联系的根源：对立双方都有真理性，它们能够在一个高于它们的概念中结合起来。这种作为对立概念的第三者的更高的概念被称为"种"，这就是柏拉图的通种论。例如，动与静两个概念本来是对立的，但它们可以统一在存在的概念中。

柏拉图的辩证法揭示了概念之间的矛盾性、运动性、必然联系，但这毕竟只是针对纯粹概念或理念而言的。理念是理智的对象，关于理念自身的辩证法揭示的仍然是思维中的矛盾和运动。古希腊哲学中最原始的和占据主流地位的辩证法就是这种主观的和思辨的辩证法。与此不同的是，赫拉克利特

---

① 赵敦华：《西方哲学史》，北京：北京大学出版社，2001年，第36页。

② 邓晓芒、赵林：《西方哲学史》，北京：高等教育出版社，2005年，第47页。

③ 赵敦华：《西方哲学史》，第54页。

将整个现实世界看作是流变的和充满矛盾的。他声称，世界是一团永恒的活火；同时，世界的运动不是盲目的，而是按照一定的章法，这就是支配着一切事物运动变化的道或逻各斯。如果说柏拉图将万物的最终根据（理念）隔离于现实世界的话，那么赫拉克利特就是在世界本身之中理解作为万物之根据的逻各斯。这种圆融的和整体性的视域更加符合辩证法的实质。对于赫拉克利特而言，万物运动的动力同样是对立面的冲突和矛盾，但这体现在现实世界中。并且，这种作为世界运动法则的逻各斯与世界的火本原就是同一个东西。进一步而言，由于万物都处于流变之中，世界上也就没有什么绝对静止的东西。事物的存在都是相对的，人们对它们的评价也是相对的。就像其残篇中所记载的，"最美的猴子同人类相比也是丑的"[①]。总之，我们在赫拉克利特的辩证法中看到了他对宇宙万物的动态描述，而不仅仅是对思维中的概念的思考；在其客观的辩证法中，万物的流变性、对立性、相对性是最鲜明的特点。

到了亚里士多德的哲学中，辩证法开始被有意识地作为一种方法论和逻辑学的重要内容来看待。他对柏拉图的对立的两重世界的批判以及他对万物从潜能到现实的发展过程的描述，都揭示了他思维方式中的某种运动性特质。存在的事物一方面可以按照其静态的四因说来分析性地加以认识，同时也可以通过其潜能和现实的动态视角被考察。就对事物本身的发展变化的描述而言，亚里士多德的思维方式也是辩证的。但就像赫拉克利特的残篇中到处都充斥着流变、对立、矛盾的思想，却没有明确地将万物的运动变化表达为辩证法那样，亚里士多德似乎也没有将其对现实存在物的运动的描述当作是辩证的。在他那里，辩证逻辑仍然是针对语言、对话这些思维要素的方法论。所不同的是，对于亚里士多德来说，辩证法就是一种论证方式，包含归纳和演绎推理两种。前者是从个别到一般的思维运动过程，后者是从一般到个别的思维运动过程。亚里士多德继承了苏格拉底从日常经验的意见出发开始思维的辩证运动的路径。其归纳论证的起点就是意见。通过归纳得出的普遍原理是真实可靠的，并可以成为演绎推理和证明的前提；从而，人们能够以这确定的前提进一步去归摄特殊的经验。这实际上就是从人们广泛认可的常识性意见上升到普遍原理，再从普遍原理下降到特殊经验或特殊事物的思维过程，这就是辩证法的整个过程。

辩证法在亚里士多德这里就是"从所存在的被广泛认可的前提出发，对

---

① 北京大学哲学系外国哲学史教研室编译：《西方哲学原著选读》（上），北京：商务印书馆，1981年，第25页。

我们所面对的问题进行推理的能力”[1]。简言之，就是思维从日常杂多意见中去粗取精获得真理，并将真理运用于实践的过程。思维在这个运动过程中逐渐去除人们日常意见中矛盾和对立的因素，得到普遍性的原理，但是矛盾毕竟构成了思维之运动的动力。这种思维方式类似于苏格拉底在与他人的对话中通过揭示对方意见中的矛盾，而促使其得出普遍性定义和真理的方法。可以说，亚里士多德是第一个将辩证法的思辨性与实证性（经验性意见）完美地结合起来的哲学家，也是有意识地将辩证法作为一种思维方式和逻辑学加以重视的哲学家。但辩证逻辑不同于其形式逻辑，“亚里士多德在《工具论》中建立了两种逻辑：一种是不太成熟的辩证逻辑体系，另一种是较完备的形式逻辑体系”[2]。辩证法在亚里士多德这里，更多地是指思维发现科学的普遍原理以及将这种原理在具体科学对象中进行演绎论证的动态过程，思维之外客观世界中事物的运动变化似乎并未被纳入其辩证法视域。

中世纪经院哲学在继承柏拉图和亚里士多德的形而上学的基础上，更加注重这种思维自身的思辨论证方式，并且越来越远离经验和人们的生活世界。可以说，思维之外世界本身的辩证运动和发展变化越来越被遮蔽起来。近代自然科学的发展促使实证性思维方式与纯思辨的思维方式分庭抗礼，但由此衍生出来的只是一种自然机械主义思想，辩证法的精神实质仍然留存在像笛卡尔这样的理性主义哲学家的思辨论证中。世界本身被描述为机械地运动的。因此，综观康德之前甚至一直追溯到古希腊时期的辩证法精神，人们看到的最多的是思维内部各种概念的对立、转化、统一，这是思维本身的运动，不是思维之外世界的运动。很少有哲学家真正地将活生生的客观世界作为演练辩证法的第一场域。就这一点而言，赫拉克利特那种将整个世界看作是按照逻各斯运动的一团永恒的活火的立场，是难能可贵的。他从这个活生生的世界中看到了事物的对立和矛盾本性，看到了其流变的和相对的特点。这种辩证法的路径与研究纯粹概念之间对立统一关系的思辨的辩证法有本质不同。但哲学史中至少在康德之前，都以思辨的甚至主观的辩证法为主。在这种背景下，康德将一种目的论的、基于事物内在矛盾而发展变化的视角引入自然界甚至人类社会及其历史进程，这对近代哲学思维方式的转变具有重大意义，也是对赫拉克利特的原始的、朴素的客观辩证法的某种复兴。

康德历史哲学中辩证思想的实质就在于，从人的存在乃至整个社会的内

---

① 〔古希腊〕亚里士多德：《工具论》（下），余纪元等译，北京：中国人民大学出版社，2003年，第620页。

② 张守夫：《被遗忘的亚里士多德辩证法》，《山东社会科学》2006年第4期。

在矛盾中而不是从其思维的内在矛盾中发掘历史发展的动力，这就超越了那种单纯概念式的思辨辩证法。黑格尔的辩证法可以说是对思辨辩证法和世界本身的客观辩证法的一种综合和扬弃。绝对精神在其历史化的发展过程中，既是一个充满内在矛盾从而自我驱动的活生生的生命体，也是一系列概念转化和提升的过程。这两个方面恰好是对古希腊的努斯精神和逻各斯精神的批判性继承与融合。邓晓芒教授指出："在古代希腊的文化背景中，一开始就蕴涵着一个内在的矛盾，这就是努斯精神和逻各斯精神的统一。"[①]努斯精神代表了一种自由自决的、通过冲破矛盾而成就自身的生命意识和能力意识，逻各斯精神则代表了事物运动过程中所遵循的概念和法则。在古希腊哲学中，赫拉克利特将这两种精神最原始地当作是同一个本原。世界是一团永恒的活火，也是万物按照逻各斯的法则进行生成变化的合规律的整体。康德虽然还没有将思辨的辩证运动与客观世界的辩证运动融为一体，但至少已经自觉地将世界看作是基于其自身内在矛盾而运动变化的事物的整体，这与单纯机械运动的世界观已经有明显区别。黑格尔在其绝对精神的唯心主义视域中发展出来的辩证法思想，不得不说是在康德的基础上形成的。他对康德著名的批判——"康德的见解是如此的深远，而他的解答又是如此的琐碎；它只出于对世界事物的一种温情主义。他似乎认为世界的本质是不应具有矛盾的污点的，只好把矛盾归于思维着的理性，或心灵的本质。"[②]——也许并不十分中肯，甚至是误导人的。有多少读者在还未深入考察康德辩证思想的时候，想当然地认为他对世界的理解是机械的？

但康德和黑格尔的辩证法毕竟都是唯心主义的。甚至可以毫不夸张地说，黑格尔之前的西方哲学史中占据主流地位的都是唯心主义的辩证法精神。客观世界的辩证运动无论在康德哲学还是在黑格尔哲学中都是第二性的，纯粹思维的辩证运动才是第一性的。马克思、恩格斯则在继承黑格尔辩证法精神的基础上，将其奠定在唯物主义的基础上。唯物主义不仅自身成为第一性的哲学部门，更成为辩证法的第一性特征。可以说，辩证法在康德这里得到了最初的复兴，在黑格尔那里得到系统化，最后在马克思、恩格斯的哲学中才真正融入人类的现实生活世界。笔者认为，马克思、恩格斯之前的辩证法实际上还具有形而上学的特征，尽管如此，其思想精髓仍是不容忽视的。康德历史哲学中的辩证思想在这样一种辩证法的发展历程中起到了至关重要的作用，他开启了德国古典哲学辩证法的序幕，更唤醒了古希腊哲学中具

---

① 邓晓芒：《黑格尔辩证法讲演录》，北京：北京大学出版社，2005年，第6页。
② 〔德〕黑格尔：《小逻辑》，贺麟译，北京：商务印书馆，1980年，第131页。

有自由意识和生命意识的努斯精神，乃至客观世界本身的辩证精神。

哲学史中主观思维的辩证运动与客观世界的辩证运动之间的对立、矛盾，反映了西方哲学中逻各斯精神和努斯精神的内在对立和矛盾。假如我们将哲学本身看作一个历史性地发展着的主体的话，那么这两种精神就成为哲学这一主体的内在矛盾要素，哲学史的发展以其自身这两种精神要素的矛盾为动力。由此，哲学史就是哲学自我驱动、自我发展所形成的历史性的思想整体。在这个思想整体中，人类思维或概念自身的规定、对立、转化、统一，甚至再规定、再对立、再转化、再统一，就构成了其思辨的内容。辩证法自古以来的显性形象就是思维中诸概念的既相互对立和矛盾又相互依赖和转化。因为哲学本来就是一种爱智的精神活动，而智慧往往与现实中最切近的各种事物甚至整个世界都有一种抽离的关系，这样的智慧最容易出现在单纯思辨领域中，而不是我们的周围世界中，而思辨领域中最重要的东西就是纯粹概念。

概念作为具有某种指涉和意义的符号，它是通过与其他概念的意义清楚地区别开来才能得到确立的。诸概念之间之所以能够清晰地相区分，并能够被运用于爱智求真的思维活动中，是因为哲学家赋予其不同的内涵和意义。在哲学史中，不同的哲学家往往会赋予同一个概念不同的含义，例如柏拉图的“理念”与康德的“理念”就不一样。诸概念之间之所以会有对立和转化的关系，是因为它们所指涉的内涵不同。概念对某种意义的规定同时就是将其他意义从其内容中否定和排除出去，由此就造成该概念与其他概念之间的区别；概念就是一种规定，规定同时也是否定。一个概念的成立本身就带有与其他概念的区别甚至对立与矛盾。从诸概念的区别，到其对立，再到其矛盾和转化，这一方面揭示了诸概念所指涉的意义之间的区别、对立、融通，另一方面也揭示了思维在各种概念及其意义之间的辩证运动。思辨的辩证法产生的根本原因就在于，人类在追求智慧的过程中，其思维中各种纯粹概念的运动，甚至思维中的概念被当作独立自存的实体。例如，黑格尔的绝对精神的真正诞生地无非是人类思维，但绝对精神好像获得了思维之外的独立生命一样，自身具有辩证运动的全部过程。所以，思辨的辩证法本质上也是唯心主义的辩证法。

而与这种纯然思辨的、概念式的辩证法相对的就是对客观世界进行动态描述的辩证法。这是西方哲学中一条隐性的辩证法路径。哲学家以运动的、对立的、矛盾的眼光看待世界万物的生成与转化，就好像万物是由一种能动的、原始的生命力所驱动的一样。这与思维中纯粹概念的运动既有区别也有联系。思维中的概念在一定程度上是客观世界运动变化的反映，但又往往是对现实流变事物的静止的和格式化的考察。马克思主义哲学从唯物主义的立场中重新阐释辩证法，可以说是对思辨的辩证法的真正扬弃，同时也是对那种描述客观世界本身辩证运动的隐性路径的融合。而现当代哲学对生活世界本身的更切近的描述，可以被看作是对西方哲学逻各斯精神和思辨的辩证精神的进一步超越。

二、康德的辩证概念

康德哲学处于西方的逻各斯中心主义走向巅峰并逐渐消退的时期，其辩证思想揭示了哲学史的这一宏观转向。在他那里，“辩证”不仅仅意味着概念之间的对立与转化，更揭示了人类理性能力的自然倾向和它在时间中自我驱动、自我成就的过程。这就超出了西方哲学中传统的纯思辨的、格式化的、概念式的辩证精神，过渡到对生动的事情本身（在康德这里，主要是基于理性能力的人的存在）的把握。正是康德对概念背后能动的理性能力的辩证考察，使黑格尔获得了启发，发展出历史性的和辩证运动的绝对精神。绝对精神由此才成为逻各斯精神和努斯精神的一个统一体。现当代哲学中概念的神话和逻各斯精神隐退于活生生的存在背后，这不是非理性主义对理性主义的战胜，而是形而上学与事情本身的和解。笔者当前想要简单分析一下康德“辩证”概念的具体含义，这将有助于本章接下来对其历史哲学中辩证思想的系统论述。

康德在其“逻辑学”讲座中对“辩证”概念有比较详细的阐述。在这里，他在两种不同的意义上讨论了“辩证论”，即越界和批判。首先，“如果人们想把这种纯然理论的和普遍的学说用做一种实践的艺术，亦即用做一种工具，那么，它就会成为**辩证论**”[①]。康德这里所说的实践的艺术或工具是指一种诡辩术、辩论术。这是一种在古希腊时期流行起来的假象的艺术，即按照假象来断言事物。因为人们将真理理解为概念与对象的相一致，但是，如果滥用概念，甚至只是通过玩一些概念游戏而在辩论中取胜，却还伪装成具有真知识，这就成了诡辩的艺术。康德所说的在诡辩术中的实践艺术就是智者、演说家这种玩弄文字游戏，不合法地使用各种概念的技术。

在《纯批》中，康德对辩证论的理解与此类似，“被当成工具论的普遍逻辑就称之为辩证论”[②]。普遍逻辑本来只是知性本身的形式法则，不涉及知识的内容；这种普遍逻辑法则只能充当真理的消极的试金石，因为真理在于认

① 《逻辑学》，9：16，第 15 页。

② 《纯批》，A61/B85，第 57 页。

识主体与认识客体之间的统一性，而抽掉了一切内容的形式逻辑必然无法运用于具体对象或客体身上，因而无法充当为在对象身上和具体知识中的思维工具。将本来不涉及内容的形式逻辑看作是关于对象的工具，就使形式逻辑超越了其正当功能的界限。辩证论在康德这里具有“越界”的意思，不仅形式逻辑的越界使用会导致诡辩和假象，理性自身的越界也会导致一种幻相。他将理性的一般辩证论称为“幻相的逻辑”[1]。这是由于理性想要先天地对对象有所规定，并且由此将知识扩展到超出可能经验的范围；而实际上理性并不直接地与对象相关，只是与关于对象的知性知识相关。当理性直接地去规定对象时（没有感性直观的参与），它就超越了其正当权限，这时就会产生幻相。

康德进一步提出了“先验的幻相”的概念，这个概念所谈论的不是经验性的幻相，也不是理性对随便什么对象的不合法的规定。经验性的幻相（例如视觉的幻相），“是由于感性对知性的不被察觉的影响而导致的”[2]。例如，感官会误导知性将插入一个盛满水的容器中的筷子判断为弯曲的。康德指出，知性独自不会犯错误，感官独自也不会犯错误，只有当感性和知性相结合产生判断时才可能犯错误；错误就存在于人们关于被思维的对象的判断中。但在先验的幻相中甚至都没有感性的参与，因为它涉及的对象根本不在感性直观中。先验幻相也不是针对随便任何对象的，而是仅仅涉及知性范畴扩展后得到的三个概念：灵魂、世界、上帝。这种幻相的产生就在于，理性不仅将这三个概念看作是思维中的纯粹理念，更看作是客观对象加以认识。也就是说，理性通过对知性概念的扩展自己制作了一些概念，并将这些概念看作是有客观对象与之相对应的。但经验中根本没有任何东西能够称得上是理性的这种对象，理性的作用范围和对象本来也不在经验中。在康德那里，理性作为一种本源的通盘把握的能力要么对知性知识进行调节，使其具有系统性和整体性，要么对人的不完善的欲求能力（任意性意志）进行立法和规定，使其一切欲求杂多被统摄在普遍立法之下。在这两个方面，理性都不直接在经验中起作用，而是在本体领域起作用。也正是因此，康德将理性的自发性看作是更为本源的，而将仅仅在经验中具有合法运用的知性看作是次一级的自发性能力。知性法则在理论领域还需要理性的调节性的系统统握，在实践领域中也只是充当理性法则对任意性意志进行规定的范型（一种中介）。理性如果越过知性的环节直接地和具体经验对象打交道，那就会是一种越界和辩

---

① 《纯批》，A61、131、293/B86、170、349，第58、134、258页。

② 《纯批》，A294/B350，第259页。

证了[①]。

其次，“辩证”在康德那里还意味着理性对诡辩术假象或先验幻相的批判。这样的辩证论“包含着一些特征和规则，我们据此就能够认识，某种东西并不与真理的标准相一致，尽管它显得与真理的标准相一致”[②]。康德将这种批判意义上的辩证论看作是讲授真理的形式标准的学说，甚至就是知性的净化剂。《纯批》先验辩证论部分就是如此。理性本身并不能够去规定对象，只是能够用作知性知识系统统一性的调节性原则；尽管如此，它毕竟也能够间接地对经验有一种内在的运用。如果它完全不顾经验的界限，诱导着知性范畴扩展到完全经验性范围之外，那么理性表面上由此获得了自己的理念和这些理念所对应的客观对象（灵魂、世界、上帝），却是完全不合法的。这些被误以为有客观对象与之相对应因而具有真理性的理念，就成为超验的了。这样的假象或幻相只有通过理性的自我批判才能消除。知性概念本来只能用在经验对象上，却被理性误导着运用于超感性对象身上。但这毕竟不是知性的错误，而是理性对知性的误导。所以，康德区分了知性的先验运用和理性的超验运用。前者的不合法在于，知性本应运用于经验，但是其判断力由于未受到批判的束缚而错误地运用于先验对象上，这是知性自己的错误。后者的不合法在于，理性引导着知性范畴超出了经验的界限，在这里犯错误的不是知性及其判断力，而是理性。

因此，在康德这里，“辩证”要么意味着概念与对象相符合的假象或幻相，要么意味着对这种错误运用进行批判的学说。诡辩术或辩论术在康德看来是最低级的，使用这种实践艺术的人通过娴熟地玩弄各种概念而假装拥有智慧和真理。理性的先验幻相不同于诡辩术，因为这不是可以主观上避免的，而是理性的一种自然的和固有的倾向。但就诡辩术和先验的幻相都伪装成真知识而言，它们都是辩证的。“辩证”概念在这种意义上是思辨的，与西方哲学中主流的思辨辩证法一样，都是运用诸概念的矛盾运动来达到其目的。赫尔穆特·霍尔哲伊（Helmut Holzhey）与维利姆·穆德罗克（Vilem Mudroch）在他们编著的康德辞典中，同样总结了其辩证概念的两种意义：“幻相的逻辑”与“对辩证幻相的批判”[③]，但他们忽视了康德对古希腊诡辩术意义上的“辩证”

① 需要注意的是，理性尽管不直接对经验对象起作用，但这并不意味着理性的作用完全不能在经验中呈现出来。理性是那种在本体领域起作用，而其作用的结果必须呈现在经验中的能力，这就是理性作为一种自发的因果性能力的内涵。

② 《逻辑学》，9：17，第 16 页。

③ Helmut Holzhey and Vilem Mudroch, *Historical Dictionary of Kant and Kantianism*, Lanham, MD: The Scarecrow Press, 2005, p. 104.

概念的分析[①]。而康德自己独创的辩证含义就在于理性“越界”的自然倾向与对这种越界的批判。这种辩证不仅在于概念或思维的矛盾性，还在于概念背后理性能力本身的能动性和自主性。

康德批判意义上的辩证论在承认理性的自然倾向的基础上，对理论理性和实践理性进行了批判性研究。理论理性的内在运用的领域在现象界，超出现象界就会产生辩证的幻相；实践理性的内在领域则是理智世界，如果让经验性的对象混杂在实践理性的原则中，也会产生辩证的幻相。换个角度来讲，康德之所以认为理性会产生自然的辩证，是由于理性忽视了现象与物自身之间的界限而不小心逾越了。但是，这种辩证的幻相的评判究其根源在于，他将现象和物自身完全区分和割裂开来，并将作为认识能力的人类理性仅仅限制在经验现象的范围内。即便人们反复告诫自己不能超出经验去认识，但是理性还是“不由自主地”想要去窥探那现象背后的物自身究竟是什么样的。设想一下，假如没有这种二元对立，那么理性也就不会产生辩证。同样，实践理性被严格束缚在物自身领域中，但是只要有一个明确的界限，就会有想要打破这个界限的冲动，实践理性因而总是会受到感性欲求的影响甚至沦为其工具。这就是理性在其辩证运用中的本质特征。

人类理性一方面区分了现象与物自身，另一方面又在这两大领域之间左冲右突，这体现了理性活生生的生命力。康德在其《逻辑学》和《纯批》中提出的“辩证”概念，其最重要的贡献就在于揭示理性树立界限又打破界限的这种活的、自由的、能动的力量，只是他自己并没有充分重视这种能动力量本身的价值。黑格尔也许从中领悟到了一些东西，其自我驱动的绝对精神无非是康德这种理性能力的进一步生动化、历史化、客观化、绝对化。在黑格尔这里，绝对精神在自身内部设置矛盾的对立面，并通过使对立面达到统一而自我驱动着发展运动，绝对精神在其自身的历史化进程中就是依靠这种自我异化、内在矛盾而最终达成其自在自为的完善性程度的。康德发现了人类理性中的内在矛盾以及理性越界的那种活生生的力量，但是他通过对现象和物自身的绝对划界而消极地限制了理性的冲动，这就无法淋漓尽致地展现理性自身的辩证运动能力。

庄振华对此有精到的评价：“让黑格尔感到奇怪的是，康德为什么会止步于此，并反过来限制理性的活动……黑格尔认为，康德看到的问题固然都是

---

① 钟锦在其博士论文中提到，“康德是在古希腊哲学的本来意义上使用辩证法一词的，而且也是在古希腊哲学的问题视域中展开辩证法研究的”。这种说法可能又会掩盖康德在辩证概念上的独创性。参见钟锦：《康德哲学语境中的辩证法思想研究》，上海：复旦大学博士学位论文，2005 年，第 1 页。

实实在在的问题，但他的失误在于仅限于以与事物分离的有限之人的眼光来看事物，这样的人无论有多高的反思判断力，他终究还是面临着世界终极秩序可望不可即的局面。”[①]康德理论哲学和道德哲学中的人类理性无论如何都太形而上学化了。他在后期以反思性判断力的合目的性原则为理性的系统统一性功能重新奠基，这多少体现了他对自身思维的形而上学性质的适度扬弃。其历史哲学中隐秘的大自然计划无非是这种合目的性原则的较早表达方式。在历史领域，人类理性或人性的内在矛盾不再被消极地对待，而是被当作人性自我完善的内在驱动力。尽管他自己并没有明确将这种积极的思维冠之以“辩证”之名，也没有将其上升到自觉的方法论高度，但这的确就是康德与黑格尔在思维方式上最接近之处。

本书要着重论述的不是他自己明确地表达出来的“越界”的和“批判”的两种意义上的辩证思想，这两种辩证思想还是太思辨化了，而是那种表现了人类理性自身活生生的生命力的辩证思想。理性内部概念或命题的矛盾来自理性的越界使用，而理性的越界活动体现的是其自身的活生生的生命力。所以，在康德这里，思辨的辩证最终奠基于事情本身（理性自身）的辩证运动。其实，康德在其自然哲学和历史哲学中都描述了这样一种“活生生”的力量。自然界中物质实体由于占据空间而具有原始的运动力，即吸引力和排斥力；由于这两种力的对立统一，自然界可以具有一个发展变化的过程，就好像一个生命有机体具有其生命过程那样。而普遍的世界历史在康德看来也是一个自我驱动的活生生的过程。人性的内在矛盾是历史发展的内在驱动力，人创造了历史又在历史中被成就。可以这样说：我们在康德那里已经能够看到一种“活的”“生动的”哲学观。理性在认识活动中的越界的自然倾向和在普遍历史的实践活动中自我驱动的发展过程，都是这种哲学观的体现。只是，这种辩证思想还未上升到方法论的高度。在康德的哲学思想体系中，最重要的方法论还具有形而上学的思维特征，辩证思想仅仅是其隐性的和补充性的思维路径。总体来看，康德的辩证思想是“博古通今”的，他从对古希腊辩证思想的分析中，衍生出其独创性的“越界”和“批判”的辩证含义；其历史哲学中人性的运动观、矛盾观也能够与黑格尔等人的辩证法相衔接。

---

① 庄振华：《黑格尔辩证法探本》，《武汉大学学报（人文科学版）》2015年第5期。

第二节 康德历史哲学中具有内在矛盾性的人性概念

康德历史哲学中的辩证思想奠基于他对人性概念的独特理解上。他在其历史哲学中对人性的理解与其《奠基》和《宗教》中的人性观具有一致性。在《奠基》中康德指出，人性中的特殊属性（besonderen Eigenschaft der menschlichen Natur）不适合作为道德法则的根据。这种特殊属性也就是人类的特殊的自然禀赋（der besonderen Naturanlage der Menschheit），例如情感、偏好，甚至是人类理性特有的但并不适用于每一个理性存在者的意志的特殊倾向[①]。而人格中的人性（die Menschheit in der Person）被康德看作是目的自身或自在的目的，实践理性“用因为是**目的自身**而必然对于每一个人来说都是目的的东西的表象，构成意志的一种客观的原则”[②]。也就是说，尽管人性中的特殊自然禀赋不适合于为客观的道德法则奠基，但其中还有某种作为自在目的的东西适合于成为这种客观法则的基础。所以，人性在1785年的《奠基》这本著作中是一个意义比较宽泛的概念，其中既包含对于每一个人来说都是特殊的那种感性本性，也包含对每个人来说都是同样的那种客观的和普遍的本性。后者作为一个客观目的，其表象就能够奠定一种同样普遍和必然的客观法则。如果没有对人性概念的这种宽泛意义的理解，读者可能会误读“人格中的人性”的含义。因为按照汉语语法的习惯，人们很可能会把人格看作是外延比较广的概念，而把人性看作是外延较小因而包含在人格中的概念，就好像人格中除了人性还有其他东西。但现在通过对人性概念的考察可以得出，人格的外延反而要被包含在人性外延之中。人性中除了具有特殊性的属性之外，还具有普遍的人格本性，只有后者才能被称为道德法则的根据。

《奠基》对人性的描述中比较有意思的是，其特殊属性中还包括那种“人类理性特有的、并不必然适用于每一个理性存在者的意志的特殊倾向”[③]。这样一种特殊倾向的特点是：第一，其特殊性在于它只存在于人类理性中，而不存在于其他理性存在者（如上帝、天使）中；第二，它应该是包含在每一个人的理性中的倾向，因而在单纯人类范围内也具有普遍性；第三，这种倾向不适合于成为道德法则的基础，因为道德法则的基础应该是普遍的、不仅限于人

---

① 参见《奠基》，4：425，第433页。

② 《奠基》，4：428，第436页。

③ 《奠基》，4：425，第433页。

身上的理性概念。那么，这种只存在于人的理性中，但不存在于其他理性存在者中的倾向究竟是什么呢？统观康德的整个思想体系，这种倾向应该对应于其《宗教》中所提出的趋恶的倾向。在这部著作中，康德指出："如果可以把这种倾向设想为普遍地属于人的（因而被设想为属于人的族类的特性），那么，这种恶就将被称做人的一种趋恶的**自然**倾向。"[①]这意味着，宽泛的人性包含感性本性、普遍地存在于每个人身上的趋恶的倾向，以及能够作为道德法则之根据的人格中的人性[②]。

康德在《普遍历史》的命题四中所提出的人性概念是 menschlichen Natur，这其实也可以翻译为人的本性或人类的本性。这种本性同样是普遍地存在于每个人身上的，而在这样的人性概念中包含一种"非社会的社会性"（die ungesellige Geselligkeit）。康德对这个概念的解释是，"人们进入社会的倾向，但这种倾向却与不断威胁要分裂这个社会的一种普遍对抗结合在一起"[③]。这意味着，相互对立的社会性和非社会性被作为一个整体包含在人的本性中。在康德看来，每个作为有理性的存在者的人既想与他人和谐地生活在一个共同体中，又试图分裂这个共同体。康德在 1784 年的这篇论文中还没有详细地展开社会性和非社会性的具体内涵，而在非常接近的 1785 年的《奠基》中，他提出了人格中的人性概念。他明确指出，如果这个作为自在目的的人性概念要在一个人身上产生全部影响的话，那么他人的目的也必须尽可能地成为他自己的目的[④]。换句话说，这个人必须将他人的目的作为自己的目的来追求。以人格中的人性概念为基础的道德法则将人与人之间的这种交互性规定为一种义务；这种将他人目的作为自身目的来追求的义务，是康德义务体系中最高层次的义务概念。

在《奠基》中，康德所提出的那四种义务，即不能自杀、不能向他人撒谎、尽可能地完善自身的禀赋、尽可能地促进他人幸福，它们之间是具有层次区别的。"不能自杀"保证了每个人的自然生命和道德能力的延续，这是最起码的一个义务，也是西方文化中最古老的一种诫命。在古希腊城邦观念中，个人的价值是通过参与城邦公共生活来体现的，由此，个人的生命价值也被编织进城邦整体中。自杀并不是完全"个体性"的事务，同时也是对城邦共同体

---

① 《宗教》，6：29，第 28 页。

② 实际上，人类理性特有的倾向不仅包含趋恶的倾向，还包含上文所说的思辨理性的越界的自然倾向。前者是从实践角度说的，后者是从理论角度说的。历史哲学涉及的是趋恶的倾向。

③ 《普遍历史》，8：20，第 27 页。

④ 参见《奠基》，4：430，第 438 页。

利益的伤害。此外，人被看作是神创造的，自杀也被看作是一种亵渎神灵的行为，甚至被看作是不公正的。所以，从苏格拉底到柏拉图再到亚里士多德，这些大哲学家都毫无例外地反对自杀。这种思想也延续到了基督教教义中，《旧约》的摩西十诫中有关于不可杀人的诫命，这也包含不能杀害自己；《新约·哥林多前书》中将人的肉体看作是神的殿，伤害自己就是伤害神的殿，因而是被禁止的。康德继承了这种不能自杀的传统观念，亦即不能因为肉体的难以承受的艰辛状态而放弃生命。

其他三种义务其实也都以《圣经》中的教义为思想渊源。所不同的是，康德将这些义务奠定在其理性本体论的基础之上，而不再以超越的神学思想为根据。每个人在自己的生命和道德能力得到保证的前提下，还要做到不对他人撒谎。不能自杀和不能对他人撒谎是道德的底线，做到这两点并不意味着这个人已经是一个有道德的人了，他还必须完善自身的自然禀赋，并在此基础上促进他人幸福。完善自己的根本意图应当是为了更有效地促进他人幸福。所以，这四个义务或命令是层层递进的。康德的道德法则最终极的命令是促进他人幸福，或者就是人与人之间相互促进幸福，这需要每个人将他人幸福的目的作为自己的目的来追求。由此达成的将是一个人人为我、我为人人的和谐美满的社会共同体。前三个命令都是为此奠定基础，假如人们都在肉体无法承受痛苦时自杀、都没有诚信、都懒惰得任由自身的天赋荒废掉，那么他们就更不可能会去促进他人幸福；假如人们还想要促进他人幸福的话，他必须至少有生命并且对他人真诚，在此基础上，他还必须提升自己的自然禀赋以便使自己有足够的能力去帮助他人①。

由此看来，人格中的人性，即那种作为道德法则之基础的人性概念，其精神实质就在于一种人们相互促进幸福的和谐社会。这种完美的人性也就是存在于（潜在地存在于）每个个体身上的帮助他人的道德本性，这就是一种人人互爱互助的社会性本性。所以，非社会的社会性中的社会性至少潜在地包含了那种促进他人幸福的人格性禀赋，因为只有人们相互之间促进幸福才能构成一个和谐的社会整体。

康德在1794年的《宗教》中还提出了另一种社会性概念。康德认为，人的本性中有三种向善的禀赋：动物性禀赋、人性禀赋、人格性禀赋。第一种禀

① 自我完善与促进他人幸福，这两种义务之间的关系在《道德形而上学》中得到了更清晰的阐述。在这部著作中，康德将这两种义务也看作是客观的目的，即同时是义务的目的。这种目的概念本身已经表明，帮助他人必须是每个人自愿自觉地做出的行动，每个人必须将他人幸福作为自己的目的来积极地促进，而不只是消极地不去伤害他人。这也意味着，社会性需要人们积极地行动，而不是消极地不作为。

赋不以理性为根源，其中包含保存自身、繁衍自己的族类、“与其他人共同生活，即社会本能”[1]。这里的社会本能不是奠基于理性和人格等概念，而是奠基于人的动物性本能。也就是说，在康德看来，人身上的单纯动物性中本来已经有进入社会的偏好。这就意味着，人们无需等到一个完美的政治共同体甚至伦理共同体实现的时候才能生活在社会中，他们本来即便作为动物也想要与他人共同生活在社会中，这大概就好像其他动物的群居的本性一样。所以，可以猜想，人类历史的发展进程在康德这里也许就是，从刚开始的存在普遍对抗的原始的社会状态到人们都自愿促进他人幸福的和谐完美的社会状态的过渡过程，或者说，就是从对抗性社会到和谐性社会的发展过程。

康德看到了即便在自然状态下的人们之间的本能的吸引，这应该是受到卢梭对自然状态下人的同情心的描述的影响。他在介绍英雄史诗和哲学家们所持的“世界是在由恶向善的方向上不停顿地向前进步”的观点时指出，“它很可能只是从**塞涅卡**到**卢梭**的道德主义者所作出的一种好心肠的假定。其目的在于，在还能够指望人心中有一种这方面的自然基础的情况下，孜孜不倦地催发也许潜在于我们心中的向善的胚芽”[2]。康德在这里将世界从恶向善的进步历程看作是像卢梭这样的道德主义者的假定，对于卢梭而言，人性中的自保和同情心就是人的自然本能。康德在人的动物性中设置一种社会本能，这与卢梭的立场有相似性。

笔者认为，《普遍历史》中人性的社会性对应于人的动物性中的社会本能，以及基于人格概念和纯粹理性能力的应然状态下的社会性。前者可以理解为，人无意识地、本能上自然而然所具有的一种偏好和倾向；后者可以理解为在其理性禀赋中所包含的，因而是人有意识地所具有的社会化的能力和义务，这其实相当于《宗教》中向善的禀赋中的人格性禀赋。只是康德在这篇论文中对社会性的描述较少，他只指出“人有一种使自己**社会化**的偏好，因为他在这样一种状态中更多地感到自己是人”[3]。康德在此使用了“偏好”(Neigung)概念。在紧接着的1785年的《奠基》中，他将偏好定义为“欲求能力对感觉的依赖性”(Die Abhängigheit des Begehrungsvermögens von Empfindungen)[4]。可以设想，社会化的偏好至少部分地基于欲求能力对感觉的依赖性。或者说，本能意义上的社会性是基于人的感性存在的一种本性。但如果社会性只是意味着这种动物性的本能，那么它根本没办法成为

---

① 《宗教》，6:26，第25页。
② 《宗教》，6:20，第17—18页。
③ 《普遍历史》，8:21，第27页。
④ 《奠基》，4:413，第420页脚注。

那种根深蒂固的非社会性的对立面。因为在康德看来，人在提出自私的非分要求时必然遇到的与他人的对抗就产生自非社会性，而这种自私要求需要人类理性能力的参与，准确地说，需要理性充当为人的自私欲求的工具和手段[①]。就非社会性中有理性的参与而言，社会性概念中至少也应当包含一种理性的根据。所以，那种建立在纯粹理性上的促进他人幸福与和谐秩序的社会性是不容忽视的，只有这样一种基于理性的社会性偏好才能使人“感到自己是人”，而不仅仅是抱团取暖的动物。《普遍历史》作为其历史哲学的一个简要提纲，在社会性概念的描述上着墨太少也许是情有可原的。只要人们记住这一点就可以了：他在这里所说的偏好不仅仅是那种出自动物本性的社会性，还有出自纯粹理性的社会性。

总结一下人的本性中的社会性，它应该对应于人性中向善的禀赋中的社会本能以及人格性禀赋。前者并不要求有理性的参与，仅仅是一种动物性的感性偏好；后者却必须建立在纯粹理性之上，并且能够与非社会性本性形成真正的对立。社会性的这两个方面是缺一不可的。动物性的社会本能意味着人类历史的起点，纯粹理性的社会性意味着历史的终极目的。因为大自然的意图就在于，**“人完全从自身出发来产生超出其动物性存在的机械安排的一切，而且仅仅分享他不用本能，通过自己的理性为自己带来的幸福或者完善”**[②]。如果没有其本能的社会性，那么人类不会原始地群居在一起，因而也不会发生普遍的对抗，并在非社会性的驱动下向理性的社会性的方向进步。如果没有其理性的社会性禀赋，那么其历史哲学的宏观预设就不存在了，历史就是这种理性的社会性禀赋由潜在到实现的发展完善的整个过程。因此，动物性与道德性同时存在于其社会性概念中，并构成历史进程的起点和终点；而在这个完整的历史进程中始终起驱动作用的就是人的本性中的非社会性，或者更确切地说，就是与社会性相对立的非社会性。

既然《普遍历史》的社会性对应于促进他人幸福的那种道德性本性以及人的动物性的社会本能，那么其中的非社会性又做何理解呢？按照康德在命

---

① 在康德看来，人的感性欲望本身是无所谓善恶的，只有当人们将其理性仅仅用作实现这种欲望的工具时，才表现出恶。同样，只有当人们以纯粹理性的道德立法为根据将一切感性欲求杂多统摄起来时，才表现出善。将理性当作感性欲望的工具还是当作统摄一切感性欲望的最高立法者，这取决于每个人的自由决断。所以，普遍对抗、恶必须是在理性参与的情况下才可能的。此外，这种普遍对抗首先需要在一个社会中产生，只有在社会中，理性能力才能得到激发和锻炼并参与到普遍对抗中。因此，人性中的社会本能和由此造成的社会状态是非社会性的普遍对抗和人格性基础上的社会性的前提条件。在离群索居的生活中，任何人都无法与他人产生对抗，并发展其人格性禀赋。

② 《普遍历史》，8:19，第26页。

题四中的描述，这种非社会性具有如下特点：第一，具有非社会性的人会对上述和谐社会构成威胁，因为人们总是想着分裂社会；第二，这种本性是存在于每个人身上的，由此才能形成一种"普遍对抗"的状态；第三，这种本性不是孤立地存在的，而是与每个人身上的社会性共存的。具有如此这般特征的非社会性其实就是《宗教》中所说的趋恶的倾向，就是《奠基》中那种存在于人性中的特殊的自然禀赋的其中一种，即普遍地存在于每个人的意志中但不适合于作为道德法则的根据的倾向。宽泛的人性中除了人格性就是这种趋恶的普遍倾向和人的感性偏好，但感性偏好并不具有在所有人身上的普遍性，毋宁说每个人的感性欲求都不同于他人；即便人人都有与他人共同生活的动物性本能，但每个人在社会整体中所怀有的感性动机和意图也是千差万别的。所以，那种只存在于人身上不存在于一切其他理性存在者（在这个意义上是特殊的）身上的，同时在每个人身上都具有的（在这个意义上又是普遍的）非社会性本性，不能是等同于社会性的人格性，也不能是不具有普遍性的感性偏好；那么，所剩下来的候选项只有趋恶的普遍倾向。

非社会性就是一种趋恶的普遍倾向。康德将非社会性描述为使人个别化、孤立化的强烈倾向，基于这种倾向，人们总是想仅仅按照自己的心意行事。因此，每个人既喜欢对抗别人也到处遇到别人的对抗，这就形成一种普遍对抗的社会状态。关于这种普遍对抗，《宗教》中是这样描述的：在第二种向善的禀赋（即人性禀赋）之上，"可以嫁接这样一些极大的恶习，即对所有被我们视为异己的人持有隐秘的和公开的敌意"①。这种对他人敌意的描述实际上就是对一种普遍对抗的社会状态的描述；这种恶习只能嫁接在人性禀赋上，而不能嫁接在动物性的和人格性的禀赋中。因为动物性禀赋中毕竟没有理性的参与，对抗和敌意的恶习需要理性的运筹帷幄；而人格性禀赋上"绝对不能嫁接任何恶的东西"②，这种禀赋以自身就是实践的、无条件地立法的纯粹理性为根源。只有那种既有理性的参与，但理性还不纯粹的人性禀赋，才能给那种基于趋恶的普遍倾向的种种恶习提供生存的空间。

这里要注意的是，恶习是嫁接在善的禀赋之上，不是存在于善的禀赋之中。如果恶习可以存在于善的禀赋中，那么人性禀赋也就不会被叫做善的了。"嫁接"（pfropfen）这个概念已经表明康德的立场：善是人性中应然的本性，恶是对这种应然本性的偏离，就好像偏离正轨那样。这种思想其实也是对传统基督教善恶观的一种批判性继承。例如在奥古斯丁那里，善是一种本

---

① 《宗教》，6：27，第26页。

② 同上。

体，恶不是实在的，仅仅是善的缺乏。善恶本来就不是在一个层面上的东西。康德同样将善作为"本体"，其理性的本体论立场同时决定了善的本体论地位；恶的倾向只是对这种本体论地位的偏离。所以，恶并不存在于善中，而只是嫁接在善的禀赋上。这也决定了人类从恶向善的道德进步是一个必然的趋势：恶必然要被善所战胜，人终究要回到其正轨上去。这符合《圣经》中的神学预设：人由于背离上帝的命令（背离善）而被驱逐出伊甸园，也会因服从上帝的命令（理性的立法）而重归伊甸园。站在上帝的视角看，人类历史无非是一个圆圈式的过程。

既然对他人持有敌意的恶习不是植根于向善的人性禀赋中，只是嫁接在它上面，那么这种恶习毕竟还是要有其根源的。康德将这种自私自利并对抗他人的恶习植根于人本性中趋恶的倾向，因为人有这种根深蒂固的倾向，所以才会有种种恶习嫁接在人性禀赋之上。同样，"一种趋恶的倾向只能附着于任性的道德能力"[1]。恶习就好像表现出来的恶，而趋恶的倾向还只是潜藏在人心深处，并未发动。人之所以会有种种恶习，是因为其内心中、其任性上被附着了一种趋恶的倾向。"附着"（ankleben）与"嫁接"一样，都体现了恶对于善的那种"非正统"地位，但"附着"比"嫁接"更为根本一些，因为这种倾向毕竟是植根于任性中的[2]，它是"人的本性中的一种**根本的**、生而具有的（但尽管如此却是由我们自己给自己招致的）恶"[3]。

理解这种根本恶的关键在于，它"只有作为对自由任性的规定，才是可能的……这种恶必须存在于准则背离道德法则的可能性的主观根据中"[4]。也就是说，这是人自己自由地和自愿地选择背离法则时所表现出来的恶，所以是植根于人的自由能力中的；既然自由在康德这里是人先天所具有的，那么根本恶看起来好像就是生而具有的。但是，如果人生来毫无选择地就注定是恶人，这与其自由本性也是不相符的。所以，康德看似悖谬地说："它虽然也可能是与生俱有的，但却**不可以**被想象为与生俱有的"，而是"由人自己**招致的**"[5]，亦即是人自己基于其任性而自由选择的。人生而具有自由任性，这只是为人背离道德法则提供了作恶的先天可能性和潜在能力；在现实中他是否

---

① 《宗教》，6:31，第30页。

② 任性具有道德能力，也具有趋恶的倾向，因而才被看作是任意性。趋恶的倾向根植于任性中，而不是根植于任性的道德能力，只能算是附着于这种道德能力。否则，道德能力就不能被叫做道德的了。"附着"仅仅意味着趋恶的倾向与道德能力在任性中的共存，而不是以道德能力为根基。

③ 《宗教》，6:32，第32页。

④ 《宗教》，6:29，第28页。

⑤ 同上。

会作恶、背离道德法则，要看他自己是否主观上真正选择那样做。

简言之，作恶的能力是与生俱有的，但作恶的动机和行为是后天自己选择的。然而，即便人天生就具有作恶的能力和可能性，即便在其任性中"根深蒂固地附着了"一种趋恶的倾向，即便任性可以自由地选择做道德法则要求的事情，也可以选择偏离道德法则，甚至现实中的人总是选择偏离道德法则，他也仍然有足够的能力而且应当去做善的事情。后者才是人性中的正轨，趋恶的倾向以及基于这种倾向的种种恶习都只是对善的偏离。对于人性中向善的禀赋和趋恶的倾向的具体定位，笔者赞同舒远招教授的观点：康德"从逻辑可能性、实然和应然三个层次解答人的自由本性的善恶问题，认为在逻辑可能性上，人要么选择为善，要么选择为恶；在实然层面，人性本恶；在应然层面，人应该选择为善"[①]。但康德出乎常人预料的地方就在于，他从人们对善的偏离中，亦即从这种趋恶的倾向和非社会性本性中找到了善的禀赋和胚芽得以发展的动力，这种动力就在于非社会性所带来的普遍对抗。

通过上文的分析，笔者得出：康德在《普遍历史》命题四所说的非社会性与社会性的对立，类似于后来他在《宗教》中所说的向善的禀赋与趋恶的倾向的对立。这种对立不仅仅是每个人自己本性中的内在矛盾，更造成了整个社会人与人之间的普遍对抗。可以设想一下，在个体身上的这种内在矛盾就好像是两种矛盾着的性格（人格分裂）一样，他本来应当帮助他人、促进他人幸福，即便出于动物性的本能他也想要与他人共同生活，但其非社会性却诱导着他偏离、违背这个纯洁的人格性和道德要求，甚至对他人产生敌意。人在现实中往往是非道德的，如果人人都是这样的话，那么整个社会就会有一种普遍的对抗状态。所以，个体身上非社会性与社会性的内在矛盾造成了整个社会中人们普遍的和外在的对抗[②]。康德在命题四中所说的对立应当从这两个角度来理解，即人的本性中的社会性与非社会性是对立的；基于人性的这种内在对立，社会中人与人之间也是普遍对抗的。所以，人性不仅具有其两种属性的内在矛盾，更表现在整个社会中人类的普遍对抗状态。

只是需要注意，人与人之间的关系不仅仅有对抗，也有相互吸引和社会性，甚至人们必须在一个社会中发生相互关系才能有对抗、矛盾。所以，社会中人与人之间的关系，类似于自然界中诸物质实体的关系，既相互吸引，也相

① 舒远招：《直指人心的人性善恶论——康德人性善恶论的层次分析》，《哲学研究》2008 年第 4 期。

② 克莱恩戈尔德对非社会的社会性概念持类似的看法，他将非社会的社会性看作是人的心理倾向，而社会冲突则是由此引发的结果。见 Pauline Kleingeld, "Kant, history, and the idea of moral development", *History of Philosophy Quarterly*, 1999(1)。

互排斥。每个人的人性内部的社会性与非社会性的对立，对应于人与人之间的吸引与排斥。

对人的本性中社会性的思考是最古老的一种思想。古希腊思想文化中流行着这样的观点：人要参与到社会公共生活中，其生命才有价值；个体意识、自由意识虽然在古希腊时代已经产生，但离开城邦公共生活的个体是抽象的、没有意义的。在逻各斯精神中，个体要在整个城邦中凸显其价值，人类要与世界万物整体性地被思考；万物所遵循的法则同时也是人类要遵循的理性原则。在亚里士多德那里，“人类自然是趋向于城邦生活的动物（人类在本性上，也正是一个政治动物）”①。在斯多亚学派那里，人们并不总是追求自身幸福，人的本性符合于世界理性，而世界理性的本质在于世间一切事物之间的和谐共处。人作为世界存在者，其本性就在于参与到社会生活中去。而在伊壁鸠鲁学派的思想家看来，获得幸福的欲望使每个人能够与他人合作，幸福是社会性的最重要动机。这些社会性思想对康德产生了重要影响，特别是斯多亚和伊壁鸠鲁两个流派的道德观、幸福观对康德影响至深，可以说，康德的道德哲学在一定程度上就是对这两个学派的共同扬弃，那么，其社会性观念在康德这里必定也有所体现。此外，中世纪基督教思想中所包含的博爱精神以及人与自然的和谐观念，也构成康德在思考人的社会性时的重要参考。近代对人性的社会性定位主要体现在卢梭、哈奇森、沙夫茨伯里（Shaftesbury）的情感主义的政治哲学中。康德除了在其社会性中承认有一种动物性本能外，更强调社会性出自于理性和道德法则；而作为一种原初的向善的禀赋，社会性更是人的本性中处于正轨地位和应然层面的内在倾向。

非社会性的观念主要是近代的产物。非社会性的根源是个体性意识以及个体自由、权利等观念，而权利、自由正是近代哲学的产物。与古希腊文化中强调个人在城邦整体中获得其价值的立场不同，近代西方哲学更多地宣扬个体先于集体的独立自足的生存价值。这种观念又与天赋权利的学说联系在一起，上帝赋予每一个人同等的生命权利，由此衍生出其他的平等的权利，如财产权、言论自由等。而共同体是由这种具有天赋权利的每个个体自己设立的，君主的权力也是由人民转让并赋予的。这就是近代政治哲学中君权民授和契约型社会思想的根源。在这种思维方式中，个体价值不是通过集体来呈现的，反而集体的价值是由个体自由和权利决定的。这样的国家被看作是工具性集体，它的设立是为了保障并促进每个人对幸福的欲求。从逻辑上来说，每个人都是平等的，都有对幸福的欲求，那么他们在追求幸福的过程中首

---

① 〔古希腊〕亚里士多德：《政治学》，吴寿彭译，北京：商务印书馆，1965年，第7页。

先想到的往往是自身利益如何得到实现。有些哲学家(如霍布斯)由此认为,人的本性是自私自利的,甚至是恶的和好争斗的;在没有契约和国家之前,人类处于普遍的相互斗争的自然状态中。在霍布斯那里,人们并非就其自身而言需要社会性,他们在本性上毋宁是非社会性的,只是被自身对和平的极度渴望驱使着进入社会。霍布斯说自然的第一法则是寻求和平和信守和平,其他自然法则都来自于寻求和平的法则,并被当作维护和推进和平的手段。这说明社会性对于霍布斯而言是一种命令,不是人的本性和基本欲求。

施尼文德认为,赋予我们本性中社会性和非社会性的对立以现代意义的不是古代的思想,而是格劳秀斯的思想[①]。康德的非社会性与社会性的内在矛盾的思想直接地来自格劳秀斯的《战争与和平的法权》。格劳秀斯认为,人们之间相互帮助不是出于需要和兴趣,而是以符合人类知性之光的方式保存社会,但这并不意味着格劳秀斯忽视了人的自我利益。在他看来,我们是社会性的动物,但我们具有在个人或者国家层面上财产、权利的无止境的差异和争端,所以人既是社会性的动物,也是不停争吵和矛盾的动物。自然法就在于社会性的和争吵的人能够相处在一起的那种方式。也就是说,格劳秀斯将人们既具有社会性也具有争吵性的特点看作是基础,而自然法就在于使如此这般的人们和谐地生活在一起的方式,一切权利都来自于这种自然法。

康德的非社会的社会性思想,既反映了古代、中世纪人性论与近现代人性论的根本差异,也反映了近代政治哲学家在这个问题上各自不同的立场。笼统地说,康德在人性内部设置对立的社会性与非社会性的做法,实际上是对古老的性善论与比较晚近的性恶论的调和。就像他在其《纯批》的先验辩证论中指出的,对立的两种立场未必都遵循非此即彼的形式逻辑思维,而是可以全对或者全错。康德在当前问题上就是将善恶两种本性都纳入其人性论中。尽管善恶的地位不同,善的禀赋终究代表的是正统的路径,恶代表的只是对善的偏离,但这种偏离对善本身并非毫无意义。康德历史哲学中辩证思想的精髓就在于,从恶中产生善、从战争中产生和平、从自然中产生自由的思维方式。而这种思维方式之所以可能,正是建立在他对人性的这种内在矛

① J. B. Schneewind, "Good out of evil: Kant and the idea of unsocial sociability", Amélie Oksenberg Rorty and James Schmidt (eds.), *Kant's Idea for a Universal History with a Cosmopolitan Aim*, New York: Cambridge University Press, 2009, p. 96. 此外,Allen Wood将康德的非社会的社会性看作是符合于其生物学目的论(biological teleology)的一个特殊概念,并且是理性发展完善的经验条件。他同样考察了这一概念的思想渊源,及其与道德法则、根本恶等概念之间的内在联系。见 Allen Wood, "Kant's forth proposition: the unsociable sociability", Amélie Oksenberg Rorty and James Schmidt (eds.), *Kant's Idea for a Universal History with a Cosmopolitan Aim*, p. 96.

盾的界定上。

第三节　人性自我驱动的辩证历史进程

上文对人性中社会性和非社会性的分析是一种静态描述，人性的这种内在矛盾本身还不足以说明康德历史哲学是包含辩证思想的。在笔者看来，只有将善恶在人性中的原初胚芽在历史的全部过程中动态地展现出来时，其辩证精神才能真正得到确立。人类从最初仅仅由于其动物性的社会本能而聚集在一起，到最后按照普遍的法权原则构成完善的政治共同体，甚至按照普遍的道德原则自愿联结成伦理共同体。这个完整的历史进程是如何发展变化的？其驱动力是什么？这是本节要研究的主要内容。

一、自然界与人类社会是辩证运动的

康德将人类社会看作是和宇宙一样辩证地运动变化的整体。宇宙中的物质实体由于其空间性而具有引力和斥力并处于运动变化之中，人类社会中每个人基于其本性中的社会性与非社会性同样处于运动变化中。卡西尔就曾明确指出：康德“对物体所主张的，对社会体也同样有效。社会不是通过个体意志的原初内在和谐而简单结合在一起（沙夫茨伯里和卢梭的乐观主义正以此为基础），而是像物质那样，其存在被置于吸引和排斥——一种力的对抗状态中。这种对抗构成任何社会秩序的中心与预设”①。早在其前批判时期，康德就已经表达了一种与当时大行其道的牛顿主义机械自然观不同的宇宙论观点。他与牛顿一样将引力看作是宇宙空间中天体形成和运动变化的最基本原因，但此外他还特别宣称：“大自然还储备有别的力量，尤其是当物质分解为细微的颗粒，它们相互排斥，并且通过它们与引力的斗争而造成了仿佛是大自然的永恒生命的那种运动时，这些力量就表现出来了。”②康德通过列举一些日常事物的弹性、扩散、挥发等运动变化的实例，将斥力看作是“大自然的一个无可争议的现象”③。并且正是由于这种斥力，向引力中心下降的物质就会从直线运动中杂乱地偏离出去。由此，在形成天体的过程中，物质才有了围绕中心的圆周运动。

---

① 〔德〕卡西勒：《康德历史哲学的基础》，吴国源译，《世界哲学》2006年第3期。

② 《一般自然史与天体理论》，1：264，第253—254页。

③ 《一般自然史与天体理论》，1：265，第254页。

这表明,康德将斥力不仅看作是具体事物状态变化的重要原因,更看作是天体最初形成的核心力量之一。这与牛顿单纯强调万有引力和机械运动的思路有很大区别。更为重要的是,康德通过斥力与引力的斗争来解释大自然永恒的运动变化,这种思想已经具有鲜明的辩证特点。大自然和天体的运动由于其内在矛盾的两种力而获得了自我驱动和自我发展的可能性,直线运动由于斥力的参与而出现了偏斜,这些都是康德对当时机械自然观的具有重大意义的超越。而在批判时期的自然观中,引力和斥力的矛盾思想得到了进一步阐述。物质被看作由于其原始的运动力而占据空间的东西,这种原始运动力就包括引力和斥力。引力是物体之间相互接近的原因,斥力则是一个物体使别的物体远离自己的原因。康德在《初始根据》中明确指出,只能设想这两种原始的运动力,物体在空间中的一切运动和关系都必须归结于它们,而且“没有排斥,仅凭吸引力,就没有物质是可能的”[①]。可以看得出来,在前批判时期,康德注重从宇宙天体形成和宇宙发展演化的宏观角度来思考引力和斥力的矛盾关系;而在批判时期,他更注重引力和斥力在具体自然物体的形成与运动变化中的作用[②]。但不变的是他对这两种力量的对立和矛盾关系的强调,并且这种矛盾成为天体和物质运动的根本驱动力。

物质由于其引力和斥力的矛盾而能够运动变化,这种自然观对应于康德对人类社会中人与人之间关系的思考。物质实体具有其原始的和对立的力量,人的本性中也具有其向善和趋恶两种倾向。物质由于其引力和斥力的矛盾而运动,人性也由于其本性中对立的这两种倾向而能够有一个发展变化的历史进程。所以,历史的驱动力不是人性之外的任何偶然因素,而是人性自身。人性在历史中的发展进程是由其自身驱动的。人类历史就是其人性中的善的禀赋在其恶的倾向和非社会性的驱动下曲折地发展,直至完全展现出来的整个过程。非社会性所导致的整个社会普遍对抗的状态,类似于近代其他哲学家那里所设想的自然状态;这是人类必须走出其中的那种状态,也是秩序井然的和谐社会状态或完善的契约状态所从出的那种原始状态。康德“历史辩证法”[③]的精髓就在于非社会性作为趋恶的倾向却能产生好的结果。

---

① 《初始根据》,4:510,第523页。

② 这种思想变化与其前后不同时期的实体观有关。在前批判时期,康德将物质实体看作是具有内部规定的类似于莱布尼茨的单子的东西;而在批判时期,物质实体不再具有内部规定,而仅仅具有外部空间规定性,物质只是由于原始的引力和斥力而占据空间的东西。可以说,在批判时期,康德将物质空间化和力化了。

③ 上文提到,康德的辩证思想还未上升到方法论的高度,读者可以将这里的“历史辩证法”当作是一个权宜概念。笔者并不想由此证明康德已经有意识地提出了一种辩证法的方法论,而是想要突出其历史哲学中辩证思想的重要性。

由此，人性作为历史哲学的研究对象也获得了主体性，因为它毕竟是自我驱动的。这样的人性概念不同于卢梭那里被外在偶然因素所驱动的，因而是被动的和被描述的人性，也不同于休谟那种永恒不变的人性。就人性在历史中被看作是自我驱动、自我发展、自我成就的而言，康德的历史哲学能称得上是辩证的[①]。普遍历史实际上就是其辩证精神得以在现象界演历出来的场域。接下来，我便详细展开这一“历史的辩证法”。

二、历史辩证法

文化是人类历史中的重要元素，从康德对文化发展的描述中，我们可以看到其辩证思想的原貌。康德将幸福看作是通过在人外面的自然和人自身中的自然而可能的所有目的的总和。外面的自然就是自然界为人类幸福提供的条件，人里面的自然就是人身上的自然本性或者感性存在。每个人都具有感性和理性双重存在立场，其感性需要的总体的满足构成了其幸福概念的实质，而这种幸福的实现需要外部自然提供有利条件。没有外部自然条件，内部的幸福目的只是一种单纯的希望。但幸福只是人的目的，并不构成自然的目的，更不会构成其最后目的。康德将幸福看作是人在地上一切目的的质料，而这些目的形式上的主观条件才适合于成为自然的最后目的。这种主观条件就在于，“一般来说能为自己建立目的并(在他规定目的时不依赖于自然)适合着他的一般自由目的的准则而把自然用作手段”[②]。这其实涉及人设定目的的能力和为了实现各种目的而将自然用作手段的能力，康德将主体自身的这种能力作为所有目的的形式条件，只有这种形式条件才能成为自然的最后目的。换句话说，人自身的幸福目的不是自然的目的，但人们设定目的和实现目的的能力能够成为自然的最后目的。因为，最后目的在康德那里是自然为了外在于它的终极目的的实现而提供的手段，设定目的并为目的选择和使用手段的能力无疑是实现终极目的的必要前提和准备。人能够设定各种趋向于幸福的目的，也就能够设定趋向于道德的目的。所以，这种设定目的的能力本身的发展完善是道德的终极目的得以实现的必要条件。而与这种能力相联系的就是人利用自然来达到各种目的的适应性和熟巧，即文化[③]。人自身目的能力的发展完善伴随着历史过程中文化的进

---

① 但人性的辩证发展观的先验根据是人类理性的合目的性原则，这种先验原则才是其历史哲学的显性方法论。康德的历史辩证法是在这种先验原则之下展开的。

② 《判批》，5:431，第289页。

③ 康德的文化不是从人类历史中所产生的物质材料的角度思考的，而是从人自身的能力发展和各种社会制度的发展的角度思考的。

步，自然以人自身能力的发展完善为目的同时就是以文化的发展完善为目的。

康德的这种自然目的论的视角其实隐含了一种历史性的维度。世界历史作为人类从其自然状态到完善的法制状态的演变过程，与自然界整体的合目的性演化历程是具有同一性的，它们都属于从自然到自由的沟通的中介。自然界的最后目的同时也是人类历史的最后目的。人类历史以普遍法权之下的政治共同体为最后目的，但这并不是其终极目的；康德明确指出，在一个秩序良好的政治环境中，人性中的自然禀赋才能最终得到完善，道德和至善才能得到实现。而自然的最后目的也是它为了道德和至善的实现而提供的手段，这种目的就是文化。康德认为，人与人之间乃至国家与国家之间的法制状态就是这样的文化。只有在有法律的外部环境中，人自身的设定目的和为此采取手段的能力才能得到自由发展，人类最终的道德目的也才能够借此得到实现。而各个时代法制文化的发展代表的就是人自身能力的发展，各种法律制度毕竟都是由人自己制定的。人在其历史发展的进程中自己创造了各种法律，也在这种法制环境中完善自身的人性禀赋。所以，人在历史中必定是自我驱动和自我完善的。

康德指出："一切装扮人的文化和艺术及最美好的社会秩序，都是非社会性的果实。"[①]即便只是那种熟巧的文化，也"只有借助于人们的不平等才能在人类中大大发展起来"[②]。这意味着人性中的非社会性是文化发展的驱动力，因而也是人自身设定目的并实现目的的能力得以发展的驱动力。人的非社会性主要建立在其感性偏好之上，没有每个人对自身感性欲望的追求，就不会产生人与人之间的矛盾和冲突，也就不会造成社会上普遍对抗的状态。因为在共同生活的过程中，人们必定会对有限的各种资源进行争夺，就像卢梭所描述的，社会不平等的起源在于私有制的产生，而私有制产生于人们对土地资源的争夺。

卢梭从私有制和不平等的社会关系中看到了人性的堕落，康德则从中看出了人性的发展完善。在他看来，人类由于其自然欲望而陷入矛盾和对抗，但也正是在这种对抗过程中，每个人都使自身的能力得到了锻炼和磨砺。人们为了更好地满足自身的欲求和保证自己的权利，就会制定各种法律来对他们之间的关系进行规范和约束，而他们制定法律的理性能力正好就是在这种你争我夺的对抗状态中发展起来的。康德举了一个例子，可以很好地说明其

---

① 《普遍历史》，8：22，第 29 页。

② 《判批》，5：432，第 290 页。

复杂思路。就像在森林中的树木，只有当每棵树都努力争夺别的树木的阳光、空气时，它们才能都迫使自己向上方求取阳光和空气，由此才能长得挺拔。而那些与其他树木隔离很远生长的树，没有其他树木给予的争夺和压迫，它们无需向上寻求阳光，而是可以歪斜地、任意地得到阳光，因此就不可能长得笔直、挺拔、秀美。康德通过这个例子想要表达的是，人们需要生活在一起，更需要彼此之间相互对抗和争夺；每个人都必须在与他想离开但又离不开的同伴的共同生活和对抗中，才能使自己的自然禀赋和理性能力得到锻炼。而在一种卢梭式的田园牧歌中生活，其一切禀赋都将永远沉睡着。所以，康德看似悖谬地说："为了难以共处，为了妒忌地进行竞争的虚荣，为了无法满足的占有欲甚或统治欲，还真得要感谢自然才是！"[①]这里的自然可以理解为神意，人类社会中一切看似不美好的东西，在神意的安排下都好像具有了积极的意义。

这里需要强调的是，人的自然本性和非社会性驱动了文化的发展，特别是驱动人类社会产生出法制文化，但这种自然本身并不足以导向道德的终极目的。道德只有在完善的法制状态中，亦即在内部完善与外部完善的政治共同体中，才有可能实现。所以，法制文化构成了自然与自由的联结点。阿里森清楚地揭示了这一点，法制文化（culture of discipline）"使我们容易接受比自然能够给予的更高的目的；并且由于这些是道德的目的，这就使法制文化成为最卓越的道德的促进者（moral facilitator）"[②]。人的内在自然只是激发他自己，使其追求感性欲望，不会使其追求更高的道德目的；但在这个过程中，人的自然本性驱动人性的发展并产生了法制文化，法制文化则使人从其自然欲望中断奶，由此才易于接受道德目的。所以，非社会性的驱动作用最终导致其自身被法律所规训和教化，并向社会性转化，自由和道德的实现更像是非社会性的一个"出乎意料"的结果。人类在追求其自然的和动物性的欲望的过程中却自我驱动着，最后从这种自然欲望中挣脱出来，并自觉自愿服从于理性的立法。

对此，康德在《论永久和平》中也有非常精辟的论断：国家的建立并不需要人人都是天使，"建立国家的问题无论听起来多么艰难，纵然对于一个魔鬼民族（只要魔鬼有理智）来说也是可以解决的"[③]。具有非社会性和根本恶的

---

① 《普遍历史》，8：21，第 28 页。

② Henry E. Allison, "Teleology and history in Kant: the critical foundations of Kant's philosophy of history", Amélie Oksenberg Rorty and James Schmidt (eds.), *Kant's Idea for a Universal History with a Cosmopolitan Aim*, p. 40.

③ 《论永久和平》，8：366，第 372 页。

有理性的存在者为了自保需要普遍法律，虽然每一个人都暗中想要使自己成为这法律的例外，因而在其内在意念中所有人是彼此对抗的，但普遍法律毕竟促使他们的恶的意念相互抑制甚至相互抵消；由此，在公开的和外在自由的层面上，他们反而可以和谐共处[①]。看起来恰恰是凭借人们的自私偏好，国家才能够建立起来[②]。这样的历史辩证法不是从非社会性到社会性的平稳过渡，而是人性既自我驱动、自我发展，又自我否定、自我扬弃的曲折的动态过程。矛盾性、自我驱动性和否定性构成了这种辩证法最鲜明的特征。

历史中人性的这种自我否定和扬弃在战争与和平的辩证关系中表现的最为明显。人与人之间的普遍对抗，驱动着人们进入一个普遍管理法权的国家机体；国家与国家之间的冲突（即战争）则驱使着这些国家进入一个国际联盟。国家之间的战争无不源于利益的争夺，但战争所催生的和平与法制却使人们不得不将其欲望收敛在律法的规训之下。和平是对战争的否定，更是对人们无节制的欲望的规制。在康德看来，战争的产生是“由于不受约束的情欲的激发”[③]，或者说是产生自不受约束的自由的滥用。但借助于这种自由，大自然就准备了各个国家的一种系统联合，战争对于大自然要建造的这种合法的外部国际关系而言就是一种手段。在这种合法关系中，各国“放弃自己残暴的自由，并且在一种合法的状态中寻求平静和安全”[④]。合法的国际关系起到了限制各个国家滥用自由的作用，因此，战争本来是由这种自由激发的，但最终却无意地导致了限制这种自由的结果。换句话说，战争导致了战争的否定，即和平。

在康德看来，他这种从战争中产生和平的思想无疑会受到卢梭的嘲笑。战争在近代大部分哲学家那里都仅仅是一种恶的和消极的东西；人们为了保障自身的天赋权利，会不得不部分地甚至全部地让渡自己的权利给君主，由

① 在《俗语》中，康德对此也有所论述：“正是产生恶的种种偏好的相互抵制，使理性游刃有余地将它们全部征服，并且使一旦存在就自行保持下去的善取代自己毁灭自己的恶而成为统治者。”这就是说，即便人们总是想着满足其自私偏好（魔鬼本性），善的结果也仍然能够自行产生。因为，人们在追求自身偏好之满足的过程中逐渐实现了理性对其一切偏好的系统统一性。因而，善、社会性反而是从恶、非社会性中产生的。这是从类的整体角度来看的，不是从个体角度看的；个体对其类的整体的道德进步过程往往是不自觉的，甚至是不情愿的。参见《俗语》8:312，第316页。

② 需要注意的是，康德并没有宣称人性中趋恶的倾向和自私偏好是建立国家和普遍法制的充分必要条件。他在《论永久和平》中还明确指出，国家内部和外部和平状态的维持需要道德的政治家自觉履行普遍法权原则。人性的自私偏好对于国家的建立仅仅是必要非充分条件。

③ 《判批》，5:433，第290页。

④ 《普遍历史》，8:24，第32页。

此来寻求人与人之间的和平状态。在这种路径中,战争与和平之间的转化完全是由偶然因素所推动的。人性要么是单纯恶的,要么是单纯善良的。无论善恶,近代大部分哲学家都将人性看作是现成的和不变的东西。人性与社会矛盾之间无法被理解为一种动态的和本质的关联;天赋权利也流于抽象和固化,是静止的被追求的对象。这样看来,人性基础、社会发展、社会发展所追求的对人们天赋权利的保证,这三者之间是疏离的。从这种静止的人性描述和抽象的权利学说中很难产生什么真正具有辩证性的思想,历史与人的关系也无法真正融为一个整体。即便像卢梭那样已经以堕落的和变化的观点来看待人性,他也还没有看到人性在这种社会发展中的主体性地位,而是将人性的堕落归因于外在偶然因素。

康德则看到了战争以及战争所从出的人类不受约束的情欲的积极意义。不是人性之外的任何因素,而只是因为这种人性的内在矛盾,人类才被驱动着去建立内部完善和外部完善的政治共同体。而在这种完善的、合法的状态中,人类粗野的激情和原始的欲望都得到了规训与教化。需要提醒的是,在合法状态下,法律的约束并不是完全剥夺了人们乃至国家对自身权利的要求,而是将其规范在理性所允许的,不与其他人、其他国家冲突的范围内。在自然状态下,人性中的自然本性占据支配地位,理性只是被用作满足人类感性欲求的工具;而在完善的法律状态中,理性则反过来能够将自然本性掌控在其普遍法则之下。人性中自然本性与理性本性的内在矛盾(亦即非社会性与社会性的内在矛盾),是人类走出自然状态进入完善的政治共同体的根本驱动力;这种驱动力甚至不是每个人有意而为之的,而是潜藏在其本性中被无意识地实施的。

人性的内在驱动力以及由此造成的自我发展、自我否定、自我规训才是康德历史哲学中具有辩证意义的思想要素。静态地看,人性中存在着其非社会性与其社会性的矛盾;动态地看,这种矛盾就是人类从非社会性走向社会性、从自然状态进到和平状态的内在根据。社会发展的历程同时就是人性内部自然欲求和理性本性相互斗争、相互角逐,并逐渐走向和谐的过程。人性在这个过程中是完全自我驱动的,人性既是创造历史的主体,也在历史中被成就。从这里也可以看出,康德对人性中自然本性的思考在他那个时代是卓越的。他对非社会性与社会性之间的内在矛盾以及它们之间转化关系的揭示,已经是后来在黑格尔和马克思哲学中被发扬光大的对立统一规律的雏形。

需要注意的是,康德历史哲学中的自然概念其实有两种:一种是安排历史合目的性进程的神的概念,即作为创造者的自然;另一种就是人性自身的自然本性以及外部自然界,即作为被创造者的自然。人出于其自然本性进入社会中,也出于其自然本性彼此对抗,但人的理性能力也只有在这种出自自然本性(非社会性)[①]的对抗状态中才能得到发展。而人的理性能力成熟的标志则是法制文化的完善,但法律是用以约束人的自然欲望,使其得到教化和规训的,所以,人的自然本性驱动了其理性能力的发展,但间接地也导致了理性对其自身的教化。理性发展的极致就是将人的自然欲求完全统摄在其纯粹的和普遍的法则之下,人对其自然的和感性的偏好的追求最终被落实在理性的通盘把握之中。

这比经验主义的、功利主义的哲学家对幸福的理解复杂得多。后者往往直接地将人们的自然欲求归到幸福的名下,并以此衡量行动的道德价值。康德则是间接地将人类的一切自然欲求归到理性之中,再以理性来衡量行动的道德价值。这样的幸福是在理性法庭中被评判为被允许的,甚至配享的幸福,不再是单纯出自其自然欲求的直接的幸福要求。所以,在康德这里,自然本性发展的结果是人类理性能力的完善和这种自然在理性中得到的规整。在整个过程中,这种自然本性或者非社会性起到了驱动作用。简单地说,自然本性、非社会性、普遍对抗,这些在我们看来消极的东西,不仅驱动着历史和人性向前发展,而且它们自身在历史进程中由于逐步获得了理性的规训而变成了美好的事物。因为,它们逐渐褪去了粗野的、原始的外衣,并被统摄在优雅的文化中。因此,非社会性不仅造成了人性中理性禀赋的发展完善,更使其自身所从出的自然本性被统摄在理性之中;也就是说,非社会性转化成了社会性,趋恶的倾向转化成了善和道德。正如詹世友所说:"人类自然禀赋的发展通过相互对抗和冲突,而造成一种恶与善的辩证转化,成为人类道德化的基本条件"[②],这就是康德历史辩证法的本质。尽管康德还没有将这种思想上升为有意识的和普遍的方法论,但其精髓与黑格尔、马克思的辩证法已经十分接近。

而这整个复杂的对立、转化、统一的历史过程,被康德看作是按照大自然意图(即神意)安排的合目的性的进程。但是,由于康德只是将这种意义上的大自然当作一个调节性的理念,人类在历史中自我驱动、自我发展的这种能动性,并不会因为有一个超越的大自然或神意概念而有所减损。因此,其历史的辩证法是人类自身在其自我驱动的过程中所展示出来的,而

① 非社会性倾向作为趋恶的倾向当然是植根于自由任性对道德的偏离中,但人之所以会偏离道德,确实是由于其自然本性,所以,非社会性究其根源毕竟是出于自然本性的一种倾向,它是人在其自然本性的驱使下自己选择偏离道德的那种倾向。

② 詹世友:《康德历史哲学:构建原则及其道德趋归》,《道德与文明》2017年第6期。

不是某个外在的神(上帝)在人世间演绎其意图而呈现出来的。康德虽然借用了中世纪神学历史观的外衣,但却开拓了人类自身的辩证性和能动性的主体哲学,甚至对神学目的论和历史观的借用,也只是为了服务于其主体哲学。

就康德从人的自然本性思考历史发展的动力而言,其历史的辩证法同时也是一种自然辩证法。人性内部的自然本性与人类外部的自然界,不是相互独立的,而是一个整体。人类历史的辩证发展过程与自然界的辩证发展过程不是相互割裂的,而是同一的。按照合目的性原则自我驱动的历史,本身就能够被看作是一种主体,好像不需要在这历史的背后还悬置一种超越的客观存在的神意①。但康德的历史理念毕竟是人类理性先验设定的对象,或者说历史的真正诞生地是在人类理性之中,而理性是通过其上帝、灵魂、世界(自由)三种理念来整合人类历史的。在这种思想体系中,他不会设置一种客观的历史理性,同样,也不会赋予历史中的人性以绝对的主体性地位,而是将其作为反思性视角下的实践主体,并将其统摄于先验旁观的人类理性中。我们在其历史哲学中可以看到人类理性对普遍历史理念的先验的主体性关系,也可以看到上帝或创造性的大自然即神意对历史的神秘的掌控,这些都在一定程度上遮蔽了其辩证历史观的火花,但其辩证思想仍是不能忽视的。人性内部的非社会性与社会性最终走向统一的标志就是理性对一切自然欲求的通盘把握。人作为历史的主体不仅仅是从其先验的和认识论的意义上而言的,也是从其辩证的和实践的意义上而言的。

这两个自然概念当然也是有联系的,人的自然本性在调节性的意义上必须被看作大自然实现其神秘计划和意图的工具。这种在自然背后仍然为上帝留存地盘的做法可能直接地受到牛顿自然哲学的影响,也影响到了后来黑格尔历史哲学中世界理性与人类热情的经纬线交织的思想。但在牛顿那里,上帝是一个具有客观实在性的第一推动者;在黑格尔那里,历史虽然是由客观理性和人的主观热情共同驱动的,客观理性的主体性地位却是决定性的。这种强调超越力量的能动性的思想背景,容易使人忽视康德历史哲学中人性及其历史性演化过程中的主体性和辩证性意义。在笔者看来,整个近代哲学中能够赋予人类理性以最高地位的就是康德。人类理性在其思想体系中一

---

① 人性的自我驱动与历史背后的神道计划的矛盾在康德这里已经显露端倪。康德一方面将人性的完善看作是其自我驱动的结果,另一方面又将人性自我驱动的历史进程看作是神意所操控的。这就推出来,历史的主体好像既是人性又是神意。康德当然只是将神的概念看作调节性理念,但其历史哲学中人性与神性的隐秘矛盾,对黑格尔历史哲学中的经纬线交织和理性的狡计,无疑是有启发的。

方面是认识活动和实践活动中的立法主体，另一方面也是普遍历史中自我驱动的主体。这与黑格尔仅仅将人性看作是有限主体和绝对精神之工具的做法有根本区别。

国内研究康德历史哲学的学者中，李秋零、俞吾金、储昭华①等都强调了大自然、神意的重要性，但对非社会的社会性概念及其辩证思想的分析较少。国外学者中阿里森与伍德对康德的非社会的社会性概念有专门的研究，盖耶尔则对《普遍历史》命题六中的一个看似与其辩证思想不相符的比喻进行了深入解析，即从造就人的弯曲木头中不可能加工出任何完全直的东西。这些研究中包含了对康德辩证难题的思考：从非社会性和自然本性中如何产生社会性和善的结果？当然上文也已经表明：人的自然本性②、非社会性虽然对善的结果有促进作用，但自身不足以独自产生它们。康德将社会性和善当作是非社会性的无心插柳的结果，非社会性在使人类追求其自然需要之满足的过程中，却达到了限制和约束自然需要，甚至为道德和自由的实现做准备的目的。能够凸显康德历史哲学中辩证精神的就是其人性概念中这种能够导致意外结果的自然本性思想，而不是隐秘的大自然的狡计。

笔者认为，假如在康德历史哲学中去掉上帝对历史的超越主体性，也去掉理性对历史的先验主体性，那么剩下来的就是人类历史自身的辩证发展过程。康德是近代哲学中第一个将历史与辩证思维动态地联系在一起的哲学家，这既是对传统思辨辩证法的超越，也是对传统经验主义历史观和神学历史观的超越。康德历史哲学中大自然隐秘计划的观念影响了黑格尔理性的狡计思想，但在笔者看来，其最精华的思想是人性自我驱动的辩证精神和主体性精神。其人性自身的辩证法对黑格尔、马克思，乃至现当代历史哲学都具有深远意义。

而在其自身哲学体系中，辩证的历史观也在一定程度上解决了理性的先验辩证的幻相。人类理性由于其不可避免的自然倾向而越过了自然与自由、现象与物自身的界限。理论理性本应只运用于自然领域，却打破自然的界限对本体领域中的自在之物进行规定；实践理性本应只运用于本体领域，却被自然领域中人的感性需要牵制着，丧失了纯粹性和先验性。在肯定自然和自

---

① 参见俞吾金：《从康德的“理性根”到黑格尔的“理性的狡计”》，《哲学研究》2010 年第 8 期；李秋零：《从康德的“自然意图”到黑格尔的“理性狡计”——德国古典历史哲学发展的一条重要线索》，《中国人民大学学报》1991 年第 5 期；储昭华：《康德历史哲学中的“自然”概念及其意义》，《广西社会科学》2002 年第 5 期。

② 需要强调的是，人的自然本性就其自身而言是无所谓善恶的，只有当人出于其自然本性而将理性用作其手段时，这种自然本性才成为一种趋恶的倾向，也才能够在历史中产生驱动力。

由之区分的前提下,历史通过其辩证的发展过程沟通了两者,从而也使理性在理论的和实践的两种运用中得到统一。人的自然本性乃至其经验性行动在历史的辩证发展过程中,被看作是合乎自由和道德的最终实现。所以,历史的辩证法在一定程度上解决了(至少有助于解决)先验的辩证法。康德自身思想体系中这两种辩证思想的关系,暗示了哲学史中关于事物自身自我驱动的辩证法对概念式的思维辩证法的超越。康德之后事物自身的辩证运动精神占据了哲学史中的重要地位,并与现当代哲学回归事情本身的哲学诉求相衔接。康德历史辩证法所具有的哲学史意义就在于此。

小　结

本章主要论述了康德历史哲学中具有内在矛盾的人性概念,以及人类历史基于这种人性而自我驱动的辩证发展观。人性内部的矛盾体现为社会性和非社会性的对立。社会性主要包含两个方面:人的本性中趋向于与他人共同生活的动物性本能,以及其人格本性中自觉地促进他人幸福的那种道德禀赋。人类历史可以被看作是从单纯的动物性聚集社会到道德世界的全部发展过程。社会性的这两个方面缺一不可。非社会性则是人类理性趋向于满足其自然本性的那种倾向,这对应于人性中的趋恶的根本倾向和种种恶习。社会性与非社会性的对立就是人性内部善恶两种本性的对立。但善恶的地位是不同的。向善的禀赋是人性和人类历史发展的正轨,非社会性或恶的倾向则在于对善的偏离。所以,恶不是植根于善的禀赋中,而是嫁接和附着于其上。

从全部人类历史看,社会性与非社会性的对立就表现为非社会性对社会性的驱动力上。历史中一切优雅的文化都是非社会性的结果,其中最重要的是法制文化。人类基于其自然本性和感性偏好在社会中相互竞争甚至普遍对抗,而这种对抗却使其理性能力得到锻炼、发展、完善。人类理性能力的提升和法制文化的完善反过来将其自然本性规训在普遍法则之下,由此逐渐实现理性与感性的统一。在康德那里,普遍历史进程中人性的自我驱动不是从非社会性到社会性的平稳过渡,而是一个自我否定、对立统一的辩证发展过程。社会性好像就是非社会性的一个意料之外的结果,和平恰恰是以战争为手段才得以实现的。这就是康德历史辩证法的精神实质。

但是,笔者需要再次强调的是:一方面,康德的"历史辩证法"只是一种权宜的用语,其辩证思想还没有上升到普遍方法论的高度,而是在先验逻辑的思维框架内展开的；另一方面，这种辩证思想中虽然包含了人性的自我驱动，但并没有突出个体在历史中的能动性。只有在涉及行动的合法则性和内在意念的完善性时，个体自身的主体能动性才真正出场。历史进程中人的主体性，既体现为人性整体的自我驱动，也体现在政治的或伦理的共同体的实现问题上个体自觉地所付出的努力。第四章的任务就在于探讨这两种共同体及其实现问题。

第四章　普遍历史所趋向的实践性目的

普遍历史从形式上看是包含未来维度并无限延伸着的时间整体，从内容上看则是人性基于其内在矛盾辩证发展并趋向于某种实践性目的的过程。对人类历史所趋向的目的的考察不仅可以从理论视角来看，而且可以从实践视角来看。在康德看来，普遍历史中的人类行动终究要导向某种实践性目的，甚至可以说，全部人类历史的合目的性进程就是以纯粹实践理性所设定的目的为根据才建立起来的。

卡西尔在《康德的生平和思想》中曾说，"康德历史哲学的原则预示了康德伦理学的原则，在那里历史哲学找到了自己的栖息地"①。这种对康德历史哲学的实践性解读在后来学者中成为比较流行的解读路径。约维尔将康德的普遍历史看作是道德的-历史的理想(moral-historical ideal)，并且隶属于实践哲学的质料层面②。斯威特认为，"康德的实践哲学包含国家和公民整体思想、国际关系思想、宗教、文化，甚至历史哲学思想……康德相信我们对历史的关照是受到了道德命令的指引的，并且因此它也应当被看作是其伦理学的不可或缺的组成部分"③。斯威特也指出了赫费(Otfried Höffe)的观点，后者将康德的历史哲学和朝向和平的实现的普遍宇宙论世界秩序，放在其政治哲学和道德命令视域之下进行解读④。

与此不同的是一种理论性的解读路径。克莱恩戈尔德认为，"康德第三批判中的历史哲学首要的是理论上的而非直接的实践上的哲学意义。康德确立了自然目的概念，接着就在全部自然上使用了目的论的原则，然后根据自然的最后目的回答了这一问题：是什么提供了这种自然系统的秩序，并以

---

① 〔德〕卡西勒：《康德历史哲学的基础》，吴国源译，《世界哲学》2006年第3期。

② Yirmiahu Yovel, *Kant and the Philosophy of History*, Princeton: Princeton University Press, 1980, p. ix. 在约维尔看来，实践哲学的形式层面是道德的形而上学及其奠基的内容，其质料的层面就是历史哲学。

③ Kristi E. Sweet, *Kant on Practical Life: From Duty to History*, New York: Cambridge University Press, 2013, pp. 5 - 7.

④ 同上书，第6页。

一种创造的终极目的使命将这一系统封闭起来"[1]。阿里森认为，普遍历史理念尽管不能按照第一批判中先验理念的模式来理解，但它仍然是一种理论理念，因为它"描述了哲学家可以在获得对历史的纲领性的理解的努力中来设想历史的方式"[2]。伍德也同样指出，《普遍历史》"标题中所提到的'理念'是一种**理论上的**理念，亦即对于使人类历史的可理解性最大化的理论计划的先天概念"[3]。

克莱因专门针对这种理论性解读，提出了实践性的但却具有调和性的观点："康德第三批判中的普遍历史理念不是从理论的和系统的视角被合法化的，而是从一种实践的视角被合法化的。"[4]克莱因并不是彻底地否认历史理念的理论意义，而是指出，在第三批判分析论中，外在合目的性只能使一种自然的目的论历史得到合法化，而不是使一种普遍历史合法化；只有在方法论中，普遍历史的理念才被合法化，但这一理念却奠基于纯粹实践理性的兴趣中。

笔者的立场是：无论是第三批判中的合目的性的历史观，还是《普遍历史》中的历史理念，都具有理论的和实践的两种意义。从理论上看，普遍历史理念是一种理性概念，或者就是先验辩证论中的理性概念在历史领域的宽泛运用。从实践上看，历史终究有其最后甚至终极的目的，整个历史过程被看作是合乎这样的实践性目的的，或者就是这些目的实现的现实场域。理论维度从逻辑可能性上解释了历史理念在人类思维中的产生机制，以及这一理念对于人们系统性地理解人类经验性行动的调节性和指导性意义。如果忽视了这个维度，那么也就掩盖了康德哲学中人类理性立法的最基本的理论预设。在这种理论视角下，历史的真正诞生地不是上帝创世的宏伟计划，也不是人性自身在时间中辩证发展的主体性，而是先验的、纯粹的、非时间性的人类理性。普遍历史的实践性意义也需要在这种理论前提下来思考，是人类理性先验地将历史看作是各种实践性目的得以实现的动态过程，历史哲学的辩证思想和实践内涵才得以显现出来。所以，其实践维度是第二性的[5]。

---

① Pauline Kleingeld, *Fortschritt und Vernunft: Zur Geschichtsphilosophie Kants*, Würzburg: Königshausen und Neumann, 1995, s. 49.

② Henry E. Allison, "Teleology and history in Kant: the critical foundations of Kant's philosophy of history", Amélie Oksenberg Rorty and James Schmidt (eds.), *Kant's Idea for a Universal History with a Cosmopolitan Aim*, New York: Cambridge University Press, 2009, p. 24.

③ 同上书，第 9 页。

④ J. T. Klein, "Die weltgeschichte im Kontext der *Kritik der Urteilkraft*", *Kant-Studien*, 2013 (2), ss. 188 - 212.

⑤ 人类理性的立法作为康德哲学观的精髓，不仅是其历史哲学的理论预设和思想前提，更是其自然的和道德的形而上学的理论依据。所以，康德批判哲学中的理论哲学是第一性的，它为其他一切哲学门类奠基。

就像笔者在导论中所明确指出的，康德哲学的历史性维度及其辩证思想是在其先验逻辑的普遍方法论中展开的，而不是作为一种独立的方法论发挥作用的。

康德方法论上的这种特征决定了其历史哲学的理论意义与实践意义的逻辑秩序，但这并不意味着其实践意义是不重要的。本章的研究任务就在于从实践角度阐述普遍法权原则之下的政治共同体在历史中的实现问题，以及带有宗教内涵的伦理共同体的实现问题。

第一节　普遍历史实践上的目的

康德将普遍历史看作是一个时间上的系统整体。对于这样的时间整体而言，任何经验性的行动或事件都不适合作为其开端或者结束点。历史进程趋向于普遍法权原则之下的政治共同体。在这种完善的政治环境中，人类历史以伦理共同体的实现为终结。这两种共同体概念所指示的都不是什么经验性事件，而是具有"预设"性质的理性理念。这样一种实践性的目的同时也意味着，历史的系统整体不仅可以从时间角度理解，还可以从人类行动的目的因果联结的角度来理解。这是因为，康德先验宇宙论视角下的世界理念既可以从时空角度去理解，也可以从世界中现象的因果秩序的角度去理解。时空上的整体是就诸现象的同质综合而言的，它只考虑行动的连续时间段，而不考虑其内容①，也不涉及现象界与理智世界的跨界关系。因果秩序上的整体是就某种自由的理智根据与现象序列的联结的完备性而言的，涉及现象界与理智世界的跨界因果联结。这种跨界的因果联结统摄诸行动之间的目的和手段关系。

普遍历史与其目的的关系可以类比于个体行动与该行动的目的的关系，或者说，人类整体与个体之间存在着某种相似性。理性存在者在行动时首先将其欲求对象表象为一个目的概念，然后其意志就按照这目的概念产生出一个现象界的经验性行动。在这个过程中，行动与其欲求对象之间的自然因果序列被进一步纳入一种按照目的因的因果序列中，而目的的最终主体是理性。所以，理性作为其行动的持存性主体是通过目的概念完成的。对于人类

① 也就是说，从时间角度来看的历史就是人类经验性行动的时间段的系统联结的整体概念，而不管在每个具体时间段上发生的是什么样的行动、行动者是谁。而不考虑内容的行动就是仅仅具有经验性和连续性时间延展的现象，这样的现象彼此之间是同质的。所以，一切这样行动的时间段可以按照时间上的世界整体理念被系统地联结在一起。

整体的全部经验性行动，康德设想了一个超自然的创造者，亦即上帝或神。其历史哲学中经常所描述的神意或大自然计划就在于，神按照自己的意图预先规定全部人类的经验性行动。这样，人类一切经验性行动所联结成的普遍历史就好像是上帝实现其意图的“一个行动”。这同样是通过一种目的因果秩序而得以可能的。上帝对人类一切行动的通盘把握，是通过其宏观意图实现的。在这里，人类行动之间的自然的因果联系被统摄于一种目的因果联系中。全部人类历史所依赖的那种终极目的（至善、伦理共同体），就可以被看作是上帝关于人类整体所具有的最终意图。在这一终极目的之下，历史进程中的一切人类行动就形成了手段和目的的因果联系，而政治共同体也被看作是这一终极目的实现的手段。

康德在第三批判中指出，因果联结只有两类，一种是作用因的因果联系，另一种是目的因的因果联系[①]。人类行动不能仅仅被看作是按照机械的作用因的因果秩序排列的，还应该被看作是合目的性的，这种合目的性的关键就在于机械秩序同时被统摄于目的和手段的因果秩序中。人的行动固然如自然界其他事件那样必须服从机械法则，但此外它们还必须被看作服从一种目的因果秩序。康德明确指出，“先前的世代似乎只是为了后来的世代而从事其艰辛的工作”[②]，这意味着先前世代的人的行动被看作了后来人的行动的手段，后者则是前者的目的。人类行动在历史进程中是按照手段-目的的秩序来排列的，其中的任何具体行动都是先前行动的目的，同时又是后来人行动的手段。人类一切经验性行动一方面符合机械法则，另一方面按照这种等级性的和发展性的目的因果秩序不断前进。这种理解历史的视角与我们通常所说的道理其实也具有一致性，我们经常说伟大人物的成就是建立在巨人的肩膀上的，我们也说时势造英雄。这些俗语其实都表达了同样的道理：不同历史时期的思想文化、道德品质等是可以传承的；不同世代之间的关系不是盲目的，而是合目的性的。这种合目的性的关键就在于上述等级性的从手段到目的的发展过程。

---

① 笔者认为，康德哲学中实际上存在着三种因果性概念：自然因果性、自由因果性、目的因果性。就发生的事件而言，其原因要么是自然的、要么是自由的；就因果序列的连接方式而言，因果性概念要么是一种单向的和作用因的因果秩序，要么是一种双向的和目的因的因果秩序。康德在第三批判第65节讨论作为自然目的的有机物时，在目的因果性和自然因果性之间进行了区分，而在第一批判“把世界事件从其原因加以推导的总体性这个宇宙论理念的解决”一节中，他区分了自然因果性和自由因果性。当然这三种因果性概念是具有内在联系的，自由对自然的系统统握是通过目的因果性秩序而可能的。关于该问题可详细参见刘凤娟：《康德因果性理论研究》，北京：社会科学文献出版社，2017年。

② 《普遍历史》，8：20，第27页。

康德通过对反思性判断力的辩证论的解决揭示了机械论原则与目的论原则的统一方式。与理论理性一样，反思性判断力也会陷入自我矛盾："当两个相互冲突的准则每一个都在认识能力的本性中有自己的根据时，这种辩证论就可以称之为一个自然的辩证论和一种不可避免的幻相。"[①]反思性判断力的相互冲突的准则表现在如下两个命题中，正题：物质的一切产生都按照单纯机械规律而可能；反题：它们的某些产生按照单纯机械规律是不可能的。解决这一冲突的关键就是看到机械论与目的论的内在联系。一切事件都按照机械规律而可能，但这并不意味着它们仅仅服从该原则。机械论是可以参与到目的论中去的，"机械论仿佛是一个有意起作用的原因的工具，自然在其机械性规律中仍然被隶属于有意起作用的原因的目的"[②]。按照机械论与目的论的这种关系，本来是盲目地普遍联系的人类行动获得了合目的性的秩序，它们在服从自然机械论原则的同时被按照目的和手段的因果秩序重新整合。历史哲学的视域由此就产生了。

康德提出了两种目的因果性秩序，一种是人们理解有机物时所使用的自然目的概念中的互为目的和手段的因果秩序；在作为自然目的的有机物的整体中，其内部诸要素之间的目的因果秩序是双向的，被看作是其他要素之目的的东西反过来也可以被看作是其手段(如图 4－1 所示)。另一种目的因果性秩序是单向的，作为某物之手段的东西不能反过来成为其目的，这个东西只能作为另外一个他物的目的。双向的因果秩序可以构成一个封闭的自然目的整体，而单向的因果秩序只能形成一个等级性的目的整体(如图 4－2 所示)。康德将整个自然界看作是按照这种从手段到目的的等级性秩序的整体，而人类行动就其同样是现象性的并隶属于自然界而言，必定也从属于这个等级性的目的整体。

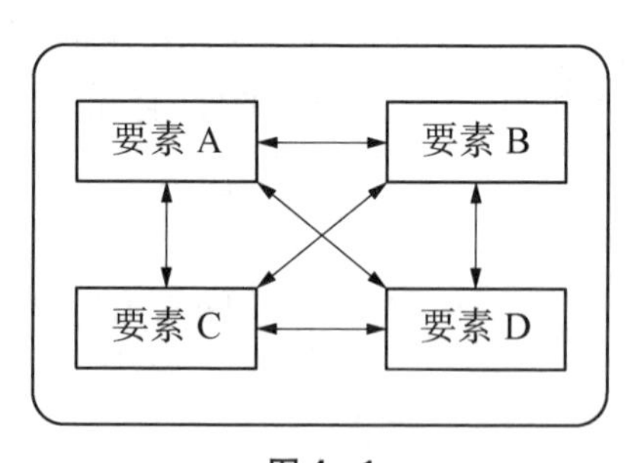

图 4－1

① 《判批》，5:386，第 239 页。

② 《判批》，5:422，第 278 页。

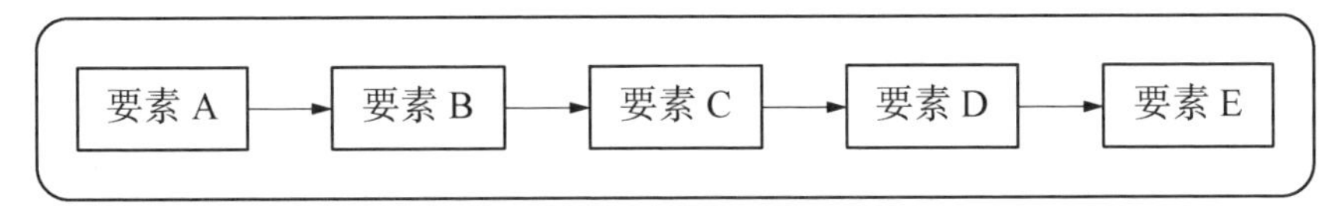

图 4－2

这种等级性的目的整体之所以能成立，就在于一个终极目的，只有终极目的才使得等级性的目的系统整体成为可能。因为等级性的系统整体与像有机物那样内部封闭的系统整体一样，也应当具有完备性。而等级性的目的因果序列的完备性需要有一个终极目的概念。康德指出，如果把世界中的目的关系看作是实在的，并为之假定一种有意起作用的原因（上帝），就必须在这种原因中追问世界中目的关系的客观根据，这个客观根据就是事物存有的终极目的。他在这里所依据的思维方式在于："既然这个世界的事物作为按照其实存来说都是依赖性的存在物，需要一个根据目的来行动的至上原因，所以人对于创造来说就是终极目的；因为没有这个终极目的，相互从属的目的链条就不会完整地建立起来；而只有在人之中，但也是在这个仅仅作为道德主体的人之中，才能找到在目的上无条件的立法，因而只有这种立法才使人有能力成为终极目的，全部自然都是在目的论上从属于这个终极目的的。"①这里的至上原因就是那种有意起作用的原因，实际上也就是整个自然界的创造者，即上帝。上帝通过一个终极目的概念为整个自然界带来了合目的性的系统整体，一切自然事物都是从属于、符合于这一终极目的的。自然或人类社会能够达到的极致（至善）是对作为原型之善的上帝的模仿。

这种思维方式最早可见于亚里士多德从潜能到现实的发展过程的思想，纯形式（神）实际上也是一切具有质料和形式的双重事物所追求的终极目的；按照目的因的秩序，世界万物呈现出一种等级性的秩序和整体。而托马斯·阿奎那更是对等级性的世界秩序中的上帝存有进行了证明，其中就有专门从目的论角度展开的证明方式："我们发现许多无生物都在完成一个目的，这个目的必定外在于这些无生物，因为只有生物才能有内在目的。为这些无生物制定目的、并使整个世界具有一种合目的性的，必为一最高智慧。这个最高的智慧就是上帝。"②阿奎那将上帝看作是世界合目的性秩序的制定者，康德则在这种等级性秩序的基础上，进一步将作为道德主体的人当作这一秩序的顶点。由此实际上弱化了这个目的论系统与上帝之间的关系，而强化了该系统与人的联系。因为人的"存有本身中就具有最高目的，他能够尽其所能地

① 《判批》，5：435－436，第 294 页。

② 邓晓芒、赵林：《西方哲学史》，北京：高等教育出版社，2005 年，第 105 页。

使全部自然界都从属于这个最高目的，至少，他可以坚持不违背这个目的而屈从于任何自然的影响”[①]。人在其道德生活中的无条件立法使其成为整个自然界的终极目的。在康德看来，整个自然界中的一切事物都是有条件的，甚至人的感性存在也是有条件的；但除此之外，人毕竟有其本体存在的立场，正是在这种本体性立场中，人能够为自身不完善的感性存在立场确立无条件法则，由此也可以调节性地被看作是能够为整个自然界的任何现象和感性存在物确立无条件法则。

人对于其自身内部的自然存在以及外在于他的自然存在所具有的这种立法优越性，被康德无限放大，由此扬弃了基督教传统中上帝立法的权威。可以说，在康德的哲学眼光中，人类理性胸有千壑，大自然的宏大系统和历史演进与其说是神意所为，不如说是人类理性自身的思想创造。所以，尽管人的道德性或者作为道德存在者的人被看作是自然界的外在目的，但真正说来，不是上帝，而是人类理性本身成为了大自然所依赖的先验主体。这与康德将上帝仅仅作为调节性理念的思路是一致的，他看中的是自然界作为一个目的论的系统整体的结构本身；普遍历史正是以人类理性中的这种目的论结构为依据的。从这个角度也可以看出来，康德的历史理念尽管表面上宣扬的是大自然、神意之下的历史进程，实际上则是通过人类理性的理论视野呈现出来的、具有实在的实践性旨归的人类发展史，并且这个历程以人自身的道德存在为终点。在古希腊哲学中大行其道的自然目的论和在中世纪神学中占据权威地位的神学目的论，在康德这里都被置于人类道德目的论的视野之中，甚至人的道德存在被当作是自然的合目的性评判和神意概念得以成立的最根本依据。康德不仅将道德纳入形而上学的研究视野，更将道德作为自然研究、历史研究乃至宗教信仰的价值基础。从这里，也许读者便可以理解他为什么会把自由当作其全部哲学体系的“拱顶石”。

历史的实践性目的可以从自然界的目的系统上来考察。自然界具有一个最后目的和一个终极目的。其最后目的在于人类所创造的法制或者规训的文化，这是一种规训人的外在行动的法制文化。自然而然生成的东西与人为创造的东西是不同的，后者蕴含着人类的主观意图和智慧结晶。物质文化的对象主要是人的体力劳动外化的结果，精神文化则主要是人的脑力劳动外化的结果；而人类在历史过程中创造的最宝贵的和最高级的文化形式无非是各种法律。法律规范着个体的行动以及人与人之间的关系，人类历史演进的过程其实也可以被看作是各种法律从产生到发展再到完善的过程。而历史

---

① 《判批》，5：435，第293—294页。

的最后的目的则表现为这种规训文化的最完美状态，康德将其描述为内部完善和外部完善的国家宪政，即一种政治共同体。在《道德形而上学》的法权论部分，康德深入剖析了普遍法权原则之下人的外在自由观念，这对应于自然界和人类历史的最后目的。历史以人的外在自由的实现为最后目的，而外在自由体现在公民法权和世界公民法权的完善上，这同时也就是政治共同体的完善。历史的实践性目的的第一个层面就涉及这种法权论或外在自由论。

自然界的终极目的在于作为道德存在者的人。这样的人实际上就是人性发展至其最完善程度的那种存在者，即作为本体看的人(homo noumenon)。康德将其叫做“人格性”，与作为现象的人(homo phaenomenon)区别开来，后者受制于感性欲求的规定。自然界的终极目的同时也是人类历史的终极目的，人性在历史中发展的最完善状态不仅仅是外在自由的实现，更是内在自由的实现。内在自由的实现意味着人们内在动机和目的方面的纯粹性，这同时也是人格性和作为道德存在者的人的最终达成。外在自由的概念中包含了每个人对其自身所确立的但却是普遍的法权原则的遵守，也包含了对他人的不合法干预的抵制。内在自由的概念中则包含了他对自身所确立的普遍的德性原则的遵守，以及对自身感性欲望和偏好的独立性。所以综合来看，自由就是不受自身感性欲求的规定和不受他人的无理规定，但却受到每个人自身理性所确立的普遍法则的制约。历史以自由的实现为实践性目的，这意味着，自由无论是外在的还是内在的，终归是需要在人的自然存在之中(或者说在现象界、在人的经验性行动中)被实现的。一种根本无法被实现的自由不能被称作人的自由，也不能被看作是人类历史的实践性目的。

自然历史进程无非是人类逐渐成为合法的甚至道德的存在者的过程，而人们在普遍法权原则之下的外在自由上的和谐共处，被康德看作是他们进一步实现道德性的基础。在他看来，在一个秩序良好的政治环境中进一步完善人们的内在自由和道德品质，毕竟是可行的：“因为只有在这种状态中，自然素质的最大发展才可能进行。”[①]外在自由的实现对于道德目的的这种适应性，对应于自然界最后目的对终极目的的作为手段的那种关系预设。历史的实践性目的必须从这两个角度去理解，如果仅仅将普遍法权原则之下人们外在自由的和谐共同体作为其目的，那么历史就失去了其与道德目的论的内在联系。毕竟，历史的合目的性秩序奠基于自然合目的性原则，而自然目的论以道德目的论甚至道德形而上学为理论前提。如果历史是一种与人类内在道德完善无关的自然进程，那么道德也就不可能为其合目的性奠基。无论是自

① 《判批》，5：432，第290页。

然界整体的合目的性秩序还是人类历史的合目的性进程，它们所合乎的目的总是人的内在的道德完善，而不仅仅是其外在自由方面的和谐共处。历史的合目的性进程也好，历史所趋向的完善的政治共同体也好，都是人类终极的道德性之实现的必要条件。

所以，笔者认为，人类普遍历史的合目的性进程首先趋向于一种完善的律法世界，这种政治性的目的体现在经验性行动上。然后在此基础上历史最终要达成的是人们内在动机的纯粹性，这是道德性实现的最根本的方面。仅仅有外在行动的合法则性，没有内在动机的完善，道德就还停留在现象层面；只有从外在行动进到内在动机，道德性才能真正实现出来。合乎普遍法权原则的政治共同体和符合普遍道德法则的上帝治下的伦理共同体就是历史的两种实践性目的。就像李秋零教授所说："历史在康德看来不外是自然实现其'最终目的'乃至创造的'终极目的'的过程。"[①]阿里森也指出：伦理共同体的概念"同时将社会的和历史的维度结合进其至善学说之中"[②]，这意味着普遍历史不仅是政治共同体的实现过程，同时也是伦理共同体的实现过程。

无论是合法则的行动还是合道德的行动都会产生某种结果，康德将人们在道德基础上的配享的幸福作为其行动的结果，由此将道德和幸福的因果一致性（亦即至善理念）作为人类理性所预设的终极目的。自然界与历史的合目的性整体最终以至善的实现为间接的实践性目的[③]，而至善的实现就体现在上帝治下的伦理共同体的实现。普遍的世界历史进程就是从人类的自然状态和人性的不完善状态，到道德完善的状态乃至至善的圆满状态的过渡过程；正是人类理性对道德目的的终极预设，为历史理念的成立提供了理论前提。这也就是康德为沟通自然和自由所做的努力。

但需要反复强调的是，历史所趋向的目的不是单纯依靠人类行动被编织进一个按照神意的系统整体中就可以顺理成章地实现的，而是还需要人自身的主观努力。如果康德强调的是上帝通过其自身抽象的计划或意图将人类

① 李秋零：《德国哲人视野中的历史》，北京：中国人民大学出版社，2011年，第85页。

② Henry E. Allison, "Teleology and history in Kant: the critical foundations of Kant's philosophy of history", Amélie Oksenberg Rorty and James Schmidt (eds.), *Kant's Idea for a Universal History with a Cosmopolitian Aim*, p. 44.

③ 人的道德性是自然界的目的系统上的最高的、外在的和终极的目的，是这个目的因果序列上的最后一个环节。而至善或上帝治下的伦理共同体意味着人的道德性与人的自然存在的统一性，或者就是自然和自由的统一性，这种统一性的理念不是作为自然界的目的系统的一个最高环节，而是在其整体中呈现出来的。所以，尽管康德在不同文本中分别将人的道德性和至善都叫做"终极目的"，两者与目的系统整体的关系是不同的。一个对应于其中一个环节，一个对应于该整体本身。就至善是以道德性为基础，并且是作为道德性的结果被设定的而言，本书将其作为自然目的系统和人类历史的间接的终极目的。

行动整合在一个合目的性系统整体中，由此来实现历史的实践性目的，那么其哲学思想的革命性和启蒙性就消失殆尽了。康德尽管保留了历史出自神意的合目的性秩序，但并没有将历史所趋向的实践性目的看作是由神意自身就能保证的，而是赋予历史更多尘世意蕴。神意在其历史哲学中仅仅起到一种权宜作用，它使人能够以一种合目的性视角看待人类经验性行动和历史进程；就像在理论哲学中，上帝理念仅仅是理性为现象界和经验知识带来系统统一性的调节性理念。笔者接下来将从政治共同体和伦理共同体两个层面来详细讨论历史的实践性目的。

第二节　完善的政治共同体作为普遍历史的最后目的

普遍法权原则之下的完善的政治共同体就是人们在外在行动上达到和谐共处和系统联结的整体，它的实现需要从两个视角来讨论：大自然的隐秘计划和人自身的主观努力。

一、大自然的隐秘计划

前文提到，康德对大自然或神意概念的使用并不具有与独断论者同样的意义，他总是以人类理性为主体的，由此突出人在自然和历史中的能动性。康德在其历史哲学中对人的行动的分析是很复杂的，按照大自然的隐秘计划，每个人在出于自身意图而行动时一方面服从于自然机械法则，另一方面被编织进合目的性的系统整体中。所以，同一个经验性行动既是出自自由意志的，也是服从自然法则的，此外还被看作是符合于自然合目的性的系统整体，在它身上能够同时呈现出这三种原则和因果性秩序。该行动在出自自然动机的基础上如何出自自由意志，这已经是一个难题；而一个出自自由意志和私人意图的行动如何符合于大自然的隐秘计划，导向一种世界主义的实践性目的，这更是匪夷所思。后面这一难题主要涉及个体与世界整体之间的关系。康德对此是这样描述的："个别的人，甚至整个民族都很少想到：当他们每一个都按照其自己的心意，而且经常是一个违背另一个的心意，追逐着其自己的意图时，他们在不知不觉地依照他们自己并不知道的自然意图，就像依照一条导线那样前进，并且在为促进这个自然意图而工作；即便他们知道这个自然意图，毕竟也很少会把它放在心上。"[1]在这里，康德将个体对于大

① 《普遍历史》，8：17，第 24 页。

自然普遍意图的符合看作是无意识的；这是因为人虽然不像动物那样完全依照本能行事（而是有自己的自由任意），但他们也还没有发展到自觉自愿地按照纯粹理性的实践性目的而行事的程度。这种普遍的实践性目的就是大自然意图中所包含的内容。作为不完善的有理性的存在者，人们总是依照其自己的私人目的行事，即便知道人类有一种世界主义的宏大目标，他们也并不情愿去为这虚无缥缈的理念做贡献。

在个体对世界主义目的的这种无意识甚至不情愿的关系的视野中，这种目的的实现似乎就只能依赖于上帝或者神意的超自然干预了。以往的大多数独断论者也的确是这样设想的。在个体之间的矛盾无法调和时，在人与自然被对立起来时，上帝就从天而降充当了无所不能的和事佬。因此，上帝成为这些哲学家思想体系中重大漏洞的弥补者。上帝对于哲学家而言不再只是简单的信仰对象，而是在其思想无法自圆其说时的救命稻草。这不仅导致哲学家对上帝权威的依赖，也进一步压抑了人性在自然面前、在历史进程中的主体能动性。在马勒伯朗士（Malebranche）的偶因论思想中，思维与存在的统一性是依赖于上帝的直接干预来实现的。在莱布尼茨的前定和谐学说中，单子与单子之间的相互作用和合目的性秩序，是依靠上帝在创世之初将一种法则或逻各斯同时赋予被创造物而可能的。康德与这种传统的独断论立场有所不同；他并不试图让上帝直接地或者间接地来干预人与人之间的普遍对抗关系，也不想改变人们对于普遍的理性目的的那种不情愿的心态；而是指出：正是人们基于个体意志和私人意图的行动本身，能够最终有助于实现人与人之间至少在外在自由层面的和谐共处。这种辩证的思想尽管被看作是符合于大自然隐秘计划，但这种计划毕竟还是“人”想出来的，康德并没有将其看作是一个规定性判断力的构成性原则。所以，即便每个个体甚至整个民族都被编织进大自然的那种宏伟意图中，但这一意图在历史中的完成还是依赖于人类的经验性行动。

康德不仅揭示了经验性行动与普遍的实践性目的之间的辩证关系，还以经验性历史来佐证普遍历史的合目的性进程。在《普遍历史》命题九中，康德指出，从有文字记载的古希腊历史直到他当时的时代，可以发现欧洲大陆上国家政体改善的合乎规则的进程。就像对于自然界中的有机物除了机械作用必须在其存在方式中设想一种自然目的概念那样，经验性历史向我们呈现出来的这种合乎规则的发展进程，单纯依靠个体行动之间的盲目性和杂乱无章的机械联系也是没办法解释的。于是，为历史预设一种大自然的隐秘计划和普遍的实践性目的，不仅在逻辑上是可能的，也是具有现实基础的。有机物和文字记载的经验性历史就是自然合目的性原则，因而也是普遍历史的合目的性原则的现实依据。而历史之所以能够趋向于某种目的,就在于人类自身行动的辩证的驱动力。康德实际上是以史实来佐证人类自身对其普遍的实践性目的的推动作用,由此也表现出人类在历史发展进程中的主体能动性。既然由过去的历史事实可以归纳出来,人的行动即便相互对抗也能推动人性的发展和历史的演进,那么,历史的合目的性原则或者大自然的隐秘计划,就能够为我们充当一条导线,以便引导人们按照系统性的和整体性的视角来看待全部人类历史。由此,这条导线不仅呈现了自古及今的历史的合规律性和合目的性,更"打开一幅令人欣慰的未来远景,在这幅远景中,人类被遥遥地设想如何最终毕竟攀升到自然置于它里面的一切胚芽都能够完全得到发展,它的规定性在此尘世得到完全实现的那个状态"①。

需要强调的是,康德在这里尽管以经验性历史来印证其历史的合目的性进程,但不能由此就说历史的合目的性原则完全是从经验中得出的。如果读者这样理解的话,那就将康德置于与休谟同样的立场上了。休谟将人性原则完全从经验中归纳出来,除此之外并不承认有任何先天的和纯粹的原则。而在康德这里,历史的合目的性原则以及为此奠基的反思性判断力的自然合目的性原则,都在人类纯粹理性中有其先天根源。当人们以单纯机械原则无法解释自然界中某些存在物(有机物)、或者人类历史的由经验所呈现的那种合规律性的发展进程时,其先天理性中的这种反思性的和调节性的原则就会作为一种导线,引导人们按照目的论的思路去理解自然和历史。也正是在这种导线的帮助下,人们必定会将一种完善的政治共同体作为历史的最后目的,并相信这一目的有朝一日会在尘世,即在人类历史之中实现出来。

因此,这种完善的政治共同体在历史中的实现是存在于人们的实践信念之中的。人们相信通过人类的哪怕普遍对抗的行动,这种完善的实践性目的也终究会辩证地呈现在未来世代。无论是人类出自其纯粹理性的实践信念,还是过去史实中所表现出来的人的行动与社会发展的内在联系,都揭示了人是普遍历史的主体的结论。他明确指出,"人应当从自身出发来产生一切。其食物、衣物、外部安全和防卫的发明……一切能够使生活变得舒适起来的乐趣,甚至其洞识和聪明,乃至其意志的良善,完全应当是其自己的作品"②。只是,以辩证的方式被人们无意识地或者不情愿地促进的政治共同体,还需要人们自觉自愿地去维护,特别是需要一个正义的元首来自觉维护。在社会发展的过程中,社会上的普遍对抗是历史演进的动力。康德并不将历史过程

① 《普遍历史》,8:30,第37页。
② 《普遍历史》,8:19,第26页。

之中的辩证发展看作是非常困难的问题，最难的问题毋宁是关于最高元首的。

二、正义的元首、道德的政治家以及康德的思想变化

在《普遍历史》命题六中，康德提出了正义元首的概念。当人生活在其同类中间时，必须有一个主人。因为尽管他作为有理性的存在者期望有一项普遍法律来限制和规训所有人的自由，但这个人的自私的动物本性和偏好会引诱他找机会成为例外。在这种情况下，“他需要一个主人，来制伏他自己的意志，并强迫他去顺从一个普遍有效的意志，在这个意志那里每个人都能够是自由的”[①]。这个主人必须同样出自人类。而这个主人像其他人那样也需要一个主人，因为他同样具有其动物本性和自私的偏好，因而会滥用其自由。所以，一个正义的政治共同体需要一个正义的主人，而整个社会中却没有一个人适合于成为一个自身公正的公共正义的元首。这就是康德所说的最难的，同时也是人类最后解决的问题。人们按照自己的非社会性本性或自然本性进行普遍的对抗，这至少没有违背其私人意图，还能产生好的结果；即便在这种情况下，人们对好的结果是无意识的，但从普遍对抗发展成一个相对和谐的社会整体并不包含什么难题。困难在于，当人们按照自己的本性行事并“意外地”形成这样一个整体时，如何继续维持和提升它。在康德看来，这样一个社会整体不仅需要一项法律，还需要一个代表所有人意志联合，即代表“一个普遍有效的意志”[②]的公共正义的元首。普遍正义的法律应该被看作是这正义的元首对所有人确立的，就像在一个完善的伦理共同体中，上帝被看作是正义的立法者一样。有法律而无正义的立法者，公民的自由仍然得不到保障；而有立法者却并不是正义的，那么他所确立的法同样不能保证所有人的自由。所以，康德在这里的意思是，要以公共正义的元首来保证普遍法则的公正性，以此保证人们的自由；或者说，普遍正义的法则必然出自公共正义的元首，并且也需要这样的元首来执行其对每个公民的约束力。在政治共同体中，法律和立法者、执法者必须是齐全的。康德在这个命题中所揭示的就是关于正义的立法者的难题。

康德在这个命题中的态度是消极的。他认为，一个自身公正的最高元首是不可能完全解决的，只有接近这个理念才是自然责成我们的。他使用一个比喻来表达其观点：“从造就出人的如此弯曲的木头中，不可能加工出任何完

---

① 《普遍历史》，8:23，第30页。

② 同上。

全直的东西。”[1]这与他在非社会的社会性的概念中的态度是不一样的。对于整个社会的进步来说，非社会性和普遍对抗恰恰形成了一种积极的驱动力，人性的发展完善来自人性自身中社会性和非社会性的矛盾。但在一个最高元首的问题上，康德却失去了之前辩证思想的信心。他好像应当坚持，从弯曲的木头中也可以加工出直的东西，但却否认了。此外，康德还强调这个难题是最后着手解决的任务，因为为此需要这个正义的元首对政治共同体的本性有正确的概念，需要见多识广，甚至需要一个为接受这种共同体做好准备的善良意志。这些都不是在一朝一夕可以完全具备的，只能指望经过许多徒劳无功的尝试之后，最后达成。在他的这种消极观念中有两个关键词，即“完全直”和“善良意志”。后面这一概念很快就出现在《奠基》这本讨论道德形而上学的基础的著作中，在那里，善良意志被看作是包含在义务和普遍的道德法则概念中的东西。而普遍的道德法则是这样表述的：“要只按照你同时能够愿意它成为一个普遍法则的那个准则去行动。”[2]康德非常明确地将这一唯一的定言命令式等同于自律的法则。而自律的精髓在于人们自愿地使自己的每一个准则被普遍化，这种自愿只能体现在内在准则和动机上，而不仅仅是外在行动上。这就意味着，善良意志概念在这个时期也是从内在动机这个角度被思考的，这在《奠基》和《普遍历史》中应该是一样的。所以，具有善良意志的正义元首应当从内在动机上来考察。也许只有从内在动机角度，才能有“完全直”的“善良意志”概念。康德后来在其《道德形而上学》(1797 年)的法权论部分描述了仅仅合法则性意义上的义务概念，并区别于那种在内在动机上达到纯粹性的义务概念。但至少在 1784—1785 年间，善良意志概念应该是从比较狭义的内在道德的完善性上被理解的。

具有这样一种完善道德的正义的元首，毋宁说就是大自然目的论系统的终极目的所要求的那种作为本体之人的道德的存在者。这样的人甚至不在自然中，因而也不在历史中，他是作为历史的一个终极理想存在于人们的理性之中的。所以，康德在《普遍历史》命题六中的态度就可想而知了。自然目的论系统中的人类历史进程，是不可能有朝一日产生出一个根本不可能存在于这一进程中的人；况且康德对这一元首概念甚至还赋予了对政治共同体全知的特性，这俨然已经是一位拥有智慧和善意的圣人了。康德后来在其《宗教》中指出，圣人仅仅是一个理想，是对于普通人而言的纯粹的榜样。这个人类似于《圣经》中的耶稣，因为耶稣与世间其他人之间就具有本质区别，普通

① 《普遍历史》，8:23，第 30 页。

② 《奠基》，4:421，第 428 页。

人总是会受到其自然本性的引诱而滥用其自由，但耶稣不会。假如这样一种完善的元首可以在历史中某个确切时间点产生的话，那么在现象界无限延伸的历史就终结了。这是不符合其时间上的世界整体理念的。对于一个时间序列上的完备整体来说，理想的公正元首就像一个无限者；而康德明确规定，无限是不可能在现象和时间中被给予的。历史的终结就相当于时间序列的终结，而这就等于说无止境地延伸着的历史不再继续延伸了。这是自相矛盾的。但这样一个作为无限者的元首概念也不是毫无意义的，它仍然起到了一种调节性作用；大自然责成人们不断地迫近这一理想，由此也不断地迫近一种内部完善和外部完善的政治共同体。所以，这一存在于自然和历史之外，仅仅作为理性理念的元首仍然具有实践的意义。

康德在《普遍历史》中对一个自身公正的元首的要求是过高了，他是将一个本来不在自然和历史进程中的完人、圣人，作为历史之中政治共同体的最高立法者，这当然不会符合他在前面几个命题中所传达的历史辩证法思想。因为历史的辩证性是就人性在历史中的发展完善而言的，这毕竟没有超出自然的范围。即便其历史辩证法呈现出“善是由恶驱动”的表象，恶的驱动性至多也只是善的必要非充分条件，就像政治共同体对于道德和至善的最终实现只是必要准备那样。所以，道德、善不是单纯依靠恶的驱动就能实现的，自身公正的元首当然也不能完全从造就人的弯曲木头中加工出来。康德所说的“弯曲的木头”无非是具有趋恶倾向或非社会性的不完善人性；即便善良意志应当完全是人自己的作品，它也不应该完全从其恶的倾向中产生，而是还需要人在其内心发动心灵的革命[①]。

康德对具有善良意志的公正元首的描述特别类似于柏拉图对哲学王的设想。普通大众的非社会性被自身所迫而管束自己，这已经是他对大众行为的最积极和最高的评价，康德并未因此放弃对一个英明君主的期待。就像柏拉图在其理想国中区分了人的各种层次，并为其配备一个智慧的哲学王那样。对于柏拉图来说，“真正的统治者，他们对被自己统治的人的态度也会像牧羊人对羊一样，日夜为被统治者的利益而操心，而不考虑他们自己的利益”[②]。如果一个城邦中都是好人，那么大家不是争着去当官，而是争着不当官。正义的人拥有德性和智慧，这样的人既然不会自愿去做统治者，那么只有通过惩罚的方式逼他去做统治者。而对他的惩罚不是罚钱或者损坏其名誉，正义的人对金钱和名誉不感兴趣；只有让不正义之人去做他的统治者才

---

① 参见《宗教》，6：47－48，第48页。

② 〔古希腊〕柏拉图：《柏拉图全集》（第二卷），王晓朝译，北京：人民出版社，2003年，第296页。

是对他的惩罚。金钱、名誉在柏拉图那里与正义、德性、智慧具有本质区别，能够作为整个城邦的统治者的人不应该被这些东西所累；如果被金钱、名誉所利诱，那么统治者关心的就不再是被统治者的利益，而是其自身利益；只有对金钱、名誉不感兴趣的人，才会真正想着他人的利益。

康德在其《普遍历史》命题六中对自身公正的正义元首的要求，可能受到了柏拉图的某种启发和影响。但就像柏拉图的理想国根本没能在现实中被找到那样，康德自己也深刻地认识到，这样的元首是最难解决的问题。这就意味着历史的最高任务，即建立一种完全公正的政治共同体似乎是不可能的。这与其将普遍历史和政治共同体作为道德性之实现的前提准备的思想是相违背的，如果连完善的政治共同体都无法实现，就更别提历史的终极目的的实现了。如果这些实践性目的无法实现，那么合目的性的历史进程作为沟通自然和自由的桥梁的作用也就无从谈起了。所以，表面上是一个自身正义的和具有善良意志的元首无法解决的难题，实际上却会导致康德整个批判体系的崩塌。

对于这样的后果，康德不可能没有自知之明。他在命题六中抛出了这样一个无法解决的难题，只能不了了之。随后在命题七中，康德便转移话题，将内部完善的国家机体的实现寄托于另一个要素，即合法的外部国际关系。没有这种国际关系，国家的内部完善就无法实现。而对于合法的外部国际关系的实现，康德则继续诉诸他所擅长的历史辩证法：大自然“通过战争，通过极度紧张而从不松懈的备战，通过最终每一个国家甚至在和平状态中也内在地必然感觉到的困境，推动人去做一些起初并不完善的尝试，但最终……走出野蛮人的无法状态，进入一个国际联盟”[①]。并且，在这个命题中，康德从战争的驱动力的角度指出：“最后有一天，一方面在内部通过公民状态的可能最佳安排，另一方面在外部通过共同的磋商和立法，建立起一种类似于一个公民共同体的状态，就像一部**自动机器**能够维持下去那样。”[②]公正的元首的难题在这里被搁置了，后面的命题也没再提起这个问题。

《普遍历史》不算是完备的历史哲学体系，而只是康德关于人类历史的一种提纲性思考，甚至可以看得出来，这些命题之间也不完全具有系统性。比如，命题六对于整篇文章的基调而言显得有些突兀，甚至它造成了普遍历史的实践性目的上的诸多难题。如果连正义的国家机体都无法实现，何来合法的外部国际关系呢？合法的国际关系作为内部完善的国家机体的前提，这种

---

① 《普遍历史》，8:24，第 31 页。

② 《普遍历史》，8:25，第 32 页。

设置是否合理？国家与国际联盟的关系究竟应该怎么理解？从命题六的正义元首的难题到命题七的合法的国际关系，康德在思考完善的国家机体的实现问题上好像有点慌不择路。无论怎么看，这两个命题都没办法无缝衔接。

后来在1790年的第三批判中，康德仅仅强调战争对和平与合法秩序的促进作用，而没有提及一种正义元首的概念。直到更晚的《论永久和平》(1795年)中，他才重新拾起这个话题，只是态度缓和多了。或者说，康德在其晚期的历史观中做了某种妥协。暂且不论康德后来究竟做了什么妥协，单单就他从1784—1795年这十多年时间都没有放弃对公正元首问题的思考这点来看，他并不甘心将历史发展的整体过程，完全付诸一种仅仅调节性的自然目的论和大自然的隐秘计划，他甚至也不满足于在战争与和平的历史辩证法中仅仅让人类无意识地参与其自身命运的走向。康德在《普遍历史》命题六中仓促搁置起来的元首难题，经历了十多年的思考和酝酿，以崭新立场重新出现在其历史著作中，这无疑揭示了康德对人自身的主体能动性的重视。人不仅要无意识地参与历史，更要有意识地创造历史，相信这是康德始终坚持的信念。那么接下来，笔者就仔细分析一下他在相隔11年的《论永久和平》中，是如何解决那个被悬置起来的元首难题的。

康德在《论永久和平》中所做的妥协在于，将具有善良意志的正义元首降格为仅仅合乎法权原则的道德的政治家。在“第二条附论”中，他不无讽刺地说道，一个国家的立法权威、统治者求教于作为臣民的哲学家似乎是贬低身份，为此，他只能悄无声息地要求哲学家自由并公开地谈论政治[①]。他像三赴叙拉古都铩羽而归的柏拉图那样深切地意识到，智慧和善良的哲学王是多么不可能的一件事情：“国王们思考哲学，或者哲学家成为国王，这是无法指望的，也是不能期望的，因为权力的占有不可避免地败坏理性的自由判断。”[②]康德退而求其次，让政治和哲学[③]分属于不同的存在者，让国王和哲学家至少能够和谐相处。在他看来，国王毕竟是应该允许哲学家自由发表言论的，而且这一点也是不可或缺的。这样的统治者或政治家虽然不是完全正直

① 德国著名康德哲学研究学者福尔克·格尔哈特(Volker Gerhardt)教授认为，康德在这里宣布其永久和平的秘密条款时，“公然大量运用讽刺的手法。如果我们阅读这些秘密条款的真正内容，就会发现这种讽刺已变成最辛辣的挖苦”。参见〔德〕福尔克·格尔哈特：《哲学的弃权——论哲学和政治在现代的关系》，孙迎智译，洪涛主编：《复旦政治哲学评论》第7辑，上海：上海人民出版社，2015年，第76页。

② 《论永久和平》，8：369，第375页。

③ 康德在第一批判“纯粹理性的建筑术”一章中，将真正的哲学理念拟人化为哲学家，而哲学家就是道德学家。他在《论永久和平》中对政治家和哲学家的区分，应该可以被看作是对政治家的道德要求的降低，以及对哲学家的政治参与度的要求的降低。由此，哲学家不一定非要作为元首直接掌握统治权力，政治家也不需要完全拥有智慧和内在完善道德。

和善良的，但毕竟是合乎普遍的法权原则的。在1797年的《道德形而上学》中，康德将合乎法权原则意义上的人也称为“道德的”，并且区分了法权义务意义上的道德和内在德性义务意义上的道德。这时期的义务概念与《奠基》和《普遍历史》时期的义务概念的差异，揭示了康德在道德观上的立场转变。在从一种狭义的内在道德立场到一种广义的包含法权义务的道德立场的转变中，康德同时改变的还有其对统治者的态度。

《普遍历史》命题六中的元首就是一种狭义的具备善良意志和治国理念的有德有智之人，而《论永久和平》中的道德的政治家仅仅是符合法权义务的广义的有德之人。也许只有这样，正义的政治共同体才能实现，其历史哲学的沟通自然和自由的体系性功能才不至于沦落。毕竟外在法权义务上的道德只要求行动的合法则性，不要求行动准则或动机的合道德性，这实际上就降低了对统治者的要求。康德不再严格要求一个公共正义的元首具有善良意志，也不要求他具有最广博的知识，而只要求他在外在行动上能够尽职尽责。这样的统治者也许会为了荣誉、金钱等而做出如此这般的合法则之事，但即便这样，他仍称得上是道德的政治家。

道德的政治家对于国家内部关系和国际关系的维护都是至关重要的。康德在《普遍历史》中由于执着于内在道德意义上的正义元首，而无法真正将统治者解释为完善的国家机体和国际联盟的核心要素，历史的最后目的好像也成为无法实现的。而到了后期，当他只从外在行动的合法则性角度要求正义的元首时，不仅这样的元首如何产生的难题得到了解决，历史的实践性目的也随之成为可实现的了。因为，“一旦在国家的政治状态或者在国际关系中出现人们无法防止的缺陷，尤其是对于国家元首来说，就有义务去考虑怎样才能尽可能地改善它们，使之合乎在理性的理念中作为典范呈现在我们眼前的自然法权”[①]。相对于大多数人总是追求自身利益而言，道德的政治家被要求考虑集体的利益，而不是仅仅顾及自身利益。康德宣称“掌权者最真挚地心怀这样一种修正的必要性的准则，以便保持在对目的（在法权法律上最好的政治状态）的不断接近中，这却毕竟是可以要求于他的”[②]。

道德的政治家应当遵循一种形式原则：“要这样行动，使你能够想要你的准则应当成为一个普遍的法则（不管目的是什么样的目的）。”[③]这一原则已经很明确地将道德的政治家的内在意图和目的排除在外。这就意味着，即便

① 《论永久和平》，8:372，第378页。

② 同上。

③ 《论永久和平》，8:377，第382页。

他在实施有利于国家机体的行动时所持的是一种非道德的目的(如追求名誉),这也是允许的。其原则作为法权原则仍然具有无条件的必然性。康德甚至将永久和平的实现进一步寄托于人们对这一原则的遵守。而永久和平的实现就是完善的国家机体和国际关系的实现,所以道德的政治家对其法权原则或义务的自觉遵守是历史的这一最高任务的关键。大自然不光是将其最后目的托付给只追求自身利益的普通大众,还托付给对政治共同体进行积极地、自觉地维护的道德的政治家。

这样的政治家可以隐秘地或公开地向其他人咨询关于治国理政的问题,这一点也侧面表明,道德的政治家不是依靠某个个体孤立地达成的,而是需要在社会氛围中、在共同体中,甚至在人类整体中来设想。这就将正义元首的难题仍然放在了人类整体的辩证发展的历史进程中来解决,就像他在启蒙问题上将公众层面的启蒙看作更容易的那样。这契合《普遍历史》命题六中的一个脚注的观点:"惟有类才能希望做到这一点"①,亦即,唯有从类的层面,才能期望从造就出人的如此弯曲的木头中,制作出完全直的东西。这与康德在其历史哲学中的人类整体视域也是相契合的。道德的政治家如果放在整个共同体中来思考,那么其自身的公正倒是可实现的;尤其是当康德对这样的元首降低要求时就更容易被达成②。

但类的层面的人性完善和道德进步并不意味着所有人同步并一致的发展,而是仍然存在先后秩序。康德在对正义元首和道德的政治家的重视态度中,传达出与柏拉图类似的政治立场。他们似乎都不太相信普通大众一开始就有自觉管理自己,从而形成一种完善的政治共同体的素质,而是首先想到以一个统治者来维护和平与合法的政治共同体。这容易导致一种个人英雄主义。后来黑格尔也具有相似的思想:大部分个体的目的和热情都沦为了普遍理念的牺牲品,少数个体由于其目的与理性观念相符,能够体现民族精神和时代精神,因而就成为人类中的优胜者,这样的人被叫做世界历史个人。"这种人自己的特殊目的关联着'世界精神'意志所在的那些重大事件。他们可以称为英雄。"③康德虽然在《奠基》的定言命令式的人性论变形公式中传达了一种人人平等的信息,但在历史哲学中却又带有一种精英意识。此外,历史的最后目的和终极目的的实现好像只有最后世代的人才能享有,先前世代似乎都是为后来人做准备,甚至充当了后来之人的手段。在以例证来说明

① 《普遍历史》,6:23,第30页脚注。

② 关于这个问题的更详细的论述,参见刘凤娟:《个体和整体双重视角下康德的人性发展观》,《中山大学学报(社会科学版)》2020年第6期。

③ 〔德〕黑格尔:《历史哲学》,王造时译,上海:上海书店出版社,2006年,第27页。

历史的合目的性进程时，康德也以欧洲为世界中心；这些思想与其同时期在《奠基》中的平等观念似乎都是直接相矛盾的[①]。

康德以道德作为政治家前提条件的思想以及他对历史中统治者和被统治者的不同的道德要求，也类似于亚里士多德的立场。亚里士多德指出，"作为一个好公民，不必人人具有一个善人所应有的品德"；因为有德性的人的灵魂总是相似的，而好公民的标准往往取决于其所处的政体，政体不同，好公民的评价标准就不同。但是，"以统治者来说，其品德就相同于善人的品德；好公民和善人的品德虽不是所有的公民全然相同，在[作为统治者]这一部分特殊的公民，就的确相同"[②]。这两位哲学家虽然都清楚意识到，让所有人都同步地达到道德完善或者让政治家具有内在道德是极其困难的事情，但他们仍然不愿放弃道德与政治的相容，即便这种相容是很有限的。在康德的自身公正的元首和道德的政治家两种概念中，人们都可以看到他对古典政治学（特别是柏拉图、亚里士多德的政治学）的某种继承。但康德与之具有根本区别的地方在于，他毕竟还是相信普通大众终有一天都会自觉地服从普遍法律，并自愿地维护一种完善的国家机体和世界和平。所以，他又满怀信心地宣布："一个国家即使按照现行制度仍拥有独裁的**统治权力**，也能够以共和制的方式**治理**自己，直到人民逐渐地有能力只受法律权威的理念所影响（就好像法律拥有自然的力量），且因此而被认为有本事自己立法（这种立法原初是基于法权的）。"[③]康德将政治家的个人英雄主义先行地置于历史发展进程中，而人民整体的觉醒则是最后才出现的。

政治家即便自身不具有最完备的治国之术，也可以请教哲学家。但这就要求政治家至少允许哲学家公开使用其理性，发表关于治国的言论。只有这样，统治者才可以秘密地、不降低身份地受教于哲学家。康德对政治家和哲学家之间如此微妙关系的思考是煞费苦心的，他既想保住哲学家的言论和思想自由，又要给统治者和当局留足面子。而自由是启蒙的前提条件，对于启蒙来说，最重要的事情无非是"**公开运用**自己的理性时享有一种不受限制的自由"[④]。一个自身促进启蒙的元首应当允许其臣民公开运用自己的理性，这样的君主实际上是已启蒙的并拥有足够强大的军队以保障公共安全的统治者，他可以自信地说，"**理性思考吧，思考多少、思考什么都行；只是要服**

① 笔者将在第五章对该问题展开论述。

② 〔古希腊〕亚里士多德：《政治学》，吴寿彭译，北京：商务印书馆，1965年，第124—126页。

③ 《论永久和平》，8:372，第378页。

④ 《启蒙》，8:38，第43页。

从!”[①]在这里,康德巧妙地奉承了其君主腓特烈二世,同时也为自己的言论自由进行了辩护。就像在启蒙过程中,需要有少数精英(君主、哲学家、神职人员)先自我启蒙,才会有所有人共同的启蒙那样;在历史过程中,先是那些君主逐渐自觉地遵守普遍法权原则,然后才是人民逐渐自觉地遵守法则。历史所趋向的最后目的或最高的任务就在于完善的政治共同体,在其中,每个人都达到了自觉自愿遵守法则的程度。

关于普遍历史的政治性目的,康德从国家机体和国际联盟两个层次来理解,但对于这两者之间的关系,其态度是有所变化的。在《普遍历史》中,康德将完善的和公正的国家机体看作是以合法的外部国际关系为前提条件的;没有这种关系,国家内部关系的完善就得不到解决。而到了《永久和平》和《判批》中,他不再执着于国家和国际联盟孰先孰后的问题,而是整体性地对这两个层面进行论述。道德的政治家或正义元首的法权义务是同时针对国家内部和国际联盟的:“一旦在国家的政治状态或者在国际关系中出现人们无法防止的缺陷,尤其是对于国家元首来说,就有义务去考虑怎样才能尽可能地改善它们。”[②]这也是因为在历史上国家和国际关系的问题往往是伴随出现的,历史发展的过程中人们不是先实现国家的内部完善,然后再去思考如何实现外部完善的国际关系,或者不是先建立一种完善的国际关系,再建立公正的国家机体。历史是人性发展完善的过程,也是国家内部成员关系和国际关系不断完善,直至理想的政治共同体或永久和平得以实现的过程。

笔者在上文详细讨论了使完善的政治共同体得以实现的正义元首和道德的政治家概念,大自然不仅仅通过普通大众的无意识的自私行动达到促进这一实践性目的的意图,更通过统治者有意识地履行其法权义务而直接地维护国家甚至国际关系的和谐秩序,直到所有人都自觉地只受法律的影响。康德从中想要强调的不是神意对人类社会和历史进程的超自然干预的权威,而是人类自身自我驱动、自我发展的主体性权威。正如盖耶尔所说的,“即便是一个通过实践上有效和道德上恰当的约束力来强迫执行公正法律的系统,也必须自身由人来创造和保持”[③]。在这个实践性问题上,盖耶尔以及克莱恩戈尔德、斯威特等学者的论点和分析具有重要参考价值。

盖耶尔重点讨论了这样一个问题:追求私利的、具有根本恶的人是否会成为政治共同体得以实现的不可逾越的障碍?这也就是康德那个“从弯曲的

---

① 《启蒙》,8:41,第46页。

② 《论永久和平》,8:372,第378页。

③ Paul Guyer, *Kant*, second edition, London and New York: Routledge, 2014, p. 425.

木头中不可能加工出完全直的东西”的比喻所揭示的难题。盖耶尔同样看到了康德在《普遍历史》命题六与其在《论永久和平》中表述的不一致性，但他并不承认康德的观点有明显改变，而是认为“这些文本中至少有一处并不完全意味着它最初看起来所指的那样”，甚至“这两部著作都不是完全意指我们引文中看起来所揭示的内涵”[①]。《普遍历史》表达了建立一种正义国家的困难，但它并不意味着正义国家是绝不可能实现的。而《论永久和平》也并不真的想要传达那种奇怪的论点，亦即，即使一个魔鬼民族也能够建立并维持一个正义国家[②]。其原因在于，即使公正国家不需要臣民仅仅被对法则的敬重所驱动，因而并不依赖于臣民的道德进步，它也要求统治者被德性而不是明智所驱动[③]。由此，盖耶尔也对具有善良意志的元首概念进行了细致分析。他指出，康德在《普遍历史》命题六中所说的善良意志概念仅仅是发出一种信号，即“对建立一个正义国家的问题的解决要求纯粹的道德动机，而不只是明智”，“这样的道德动机并不在这国家的所有主体中（因而在一般而言的人类中）被要求，而是只在其统治者中被要求”[④]。对于盖耶尔来说，即便这个国家中的臣民是由弯曲的木头加工成的，它也是可能被实现的；但是如果其统治者是不可救药地弯曲的，那么这个正义国家就真的无法实现了。因此，实现正义国家的关键好像仅仅在于有道德的和具有善良意志的政治家。但自身正义的元首也是一个人，盖耶尔从人本性中的根本恶着手思考这样的元首的可能性：“为其自身之故选择善对于人而言总是可能的但得不到保障。”[⑤]根本恶对于臣民而言不可能是一个不可逾越的问题，其明智和自私的意图总是能够促使他们遵纪守法；但对于统治者来说却是重大难题，因为非道德的动机并不足以使他们确立公正的法律并使其公正地得到实施。

盖耶尔的分析揭示了康德在对待统治者的道德品质问题上的复杂性。对于臣民而言，从造就其人性的弯曲木头和根本恶中也许是可以产生出好的结果的，在他们身上可以看得出来康德所惯用的那种辩证思想。但对于需要先行达到道德完善的统治者来说，情况就不同了；根本恶作为其人性中的倾向确确实实就是其成为道德的政治家的一个障碍。所以，统治者是否能成为

---

① Paul Guyer, “The crooked timber of mankind”, Amélie Oksenberg Rorty and James Schmidt (eds.), *Kant's Idea for a Universal History with a Cosmopolitan Aim*, p. 131.

② 《论永久和平》，8:366，第 372 页。

③ 所以，不能所有人都只遵循明智原则；作为统治者的人必须遵循道德法则，即便只是普遍法权原则意义上的道德法则。

④ Paul Guyer, “The crooked timber of mankind”, Amélie Oksenberg Rorty and James Schmidt (eds.), *Kant's Idea for a Universal History with a Cosmopolitan Aim*, p. 131.

⑤ 同上书，第 133 页。

道德的是无法得到保障的。但是,尽管如此,人也毕竟具有自身从恶向善的能力。在历史的辩证发展进程中,人们的道德品质毕竟是不断进步的,并且也总会有少数人率先自觉自愿地服从至少是法权原则。所以,康德即便说过正义的和具有善良意志的元首是最困难的事情,但这并不意味着他否认这样的人在现实中产生出来的可能性,也并不意味着他要否定政治共同体的可实现性。盖耶尔基于上述分析得出,康德在《普遍历史》和《论永久和平》中并没有明显的立场变化。他是从这两个文本的宏观上的立场得出该结论的。

与盖耶尔不同,克莱恩戈尔德认为康德不同时期在历史观上的观点是有变化的。康德在 18 世纪 90 年代放弃了《普遍历史》中的如下观点:善良意志对于建立善的国家而言是必要的,人性的弯曲的木头的特点暗示了国家总是不完善的,公正国家或者政治共同体是没办法最终实现的。康德在 18 世纪 90 年代所持的观点是,公正的国家能够完全被实现,并且如果国家组织是公共的,人们的自私偏好实际上是能够相互抵消的,以至于看起来好像这些自私偏好可以最终被消除[①]。

而斯威特认为,康德的道德的政治家观念中有一个悖论:"康德好像一方面说理性的理想(the ideal of reason)是对于国家的国家而言的,即诸国家政府所服从的世界政府;另一方面他又指出,诸国家不会赞同这一点,因此我们最多只能希望诸国家的一个联盟,即明确其对和平的义务的诸国家的自愿联合体。"[②]在斯威特看来,这将会引出这样的结论:永久和平的建立已经要求人们达到其道德的完善性并联结成一个伦理的共同体。康德将律法的共同体或永久和平看作是伦理共同体和至善之实现的外部环境,但永久和平的实现却已经预先需要人们道德完善的完成状态。道德与政治的这种互为根据和循环会使其历史哲学陷入窘境。

笔者对《普遍历史》中的正义元首和《论永久和平》中的道德的政治家的理解类似于克莱恩戈尔德。康德在 18 世纪 80 年代还没有将合法则性和法权原则置于严格的道德视域,他在《奠基》和《实批》中反复强调,合乎法则并不等于出于法则,合乎义务并不等于出于义务,合乎法则的文字并不等于合乎法则的精神。只有出于义务和法则或者说按照法则的精神行事,才是真正道德的。道德讲究的是内在意念的纯粹性。而在《论永久和平》中,道德的政

① Pauline Kleingeld, "Kant's changing cosmopolitanism", Amélie Oksenberg Rorty and James Schmidt(eds.), *Kant's Idea for a Universal History with a Cosmopolitan Aim*, p. 180.

② Kristi E. Sweet, *Kant on Practical Life: From Duty to History*, New York: Cambridge University Press, 2013, p. 202.

治家的原则却“不管目的是什么样的目的”[①]。从善良意志和内在意念上的道德性的要求到对内在目的的不作要求，这就是康德前后时期关于统治者的观点上最重大的变化。笔者愿意相信，康德在其讨论永久和平的语境中始终是在法权层面上讨论道德的，而不是在内心动机纯粹性的层面上讨论道德。或者就像格尔哈特（Volker Gerhardt）所说的，“我们必须继续认识到政治相对于道德的独立性。如果政治领域明确和权力直接相联系，那么它就不能简单视为等同于道德领域”[②]。因而，一个道德的政治家是那种并非已经达到了道德的绝对完善性，但至少在外在行动上严格履行法权义务，从而愿意确保和平和律法的共同体的国家元首。斯威特没有区分“法权”意义上的道德和“德性”意义上的道德，才推出了政治和道德互为根据的悖论[③]。澄清了这一点，那么政治的共同体和伦理的共同体之间的手段和目的关系就仍然能够成立。

克莱恩戈尔德还指出，康德关于世界主义的理论也有所变化。世界主义的国际联盟的理念除了在《普遍历史》中首次出现外，还在第三批判（1790）、《俗语》（1793）、《学科之争》（1798）、《论永久和平》（1795）、《道德形而上学》（1797）等著作中出现过；相对于其历史论文中的思想，后来这些著作有很多重要的变化。在《普遍历史》第九个命题中，他将欧洲的经验性历史发展进程作为其历史目的论的重要见证，甚至认为欧洲“很可能有朝一日为所有其他大陆立法”[④]。但随着他对共和主义原则的深入分析，他逐渐放弃了早期的这种欧洲中心论，引入了世界主义法权的策略，并开始批判欧洲对其他大陆的剥削[⑤]。

康德历史哲学中世界主义理论的演变其实对应着他的两种系统观：内部诸要素具有等级性和发展性的系统与内部诸要素平等联结的系统[⑥]。从历

① 《论永久和平》，8：377，第382页。

② 〔德〕福尔克·格尔哈特：《哲学的弃权——论哲学和政治在现代的关系》，孙迎智译，洪涛主编：《复旦政治哲学评论》第7辑，第92页。

③ 康德在《道德形而上学》中区分了法权义务和德性义务，在《纯然理性界限内的宗教》中区分了作为现象的德性和作为本体的德性。他所说的道德的政治家是合乎法权原则的或合乎现象性德性的概念。因为法权义务或现象性德性不要求内在动机和目的的纯粹性，只要求外在行动的合法性，这样的道德是可以在历史进程中逐渐达成的。而本体性德性的完善需要在心灵中发动一场变革，需要内在目的的纯粹性，这也是伦理的共同体中必须具备的东西。此外，斯威特所纠结的那种“自愿”也不是本体性德性的独有特征，即便是在完成法权义务从而只具备现象性德性时，人们也是自愿自由的。参见《宗教》，6：47，第47页。

④ 《普遍历史》，8：29，第37页。

⑤ Pauline Kleingeld, “Kant's changing cosmopolitanism”, Amélie Oksenberg Rorty and James Schmidt(eds.), *Kant's Idea for a Universal History with a Cosmopolitan Aim*, p. 183.

⑥ 可参见本章第一节的图示。

史发展的过程本身来看，每个国家的法制状态有一个逐渐完善的时间进程，在这一进程中，其当下的状态与其先前各时期状态之间有程度差异。而受各种因素影响，诸国家之间、几个大陆之间的发展程度也会有所不同，这就可能造成力量的悬殊。而在一个理想的国际联盟或和平联盟中，各个国家之间是自由、平等、友善的关系。康德将这种试图终结一切战争的和平联盟区别于那种仅仅终结一次战争的和约，它就是一种"导向永久和平的**联盟制**理念"[①]。但即便这样的和平联盟的建立也是循序渐进的："其可行性（客观实在性）是可以展示的。因为如果幸运如此安排，让一个强大而且已受到启蒙的民族能够形成一个共和国（它在本性上必然倾向于永久和平），那么，这个共和国就为其他各国提供了一个联盟统一的中心，以便它们加入其中，并这样依照国际法权的理念来保障各国的自由状态，且通过更多的这类联合来逐渐地越来越扩展更远。"[②]在这里就有那种已经启蒙的民族相对于那些还未启蒙的民族的优越性。只是，康德在其后期的政治思想中不再认为，诸国家之间可以设想一种类似于人与人之间所能够具有的严格的立法权威；因为国家不像个人那样愿意服从公共的强制性法律，并由此形成一个把所有民族都包含在内的合众国或联合国。而取代这样一个世界共和国的积极理念的，"就只能是一个拒绝战争的、现存并且一直扩大着的联盟的**消极**替代物"[③]。

与《论永久和平》中的消极联盟不同的是，《普遍历史》中的国际联盟意味着诸国家的合法的外部国际关系。这种关系甚至是国家的内部完善的前提。康德在这里的态度是："在这个联盟里，每个国家，哪怕是最小的国家，都能够不指望自己的权力或者自己的法律判决，而是只指望这个大国际联盟（Foedus Amphictyonum，邻邦联盟），指望一种联合起来的权力，指望按照联合起来的意志的法律作出的裁决，来取得自己的安全和法权。"[④]"联合起来的权力"或"联合起来的意志"是通过各个国家被迫走出其无法状态而逐渐地达成的；这些国家进入一种合法的国际关系中，就像诸个体进入合法的国家机体一样。在这种合法的国际联盟中有共同的法律，因而它是类似于公民共同体的国家共同体（国家的国家）。普遍法权原则不仅适用于人与人之间，也适用于国家与国家之间。

康德在《普遍历史》时期对国家机体的理解比较理想化，而在《论永久和平》中，其态度更为"务实"，他看到了各个国家实际上无意于像个体那样顺从

---

① 《论永久和平》，8：356，第 361 页。

② 同上。

③ 《论永久和平》，8：357，第 362 页。

④ 《普遍历史》，8：24，第 31—32 页。

一种公共的强制性法律。“因为它们作为国家，内部已经有一种法权状态，因而不再需要他方的强制，来按照其法权概念将自己置于一种扩大了的法律状态之下。”[①]康德后来对国家之间普遍的强制性法律的悬搁是基于他对个体和国家之间差异的清醒认识。个体（特别是臣民）被描述为无意识地或不情愿地趋向一个合法的共同体，但国家需要自愿地和自由地进入一种和平联盟。在这种和平联盟中，国家自身的主导性远远超出于组成国家的个体的主导性；个体可以服从于一种外在的普遍法律的强制，但是国家却不容易这样做。所以，康德在1784年认为，国际联盟有一种联合起来的权力和意志以及建立在这上面的普遍法律，而这种观念在18世纪90年代显然被康德悬置起来了[②]。国家无意于服从一种外在的和公共的强制性法律，国家之间最多可以有一种和平联盟，但绝不会有一种公共的强制性法律。国家已经是联合起来的意志整体，它已经不具有个体意志的基本特征，因而也不可能像个体意志那样再联合起来共同地立法。如果非要使各国违心地进入一种强制性法则之下的世界秩序，就有可能导致“最可怕的专制，而在另一方面对自由来说更加危险”。这就“必然迫使各国进入这样一种状态，它虽然不是一个元首领导下的世界公民共同体，但却是遵从一种共同约定的**国际法权**来结成**联盟**的有法权状态”[③]。所以，在其1795年的《论永久和平》中，康德所说的国际法权应该不再是那种普遍法则之下并带有外在强制性特征的法权概念，而是各个国家自由自愿地相互约定下的法权概念。

康德只能保留国家与国家之间的有限的和消极的联盟，而无法保留它们之间的一种联合起来的意志和外在强制性立法。后者在他看来会导致最可

---

① 《论永久和平》，8:356，第361页。

② 克莱恩戈尔德指出，对康德在国际关系问题上的立场的标准解读是，康德赞成国家之间的自愿联盟，而将一个世界性的和具有强制性的联合国看作是危险的、不现实的，甚至是概念上不连贯的。这种解读在康德的文本和康德政治哲学的研究者的文本中占据统治地位。例如，罗尔斯与哈贝马斯在康德为一个自愿联盟做辩护是否合理的问题上有重大分歧，但他们的争论仍是以这种标准性解读为前提的。与这种标准性解读不同的是，克莱恩戈尔德提出了第三种解读思路：康德将一个自愿联盟和一个具有强制权力的世界联合国的理想联结起来了。标准性解读所导致的结果是，人们要么以为康德是赞成自愿联盟而拒斥联合国的，要么以为康德不赞同自愿联盟。相对于这种非此即彼的解读思路，克莱恩戈尔德的确提出了一种圆融的思路。他认为，康德并没有将国家的国家（联合国）当作是概念上有矛盾的，而是将自愿的国家联盟看做是不断趋近于一个联合国的理想并使之实现的前提。相对于克莱恩戈尔德的相容性解读思路，笔者更愿意相信康德在不同时期对待国家与国家关系的态度有所变化。见 Pauline Kleingeld, “Approaching perpetual peace: Kant's defense of a league of states and his ideal of a world federation”, *European Journal of Philosophy*, 2004 (3), pp. 304 - 325。

③ 《俗语》，8:311，第315页。

怕的专制。我们可以设想在这种世界范围的专制状态中，某个超级大国的领导同时充当着其他国家和人民的元首，其权力已经到了无以复加的地步，不可能有任何东西可以制衡它。这就是霸权。人们进入社会并组建成国家本来是为了实现其自由的，如果其结果竟是受制于最可怕的专制和最专制的元首，那么自由又从何谈起呢？人们在其自身国家内部需要一个主人，但在世界范围内却不需要。可以说，康德在其思想后期逐渐放弃了那种普遍的强制性法律之下的世界主义的公民联合体或者世界共和国的积极理念。这也是由于，道德的政治家毕竟是国家的统治者，不是国际联盟的具有强制性的统治者。国家内部和谐秩序的实现依赖于这种道德的政治家，他们同时有助于实现国家之间的自由自愿的联盟。换句话说，人们虽然无法接受一种世界主义的统治者，但至少可以设想各个国家具有道德的政治家，并基于此形成诸国家之间的国际联盟。那种普遍联合起来的意志在国家内部是可实现的，但在世界范围内是很难的[①]。

因此，世界公民概念不同于基督教中上帝治下的伦理共同体中的公民概念。上帝对于人来说可以被设想为道德上全善的、从上至下进行规定的元首，这种关系是合理的。但现实中没有一个人是绝对善的，所以，没有哪个人或哪个国家有资格成为全世界的具有强制力的主宰者。

世界主义（德文 der Kosmopolitismus，英文 cosmopolitanism）源自希腊词 *kosmopolitês*（"citizen of the world"），其含义是，所有人，无论其政治归属究竟是什么，都应当是一个唯一共同体的公民成员[②]。但希腊文化中，特别是柏拉图和亚里士多德的政治哲学中并不具有这种世界主义思想，而是强调城邦之间的政治独立性。古希腊的各个城邦之间最多具有的是文化上的亲缘关系，但这还不足以构成一种世界主义图景，更不会产生一种世界公民观念。而出自希腊自然哲学的那种逻各斯精神则强调宇宙万物的大一统的普遍性观念，而不仅仅是人类社会的世界性。后来斯多亚学派将人类看作是服从于世界理性的一个物种，人就是一种世界公民；这种思想是对自然哲学中逻各斯精神和苏格拉底开创的形而上学的人性研究的一种调和。到了中世纪基

① 需要注意的是，虽然国家和国际联盟的组织方式具有这种差异，但康德仍然是在一种世界主义视角下理解人与人之间的权利与义务概念的。这两者之间不存在矛盾。凯特琳·弗里克舒尔（Katrin Flikschuh）就曾指出："个人财产权的正当性和对随之而来的个人法权义务的解释，都是康德从一种世界主义视角中提出的，这一世界视角中包含由于不可避免地占据地球的一个地方而要求对这一地点具有权利的所有权利主体。"参见 Katrin Flikschuh, *Kant and Modern Political Philosophy*, Cambridge: Cambridge University Press, 2003, p. 179。

② 参见斯坦福哲学百科 https://plato.stanford.edu/entries/cosmopolitanism/。

督教哲学中，耶稣所宣扬的博爱精神浸透着一种上帝立法之下的人类共同体的思想倾向。由此，世界主义这一概念逐渐具有了人类的整体性和宇宙万物的整体性两种视域。在康德哲学中，这两种视域分别对应于其历史目的论和自然目的论两种系统性思想。

在其历史目的论中，历史进程中所有世代之人的经验性行动都落入一种普遍的和世界性的考察中。而对人类行动的这般世界性和整体性研究，被康德奠基于国际联盟、目的王国乃至上帝治下的伦理共同体等各种概念中。前者的系统性是发展着的世界性整体，后者的系统性是各要素之间平等联结的世界性整体。康德在其历史哲学、政治哲学、道德哲学乃至宗教哲学中所具有的这种世界性思想，继承了古代斯多亚学派和中世纪基督教对人类的大一统的研究视角。基督教哲学以上帝从上至下的立法将人类统摄在一个系统整体中，这种思想对康德《普遍历史》中的世界主义观念有深刻影响。康德在这时期还沉浸在这种理想的人类共同体视域中，还没有看到国家对于一个普遍法律的遵守的困难，更没有看到世界中所有个体对于一个唯一普遍法则的遵守的不可能性。康德历史哲学与现实经验的内在联系及其尘世性质，必然导致这种完美的世界公民思想无法一贯坚持下去。他在第六个命题中对那种具有善良意志的正义元首的要求，以及他在第七个命题中试图通过公共立法之下的国际联盟来走出这一"弯曲木头"的困境，这些都没办法获得理论的自洽。究其根本原因就在于，历史和政治都扎根于现实经验中，不像道德和宗教可以独立于经验之外。在这种情况下，以理想的元首或世界性的普遍法则来保证世界公民整体的整齐划一是不可能的。

所以，康德在后期不得不放弃国家对严格的公共立法的绝对服从，而是有限保留了国家的国际法权和个体的世界公民法权。这样的国际法权建立在自由国家的联盟制上，而世界公民法权建立在普遍友善的条件上。这是康德在永久和平的第二和第三条款中所表达的内容。无论是国家还是个体都被描述为自由自愿地进入国际联盟，强制性的法律只留在国家内部。国家法律对其内部成员的外在强制性与国际联盟对各个国家的限制被区别开来，后者不是一种从上至下的强制性立法，而是各个国家之间平等、自由的相互制衡。因为国际联盟毕竟不是一个更加庞大的国家；国家概念必须包含有上司（立法者）和下属（服从者）的关系，而国际联盟中不能有上司和下属。没有哪个国家有权凌驾于其他国家之上并成为它们的立法者。各民族、各国家之间必须是自由、平等关系。自由的联盟制就取代了所有国家对一种公共的强制性法律的服从，这个自由联盟是各个国家自愿进入的，这样做是为了防止它们之间的无法状态或战争状态，也是为了防止一种最可怕的世界范围内的专制。

个体首先是一个国家的成员，其次才是这一国际联盟中的世界公民。作为国家成员，他必须服从于这个国家的元首及其强制性法律；而作为世界公民，他却是自由和自愿的，其他国家的任何人都不能强迫他做他不愿意做的事情。康德将后面这种法权称为造访法权，“亦即由于共同拥有地球表面的法权而愿意交往”[①]。它表达的就是世界范围内所有人之间普遍友善的法权。自由的国际联盟中每个国家所具有的国际法权是一种进行战争的法权，这不是那种按照普遍有效的、限制个体自由的外在法律的法权，而是按照该国家自身准则用武力去决定一件事情的法权。所以，按照这种国际法权概念，国家并不愿意服从一种强制性法律，最多愿意进入一种“现存并且一直扩大着的联盟的**消极**替代物”[②]。

但需要注意的是，即便在这里，自愿进入联盟的世界公民或国家并不像斯威特所认为的那样，必须已经达到道德的完善性，甚至进入一种伦理共同体，它们只是在和平这件事情上达成了一致意见，以便遏制那种战争的法权。永久和平在康德这里仍然是一个可以无限趋近的理念。即便已经有了一种自由的国际联盟，战争“仍不断有爆发的危险”，这“与人父的道德理念形成极强烈的反差”[③]。上帝的道德诫命可以被设想为对于世界上全人类而言的普遍的和公共的立法，康德在其《普遍历史》论文中还对这种整齐划一的世界秩序充满期待。虽然他将这种秩序和普遍法则寄托于各个国家联合起来的权力和意志，而不是上帝的立法，但仍然继承了基督教中的具有严格秩序和较强意义上的世界主义图景。

而在其自然目的论中，整个自然界被看作是一个更大的系统整体，人类只是这一系统中最后的被创造者。对于康德来说，其历史哲学中世界主义概念最核心的意义在于历史发展的最后环节上的世界公民整体，不管这种整体是通过一种联合起来的意志和普遍立法达成的，还是通过各个国家自愿组成的。只有在这种普遍性和世界性意义上，历史才呈现为“普遍的世界历史”[④]。更进一步来说，甚至整个自然界的目的系统也建基于人类共同体的理念之上。康德不是将整个自然界中万物大一统的世界主义作为基础，从中推导出来人类社会和历史进程中的世界主义理念，而是以人类自身的政治的乃至道德的共同体理念为前提，建立自然界的更普遍的系统。

康德世界主义概念也得到了其他多位学者的讨论。对于不同时代的世

---

① 《论永久和平》，8:358，第 363 页。

② 《论永久和平》，8:357，第 362 页。

③ 《论永久和平》，8:357 - 358，第 362—363 页。

④ 《普遍历史》，8:29，第 36 页。

界主义观念，王建军在克莱恩戈尔德与埃里克·布朗(Eric Brown)所总结的政治的、道德的、经济的三种观念外，还提出了历史的、宗教的、文化的世界主义。而对于康德来说，世界主义主要是政治的、历史的和道德的三种(宗教的世界主义从属于道德的世界主义)，合目的性、永久和平、善是这三种世界主义思想的先验基础[①]。他将这三种理念看作是与经验世界密切结合的，因而不同于上帝、灵魂、自由的先验理念，因为世界主义毕竟是一种社会层面的共同体概念。舒远招将康德的世界主义理解为一种关怀人类整体福祉的博爱主义，其思想渊源是基督教的世界主义；但康德将其确立在理性主义基础上，并与世界公民概念联系在一起[②]。他主要是从1793年的《俗语》这一文本出发来分析的，在这里，康德明确将世界主义与普遍博爱等同起来，并在这种普遍博爱观点下讨论国际法权中理论和实践的关系。

如果政治意义上的共同体被看作是历史的最后目的，那么上帝治下的伦理共同体就是历史的终极目的；因为，只有在这种共同体中，人类的道德性也好，其配享的幸福也好，都被设想为完成了的。接下来这一节将讨论伦理共同体概念及其在历史中的实现问题。

第三节　上帝治下的伦理共同体作为历史的终极目的

笔者在讨论伦理共同体在历史中的实现问题之前，想要先区分两个容易混淆的概念：目的王国与伦理共同体，并澄清伦理共同体与至善、目的王国等理念的关系。伦理共同体与政治共同体的区分是清楚的。前者需要一个善良而正义的元首，以便对所有人立法并针对人们的德行分配其配享幸福的份额。但政治共同体中不容易找到这样的元首。上文已指出，康德在其后期历史哲学和政治哲学中不得不以道德的政治家取而代之。此外，政治共同体考察的是人的经验性行动或外在自由层面的问题，而伦理共同体主要考察的是人的内在意念之完善。但目的王国与伦理共同体一样，都以人的内在意念为研究对象，并且同样是一种系统整体概念。这就有必要对这两者进行特别的区分，由此才能进一步揭示伦理共同体在历史进程中的实现问题。

一、目的王国与伦理共同体

目的王国理念是康德1784年在《奠基》中提出的，它联系着定言命令式

① 王建军：《论康德对普世主义的理性奠基》，《广东社会科学》2012年第4期。
② 舒远招：《从世界公民概念看康德的普世主义思想》，《广东社会科学》2012年第4期。

的第三个变形公式[①]。康德在总结定言命令式的三个变形公式时指出，所有准则都应当具有一种普遍性形式、一种基于自在目的的质料以及对一切准则的一种完备规定。拥有这种行为准则的人是那种道德上绝对完善的世间存在者，只有这样的人其准则的形式才具有普遍性，其准则的质料（即目的）才能够符合于一种自在目的的最高限制条件。而对于第三点来说，目的王国理念要求的是这王国中所有人的所有准则都符合前两个条件，由此所有人联结成一个系统整体，亦即“意志体系的**全体性**”[②]。但这个理念不是直接地从前两种变形公式综合而来的，而是从自律的理念中推导出来的：“每一个理性存在者都必须通过自己的意志的一切准则而把自己视为普遍立法者，以便从这一观点出发来评价自己以及自己的行为；这样的理性存在者的概念就导向了一个依存于他的非常多产的概念，亦即**一个目的王国**的概念。”[③]

自律概念除了从纯粹理性到意志，亦即从上至下的抽象立法，还隐含着意志对理性的自下而上的自愿服从。自律的精髓就在于，理性存在者自愿地将自己意志的一切准则普遍化为法则，因而也就是通过自己的一切准则将自己视为普遍立法者[④]。而包含在这种准则中的目的就是一种合理性的目的，这种目的不仅针对自己的完善，也针对他人的幸福，从中可以得出人们之间互为目的和手段的系统联结。所以，真正说来，目的王国是从第一、第二个变形公式和自律原则中共同推导出来的：法则的普遍性要求来自第一个变形公式，人们互为目的和手段的关系来自第二个变形公式；自律概念将这两个方面统摄在自身之内。自律就是理性存在者自我立法并自我执法的概念。由

---

① 关于定言命令式的变形公式究竟有几个的问题，学界说法不一，从文本表面看来是四个：即自然变形公式（FULN）、人性变形公式（FHE）、自律变形公式（FA）、目的王国变形公式（FKE）；弗里克舒尔认为是三个，即去除自律之外的那三种变形公式，自律公式好像是在行文过程中插补进来的一个中间环节。延斯·蒂默曼（Jens Timmermann）认为，自律公式和目的王国公式是同一个，自律是目的王国中的概念。阿里森与伍德认为，第三个变形公式就是自律原则。笔者的观点是，自律这一原则实际上最完满地表达了道德法则的要求，即自愿地使自己的一切准则被普遍化为法则；这一原则被康德等同于定言命令式本身，而其他变形公式则是从定言命令式中衍生出来的。参见 Katrin Flikschuh, “Kant's kingdom of ends: metaphysical, not political”, *Kant's Groundwork of the Metaphysics of Morals: A Critical Guide*, edited by Jens Timmermann, New York: Cambridge University Press, 2009, p. 132; Jens Timmermann, *Kant's Groundwork of Metaphysics of Morals*, New York: Cambridge University Press, 2007, p. 102; Henry E. Allison, *Kant's Groundwork for the Metaphysics of Morals*, New York: Oxford University Press, 2011, p. 238; Allen Wood, *Kant's Ethical Thought*, New York: Cambridge University Press, 1999, pp. 162 - 163。

② 《奠基》，4:436，第 445 页。

③ 《奠基》，4:433，第 441 页。

④ 关于这一点的详细论述，参见刘凤娟：《从任性角度解读康德的自律思想》，《哲学与文化》2017 年第 8 期。

之推导出来的目的王国理念就是所有人在一个共同的普遍法则之下,按照交互目的和手段的方式系统联结的整体。它包含了作为自在目的的每一个理性存在者,也包含了他们为自己设定的那种合理性目的(即符合于自在目的的限制条件的诸目的)。

目的王国就意味着所有理性存在者在内在意念或目的上的系统整体概念,还没有涉及他们外在行动上的关系;并且这些目的都是合理性的,亦即出自纯粹理性的设定。由此也推出来,目的王国是一个单纯理智世界的概念,还未涉及其与感性世界的实际统一性问题。

仅仅通过人们内在意念和目的而形成的目的王国系统整体,可以被思考为上帝治下的单纯目的的系统整体,但这一理念还不能被当作是历史的终极目的,因为历史的终极目的关注的是自由的最终实现。只有当基于合理性目的的行动甚至行动的结果在现象界或历史进程中呈现出来时,自由才算是真正地被实现了。可以说,在目的王国中,所有成员都是在其内在动机上达到道德完善的理性存在者。但动机和目的的完善还不立即就等于外在行动乃至行动结果的完满,后者不仅需要有合理性目的作为其纯粹动机,更需要人自身的自然条件乃至外在自然界的配合。例如,我想要为某个贫困地区的孩子建一所校舍,这是一个纯粹的和道德的目的。但这个目的能不能实现,还取决于我是否有这个自然能力以及当地是否有适合于建造一所校舍的空间等各种外部因素。只有当我的内在道德意念与这些因素都满足的时候,我的那种基于道德动机的自由才算是真正实现了。

换个角度来看,仅仅某些个体达成了其道德完善还不行。康德指出,人与人之间是相互影响的,就像自然中各个物质实体之间具有普遍吸引和排斥关系一样,没有哪个人可以独善其身。只有当人类整体达到道德完善时,个体的道德品质才是恒久稳定的。而人类整体的道德完善与作为道德之合理结果的配享幸福之间的因果统一性,则是历史或整个自然目的系统的终极目的的最完满形态。这一目的也就是至善理念中所宣示的内容,康德在《宗教》中进一步将其表达在一个伦理共同体的理念中。目的王国只意味着所有人内在意念上的系统联结的整体,而伦理共同体在这种内在意念的系统联结之上,还要求其行动乃至行动结果的完满联结与实现。相对于前者,伦理共同体更能够保障个体道德完善和道德的永不退转。

所以,目的王国与伦理共同体的根本区别在于因果序列上。目的王国理念中有目的上的系统联结,但这种系统联结在因果序列上并不完备,这是一个单纯理智世界的概念。而伦理共同体除此之外还要求这些目的现实地在历史中展现出来,它就是人类从内在动机的道德性到外在行动的合法性，乃至行动的预期结果都得到完成的那种理念。只有伦理共同体或者至善才称得上是历史的终极目的。作为历史之终极目的的伦理共同体是理智世界与感性世界在历史中达到完满统一性的那种概念。这虽然也是一种理智概念，但不同于作为单纯理智世界的目的王国理念。人类真正要实现的不光是其内在意念的纯粹和完善，而且是在一种永久和平的政治氛围中，基于各自的善良意志而做出道德的行动，乃至由此而可能的人类整体福利。这才是真正意义上的世界主义，也是康德对基督教博爱精神最本真意义上的继承。

不过，需要注意的是，虽然目的王国只是人类内在意念上的系统联结概念，但其系统性结构对于理解伦理共同体的结构及其实现问题是有启发性的。目的王国中有两种理性存在者：成员和元首。成员是那种既在目的王国中普遍立法但自己也服从这些法则的存在者，他们是在内在意念上已经达到自律的存在者，因而其一切准则都适合于成为普遍法则。元首是那种作为立法者但并不服从另一个理性存在者的理性存在者，可以设想这就是作为普遍立法者的上帝。上帝可以对所有人立法，但他自己并不服从其他人所立的法。因为人立的法都是适合于人这样一种有限存在者的法则，但上帝不是有限的，而是神圣的、无限的。只有它才能将全人类把握为一个系统整体。因此，在这个王国中有两种关系：成员与成员之间互为目的和手段的因果关系，以及元首与成员之间立法和服从、整体和部分的关系。那么，在伦理共同体的实现问题上，人们同样要从这些角度来思考。

政治共同体来自人们在外在行动上的系统联结，而行动是可以通过一种外在的普遍法则来强制的。所以，政治共同体的发展完善需要统治者从上至下的立法来维护。但伦理共同体的实现首要地在于人的内在意念的完善，然后才是其行动的完善。接下来笔者首先阐明内在意念的完善的具体内涵；其次揭示耶稣理念对人的内在意念的影响，因而在人的道德进步中的榜样作用；最后分析上帝理念对于整个伦理共同体的实现的意义。

二、伦理共同体的实现关键在于人们内在意念的转变

对于伦理共同体的实现而言，政治共同体是一个必要非充分条件。康德在《宗教》中指出："没有政治的共同体作为基础，伦理的共同体就根本不能为人们所实现。"[①]秩序良好的政治共同体为伦理共同体中的内在德性的完善提供了必要的外部环境；可以设想，在一个人人都遵纪守法和相对和平的氛

① 《宗教》，6：94，第94页。

围中,人们更容易在内心也战胜恶的原则,从而达到内在意念的纯洁。这种思想也符合于其自然目的论中最后目的对于终极目的的那种价值:“这种惟有在其之下自然才能实现自己这个终极意图的形式条件,就是人们相互之间的关系中的法制状态……只有在这种状态中,自然素质的最大发展才可能进行。”[①]法制在康德看来是人类所创造的最优秀和最重要的文化形式,是人类为自己设定目的并为其自由目的将自然用作手段的适应性条件。只有在法制环境中,人们才能自由自主地设定各种目的,并为实现自己的目的将自身内的或者自身外的自然用作手段和工具。而人类自然禀赋的发展完善乃至其道德性的实现都体现在这种目的能力上。

道德性的实现就在于人们完全按照纯粹理性的要求来设定其内在意念中的目的,自然对于它的这种终极目的能够做到的就是提供一种秩序良好的法制环境。在这种良好的外部环境中,人们最终将有能力设定一切合理性目的乃至那种德福一致的终极目的(建立一个伦理共同体也包含在这种终极目的中)。所以,完善的法制状态或者政治共同体不是直接地促成了伦理共同体在历史和自然中的呈现,而是提供了一种有利于其实现的外部环境或形式条件。这也就意味着,人类道德性存在方式、伦理共同体、至善这些理念的最终实现还需要更根本、更充分和更直接的东西。

尽管伦理共同体相对于目的王国而言,还涵盖了人的内在意念与外在行动及其结果的一律性,但外在行动对于普遍法则的遵守不需要特别地说明,这在单纯政治或律法共同体层面已经得到讨论。当前需要特别加以研究同时也称得上最困难的问题是:人如何自愿地在其内心发动一场心灵革命,从而实现其意念的纯洁性或者以善的原则战胜恶的原则。在这一点上,目的王国和伦理共同体的诉求是一样的。笔者先来阐明内在意念上的心灵革命的含义。

在《宗教》中,康德花了很大篇幅来论述人在实现其道德完善时的心灵革命,以及在这种革命中人自身的主体能动性。在人性的自然素质中有向善的原初禀赋,但在这禀赋上也附着着趋恶的倾向。所以,人不是自然的恶人,而是像原初好的树曾经结出了坏果子一样,从善中堕落了。如果人生来自然地就是恶人,那么不仅人不需要为自己的恶负责,他也不可能自力更生地从恶走向善。康德将人的恶行看作是自己招致的。尽管他生来具有趋恶的倾向,但是否将恶的原则放入其内心,这是完全在他自己的掌控之中的。不仅如此,他同时也有能力让善的原则战胜其恶的原则,重新建立向善的禀赋的原

① 《判批》,5:432,第290页。

初力量。从人性的内在结构来看，每个人理论上都有能力弃善从恶，当然也都有能力弃恶从善。向善的原初力量的重建并不意味着获得一种已经丧失的善的动机；人们从来不会失去向善的禀赋和动机，他们只是经常将其置于恶的原则之下，或者说将其与其他动机混杂在一起。所以，在通常情况下，人们的动机是不纯的，甚至是颠倒的。

重建向善的禀赋的力量就是将善的动机重新置于其他动机之上，“以其全然的纯粹性，作为规定任性的自身**充足的**动机，而被纳入准则”[①]，而不是把其他动机作为条件来服从。人在内在动机上所做的这种翻转被康德称为一种心灵的转变，它不同于外在行动上的合法则性的实现。行动的合法则性在这里被叫做作为现象的德性，为此所需要的动机可以随意从什么地方取来。在这种意义上的德性是在历史中逐渐获得的，人们通过逐渐改造自己的行为方式，坚定自己的准则，从而由趋恶的倾向逐渐转向善的倾向。这里的善恶体现在行动上。除此之外，康德还提出了一种作为本体的道德[②]，满足作为现象的德性的人仅仅是律法上的善人，而不是道德上的善人；只有满足作为本体的道德，才算是道德上的善人。康德对这两种德性和两种善人的区分，对应于《圣经》中《旧约》与《新约》的两种不同的道德观。《旧约》宣扬了犹太教的律法精神，其中最为深刻的是摩西十诫，犹太人按照律法生活并由此界定道德。《新约》则体现了基督教的唯灵主义精神，强调内在心灵的纯净和信仰的虔诚。对康德来说，伦理共同体的实现关键在于人们在内在心灵中重建向善的禀赋的力量。而这一点就在于争取实现那种作为本体的道德。这需要心灵的转变，而不是外在行动上的逐渐改良。

康德进一步将心灵的转变描述为“人的意念中的一场**革命**”[③]。经历这种革命的人就好像被重新创造了一样，成为一种新人；康德这是重新解释了《约翰福音》中耶稣向所有人颁布的“你们必须重生”(《约翰福音》3:7)的道德诫命。这种重生不是从习俗的改善开始，而是从思维方式的转变开始。每个人在其内心中将善的原则作为自足的动机纳入准则时，所经历的就是思维方式的转变或心灵的革命。这是典型的以道德为基础的《圣经》诠释。戈登(Gordon)指出，当康德以“新人”“重生”这样的概念来描述道德变革时，他所感兴趣的不是对《圣经》文本确切含义的解读，而是人如何转变为更善的存在者的问题：“事实上，康德对《圣经》的引述充当了其进一步论证的替代物——

---

① 《宗教》，6:46，第47页。
② 《宗教》，6:47，第47页。
③ 《宗教》，6:47，第48页。

实际上是作为概念空缺时的一种形象的填充者……虽然《圣经》对于康德而言通常是对我们已经知道的东西的例证或提醒，但在从根本恶恢复为善的问题中，它是康德自己不能对之进行更直接地陈述或辩护的东西的必要替代品。”[①]康德从宗教视野中考察人类历史时，所关注的是人性在普遍历史中的主体性和能动性。宗教仅仅提供了历史的整体性和世界性框架。同样在普遍历史视野下的宗教观中，康德所关注的也不是宗教思想本身的价值，而是这些思想对于道德完善的意义。因此，就像戈登所言，康德即便使用了《圣经》中的故事结构和话语体系，也许这只是一种权宜之计。他是用人们熟悉的文本来例证自己的道德主题，毕竟重新创造一套话语体系和道德事例可能是吃力不讨好的。所以，在康德这里，《圣经》教义更像是其道德体系的一种辅助物。

正是在这种道德至上的立场上，康德能够宣称，“一个恶人的意念之转变为一个善人的意念，必须建立在按照道德法则对采纳其所有准则的最高内在根据所作出的改变之中，而这个新的根据（新的心灵）本身是不再改变了的”[②]。善人的意念中只能以对道德法则的敬重为动机并将之纳入其所有准则，并且由于其所有准则都包含这种动机，这就等于说其内在心灵得到了彻底的改变，不会再从善堕向恶。这同时也就意味着，人在经过一场心灵的革命之后，还需要持续不断地履行道德动机和行动才能算是一个善人，而不是说这场革命之后他就可以无所作为、一劳永逸地获得上帝的喜爱。康德指出：“就原则和思维方式而言，他就是一个能够接纳善的主体；但仅仅就不断地践履和转变而言才是一个善人。”[③]善人是一个在其所有准则中始终都将道德法则作为充足动机的人，而不是在某一次或者某些时候这样做就可以了。如果人们仅仅在有些时候能够做到动机纯粹，而大部分时候仍然将其他动机与道德动机相混杂，那么这个人算不上在思维方式上有根本改变，其内在心灵也称不上经历了一场革命。“革命”就是和其之前的人生彻底划清界限，因而类似于《圣经》中所说的“新人”，这个新人不能与旧人的行为方式有任何相同之处。所以，他在经历一场革命之后的任何时间里都要达成动机的纯粹性和坚定性，这也就是一种持续的进步。

---

① E. Gordon and Jr. Michalson, “Kant, the *Bible*, and the recovery from radical evil”, *Kant's Anatomy of Evil*, edited by Sharon Anderson-Gold and Pablo Muchnik, New York: Cambridge University Press, 2010, p. 58.

② 《宗教》，6:51，第 51 页。

③ 《宗教》，6:48，第 48 页。

康德进一步指出，经历一场心灵革命从而走上不断进步道路[1]的人，在上帝看来已经现实地是一个善人。而问题是心灵的革命只有那个知人心的上帝才能看得通透，每个人无法看出别人甚至也无法完全看透他自己内心中思维方式的彻底转变，人只能通过外部行动来考察道德进步。这样的道德进步只能呈现为现象性的，并且“只能被看作是一种向更善的永不间断的努力，从而也就只能被看作是对作为颠倒了的思维方式的趋恶倾向的逐渐改良”[2]。康德在这里表达了道德认知上的悲观态度。他一方面区分了现象的道德和本体的道德，也区分了外在行动的不断改良和内在心灵的彻底革命；另一方面却将本体道德和心灵革命看作像物自身那样不可知的对象。由此，道德的真正实现其实是无法被人获知的。既然心灵的革命是人无法确知的，那么从感官世界看，能够确定的就只是现象性道德的无限进步过程。伦理共同体的实现在一定程度上也依赖于这种不间断的道德进步。

从中可以推论出来的结论是：政治共同体与伦理共同体虽然是两种不同的概念，但都需要在普遍历史的全部时间进程中被逐渐趋进。换言之，它们是在同一个历史过程中被实现的。全部人类历史就是伦理共同体在现象中呈现出来的无限的道德进步过程。康德拒斥那种将终极目的的实现看作是在未来某个确切时间点完成的观点，即便是个体内在意念的革命也需要其思维方式转变之前的连续的道德提升和转变之后连续不断的道德践履。而在这种持续的道德完善过程中，影响人们内在意念并使其发动思维方式革命的是一种纯粹道德榜样的理念。

三、道德榜样在人类道德进步过程中的作用

那么，人类在这种无限的历史进程中是如何发展其道德品质的呢？康德虽然宣称，人无法像上帝那样确切知道所有人的内在准则、动机、目的，但人毕竟可以从外在行动中发现动机的微小迹象，这一点就连儿童也能做到。这就为其提供了一种向他人（特别是善良之人）学习的可能性：“通过援引善人们（就他们合乎法则而言）的**榜样**，让道德上的学习者从他们的行动的真实动机出发，去判断某些准则的不纯正性，可以无与伦比地培植这种向善的禀赋，并使它逐渐地转化为思维方式，以至**义务**纯粹为了自己本身开始在他们的心

---

① 要注意的是，这并不意味着人们在发生心灵革命或思维方式转变之前，其所做的努力就算不上道德进步；应该说每个人在其一生所有时间中，或者推而广之，人类在普遍历史的整个进程中，都处于不断的进步中。

② 《宗教》，6：48，第48页。

灵中获得明显的优势。”[①]这段话表明，人们的道德进步是从对自身动机的不纯正性的认识开始的，而这种认识来自与善人的榜样的对比。通过对比，人们发现自己的动机不纯，也就同时获得了从恶向善的无限进步的空间。所以，道德的进步需要善良之人的榜样引导。

早在《奠基》中，康德就提到榜样的这种至关重要的作用。“任何人，哪怕是最坏的恶棍，只要他在通常情况下习惯于运用理性，当我们向他举出心意正直、坚定地遵守善的准则、同情和普遍仁爱（为此还与利益和适意的巨大牺牲相结合）的榜样时，他都不会不期望自己也会这样思想。”[②]在这里，康德赋予榜样一种普遍的有效性。而到了《实批》中，榜样直接就成为纯粹实践理性的方法论的核心概念。康德将纯粹实践理性的方法论理解为，“我们如何能够做到使纯粹实践理性的法则进入人的内心和影响内心准则的方式，也就是能够使客观的实践理性也在主观上成为实践的那种方式”[③]。而“通过榜样来生动地描述道德意向时使人注意到意志的纯洁性”[④]，就是实践理性为引导人在主观上也具有纯粹动机而做的练习。因而，效仿榜样就是人类提升自己德行的必然方法，康德将这种榜样的力量和按照榜样的实行看作是实践的方法论。

现在的问题是，这种引导人向善的榜样是什么样的存在者？如果他只是外在于人们的某个现实存在者，那么道德进步过程中人们就总是还受到外在因素的影响，因而也必定是他律的，这与其自律精神是相悖的。康德严格区分开他律和自律。在道德进步的议题中，他不会仅仅将某种外在事物作为人类道德进步的重要引线。在基督教教义中，道所生成的耶稣作为外在于人类的绝对完善存在者，充当了人们道德进步的榜样。而耶稣在这种作用中实际上成为上帝和人之间的中介，人通过学习耶稣而在道德上逐步完善自己，从而获得上帝的喜悦。但康德所理解的榜样不只是某个或某些活生生的世间存在者，更是纯粹的理念。这种理念仅仅存在于人类理性之中。这就是绝对善良的人性的理念，或者就是圣人的理念。这样的圣人同样被康德类比于耶稣：“他不是被创造的事物，而是上帝的独生子；是‘道（生成！）’”[⑤]。他对世人的意义就在于：“这个人不仅自己履行所有的人类义务，同时也通过教诲和榜

① 《宗教》，6:48，第 49 页。
② 《奠基》，4:454，第 462 页。
③ 《实批》，5:151，第 205 页。
④ 《实批》，5:160，第 218 页。
⑤ 《宗教》，6:60，第 60 页。

样,在自己周围的尽可能大的范围里传播善。”[①]

人类历史进程中的道德进步不仅需要现实世界中各种经验性的道德榜样的示范作用,更需要纯粹理性之中道德榜样的完善性理念的引导,甚至后者的道德教化功能才是最根本性的。因为一个经验性的榜样能够影响人们的行为方式,但不足以改变人们的内在意念。内在意念的转变还是要依赖同样处在人们内心之中的纯粹道德榜样的理念。

康德指出,把我们自己提升到这样一种道德完善的程度,乃是理性所确立的普遍的人类义务;为此,理性甚至要求人们效仿这个存在者的理念;这个存在者因此也就成为一个榜样。但这样的榜样不在经验世界中,“每一个人都完全应当在自己身上,为这一理念提供一个榜样;这样做的原型总还只是蕴涵在理性之中;因为没有任何外部经验中的榜样适合它”[②]。也就是说,在康德哲学中,理性虽然要求人们以耶稣的形象为榜样,但这个存在者的理想不是存在于每个人外部,而是存在于其自身理性之中;每个人都应该自己成为像耶稣那样的完善存在者。这样一来,对耶稣的榜样力量的效仿和信仰就成为对自身理性实践能力的信赖,人类的道德进步也就能够成为有意识地自我驱动的[③],而不是由外在的上帝或耶稣驱动的。这是康德对《圣经》中救赎思想最彻底的改造。

《圣经》中救赎观念的一个基本原则就是以无罪之物代替人的原罪并接受惩罚,由此达到消除人的罪孽并使其得到拯救的结果,但具体的做法在《旧约》和《新约》中是不一样的。《旧约》中的救赎总体来看停留在外在的物质层面。以色列人(即古犹太人)出走埃及时,按照耶和华的告诫,每一户人家都要宰杀无残疾的羔羊,并将羔羊的血涂在自家门框、门楣上。《出埃及记》中记载:“这血要在你们所住的房屋上作记号,我一见这血,就越过你们去,我击杀埃及地头生的时候,灾殃必不临到你们身上灭你们。”(《出埃及记》12:13)这是最早的关于逾越节的记载。在这里,无残疾的羔羊代表清白无辜的事物,其鲜血成为免除耶和华降罪的符号。后来,摩西告诉以色列人将其传承下去,于是这就演变为犹太人一直所坚守的礼法。在《利未记》的赎罪日和替罪羊的记载中,羔羊直接就具有了代替世人受罪的意义:“两手按在羊头上,承认以色列人诸般的罪孽、过犯,就是他们一切的罪愆,把这罪都归在羊的头

① 《宗教》,6:61,第61页。

② 《宗教》,6:63,第62页。

③ 人在其内部纯粹榜样的影响下不断提升自我德行,甚至发动思维方式的革命,这都是有意识地进行的。而在政治共同体论题上,人们往往是无意识地被编织进大自然的隐秘计划之中的。

上……这羊要担当他们一切的罪孽，带到无人之地。”(《利未记》16:21－22)羔羊从作为免罪符号到作为替罪符号，《旧约》的赎罪思想虽然经历了这种演变，但其宗旨是不变的。这种思想只是转嫁罪责，不能从根本上消除罪责；而且，这是将无形的和根深蒂固的原罪转嫁给一种外在事物。不用多说，这种赎罪方式是很难有说服力的。直到《新约》中，确切地说是在耶稣的信仰权威建立起来的时候，赎罪观念才有了根本改观。

耶稣被称为神的羔羊，这种称谓延续了《旧约》中代罪羔羊的观念，因而“以无罪代替有罪”的思想也被延续下来。如果说这个世界上有哪个人可以被看作是清白无辜的，那只能是耶稣。《旧约》以无残疾的羔羊代替以色列人的罪孽，《新约》则以没有原罪的耶稣来代替所有世人受罪。救赎的对象得到了普遍的扩展，代罪的主体也转移到一个活生生的人身上。这样的救赎观念具有了更深广的影响力和说服力，至少，能够代替世人受罪的同样是一个人，而不是牲畜。但耶稣之所以能代替其他人的原罪，来自其存在方式的特殊性。

《圣经》中实际上存在着上帝创造人的两种方式。《创世记》描述了上帝创造亚当的过程：耶和华用地上的尘土造人，将生气吹到他鼻孔里，他就成了有灵的活人，名叫亚当(《创世记》2:7)。尘土可以被理解为一种质料，神赋予亚当的生气就是其灵魂，这可以被理解为形式。所以，亚当作为被创造者是质料和形式的统一体；这类似于后来康德对人的感性存在方式和理性存在方式双重立场的界定。我们可以将这种创造人的方式看作是“从有到有”。后来《新约》中描述上帝创造耶稣的方式是这样的：“道成了肉身，住在我们中间……律法本是藉着摩西传的，恩典和真理都是由耶稣基督来的。从来没有人看见神，只有在父怀里的独生子将他表明出来。”(《约翰福音》1:14－18)耶稣不是从代表质料的尘土、气血等物质性东西创生的，而是从与神同在的那种无形而抽象的道直接转化成了肉身。在肉身这方面，耶稣与其他人(亚当以及其后人)具有相似性。所以，耶稣也被看作是一个活生生的人。但耶稣身上的感性存在方式并不是一个实在的立场，而只是上帝之道的肉身性的容器。在耶稣身上的道与上帝原初的道是一样的，这符合基督教中关于三位一体思想的内涵。而人类身上的灵魂最多只能被看作是派生自上帝原初的道。所以，耶稣和普通人既相似又具有根本区别。耶稣的创生方式不再是“从有到有”，而是“从无到有”。耶稣是上帝将自己的道直接转化而成的有肉身的存在者。上帝将这个道成的肉身作为其在人间的代表，通过他的言行宣说自己的原初的道。这样，其原初之道就不再是抽象的了，而是普通人可以理解的。所以，耶稣构成了人与上帝之间的中介，人通过耶稣而理解上帝的诫命，也通过耶稣重新得到上帝的接纳。

当人类始祖还在伊甸园中时，人与上帝之间无需中介；但当人具有了原罪并被驱逐之后，他们就与上帝分属两个不同世界。在这种情况下，上帝就将自身的道转化为一个像人这样的存在者，让他在世间充当其代表。所以，耶稣虽然存在于人的世界中，但他毕竟是唯一一个没有原罪的人。由此，他就适合于赎去人类身上的罪孽，使人重新得到上帝的喜悦和拯救，因而也就充当了人与上帝之间的沟通桥梁。《圣经》中的代罪羔羊不仅是转嫁原罪的一种手段，更被升华为上帝拯救世人的一种恩典。在这种意义上，耶稣才被称为"神的羔羊"。

然而，耶稣的救赎意义不仅在于以其死亡替他人受罪，更在于以其死而复生坚定人们对上帝和灵魂不朽的信仰。赵林教授指出："耶稣通过受难和复活已经救赎了世人的罪过，成为灵魂获救的'初熟之果'，向世人昭示了灵魂获救的福音。"[①]耶稣的死而复生实际上是一个证明，向世人宣示死亡是不可怕的，因为其灵魂是永生的。这是对死亡的否定和扬弃，人们通过耶稣的这种自证就被引导着走向一种唯灵主义的信仰生活方式。这与犹太教的重生、重现世、重律法和政治王国的观念是具有本质区别的，从而也形成一种世界主义和博爱主义的宗教立场。可以这样设想：假如人的生命仅仅只有现世的不过百年时间，那么我还有什么动力去费尽心思完善自身道德呢？我只要按照律法要求去生活，并将自己的罪转嫁给牲畜就可以了，我不会特别地感觉到无法心安理得。但是，假如人的灵魂是不朽的，那么我会对这种转嫁罪责的思维方式产生疑虑：在现世生命中我以羔羊献祭给神，是否能够一劳永逸地使我的灵魂得到拯救？人们很容易发现，这是不可能的。另一方面，人们可以想到，既然我的灵魂生命是永恒的，那么我其实根本不需要将自己的原罪转嫁给羔羊或者其他什么人，我可以通过自身的道德进步有望自己获得上帝的喜悦和重新接纳。有了这样一层意义，信仰中的救赎和代罪羔羊思想就有了质的提升，耶稣通过其表面上的代罪行为建立起了一种精神救赎和自我救赎的新的信仰路径。

然而，即便《新约》相对于《旧约》而言已经传达出自我救赎的可能性，但毕竟还需要以外在的上帝和耶稣形象为引导或榜样，这种自我救赎还是不彻底的。康德沿着《新约》的这种路径继续发展出一种彻底的自我救赎观念。那种引人向善的作为纯粹榜样的耶稣，不存在于经验世界中，而存在于每个人的理念中。因为经验中不可能有任何纯粹的东西。对这一神圣形象的信

① 赵林：《西方文化概论》，北京：高等教育出版社，2008 年，第 133 页。

念就是对自身道德实践能力的自信。在康德的道德哲学中，人不仅在达到其绝对完善性程度的情况下是自律的，而且在其向着完善性发展的历史过程中也应当是自我引导的。康德将人类自身的理性能动性贯彻于其思想始终。所以，在康德看来，历史进程中引导人向善的榜样不能仅仅是经验中的活生生的人，更应该是内在于其理性的纯粹理念。

《圣经》中的耶稣形象由于其道成肉身的生成方式而适合于成为引人向善的榜样，这种思想在康德哲学中有全新的诠释。但他要完成对这一《圣经》经典形象的解读，就必须"把上面这一基督教的核心学说理性化，但是又不能丧失掉基督教思想的基本精神"[①]。康德认为，耶稣作为道德完善性的理想，这一概念在人类理性之中不是凭空产生的，而是来自道德法则的拟人化，这种拟人化就对应于道成肉身的学说。通过这种拟人化处理，耶稣就充当了使道德法则成为可能的第三者概念，康德将人类心灵中耶稣理念的纯粹榜样作用与其定言命令式的演绎联结在一起。他区分了神向世人颁布的抽象法则和人类理性对自身意志所颁布的仅仅适合于人类情境的定言命令式，其定言命令式的基本表达式是这样的：**"要只按照你同时能够愿意它成为一个普遍法则的那个准则去行动。"**[②]在这个命题中，"除了法则之外，所包含的只是准则符合这法则的必然性，而法则却不包含任何限制自己的条件，所以，所剩下的就只是一个一般而言的法则的普遍性"[③]。这个命题中隐含着一种一般而言的、无限的、抽象的法则，而准则对该法则的符合性所要求的是这种普遍性，而不是其抽象性。准则普遍化之后所得到的普遍法则不同于那种抽象的法则，前者只能适合于人类情境，后者就其不包含任何限制自己的条件而言是抽象的。这个法则在笔者看来类似于《圣经》中上帝原初的和抽象的道，而耶稣所宣讲出来的道相当于这个定言命令式。定言命令式要求每个人的行为准则都达到神的抽象法则的那种普遍性，因而这个命令式的命题本身就是神的抽象法则和人的具体准则之间的联结桥梁，或者就是该抽象法则在人类情境中的具体呈现形式。耶稣作为定言命令式的人格化理念也就成为神与人之间的中介。这样的理性存在者的概念就是《奠基》第三章所说的道德原则的第三者概念。

康德指出，道德原则（即定言命令式）是一种先天综合的实践命题，这一命题的可能性问题类似于先天综合的理论命题的可能性，也需要一个第三者

---

① 尚文华：《希望与绝对——康德宗教哲学研究的思想史意义》，南京：江苏人民出版社，2018年，第254页。

② 《奠基》，4：421，第428页。

③ 《奠基》，4：420－421，第428页。

概念。第三者概念在自身联结了先天综合命题的两个互不包含的概念。在定言命令式中,两个互不包含的概念就是抽象的普遍法则和人的具体准则。人的行动准则呈现的是其自由任性,而抽象法则相当于上帝原初的道,这两个概念之间不具有直接联系,第三者概念必须能够在这两个概念之间形成沟通的桥梁。耶稣身上的道与上帝原初的道具有同一性,此外,他像其他人一样具有任何具体行动的准则。所以,耶稣在自己身上联结了上帝原初的道和人的具体准则,就像定言命令式在其命题中联结了抽象的法则和具体准则一样。耶稣就是作为定言命令式的道德法则的人格化概念,亦即康德在《宗教》中明确指出的"善的原则的拟人化了的理念"[①]。善的原则就是道德法则或定言命令式,康德将其拟人化其实也就是对《圣经》中道成肉身思想的发展。只是在康德这里,不是上帝原初的诫命直接转化成一个道德上绝对完善的人格概念,而是适合于人类情境的道德法则被转化为一个人格。这样的道德法则实际上就是耶稣所宣讲出来的道。可以设想,耶稣作为人类在历史中道德进步的纯粹榜样,必然对人类具有立法的权威;而其立法的内容就是定言命令式的表达式的内容,即要只按照你同时能够愿意它成为一个普遍法则的那个准则去行动。这样的律令相对于上帝抽象的道当然算是具体的,上帝的道对于人而言实际上是空洞的,但耶稣对人宣讲出来的道是有具体内容的。而这种宣讲出来的道相对于每个人的行为准则而言又可以成为一个普遍的道德法则。

道德法则的第三者[②]概念解决的就是其可能性问题,而其可能性思考的

---

① 《宗教》,6:60,第 59 页。

② 国内外学术界关于这个第三者究竟是什么的问题存在大量的讨论,笔者在这里并不想详细展开这一问题,而只是提供几种代表性观点供读者参考。Allison 认为第三者是理知世界的理念;Guyer 认为它是积极的自由概念(即自律);Timmermann 则将其看作"我们不仅是感性世界的成员,而且是超感性的知性世界或理知世界的成员的思想"。国内学者中,舒远招将完美神圣的理性存在者的意志看作使定言命令式得以可能的第三者;胡好认为这个第三者是受感性欲望刺激的意志与纯粹意志的结合体;笔者的观点则是道德法则的拟人化理念,即耶稣,构成了其可能性的重要依据。参见 Henry E. Allison, *Kant's Theory of Freedom*, New York: Cambridge University Press, 1990, p. 215;Paul Guyer, "Problems with freedom: Kant's argument in Groundwork III and its subsequent emendations", Jens Timmermann (ed.), *Kant's Groundwork of the Metaphysics of Morals: A Critical Guide*, New York: Cambridge University Press, 2009, p. 182fn.; Paul Guyer, *Kant's Groundwork for the Metaphysics of Morals: A Reade's Guide*, London and New York: Continuum, 2007, p. 154;Jens Timmermann, "Reversal or retreat? Kant's deductions of freedom and morality", Andrews Reath and Jens Timmermann (eds.), *Kant's Critique of Practical Reason: A Critical Guide*, Cambridge: Cambridge University Press, 2010, p. 77;舒远招:《完美神圣的理性存在者的意志:定言命令之第三者》,《山东科技大学学报(社会科学版)》2012 年第 5 期;胡好:《康德定言命令式的演绎》,《道德与文明》2012 年第 2 期。

是这种宣讲出来的道如何能够规定人类意志的问题。这个问题不仅要从逻辑层面去分析，更要从人类历史的道德进步层面去全面理解；道德法则的拟人化或第三者概念包含隐秘的历史性视域和道德教化的内涵。道德法则是人类理性对其自身意志确立的法则，这法则的拟人化当然也是存在于其内部的理念，法则对其自身意志的规定就是这一拟人化理念对其意志的规定，亦即耶稣对人的规定。这种规定就对应于第二批判中的纯粹实践理性的方法论。无论是道德法则还是其拟人化概念，都不可能强制性地规定人的意志只能这样做、不能那样做。如果法则可以这样去规定，那么就会产生一个矛盾：一方面人的理性是自发地立法的，这是其自由的最高体现；另一方面其意志没有任何任意性，只能在理性的强制下行动，这又是不自由的表现，亦即意志没有反抗理性的强制性规定的自发能力。这样一来，同一个人就会既是自由的又是不自由的。所以，道德法则和耶稣理念绝不是强制性地规定意志的，而是意志自愿选择去遵守或者不遵守其律令。在这种情况下，耶稣对于人而言就只能是一种引导者，人们在耶稣的引导下自愿选择要不要按照其宣说出来的道行事。

因此，道德法则对人类意志的规定是通过人类意志以耶稣为榜样，并自愿按照其道德形象来行动而实现的。这是在历史进程之中逐渐完成的。上文在讨论人们内在意念上的心灵革命时已经指出，无论内在意念上是否已经发生思维方式的转变，人们能够确切认识的只是无止境的道德改良的过程。而当前这部分所讨论的作为纯粹榜样的耶稣概念，就是在这一道德改良过程中对人们发挥引导作用的。人类的道德进步是通过其理性中道德法则的拟人化而实现的。人的心灵革命虽然是无法确知的，并且不同于行动上的逐渐改良，但其内心仍需要受到耶稣这一榜样的持续影响，以便有朝一日成熟到足够发动这种革命。在《圣经》中，耶稣的“你们必须重生”的诫命，在康德哲学中转变为每个个体的理性对其自身意志的道德命令。每个人在对其自身内部耶稣榜样的效仿中打开了历史性的视域。这就是康德对《圣经》中道成肉身、自我救赎、灵魂不朽等观念的批判性继承和理性主义诠释。

伦理共同体的实现关键在于人们内在意念中思维方式的革命，而这种革命在现象界只能呈现为不断的道德改良。耶稣就是有关人类心灵革命和道德改良问题上的一种理性概念。这一问题被归结于人类依照其理性中的纯粹榜样（即耶稣理念）的道德提升，直至思维方式的彻底转变。这是每个个体应当通过其自身努力而做的事情。现在可以做一个小总结：在外在自由方面，一种道德的政治家是至关重要的，这种存在者以维护内部完善的国家法制和外部完善的国际联盟为使命；在内在自由方面，人们理性之中的耶稣理念是至关重要的，作为一种纯粹榜样和道德法则的拟人化概念，它可以影响人心，使人们处于不断的道德进步中并实现思维方式的革命。然而，人们仅仅在耶稣的影响下发动心灵革命还是不够的。伦理共同体毕竟是人类整体意义上内在自由（内在意念）和外在自由（外在行动）的统一性的完成，或者就是道德和幸福、自由和自然的统一性的完成。要使这种统一性实现出来，还需要一种更高层次的理念。

四、上帝理念与伦理共同体的最终实现

在一种道德改良过程中，人类逐渐走出其伦理的自然状态。伦理的自然状态不同于律法的自然状态，后者是人们在外部行动上的普遍对抗状态，而前者则是内在的无道德状态，即“一种存在于每个人心中的善的原则不断地受到恶的侵袭的状态。恶在每一个人身上，同时在其他每一个人身上都存在着，人们（如上所说）相互之间彼此败坏了道德禀赋”[①]。通过人们对自己内心中作为善的纯粹榜样的耶稣形象的模仿，善的原则能够最终战胜每个人心中的恶。但康德此外还强调，“即使每一个个别人的意志都是善的，但由于缺乏一种把他们联合起来的原则，他们就好像是恶的工具似的，由于他们不一致而远离善的共同目的，彼此为对方造成重新落入恶的统治手中的危险”[②]。他们应当趋向的共同目的就是康德所说的“人的族类对自己的义务”，即“促进作为共同的善的一种至善”[③]。这样的目的不是通过个体追求自己的道德完善就能实现的，“而是要求单个的人，为了这同一个目的联合成为一个整体，成为一个具有善良意念的人们的体系。只有在这个体系中，并且凭借这个体系的统一，道德上的至善才能实现”[④]。这个系统整体就是一种伦理的共同体概念。每个人通过对自身内部耶稣的理想形象的效仿和学习，有可能达成道德的进步和思维方式的转变。但如果他没有与其他人一起按照一个至善的目的联结成为系统整体，不仅至善的理念无法被实现，甚至就连其善良意志本身也有堕落的危险。个体道德的永不退转是通过共同体的普遍进步而得到保证的。对自身道德良善的信念与对共同体的至善的信念是统一在一起的。

康德在《奠基》中所提出的目的王国理念是人们仅仅在内在意念和目的上联结成的系统整体概念，就其只涉及人的内在意念和内在道德完善而言，

---

① 《宗教》，6:97，第97页。

② 同上。

③ 《宗教》，6:97，第98页。

④ 《宗教》，6:97－98，第98页。

它是通过每个人自己的善良意志和道德完善而建立起来的。目的王国的元首或共同立法者也只是着眼于人们内在意念上的系统联结。所以，康德也曾表达过这样的观点：道德为了自身起见不需要宗教。而在这里，道德、善良意志如果不在一种上帝治下的伦理共同体中被系统地思考，就会有被恶的原则统治的危险。这似乎是一种自相矛盾的论调。但仔细分析便可发现，那种只存在于内在意念中并只以内在动机的纯粹性为特质的道德，就其自身而言不仅是无法察知和评判的，更是空洞和难以维持的。因为道德完善毕竟是一种自由而善良的意志达成的，这种自由意志如果仅仅只是在内在动机和意念方面施展其自发性能力，就还算不上真正的自由。自由是一种因果性概念，内在动机的纯粹性只是涉及由这自由能力而可能的目的的合理性，而没有涉及这目的是否也通过道德的行动被实现出来。自由的完备因果序列应该包括自发的和理智的作用因、这理智原因所导致的合理性目的、按照这种目的原因而发出的道德行动、由这道德行动而达成的预期目的的实现这一系列内容。而个体的善良意志和内在道德性对于这种完备的自由的实现而言无疑是太狭义了。所以尽管康德的道德哲学以动机论著称，但这并不意味着他不关注自由的一系列其他要素。康德将配享幸福作为道德的结果，德福的因果一律性以及由此得到的至善理念才是与自由的完备序列相称的概念。

在他看来，真正完善的共同体应该是德福之间的完满配比在整个人类社会中得以实现的那种状态。但这就不是个体自身的努力能够达到的，个体在康德道德哲学中是“原子化的个人”[①]；他能够达成的极致是其自身内在道德的完善，而不是所有人配享幸福的全面实现。这就意味着，伦理共同体的实现除了那种至关重要的每个人的心灵革命和依照榜样的道德进步外，还需要所有人为着其整体福祉而联结起来一起努力，为此就需要一个“更高的道德存在者的理念。凭借这种存在者的普遍的活动，单个的人的自身不足的力量才联合起来，共同发挥作用”。这个更高的道德存在者充当了这个伦理共同体的共同立法者的角色，因为“如果一个伦理共同体要得以实现，那么，所有单个的人都必须服从一个公共的立法，而所有把这些人联结起来的法则，都必须能够被看作一个共同的立法者的诫命”[②]。但这个更高的道德存在者或公共立法者与律法共同体的统治者不同。后者代表的是人们在外在自由上

---

① 邓安庆：《康德意义上的伦理共同体为何不能达成？》，赵广明主编：《宗教与哲学》第七辑，北京：社会科学文献出版社，2018 年。

② 《宗教》，6：98，第 98 页。

联合起来的意志以及合法的外在强制，并旨在行动的合法则性。但伦理共同体中的所有法则旨在人的内在道德完善，并在此基础上促进道德和幸福的统一性，没有人能够外在地对他人之内在意念进行强制。所以能够在伦理共同体中充当共同立法者的必定不同于作为成员的每一个人。这个立法者对所有成员的规定必须同时被看作是人们的自我约束，同时，一切来自每个人自身的道德法则和内在强制也必须被看作是这个共同立法者的诫命。这个立法者就是上帝。这也是在人们完成其内在意念的革命之后，将其道德的永不退转寄托于上帝的一种做法[①]。

上帝在康德哲学中并不具有独断地强制约束每一个人的权威，如果这样的话，上帝的立法就成了类似于律法共同体的普遍法则的外在强制了。上帝及其对人类的普遍立法只是一种调节性的原则，是每个人对自身的道德立法被调节性地当作了上帝对他的强制性。毕竟，上帝是人类理性中的一种理念，不是外在于感官世界的一个超越的和客观的存在者。对上帝的信仰实际上就是对自身纯粹理性的普遍立法能力的信仰，就像对耶稣的信仰也是对自身道德实践能力的确信一样。在康德这里，信仰的背后是人类的自信。

但康德又是悲观的，他认为每个人都无法确切知道他人甚至自己最内在的准则。即便他按照道德法则的要求总是想着去促进他人幸福，由此也能在内在意念上设想一个人人为我、我为人人的道德世界；然而，他所理解的他人的幸福未必就是人家想要的：促进他人的幸福应当是我的义务和目的，“至于这些人愿意把什么算做他们的幸福，依然听凭他们自己去评判”[②]。如此一来，即便他人有心去促成，每个人自己配享的幸福也不一定能够被他人实现，因为他们之间心意不相通。这体现了人的能力的有限性。所以，伦理共同体的公共立法者（上帝）“也必须是一位知人心者，以便也能够透视每一个人意念中最内在的东西；并且就像在任何共同体中必须的那样，使每一个人得到他的行为所配享的东西”[③]。上帝在康德这里仍然被视作全知、全能、全善的存在者，他知道每个人最内在的动机和准则，因而也就能够使人在履行其自我责成的义务时精准地促成他人的幸福。由此，从整体上看，每个人基于其

---

① 目的王国的元首只着眼于人的内在意念上的完善和系统联结，就此而言，其效力没有超出道德。伦理共同体的立法者虽然也着眼于人的内在意念，但同时能够在人类整体范围内实现道德和幸福的完满配比，由此超出了道德，进入宗教领域。尤其是伦理共同体的实现需要在全部历史进程中对上帝的启示信仰，以及由这种启示信仰逐渐地迫近一种纯粹的信仰，这在单纯的道德哲学范围内是没办法施展的。参见刘凤娟：《康德的理性信仰史观研究》，《哲学与文化》2020年第8期。

② 《道德形而上学》，6：388，第401页。

③ 《宗教》，6：99，第100页。

道德完善都能被上帝公正地分配其想要的幸福，而这就是德福的因果一律性，或者就是至善的实现。康德在这里实际上也是延续了《旧约》和《新约》在人类共同体上的立场差异。《旧约》所描述的是一种规定人的外在行动的律法共同体，上帝作为立法者代表着一种"神权政治的**制度**"[1]；而《新约》中所建立的是一种因信得救的思想，每个人通过对耶稣的信仰从而坚定自己的道德进步的决心，也自觉遵守上帝的诫命。这诫命是针对人心而不是针对其行动的。只是，上帝在康德这里不再是外在于人类社会的超越存在者，而是内在于人类理性的纯粹理念，是被调节性地看作人类道德世界的公共立法者。

到此为止，笔者可以对伦理共同体的实现问题进行总结了。政治的或律法的共同体为历史的这一终极目的提供了实现的外部环境。每个人自身的道德法则的拟人化理念（耶稣）作为一种纯粹榜样，引导他产生心灵的革命或思维方式的转变，并处于不断的道德进步中。而人类理性中的上帝理念被调节性地看作是伦理共同体的公共立法者，它将所有具有善的意念的人联结成为整体，由此达成作为共同善的那种至善。对耶稣和上帝的信仰在康德这里不涉及独断的认识论，而是"理性在把对于理论知识来说难以达到的东西认其为真时的道德思维方式"[2]。康德明确说过，我们不得不假定上帝"只是为了表达出这个超越于我们的一切认识能力之上的存在者与我们的实践理性的客体的关系"[3]。人们必须首先在理论理性之中本身就具有上帝等概念，然后才能在实践的领域信其为真。这些概念在理论上辅助人们获得自然科学知识的系统统一性，而在实践上则促使人们去提升自身的道德，甚至也推动一种伦理共同体的实现。康德在这种实践的信仰中一方面批判地继承了《圣经》中的基本精神，另一方面又呈现了人自身的主体能动性。正是因为康德在其宗教思想中所宣扬的实际上是人的主体性精神，所以这也意味着：在他看来那种上帝治下的伦理共同体是能够通过人自身的努力而实现的，因而也是能够在全部历史中被实现的。

这里需要再次强调的是，无论是完善的政治共同体还是上帝治下的伦理共同体都是在全部历史进程中不断被实现着的，而不是在某个未来的最后时刻一蹴而就的[4]。这些实践性目的在历史中是始终作为概念存在着的，并作为引线导引着历史发展的方向，使之不断迫近其最终完成。这个完整的时间进程被设想为上帝隐秘计划的实施过程，因而普遍历史才被看作是合目的

---

① 《宗教》，6:99，第 100 页。

② 《判批》，5:457，第 333 页。

③ 《判批》，5:471，第 317 页。

④ 这一观点将在下一章的"历史的终结问题"这一节更详细地展开。

性的。

小　结

历史所趋向的实践性目的就是上述这两个方面:政治共同体、伦理共同体。这对应于自然目的论视角下自然界的最后目的和终极目的。完善的政治共同体在历史中的实现,一方面需要从大自然神秘意图的视角去调节性地考察,在这种视角中,个体甚至民族对大自然的意图都可能是无意识的;但另一方面其实现还在于一种公共正义的元首或道德的政治家对国家内部或外部秩序的自觉维护,并且,无论是政治共同体的概念本身还是其道德的政治家思想都必须在普遍法权原则的意义上来思考。伦理共同体则主要着眼于人类内在道德的发展完善。尽管人们也可以将其看作是大自然的终极意图,而且人类整体的道德完善和德福一致需要上帝的公共立法,但内在道德的完善是必须由每个个体自觉自愿地去完成的;这一点不同于在政治共同体的实现问题上大多数人对历史之目的的无意识性。

在笔者看来,历史的实践性目的的实现不是一个理论上的真假问题,而是一种实践上的真假问题。就像其道德宗教中的上帝理念是一种实践上被人们信其为真的对象,这本身是一种实践的思维方式。实践上信其为真的思维方式就在于,(例如)我相信一种政治的共同体和伦理的共同体总归是能够通过人类的不断努力被实现的。人们不能将其实现问题事先当作是经验性的和可证实的来预期,"而是只能在持续不断的进步中和向尘世可能的至善的迫近中……来期望这一实现,即为这一实现作好准备"[①]。单纯从理论的角度思考历史的实践性目的的实现问题,所得到的只是一种逻辑的可能性。也就是说,从逻辑上看,政治共同体和伦理共同体都是能够在自然和历史中实现的。假如说这两种共同体无法实现的话,历史理念本身就不能成立了。所以,在康德的哲学语境中,人们可以说历史的实践性目的在理论上是有实现的可能性的,在实践上也是能够切实推动历史进程的。如果非要证明它们在历史中是否能实现以及在什么时间点实现,那就超出康德的语境了。因为这两个共同体概念都是理性理念,它们像上帝、世界、灵魂理念一样不是认识的对象,只是思维的对象,更确切地说是一种实践的思维方式的对象。人们不能独断地说这些理念在历史中实现不了,也不能独断地说,这些理念的实

① 《宗教》,6:136,第138—139页。

现可以被理论所证实。

而其伦理共同体的实现问题必然涉及其宗教信仰观念。人们很容易发现：康德历史哲学的系统性建构已不单纯是历史领域内部的事情了，而是“涉及形上学、知识论、道德哲学、宗教哲学及法哲学”，并“居于几个主要领域交界之处”[①]。在这几个思想部门中间，道德是唯一具有独立性和自足性的。然而，换个视角看，政治共同体、伦理共同体，乃至在此基础上的宗教，都必须在普遍的人类历史和时间进程中被考察。因为在康德这里，即便是道德、宗教这样的思想门类也都具有其尘世根基。他始终是在对人类生存问题的研究视域中展开其哲学思考的。这决定了，即便是其形而上学思想也能够在历史中呈现出来，甚至其整个哲学体系都具有这种隐秘的历史性维度。

通过本章的全部论述可以看得出来，康德在批判地继承传统基督教思想框架的前提下，最大限度地贯彻了《普遍历史》命题三的精髓，即人完全从自身出发为自己带来幸福或者完善。正是在这一点上，其历史哲学的现实意义才得以呈现出来。尽管康德的哲学体系已经是“过去式”了，但其中对人在历史中的主体性的阐发仍是具有积极价值的。这主要体现在以下几个方面：首先，对于内部完善和外部完善的国家机体的建设与维护而言，康德所提出的道德的政治家概念在当下仍然具有启发性。具体而言，道德的政治家对内应该能够协调与每个领域民众的关系，使每一个人（包括他自己）在遵守普遍法权原则的同时，可以对等地享受应有的权利。在处理国家之间的外部关系时，道德的政治家应当秉持各个国家主权自由、平等、独立等原则，在友好协商的基础上相互合作与交流。简言之，道德的政治家就是能够合理地协调内部关系和外部关系的公共正义的元首。

其次，康德在其历史哲学中（尤其是在《论永久和平》中）还暗含着这样的思想：一个国家的民众即便不是所有人都应当意识到历史的宏观发展趋势，并自觉自愿地投身于其间，至少知识分子（尤其是哲学工作者）应当具有一种历史使命感和责任感，深刻理解自身所处的社会现实，洞察有关国计民生、社会发展的各种问题，积极思考对策、发表言论。

最后，康德在其历史哲学中也贯彻着其自律的哲学精神。一种完善的政治秩序或伦理秩序的确立需要的不仅仅是社会的辩证发展的整体趋势，更是每个个体的自觉努力。在当今社会，法制文化已经发展到相当成熟的高度，民众的教育和学识也提升到了空前的层次，越来越多的人意识到个体福祉之外的历史使命和社会责任，自然就有越来越多的人开始自觉地从更加理性

① 李明辉：《康德的“历史”概念》，《学灯》2008 年第 1 期（总第 5 期）。

的、更加长远的、更加全局性的视角来看待国家内部和外部面临的问题和挑战。每个人都应当积极参与到普遍历史中去，而不只是被社会发展的潮流无意识地推动着行进。相对于康德的时代，生活在当代的人们应当更加能够反思以往历史的发展状况，并从中归纳出一种合乎规律的历史趋势。我们也许不再需要康德的先验预设的理性法则，也不需要对人性做出抽象的设定，而是完全可以从过去经验中展望未来，但康德对完善的政治秩序和伦理秩序的诉求是具有普遍意义的。基于这样的客观背景，我们可以在政治、经济、教育、文化等各个领域有意识地强化人们对普遍历史的认知，以及对国家内部和国家之间各种问题的理性思考，总而言之就是加强个体在历史发展进程中的参与度和使命感。康德历史哲学中的实践性目的可以成为一种开放性的、启发性的思想，启迪着我们当下的生存方式。

如果说新冠肺炎大流行之前，人们还可以用各种借口将自身置于历史发展之事外，那么在这场全球性的疫情面前，没有任何一个人能够独善其身。所有人都应当意识到，人不仅需要对自己负责，更需要对他人负责。对于国家主体而言同样如此，对内向自己民众负责，对外向其他国家的民众负责。国与国之间需要更强烈的共克时艰的意识。这场疫情以极其惨烈的方式使人认识到人类命运的普遍交织，也使人认识到，每个个体都是历史的创造者和见证者。因此，要实现人类历史的美好的未来愿景，无他，自觉参与到历史中去、贡献自己的一份力就可以。康德历史哲学中对人的参与度的要求还是有限的，但其致思方向是准确的；尤其是他对历史的辩证发展观和实践性目的的揭示，即使在当下也是具有普适性的。笔者将在第七章详细展开康德历史哲学对构建中国历史哲学的意义，并揭示中西哲学中一些共通的历史思想要素。这在一定程度上也是对其现实意义的进一步阐发。

而在接下来这一章，笔者想要专门讨论一下康德历史哲学可能涉及的几个难题。虽然从体系建构上，到本章为止，康德历史哲学的思想全貌已初具规模，但其中仍然存在着一些不可忽视的问题需要得到专题性讨论。特别是，从上帝治下的伦理共同体的实现问题中，人们会联想到康德哲学中历史与宗教的关系问题、历史的终结问题，以及人类历史中的道德平等问题。对这些问题的阐明和讨论将有助于读者更好地理解其历史观，同时也是对其历史哲学体系建构的一种辅助。

第五章　康德历史哲学所关涉的几个问题

在当前这一章，笔者想要对康德历史哲学所关涉的一些问题进行阐明，并考察这些问题在其自身体系内部是否能够解决。在康德哲学中，普遍的世界历史具有一种隐秘的宗教背景；反过来，其纯然理性界限内的宗教观念也是在历史性视域中展开的。历史和宗教的内在联系不仅体现在这种宏观思想架构上，也体现在微观问题上。例如，历史的终极目的引出了历史的终结问题，康德将其历史终结论与宗教中的末日审判结合起来理解，并给予了全新阐释。而康德在历史终结问题上的立场，决定了他对待道德进步过程中人与人之间道德地位的复杂态度。在其《普遍历史》中，康德明确宣称，道德进步过程中不同世代人们之间是手段和目的的等级关系；但在其《奠基》中，道德法则所呈现的是人与人之间互为目的和手段的平等关系。这两者之间是否有矛盾呢？

第一节　历史与宗教的关系问题

康德在论述其历史观时除了将其与政治哲学、道德哲学相提并论，更将其放在宗教视野中进行考察。同时，康德对人类信仰观念也具有一种普遍的、历史性的描述。澄清历史与宗教的这种相互交融和内在联系对于建构其历史哲学的工作而言是必要的，这有助于揭示其历史哲学与其他思想部门的逻辑关系，也有助于呈现其普遍历史观和合目的性思维原则在宗教领域的运用。

一、宗教视野下的历史

事实上，康德哲学中遍布着各种作为思想背景的宗教观念。在其理论哲学中，上帝被当作为知识带来最大系统统一性的调节性理念。在道德哲学中，自我完善和促进他人幸福的德性义务背后隐约可见康德对《圣经》中博爱精神的批判性继承;而其善的原则的拟人化思想则对应着《圣经》中道成肉身的最基本教义。在其历史哲学中,普遍历史被看作是以神的隐秘计划(神意)为根据的合目的性进程;历史的开端被按照《创世记》中亚当被上帝驱逐出伊甸园的故事来设想;而历史的终极目的则被看作是上帝治下的伦理共同体在地上的建立。其人性中根本恶的概念对应于基督教的原罪思想;而人类在其自身理性中耶稣理念的纯粹榜样作用下的道德进步,也是对《新约》中自我救赎和精神救赎的彻底推进。在目的论中,甚至整个自然界的合目的性的等级系统整体,也被类比地理解为出自上帝的意图而被创造的。这些都表明宗教思想对康德的深刻影响。笔者在这部分首先揭示其宗教视野下的历史观。

《圣经》的叙事方式是将神话性质的历史揣测(包含历史的开端和结点)与人类的经验历史生活杂糅在一起。从这个视角出发,人类历史的整个过程就被呈现为,从始祖亚当被逐出伊甸园到人类重新被接纳进这天国乐园的漫长历程。这就为那种世界主义的历史观念提供了思想铺垫。凯利在其《多面的历史》一书中描述了中世纪时期的一种典型历史观:"这一新旧内容混杂的历史总结——'主题和依据是旧的,但编辑和编排则是新的'——代表了托马斯·阿奎那时代的学术状况。它'不仅根据圣经的顺序,而且也根据世俗历史的秩序'(secularium hystoriarum ordinem)进行编排,并且援用西塞罗、昆体良的惯例,承认真理和效用的一般作用。这种以古典价值和基督教价值为背景的世俗历史与神圣历史对立面的合成反映了关于刚刚逝去的和遥远的往昔的中世纪视野的结构和实质,一千多年以来这种结构和实质在很大程度上没有发生变化——从奥古斯丁时期到奥古斯丁信徒马丁·路德时期,只是在后一时期才出现了许多新的观点改变了昔日奥古斯丁的人类观和教育观。"[①]在康德那个时代所流行的世界主义历史观念,同样带有凯利所描述的这种"中世纪之镜"。

赫尔德以极其精细的笔触同时也是极其宏大的宇宙观,描述了世界有机体发展演化的历程;其自然观是目的论的,其历史观也是目的论的。自然演化的每个阶段都是大自然设计好了的,没有什么东西自身就是目的,直到人这里,人本身就是目的。"自然创造人的目的就是要创造一种理性的生命,人性就作为一种精神力量的体系而在不断发展着其自身,而它的充分发展则有待于未来。"[②]这种以人为目的的历史观和世界有机整体的目的论历史观对

① 〔美〕凯利:《多面的历史:从希罗多德到赫尔德的历史》,陈恒、宋立宏译,北京:生活·读书·新知三联书店,2003年,第184—185页。

② 〔英〕柯林武德:《历史的观念》,何兆武、张文杰、陈新译,北京:北京大学出版社,2010年,第91页。

康德具有深刻影响。他在这种宏大叙事的历史观基础上进一步提出了一种更为思辨化的“哲理的历史”，由此使历史成为思辨哲学考察的对象和人类理性立法的重要内容。

在康德那里，人一手执着自然目的系统的辩证发展，一手执着其自身的道德形而上学理想，这背后的支配性力量被设想为那个大自然或上帝。在这种神学背景下，究竟以什么样的视角和方法来描述人类历史的具体演进，这是可以见仁见智的，而这一点也是康德与赫尔德发生严重分歧的地方。在康德看来，赫尔德以其奔放的天才和浪漫的情怀所描述的宇宙图景是应当受到约束的，“哲学的关切更多地在于修剪茂密的嫩芽，而不是促进它们生长，但愿哲学不是通过暗示，而是通过确定的概念，不是通过猜想来的法则，而是通过观察来的法则，不是凭借一种无论是受形而上学还是受情感所激励的想象力，而是通过一种在设计时大胆铺开、在实施时小心谨慎的理性，来引导它完成自己的计划”[①]。康德与赫尔德的历史观都以大自然计划为背景，所不同的是，前者以理性的思辨思维后者则以想象力的浪漫思维来描述历史进程及其具体事实。甚至在黑格尔那里，哲学全书的思想维度也隐秘地包含着上帝的视角，绝对精神自我演化的每个阶段和人类历史发展的每个环节虽然都是概念式的思辨演进，然而从其整体来看，不难发现其背后的神学历史观框架。黑格尔全部哲学思想都是历史性的，这种历史性单从绝对精神的概念体系去理解未免过于晦涩和怪异，但从《圣经》的创世学说和历史观等角度去理解，就有迹可循。

即便到了20世纪，这种有着神学背景的历史哲学也依然不减其思想魅力。胡塞尔和海德格尔的学生卡尔·洛维特(Karl Löwith)就曾洞悉到：“‘历史哲学’这一术语表示以一个原则为导线，系统地理解世界历史，借助于这一原则，历史的事件和序列获得了关联，并且与一种终极意义联系起来。如果这样理解，则一切历史哲学都毫无例外地依赖于神学，即依赖于把历史看作救赎历史(Heilsgeschehen)的神学解释……现代的历史哲学发源自《圣经》中对某种践履的信仰，终结于末世论(eschatologischen)典范的世俗化。”[②]洛维特意味深长地指出，历史哲学对神学的依赖无非是想要赋予历史事件以超越现实的意义，这种历史意义不是在单纯历史事件中自明的，然而以终极意义来解释历史事件，历史又成为无意义的了。因为历史的终极意义毕竟是超出

---

① 《书评》,8:55,第61页。

② 〔德〕卡尔·洛维特:《世界历史与救赎历史:历史哲学的神学前提》,李秋零、田薇译,北京:生活·读书·新知三联书店,2002年,第4—5页。

人类认知的，这也许就是所有这类以神学为背景的普遍历史哲学的通病和困境。也正因为如此，虽然从中世纪以来诸多思想家都服膺于这种宏大叙事的历史建构，但同时也都试图在其抽象的框架内填补具体而鲜活的历史情节。赫尔德以其浪漫主义的精细笔触所描绘的宇宙图景是这种努力的著名尝试之一，康德在大自然隐秘计划的名目之下，将人性的自我驱动和欧洲的实际历史变迁作为历史哲学的主要内容。这些都体现了历史对于神学的那种牵扯不断又纠缠不清的依赖性。

作为一个启蒙思想家，康德虽然在其历史哲学构思中也借用了这种宏大的神学历史观框架，但却同时反复地强调，大自然的隐秘计划、神意、上帝等概念绝不表明一种可以理论证明的具有客观实在性的存在者。这些概念只是人类理性为了理解普遍历史的系统性和合目的性进程所提出的调节性理念，在这种意义上所涉及的对上帝的信仰最多只是一种实践的思维方式。人们在实践上信其为真，这并不颠覆该上帝理念在理论上的不可知性和不可证明性。况且，实践上对自身理性中神的纯粹理念的依赖性，与其说是一种抽象的宗教信仰，不如说是道德上的自信和自律。而按照康德的哲学建筑术，一切哲学知识都以道德的终极目的为根据并联结成为系统整体；在这一视域中，神意作为合目的性的普遍历史理念的依据也获得了其合理性意义。康德历史哲学中的神意概念，与其第一批判中充当人类一切知识之系统统一性根据的上帝理念具有类似的作用，它带来了人类一切经验性行动的系统统一性。康德在其哲学中设置这些概念仅仅是要继承神学视角下的整体性世界观，而不是继承其关于神的客观实在性的独断论。

二、普遍历史视野下的宗教史

康德除了在宗教神学视野下建构其普遍历史的总体框架外，也思考历史进程中宗教信仰的合理性价值。笔者在这一节里想要着重论述的就是康德在其普遍历史视野下对宗教的诠释，这样的宗教呈现为一种纯然理性界限内的信仰观念史或宗教史。普遍历史理念将历史进程中一切人类活动都统摄在一个系统整体中，那么历史中人们各种信仰方式也应当能够被纳入这一历史整体之中，由此就形成一种合理性的信仰的历史。这种历史可以被看作是普遍历史的一个专门方面。普遍历史理念中的合目的性原则同样可以运用于宗教史的诠释中。在劳特里奇哲学指南系列中，帕斯特耐克（Lawrence R. Pasternack）撰写了关于康德宗教观的详细解读文本，他在这本指南中指出："康德将目的论运用于宗教史中。他想要使历史具有一种'统一性原则'（6：125），这种原则意味着将历史性信仰的'多种多样的、易变的形式'（6：124）联结在一个一元化的、合目的的叙事中”[①]。这种合目的性历史视野之下的宗教史，就是纯然理性界限内的宗教信仰的系统整体。

于是，在其历史与宗教的关系问题上必然存在着这样两种视角：宗教背景下的历史和历史视野下的宗教。前者揭示了康德历史哲学乃至从中世纪以来以神学解释历史的那种思维路径，所有这种历史观都可以宽泛地被纳入《圣经》诠释学的语境之中。而在其纯然理性界限内的宗教思想中，康德则秉承着其历史哲学中的普遍历史观念和合目的性思维方式。在其纯粹理性和道德基础上的宗教固然也是纯粹的，甚至具有实践意义上的实在性，但这种道德宗教并不与历史中的各种启示性信仰和质料性宗教完全相矛盾；或者说，康德并不完全否定历史中启示性信仰的价值和意义，而是将其统摄在纯粹信仰之下。这就像他以终极目的统摄历史进程中人类一切行动乃至全部自然现象那样。康德在认识论、伦理学、宗教学、历史哲学等多个思想领域，都以出自理性的纯粹概念形式统摄经验性的质料杂多。《宗教》这部著作一方面描述了从道德到宗教的必然性推论思路，另一方面揭示了：道德所导向的宗教实际上不仅仅是那种纯粹信仰，更是纯粹信仰之下的基督教信仰的全部发展史。人类信仰观念的变迁史或宗教史是其普遍历史中最重要的方面之一。其普遍历史理念和合目的性原则在宗教领域的运用就呈现为一种理性界限内的宗教史。在建构其历史哲学的工作中，其宗教史观的研究是不可忽略的重要环节。

但需要注意的是：为其历史哲学提供思想背景的宗教概念，不同于在其历史性视域中被纳入理性界限内的宗教概念。前者是历来被人们所信奉的基督教中的一般教义，如《圣经》中关于人类起源和人类历史的描述；后者则特指在康德的先验唯心论中被重构的宗教观念。康德将历史中启示性信仰或质料性的宗教纳入其纯然理性界限内的宗教史中，这是其宗教哲学中最具有包容性和调和性的思想。离开了历史和尘世根基，宗教对于道德的那种公设意义是无法完成的[②]。笔者重点要论述的就是康德的纯然理性界限内的宗教史，以及其历史性信仰与纯粹信仰的关系。

---

① Lawrence R. Pasternack, *Kant on Religion within the Boundaries of Mere Reason*, New York and Abingdon: Routledge, 2014, p. 196.

② 正如约维尔指出的，在单纯理论范围内，理性与启示的对峙是没办法解决的，只有将其放入历史中才行。康德在其《宗教》著作中专心致志地思考的就是历史哲学，他要将其理性的抽象性和先验性软化在历史中。在这一点上德斯普兰（Despland）也持相同意见。参见 Yirmiahu Yovel, *Kant and the Philosophy of History*, Princeton: Princeton University Press, 1980, pp. 212 - 213; Michel Despland, *Kant on History and Religion*, Montreal and London: McGill-Queen's Press, 1973, pp. 7 - 12。

本书反复提到康德在其《宗教》中的一个观点:道德为其自身之故绝不需要宗教,它借助于纯粹实践理性是自给自足的。在他看来,无论是为了认识义务还是为了驱动人们履行义务,道德的根据都只在人的纯粹理性之中,而不需要一个在先规定意志的目的概念。但换个角度说,从道德中必然产生一种目的结果,这个结果就是尘世上的至善理念。为使这种至善成为可能,“我们必须假定一个更高的、道德的、最圣洁的和全能的存在者,惟有这个存在者才能把至善的两种因素结合起来”①。康德由此得出一个著名的结论:道德不可避免地导致宗教。这里的宗教实际上就是一种纯然理性界限内的宗教史。

(一) 道德所导向的纯然理性界限内的宗教史

纯然理性界限内的宗教史是普遍历史视域下以纯粹信仰为目的和形式、以启示性信仰为手段和质料的信仰观念变迁史。但学界在康德如何看待启示性信仰及其与纯粹信仰的关系问题上存在争议。约维尔认为,“康德在理性宗教的名义下所表达的几乎每一个积极的观点都已经在他的伦理学中表达过了,《宗教》(1793)中的新意主要是对现有宗教的不妥协的攻击,并试图将它们从历史场景中消除”②。换言之,在他看来,启示性信仰由于与康德的道德哲学是不相容的,因而是完全消极的。这遭到费尔斯通(Chris L. Firestone)与雅克布斯(Nathan Jacobs)的反驳,他们将这种解读看作是“明显悲观的观点”③,并对康德的宗教哲学进行了辩护。帕斯特耐克对康德的《宗教》进行了逐段逐句的解读,其中分析了康德对《圣经》神学的重新诠释以及“对其神秘外衣的去魅”④。这在一定程度上也是对其启示性信仰观念的积极解读。庞思奋(Stephen R. Palmquist)将明智看作是康德启示性(历史性)信仰的限度,并指出,这种信仰并不是道德的核心,只是达到真正宗教的载体⑤。傅永军揭示了康德哲学释经原理下的启示性或规章性信仰的合理性。王淼麒指出了康德的理性宗教与启示宗教的区别,强调前者对后者的超越性。张会永认为启示宗教为理性宗教提供了必要的内容,但对二者的统一性没有展开论述⑥。

---

① 《宗教》,6:5,第6页。

② Yirmiahu Yovel, *Kant and the Philosophy of History*, p. 202.

③ Chris L. Firestone and Nathan Jacobs, *In Defense of Kant's Religion*, Bloomington: Indiana University Press, 2008, p. 4.

④ Lawrence R. Pasternack, *Kant on Religion within the Boundaries of Mere Reason*, pp. 187 - 188.

⑤ 庞思奋:《康德论历史信仰的明智状态》,《“实践智慧与全球化实践”国际学术研讨会》会议论文集,2012年11月。

⑥ 参见傅永军:《基督教信仰的理性诠释——康德“哲学释经原理批判”》,《武汉大学学报(人文科学版)》2012年第5期;张会永:《康德对传统宗教哲学的批判与继承》,《中国 (转下页)

综合来看，启示性信仰的积极意义已逐渐得到学界关注。康德的确曾对启示性信仰有强烈的批判，将其看作是道德上的无信仰，但他对启示性信仰也具有包容态度。笔者将突破学界仅就其具体思想和哲学立场而阐发其信仰观念的视域局限性，从纯粹理性的建筑术和先验逻辑的方法论高度，阐明纯粹信仰、启示性信仰的内涵以及二者的系统统一性。由此表明，他的纯然理性界限内的宗教不仅包含作为目的和形式的纯粹信仰，也包含作为手段和质料的启示性信仰。由此形成的就是理性的信仰观念史或宗教史。

康德在《纯批》中对纯粹知识有如此界定："我们在下面将把先天的知识理解为并非不依赖于这个那个经验、而是完全不依赖于任何经验所发生的知识"，而"先天知识中那些完全没有掺杂任何经验性的东西的知识则称为纯粹的"[①]。简言之，纯粹知识就是不仅完全不依赖于任何经验而且完全不掺杂任何经验性东西的知识。在康德这里，纯粹知识主要是指人们固有的知识能力中所产生的东西。这其中有那些虽然不依赖和不掺杂任何经验但毕竟必须运用于经验的形式性概念，例如纯粹知性范畴；也有那些不仅完全独立于经验而且甚至不再与经验具有直接关系的概念，例如纯粹理性理念。它们都是人类纯粹理性能力中的形式性知识。而在其宗教哲学中，纯粹信仰也应当在这种纯粹的和形式的知识的视域中被思考。

康德的纯粹信仰观念来自他对伦理共同体的建构。伦理共同体被称为一种教会，它不同于政治的或律法的共同体，后者必须由联合起来的人们自己充当立法者。伦理共同体的普遍立法者不能是处于外在的交互强制关系中的人们，而是上帝。但上帝不是借助于外在于每个个体的规章性法则强制性地将他们联结起来的，这样造成的就仍然是只涉及行动的合法则性的律法共同体，甚至如此这般的律法共同体中的上帝子民都会沦为仅仅他律的被强制者。一种出自上帝之手的律法共同体甚至还不如出自人手的律法共同体，后者至少还有人们交互强制意义上的自律。而康德在伦理共同体中所要实现的不仅仅是外在行动上的自律，更是内在意念上的自律。这只能由人类纯粹理性自身来完成。

纯粹信仰的根基就是人类的纯粹理性能力。人类理性不是像上帝理性那样根本无法设想与经验的任何实质联系的抽象能力，而是可以将其理智作用因的结果表现在现象界的能力。所以，基于纯粹信仰的伦理共同体不是由

(接上页)社会科学报》2016年3月8日；王焱麒：《康德论理性宗教对启示宗教的超越》，《中国社会科学报》2018年5月22日。

① 《纯批》，B3，第2页。

上帝直接统治人的内在意念的不可见的教会，而是由人所建立的可见的教会。康德在其伦理共同体的建构中，似乎采取了排除法：人们相互之间普遍制约的律法联结、上帝由上而下的外在的律法联结、上帝由上而下的内在的但不可见的道德联结，这三种建构方式都被否定了，唯一得到肯定的是“就人们所能实现的而言，在地上体现着上帝的（道德的）国的教会”[①]。这种教会是唯一的、纯粹的、不变的，并且是上帝的不可见的教会的人间代表。康德指出，“惟有**纯粹的宗教信仰**才是可以建立一个普遍教会的宗教信仰，因为它是一种可以告知每一个人使他确信的纯然的理性信仰”[②]。这种信仰之所以具有普遍性效力，是因为它所依赖的是“从每一个人自己的理性发展出来的内在法则”[③]。

伦理共同体的唯一性揭示了纯粹信仰的唯一性。康德在多处文本中强调，“只有**一种**（真正的）**宗教**”[④]。由于纯粹理性对一切时代和所有人而言都是唯一的和不变的理智能力，所以，出自理性的真正的宗教也只能有一种，这种宗教就是纯粹的理性信仰。真正的宗教信仰的唯一性也可以从上帝的道德立法中推论出来：“一种仅仅按照道德的法则来规定的上帝的意志的概念，使我们如同只能设想**一个**神一样，也只能设想一种宗教，这种宗教就是纯粹道德的。”[⑤]虽然这种道德立法的真正发源地是人类理性，但上帝的概念仍然是有必要的，为的是使人们能够设想基于该法则的一种至善目的或道德世界的实现。纯粹理性及其上帝概念的唯一性，与道德法则的唯一性、纯粹信仰的唯一性，是一以贯之的。

在康德这里，具有唯一性的纯粹信仰概念就是纯粹理性的和道德的信仰概念，它是可以先天地被认识的信仰的理性学说。而这种认识是在每个个体内部发生的：我们心中的上帝只有通过我们的知性和理性这些先天认识能力同我们自己对话才能认识[⑥]。康德颠覆了传统基督教中人与神的外在对立关系，而是将其纳入纯粹理性内部。通过这种自我认识而呈现的上帝概念及其道德立法，只是被调节性地设想为高于人类理性的，并非事实上被独断地认作立法的权威。

而就其唯一性和可被先天认识而言，这种纯粹信仰只能是形式上的宗

---

① 《宗教》，6:101，第102页。
② 《宗教》，6:103，第103页。
③ 《学科之争》，7:36，第32页。
④ 《宗教》，6:107，第108页。另参见《论永久和平》，8:367；《学科之争》，7:36等。
⑤ 《宗教》，6:104，第104页。
⑥ 《学科之争》，7:48，第44页。

教。康德认为,形式上的宗教"所表达的只是理性与神的**理念**的关系,这种理念是理性自己给自己制作的"[1],为的是使义务的承担和道德的强制对我们直观化[2],也就是使之能够被我们的知性和理性所认识和理解。由此,上帝的理念也就在我们的立法理性中强化了道德的动机。在康德这里,上帝实际上承担了强化道德动机和保证道德的合理结果的双重任务。而由于这样的神圣存在者并不是独立于人类的立法理性,纯粹信仰就是属于纯粹道德哲学的。

在纯粹道德哲学内部所建立起来的纯粹信仰或纯粹宗教,其思维方式必然具有不同于传统基督教思维的特质。康德在《判批》中指出,关于上帝实存及其普遍立法的纯粹信仰是属于信念的事情。信念不同于偶然的意见和可通过感性直观被认知的经验事实,而是纯粹实践理性在把理论理性无法认识的东西视之为真时的道德上的思维方式。康德的纯粹信仰观念乃至宗教哲学都是建立在纯粹实践理性,确切地说建立在纯粹道德哲学的基础上的。因为在理性的三个重要理念(即自由、灵魂、上帝)中,只有自由是可以在它的现象界的结果身上证明其客观实在性的。自由的理念由此就使灵魂和上帝理念与自然之间具有了某种调节性的和实践意义上的联结,同时也使"所有这三个概念相互之间联结为一个宗教成为可能"[3]。按照这种道德上的思维方式,人们有能力将上帝的理念乃至对上帝的纯粹信仰规定成一种纯粹知识,亦即仅仅在实践的意图中的纯粹知识。

与纯粹信仰不同,启示性信仰不属于纯粹知识,因而也不属于纯粹道德哲学。在康德这里,启示性信仰、历史性信仰、教会信仰,这几个概念是可以相提并论的。他指出:"**每一个教会的宪章都是从一种历史性的(启示)信仰出发的,这种信仰可以称之为教会信仰。**"而这种信仰是"仅仅建立在事实之上"的,并且"只能把它的影响扩展到信息与按照时间条件和地点条件判断它们的可信性的能力相联系所能达到的地方"[4]。这种建立在事实之上也受制于时空条件的信仰观念只能产生侍奉神灵的宗教概念,因为持有这种观念的人们并不把义务当作是原初地来自人类理性,而是将其独断地当作人对上帝的义务。上帝被看作是外在于人类理性的超越的普遍立法者,其法则因而不

---

① 《道德形而上学》,6:487,第 496 页。

② 这里的直观化不是指感性直观,而只是指一种抽象的理性知识能够被理性自身所设想和理解。所以,在这种意义上的认识也不同于理论认知,后者的对象必须在时空直观形式中被呈现出来,但理性的认识无需感性直观的参与,而是将其对象认作自由领域中的信念之事实。

③ 《判批》,5:474,第 337 页。

④ 《宗教》,6:102－103,第 103 页。

同于出自人类纯粹理性的道德法则。康德将上帝外在地对人发布的诫命和法则看作是规章性的。由于上帝及其规章性法则都是外在于人类理性的，人们不可能凭借自身的知性和理性对之进行认识，而只能凭借启示。而启示无论是通过《圣经》还是通过传统，都是历史性的和经验性的信仰，而不是纯粹理性的信仰。相对于纯粹信仰的唯一性、形式性、普遍性等特征，启示性信仰是特殊的、偶然的、经验性的、质料性的、历史性的、多种多样的。

当康德说"只有**一种**(真正的)**宗教**;但却可能有多种多样的**信仰**"[①]时，他的意思是，真正的宗教必须是纯粹理性的信仰，而历史中凭借启示来认识上帝及其立法的信仰是多样的。因为启示的方式不同，经验条件不同，会造成信仰方式和教会组织方式的不同。但康德所说的启示性信仰也是有一种统一的、规范的信仰。即便每一个教会的信仰方式都是从其特殊的启示中建立起来的，他们也都承认:"《圣经》作为把一切人联合在一个教会之中的最有价值的、现今在经过启蒙的地方是独一无二的工具，其威望构成了教会信仰"[②]。况且，仅仅凭借传统和古老的公共惯例、习俗，人们很难维持对启示中的上帝的规章性法则的崇敬，甚至也很难维持教会信仰。康德指出，历史中依赖于惯例和传统的信仰，在国家的毁灭中往往同时也被毁灭了，但没有哪一种依靠经书的信仰是能够被消除的。所以，教会信仰都应当以《圣经》为基础，"除了《圣经》之外，不存在教会信仰的任何一种规范"[③]。各种不同的教会信仰方式只是由于人们在对《圣经》的诠释和理解上有所区别。

这就顺理成章地得出另一个论点:在各种不同的教会信仰中，康德所关注的只是奠基于《圣经》的基督教信仰，而不是奠基于古老的仪式、惯例的犹太教信仰。他甚至不把犹太教看作是一种信仰，而只是一群人的联合，"这群人形成了一个服从纯然政治的法则的共同体，从而也就没有形成一个教会"[④]。犹太教在康德看来无非是一种政治信仰，即期盼建立一个独立国家的那种世俗信念。"由于如果没有对来世的信仰，任何宗教就都是不可思议的，所以，犹太教本身就其纯粹性而言，根本不包含任何宗教信仰"[⑤]。基督教的各种教会信仰虽然还不是纯粹信仰，但都以《圣经》为规范，并且都是为了趋向于一种伦理的共同体。教会信仰与纯粹信仰的分歧在于以《圣经》解释道德还是以道德解释《圣经》的问题上，而不在于要建立的是政治共同体还

---

① 《宗教》,6:107,第108页。
② 《宗教》,6:112,第113页。
③ 《宗教》,6:114,第115页。
④ 《宗教》,6:125,第128页。
⑤ 《宗教》,6:126,第128—129页。

是伦理共同体的问题上。由于犹太教甚至都不是一种对的伦理共同体的信仰,也就不能被包含在普遍的教会信仰的历史中。

启示性信仰真正说来就是把道德建立在对《圣经》的诠释之上的那种经验性信仰。而由于对《圣经》的诠释总是掌握在少数人手中,这种信仰看起来就是对人类理性的主体性地位的遮蔽,是使人们处于受监护状态的一种手段。并且由于这种道德的根据是外在于每个个体的纯粹理性的,要想达到使人向善的目的,启示性信仰就必须树立一种外在的榜样,使其在周围传播教诲和善的事迹,而这是"需要由奇迹来证实"[①]的。但对于一切启示性信仰来说,奇迹本身都缺乏真实性的证据。因为没有哪一个《圣经》的诠释者可以博学到能够将其中全部的道德内涵表达出来的程度,因而没有哪个人可以有绝对的权威去解释一切奇迹和奥秘。与此相反,纯粹信仰不需要外在的博学的诠释者对道德榜样进行解读,而是在纯粹理性内部建立起来一种道德榜样的理念。在纯粹信仰中,道德榜样不是经验性的,对其有效性进行证实的也不是某些博学的人,而是每个人的纯粹理性。

通过这种对比,康德揭示了启示性信仰在为人们建立一种道德上的伦理共同体的事业上的困难。他不无感慨地说道:"'若不看见神迹奇事,你们总是不信',那就暴露出道德上的无信仰的一种不可原谅的程度。"[②]这是将道德建立在《圣经》和权威之上的最根本症结所在。把道德建立在《圣经》之上的原初意图也许是好的,因为人们这样做是将《圣经》当作上帝的启示出来的言说,由此就是将道德奠基于上帝的外在权威之上。但这种启示乃至代表上帝向世人宣说其道德诫命的那个榜样(耶稣),就只能依赖奇迹和神秘的事情来引导人们,而奇迹本身无法从任何地方得到确证。

启示性信仰或教会信仰因此就局限于人的感性条件和经验生活,而很难达到真正的教会(即伦理共同体)所要求的绝对的普遍性。康德认为,"从教会信仰由以开始运用权威为自己说话、不关注通过纯粹的**宗教信仰**来校正自己的那个点上,也开始了教派的纷呈"。所以,历史中总是会有各种各样的教会信仰和教派。教派纷呈的现象总是"产生自教会信仰的一种错误:把它的规章(甚至神的启示)视为宗教的本质性的部分,从而把信仰事务中的经验主义强加给理性主义,并由此把仅仅偶然的东西冒充为就自身而言必然的"[③]。但是,偶然的和经验性的东西到处都是相互冲突的,有时是规章上的矛盾,有

---

① 《宗教》,6:129,第 132 页。

② 《宗教》,6:84,第 85 页。

③ 《学科之争》,7:51,第 48 页。

时是对规章的解释上的冲突。人们的确在历史中看到很多个《圣经》的版本，更看到太多关于《圣经》的诠释的差异甚至冲突。文本以及文本诠释的差异导致教派纷呈，而这些又都是来自人们感性生存方式和感性认识能力的有限性。康德在《学科之争》中将这种以规章冒充法则、以启示冒充理性认知的教会信仰看作是异教的混杂。因为神的理念仅仅存在于纯粹理性之中，想要靠经验、启示、奇迹来感受神的直接影响，"是一种自相矛盾的僭妄"[①]。

相对于纯粹信仰的唯一性和形式性意义，启示性信仰乃至其教派纷呈是杂多的和质料性的。康德在《道德形而上学》的结束语中指出，宗教的质料的东西包含特殊的、仅仅经验性地被人所认识的义务。这就是对被视为外在于人类理性的神圣存在者（上帝）的义务。《道德形而上学》主要论述了出自人类纯粹理性之普遍立法的各种义务，其中的德性义务必须同时被视为上帝的诫命。这样做并没有取消人类理性的立法权威，而只是使义务的承担对人直观化。在此意义上的宗教信仰是纯粹的并处于道德哲学内部。但那种将义务视为完全出自一个外在的神圣存在者的信念，就是各种教会信仰或启示性信仰的做法。由此得到的义务只能被视为宗教的质料，并且绝不能构成纯粹道德哲学的一个部分。康德在其多部著作中对纯粹信仰和启示性信仰的区分，其主要意图是为人类理性的立法权威做辩护，也由此为奠基于纯粹理性的真正的宗教信仰做辩护。由于纯粹信仰处于纯粹哲学内部，所以这也是为哲学做辩护。康德在《学科之争》中着墨最多的就是哲学与神学的争论，这种争论被聚焦于纯粹信仰和启示性信仰的冲突上。

但历史中伴随着奇迹的各种启示性信仰仍具有其存在的必要。人类信仰观念的变迁与其启蒙过程是同步的，在公众还未完全达到启蒙的成熟状态因而尚未能够完全基于其纯粹理性思考道德和信仰时，"由于一切人的自然需要，即对于最高的理性概念和根据总是要求**某种能够以感性方式把握的东西**，即任何一种经验证明以及诸如此类的东西"，"因而还必须利用某种历史性的教会信仰"[②]。依赖于可见的奇迹、启示来维持对上帝及其立法权威的信念，是人的理性不成熟的体现。但是，不论人们在理性上是否已经成熟，他们毕竟都始终处于道德的无止境的进步过程中，这种进步即便不是由纯粹理性直接地驱动的，也能够由建立在人的自然需要和感性生活方式之上的启示性信仰来维护。

康德对待启示性信仰的态度是复杂的，他一方面将其评价为"道德上的

① 《学科之争》，7：58，第55页。
② 《宗教》，6：109，第110页。

无信仰”甚至“异教”，另一方面又不得不承认其在历史中的存在的合理性。也正是从历史性维度上，康德揭示了启示性信仰与纯粹信仰相统一的可能性：纯粹信仰不能有一种普遍历史，“惟有对于教会信仰来说，我们才能通过按照它的各种不同的、变换不定的形式，把它与独一无二的、不变的、纯粹的宗教信仰进行比较，从而期望一种普遍的、历史的描述”[①]。这两种信仰的历史性的统一是对它们之间二律背反的合理的解决。

康德在其多个思想部门中都采纳了二律背反的分析模式，但其意图并不仅仅是列举出具有内在矛盾的两种立场，而是要解构这种矛盾并从第三条道路寻求其统一性。在纯粹信仰与启示性信仰的关系问题上，康德具有类似的思路。

信仰领域的二律背反源自这样的问题意识：人们是必须依靠自己的纯粹理性能力才能消除自身罪恶呢，还是依靠对提供救赎的福音的信念就能消除自己的罪？从而，人们是从一种道德上善的生活方式前进到对配得赦免和幸福的信仰，还是从对赦免其罪孽抱有信仰前进到一种善的生活方式？前一种路线的思想基础是植根于人的纯粹理性和道德哲学中的纯粹信仰，后一种路线的根基则是对外在于人类纯粹理性的神圣权威进行崇拜的启示性信仰。所以，该二律背反的正题立场就是：修德以待神恩，这种神恩的实质是人类理性的自我救赎；反题立场是：因信称义并配得神恩赐予的善的生活方式。这两种立场的根本分歧在于人的纯粹理性与其感性存在方式之间的矛盾。仅仅从纯粹理性出发看待救赎和神恩，那么人们就无法看到启示性信仰的合理价值；因为善的生活方式和对由此配得的神恩的信仰都是本体性的，甚至就是一回事。而仅仅从现象和感性来看，人们就只会信赖通过奇迹经验性地启示给他们的“神人合一者”（即一个生活在世间的活生生的耶稣）[②]。

康德所描述的这两种立场有深远的历史渊源。纯粹信仰和启示性信仰之争是早期基督教中奥古斯丁与贝拉基[③]之争的延续，也对应于近代的路德与伊拉斯谟之争。这场旷日持久的论战关注的是恩典与自由意志的关系乃至原罪的界定等。奥古斯丁-路德主义路线坚持因信称义和神恩的绝对权威，人即便有自由意志也没有能力靠自己消除罪孽并获得永福。奥古斯

---

① 《宗教》，6：124，第126页。

② 《宗教》，6：119，第121页。

③ 贝拉基（Pelagius，约360—约430）是古代基督教神学家，他认为人生来无罪，亚当个人犯罪与全人类无关，行善或作恶都取决于每个人的自由意志；人类行善也不是出于上帝恩宠，他们有足够能力避免犯罪。这种立场与奥古斯丁的思想针锋相对，他们之间有一场著名的争论。参见任继愈主编：《宗教词典》，上海：上海辞书出版社，2009年，第181页。

丁在其《论原罪与恩典》中指出，由于亚当犯了罪，众人也都犯了罪，“我们的整个本性无疑就被破坏了，落到了破坏者的手里。从他开始，没有一个人——真的，一个都没有——曾得到拯救，或正被拯救，或将得到拯救，除了籍着拯救者的恩典”[①]。人的本性受造于上帝，本来是善的，但人却让这种本性被玷污了，这是上帝谴责人的原因。人一旦堕落就绝对没有能力依靠自己重新变得完善，除非借助上帝对人的恩典（即耶稣）而获救，否则人类就永远生活在罪恶中。上帝爱他的独生子也爱世人，所以会赐予恩典给世人。奥古斯丁坚决认为，恩典不是按照人的功德给的，而是上帝出于其仁爱而给的。

意志无需上帝恩典就可以凭借其自身善行而得救，这是贝拉基的观念。贝拉基肯定了人的自由意志在其得救中的主导性。他认为，自由意志并不是只会选择作恶，也有能力自己选择行善，因而人有能力自己得救。这种自我救赎的根基在于，人始终是具有自由意志并有能力借此而行善的。但对于奥古斯丁来说，“上帝创造的人具有这样的自由意志，但是，一旦那种自由因为人从自由中堕落而丧失，自由意志就只能够由那个有权给予自由意志的上帝再次把它给予人”[②]。他们之间论战的焦点在于，人们应当将其自身的意志还是上帝的恩典当作救赎的主导力量？这场论战以奥古斯丁的胜利告终，贝拉基的追随者则被视为异端。

近代时期，路德在其《海德堡辩论》的28条论纲中表达了如下思想：自由意志徒负虚名，只会主动地作恶并由此犯下致死的罪，却不能主动地行善，只能依赖于基督的恩典被动地行善；那种相信尽自己所能就可获得恩典的，是罪上加罪。他继承了奥古斯丁在恩典教义中对耶稣的神圣权威的辩护立场：奥古斯丁认为“在恩典以外的自由意志，除了犯罪以外，不能做任何事”，路德相应地指出“除了作恶以外，它是不自由的”[③]。因为按照《约翰福音》中的启示，所有犯罪的意志，就是罪的奴仆。只有耶稣才能使人成为真正自由的。他们并不完全否定人的自由意志，而是否定人靠自己的自由意志向善的可能性，从而为耶稣的恩典留下足够的施展空间。自由意志是人堕入罪恶和承担罪责的主体，但不是向善的主体。所以，人为自己的罪恶负责，但上帝与其独生子则为人的改恶向善负责。人只能依靠对耶稣的恩典的信仰才能获得拯救，而不是依靠其自身的意志。

---

① 〔古罗马〕奥古斯丁：《论原罪与恩典》，周伟驰译，北京：商务印书馆，2012年，第331页。

② 〔古罗马〕奥古斯丁：《上帝之城》，庄陶、陈维振译，上海：复旦大学出版社，2011年，第251页。

③ 〔德〕路德：《路德文集》（第一卷），上海：上海三联书店，2005年，第36页。

与之相反，伊拉斯谟则认为，“人类意志的能力，足以使人从事导致或远离永恒救赎的事”，“没有自由意志，人就不需要为个人的恶行负责了”[①]。这种具有任意性的自由意志观点在康德哲学中得到了进一步阐发，并且他对恩典的态度较之伊拉斯谟更加激进。伊拉斯谟还将上帝作为一切事情的第一因，人的自由意志则是达到救恩的第二因。而从康德纯粹信仰立场出发，甚至耶稣的恩典也不能从外在于人类纯粹理性的角度被思考。可以说，康德将救赎、恩典、审判的主导权完全纳入了人类纯粹理性内部。自由精神不仅意味着绝对自发地立法和向善，甚至也包含彻底的自我拯救和自我审判。人类理性为其自由意志确立的道德法则不仅是行动时的最高原则，更是事后审判的最终依据。从一定程度上说，康德在其宗教哲学中的显性立场（即其纯粹信仰立场）就是贝拉基-伊拉斯谟主义路线的延续。这是其思想中极具革命性的论点。而他所批判的启示性信仰则是奥古斯丁-路德主义路线。

然而，康德在信仰思想上也具有包容性的一面。他指出，纯粹信仰与启示性信仰的二律背反只是表面上的，实质上它们之间并没有根本的对立。他从两个步骤提出了该矛盾的解决方案。首先这两种信仰都应该只从实践上来思考，而在实践上人们应当关心的只是，“什么在道德上是第一性的？即我们应该从哪里开始？是从对上帝为我们所做的事情的信仰开始，还是从我们为了配享这些事情（无论它存在于什么地方）而应该做的事情开始？此时，选择后者就是毫无疑问的了”[②]。康德指出，人们通常所理解的启示性信仰是那种从理论视角出发将只能在经验中启示给我们的东西当作真实的来信仰的立场，而人的纯粹理性能力由于不是什么经验现象也就不能被寄予自我救赎的重任。所以，这种启示性信仰的理论视角只能专注于人的感性生存方式而忽视其理性存在的价值。但信仰在康德这里绝不是理论认知的事情，而是实践的事情。在《纯批》中，他最著名的论断之一就是：“我不得不悬置知识，以便给信仰腾出位置。”[③]理论和信仰是不能混为一谈的。

仅仅从理论上坚持启示性信仰立场的人是完全错误的，而仅仅从实践上坚持纯粹信仰的人是不全面的。所以，康德指出，第一步，人们应当将启示性信仰中的经验性的、历史性的耶稣形象（神人合一者）及其奇迹恩典，放在实践视域中。第二步他们要做的事情是，将经验中启示出来的神圣存在者及其事迹看作是同一个实践理念的现象和客体。耶稣作为神圣存在者的理念是

---

① 〔德〕路德：《路德文集》（第二卷），上海：上海三联书店，2005年，第298页。

② 《宗教》，6：118，第119页。

③ 《纯批》，BXXX，第22页。

存在于人的纯粹理性之中的,对理性之中的耶稣理念的信念造成一种纯粹信仰,对经验中该理念的现象的信念则造成启示性信仰。康德指出:“在神人合一者的现象中,所包含的并不是他能够被感知、或者凭借经验认识的东西,而是我们加给神人合一者的那种蕴涵在我们的理性中的原型(因为就他的榜样可感知而言,可以根据那原型来判断他)。”[①]康德从实践的视角将经验性的耶稣榜样看作是理性之中耶稣理念(即原型)的载体或客体。在经验中启示出来的神恩乃至耶稣形象不是用来被认识和感知的,而是为了使人去设想其理性之中的耶稣的原型,并将该经验性现象与这种原型作比较。以这种方式,耶稣就只是在不同关系中被看待的同一个实践理念,其现象和原型具有同一性。

而耶稣的现象与其理念的统一性也暗示了启示性信仰与纯粹信仰的统一性。这种统一性在于,启示性信仰(即历史性信仰)毕竟可以被当作是纯粹信仰的手段和载体:“一种历史性的信仰作为引导性的手段,刺激了纯粹的宗教,但却是借助于这样的意识,即它仅仅是这样一种引导性手段。而历史性的信仰作为教会信仰包含着一种原则,即不断地迫近纯粹的宗教信仰,以便最终能够省去那种引导性的手段。”[②]这就意味着,纯粹宗教信仰在逻辑上必须先于启示性信仰或教会信仰,但在时间和历史上,“教会信仰在把人们改造为一个伦理的共同体方面,以自然的方式走在了纯粹宗教信仰的前面”[③]。纯粹信仰就是启示性信仰不断迫近的目的和理念,启示性信仰则是纯粹信仰的手段、载体、客体。它们之间是形式与质料的关系。从两种信仰的相容性和统一性来看,康德的立场又是温和的。

启示性信仰与纯粹信仰的统一性是在普遍历史中展开并实现的。按照这种统一性视域来理解的启示性信仰就具有了积极的意义,而纯粹信仰也获得了在历史中不断被迫近的实践上的客观实在性。康德由此将纯粹信仰看作是普遍历史中一切启示性信仰的最高目的和最高诠释者。以纯粹信仰来诠释启示性信仰就是按照道德来诠释《圣经》,而不是按照《圣经》来诠释道德。它们之间的统一性是以纯粹信仰统摄启示性信仰的方式达成的,这符合其先验逻辑的思维方式,同时也是其纯粹理性的建筑术的运用,由此获得的是合理的、合目的性的信仰观念史,或者就是纯然理性界限内的宗教史。

---

① 《宗教》,6:119,第121页。
② 《宗教》,6:115,第116页。
③ 《宗教》,6:106,第107页。

(二) 康德宗教史观的思想背景

康德在《宗教》中所表现出来的理性主义思维方式和宗教信仰观念,受到门德尔松的深刻影响。1783 年 8 月 16 日在写给门德尔松的一封信中,康德毫不掩饰他对门德尔松的赞赏:“弗里德兰登先生会告诉您,我是多么欣赏您在《耶路撒冷》中的洞察力、精妙和智慧。我将这本书看作是一场逐渐变得迫切的变革的宣言;这场变革不仅对于您自己的人民,而且对于其他民族来说,都是将要发生的。您设法将某种程度的自由思想结合在您的宗教中,人们几乎不会想到这种自由思想是可能的,并且也没有其他任何宗教可以夸耀这一点(自由)。您同时也彻底地和清楚地表明了,每种宗教必然具有不受限制的自由思想,以至于最终甚至教会也将不得不考虑如何使自己摆脱一切阻碍和压制人们良知的东西,人类将最终就宗教的本质观念而言被联合起来。因为一切使我们的良知负重的宗教主张都是基于历史的,也就是基于使良知偶然地依赖于对那些历史性主张的真理的信念。”[①]门德尔松的这本书可以被看作是他对当时德国犹太教信仰方式的变革,而康德则将一种逐渐变得迫切的宗教革命阐释在自己的哲学体系之中。

门德尔松被称为“犹太人的路德”“德国的苏格拉底”,他是德国著名的启蒙思想家。在雅可比(Jacobi)挑起的泛神论之争[②]中,门德尔松不仅极力论证莱辛不是一个斯宾诺莎主义者(即泛神论者),更推动这场争论使之成为启蒙与反启蒙、理性与信仰的思想论战。他强调大众和民族的启蒙,以及教化在启蒙中的作用。在门德尔松看来,教化和启蒙都不是个体在其自身内部独立地完成的,而是需要每个人将其个体价值融入共同体。人是在社会氛围和历史进程中不断提升自己的道德品质,并逐渐得到启蒙的。个体的发展是在共同体的发展中实现的,个体认同共同体,又被这个共同体所认同。作为一个启蒙思想家,他看到了自由、理性在宗教中的必然价值,并以一种发展着的眼光看待犹太教的信仰方式。在《耶路撒冷》一书中,他指出,犹太教中信仰

---

① Immanuel Kant, *Philosophical Correspondence 1759 - 99*, edited and translated by Arnulf Zweig, Chicago: The University of Chicago Press, 1967, pp. 107 - 108.

② 在 18 世纪,斯宾诺莎的思想被贴上无神论、宿命论等标签,并被排斥于德国思想界的边缘。而莱辛却宣称自己所信奉的是斯宾诺莎主义,这引起了整个德国思想界的震动。围绕莱辛的斯宾诺莎主义,雅可比和门德尔松展开了争论,后来更吸引了几乎所有重要的德国思想家的参与。这场争论就是泛神论之争,其实质则是理性与信仰在近代时期的一次直接的和激烈的碰撞。这场争论的积极的意义就在于影响了康德之后德国古典哲学的思想走向,甚至使得信仰问题成为理性哲学内部的事情,从而推动了近代理性神学的进一步发展。关于德国思想界这场泛神论之争的详情,可参见罗久:《泛神论之争中的理性与信仰问题——以雅可比的理性批判为中心》,《南昌大学学报(人文社会科学版)》2015 年第 3 期;黄毅:《康德、雅可比与泛神论之争》,《南昌大学学报(人文社会科学版)》2015 年第 1 期。

和理性没有冲突;“上帝不是通过神迹确证永恒的真理,神迹只对历史的信仰产生作用……我不相信人类理性的能力不足以证实永恒真理,不足以证实这一人类幸福必不可少的永恒真理,也不相信上帝必须用一种超自然的方式向人类揭示这一永恒真理。”[①]这种对犹太教的理性主义解读方式无疑是大胆而超前的,正是他的这种理性精神、自由精神和在整个社会共同体层面推进教化、实现启蒙的立场,对康德产生了极其深刻的影响。

康德对纯粹信仰的坚定态度以及对历史中启示性信仰的合理性解读,可以被看作是门德尔松对犹太教的理性主义解读思路的广泛运用;并且相对于后者,他还揭示了启示性信仰相对于纯粹信仰的积极意义。康德将历史中出现的各种教会信仰都看作是纯然理性界限内的,并且能够被统摄于一种纯粹道德宗教的理念之下[②]。从这个意义上说,宗教的历史同时就是道德教化和人类理性不断发展完善的历史。康德将纯粹信仰看作是具有普遍性的,但这不是一种抽象的和一蹴而就的普遍性,而是在宗教发展的历史整体中所呈现的。当以一种纯粹信仰的普遍性视角看待历史中一切启示性信仰时,它们就具有了合理性的价值。因为,启示性信仰尽管就其自身而言不具有绝对的价值,毕竟还是能够对纯粹道德宗教具有一种促进作用,因而也可以被纯粹理性统摄在一种宗教史的系统的思想整体中。这就是康德自己的宗教诠释学和《圣经》诠释学,也符合其先验逻辑的方法论。

康德基于理性主义立场并以一种宽容和自由的态度重新解释了历史中的各种信仰。他指出,之所以能够对历史性的信仰做出此般解读,是因为早在民众信仰产生之前很久,道德宗教的禀赋就已经蕴含在人的理性之中了:“即使一部经书被认作是上帝的启示,它作为这样一种启示的最高标准却是:‘《圣经》都是上帝所默示的,于教训、督责、使人归正等等,都是有益的’。而

---

① 〔德〕摩西·门德尔松:《耶路撒冷:论宗教权利与犹太教》,刘新利译,济南:山东大学出版社,2007年,第44页。

② 康德一方面说,只有一种宗教,但可以有各种各样的信仰,在这各种信仰中就包含犹太教信仰(《宗教》,6:108,第108页);但另一方面又说,犹太教信仰仅仅是规章性法则的总和,不包含任何宗教信仰,所以,也不应被包含在普遍的教会历史中(《宗教》,6:125-127,第127—130页)。康德之所以对犹太教有这种看似矛盾的评价,是因为犹太教本来就缺乏一种对来世的信仰,并且它只专注于政治共同体的建立,而无助于一种伦理共同体在地上的实现。可以这样理解康德对犹太教的态度:如果广义地理解信仰的话,犹太教也可以算是其中一种;但真正的和普遍的教会信仰的历史观念只涉及人们的道德进步和伦理共同体的实现问题,由此这一历史并不能够从犹太教信仰开始。在康德看来,基督教是从犹太教中突然地兴起的;它抛弃了犹太教,建立了崭新的原则和教义。笔者在本节所说的宗教史就是这种开始于基督教的普遍的教会历史,这一历史观念以纯粹信仰为最高的诠释原则,又将历史中各种启示性的教会信仰(从基督教起源的各种教会信仰)统摄在一个系统中。所以,道德导向的宗教是作为普遍教会历史的一个思想体系。

由于后者，即人在道德上的归正，构成了所有理性宗教的真正目的，所以，这种归正也包含着所有经书诠释的最高原则。”[①]康德对启示性信仰和《圣经》的理性主义诠释，就是对门德尔松启蒙思想和宗教观的深化与发扬[②]。他在历史与宗教的关系问题上，大大推进了当时德国的启蒙思潮。此外，康德将启示性信仰统摄于纯粹信仰的理念之下，将纯粹信仰归于纯粹道德，并从纯粹道德中引出人类德福一致的至善理念，这种思路也符合当今世界以人为本的观念。其宗教观不是为信仰而信仰，而是为人自身，为人的道德和幸福而信仰，其落脚点始终是人。因此，即便是跳出近代哲学的思想语境和时代背景，康德的道德自信和道德自律的精神仍是值得被重视的。

康德也像门德尔松一样强调教化在历史发展、道德进步中的意义。在他看来，“哲学的历史的有用的意图在于展示善的典型以及展示有教育意义的错误，同时也在于对理性从无知（而非原始的过失）到有知的自然进程的认识”[③]。世界历史的发展进程伴随着人类道德的进步，而道德的进步是以教化、宗教信仰为辅助的。在康德这里，宗教、历史、教化都以一种道德的终极目的为导向，而人类一切活动（包括认识、教化、信仰、道德进步等）也都在普遍历史进程中展开。康德的这种大融合的哲学观与历史观是德国古典哲学思维方式的典型特征，也正是在这种视域中，人们可以看到其普遍历史的宗教思想背景，以及其宗教哲学的历史哲学背景。

第二节 历史的终结问题

当我们谈论历史的终结时，我们究竟在说什么呢？关于这个问题，康德在《万物的终结》中做了专题性思考。在康德那里，自然界的终极目的就是人类历史的终极目的；同样，自然万物的终结问题同时就是全部人类历史的终结问题。康德哲学中历史与宗教的交融在历史的终结问题上表现的尤为明

---

① 《宗教》，6:112，第113页。

② 当然，康德也在某些根本性问题上对门德尔松保持着清醒的批判意识。在《俗语》中，他曾指出，门德尔松实际上并不认为人类整体能够由其人性自我驱动着由恶向善，毋宁说这种自我完善是一种幻觉。门德尔松更偏向于从个体自觉的主体能动性方面理解人的启蒙、教化，乃至整个社会的发展；而康德则既看重神意视角下的人类整体的道德进步（在这种视角下，个体对其类的完善往往是不自觉的），也看中个体自觉地对自由的维护和实现。参见《俗语》，8:308，第312页。

③ Immanuel Kant, *Notes and Fragments*, edited by Paul Guyer, translated by Curtis Bowman, Paul Guyer, and Frederick Rauscher, New York: Cambridge University Press, 2005, 18:12, p. 196.

显，他将历史的终结与宗教中的末日审判结合起来理解。在这一节，笔者要专门讨论一下康德在其哲学生涯的后期对历史终结问题的考察。

《万物的终结》是康德发表在《柏林月刊》1794年6月号上的一篇文章，包含正文和附释两部分。该文收录在学界通用的科学院版《康德全集》第8卷。中译本主要有四种：何兆武编译的《历史理性批判文集》（北京：商务印书馆，1990年）中的版本、李明辉编选并译注的《康德历史哲学论文集》（台北：联经出版事业公司，2002年）中的版本、李秋零编译的《康德著作全集》第八卷[①]（北京：中国人民大学出版社，2010年）中的版本、李秋零编选和译注的《康德历史哲学文集》（北京：中国人民大学出版社，2016年）中的版本。英译本主要有三种：昂克翻译并收录于贝克等人编辑的《康德论历史》中的版本（Robert E. Anchor, in Lewis White Beck, Emil Fackenheim, and Robert E. Anchor (eds.), *Kant on History*, New York: Bobbs-Merrill, 1963）、汉弗莱编译的《永久和平与其他论文》中的版本（Ted Humphrey, in Ted Humphrey (ed.), *Perpetual Peace and Other Essays*, Indianapolis: Hackett, 1983）、剑桥版《康德著作集》中由伍德和乔瓦尼编译的《宗教与理性神学》卷中的版本（Allen Wood, George Di Giovanni, *Religion and Rational Theology*, Cambridge: Cambridge University Press, 1996）。

学界目前关于这篇短文的评价和研究如下。伍德在其译者导言中指出，《万物的终结》是"以狡猾而苦涩的讽刺形式表达出来的"[②]，是康德用来与普鲁士宗教当局抗辩并维护其言论自由的作品。朱利亚·文图雷利（Giulia Venturelli）认为，康德关于万物的终结的观念虽是"有悖常情的"，但却能被看作是"全部伦理的和道德的哲学家反思的焦点"[③]。阿梅里克斯指出，《万物的终结》是一篇非常丰满、富有挑战性和多面性的作品，尽管如此，其中论点是符合康德批判哲学思想框架的，也符合他晚期对至善思想的重新构想[④]。彼得·芬维斯（Peter Fenves）对《万物的终结》的创作背景、写作风格及其遭遇等进行了描述，但对其思想内容并没有深入的解读[⑤]。赫尔穆特·霍兹

---

① 本书注释中所标注的《万物的终结》的中译文页码为李秋零编译的《康德著作全集》第八卷的页码。以下不再注明。

② Immanuel Kant, *Religion and Rational Theology*, translated and edited by Allen Wood and George Di Giovanni, Cambridge: Cambridge University Press, 1996, p. 219.

③ Giulia Venturelli, "The end of all things—morality and terror in the analysis of kantian sense of sublime", *Governare La PauraJournal of Interdisciplinary Studies*, 10(2013), p. 344.

④ Cf. Karl Ameriks, "Once again: the end of all things", Eric Watkins (ed.), *Kant on Persons and Agency*, New York: Cambridge University Press, 2018, pp. 213 - 230.

⑤ Peter Fenves, *Late Kant: Toward another Law of the Earth*, New York and London: Routledge, 2003, pp. 143 - 150.

(Helmut Holzhey)将《万物的终结》看作是“隶属于其宗教哲学语境”,并且在他看来,“康德在这篇短文中借助于道德上的理性存在者这一终极目的,使得道德哲学转化而成的基督教末世论成为可理解的”[1]。莱因哈特·赫尔佐格(Reinhart Herzog)对这篇文章也有精彩的分析,并且将其放在基督教末世论传统中加以把握[2]。乔瓦尼·潘诺(Giovanni Panno)认为,《万物的终结》可以被看作是解决无形教会的概念之产生的作品,但是它似乎并没有为时间的终结提供一种解决方案[3]。国内学界尚未充分关注《万物的终结》这一文本,知网上仅有一篇中山大学硕士学位论文,对该文进行了专门解读,其研究目的在于阐发该文本的历史哲学意义。该学位论文认为,康德侧重从共同体意义上思考末日审判[4]。

总体而言,学界对该文本的研究还处在介绍、摸索阶段,对其中的核心概念和问题以及它与康德有关历史、道德、宗教等方面的成熟思想的内在联系,还有待进一步辨析、澄清。尤其值得注意的是,康德在这篇短文中并非像潘诺所说的那样没有给出对“时间的终结”的解决方案,而是在现象与物自身的既区分又统一的复杂关系中,将时间及其中万物的终结理解为个体从时间向永恒的理智世界的过渡,以及借助这种过渡而成立的人类整体之至善在全部时间进程中的实现。这被称为自然的终结。在这种终结论中,时间的永恒绵延与理智世界灵魂的永恒存续并行不悖。

本节将在宗教和历史双重视域中展开论述,揭示康德在终结问题上对个体灵魂和人类整体的统一性思考。笔者首先澄清并区分时间意义上的永恒与非时间意义上的永恒,表明万物和历史的终结所处的问题域是从时间向非时间意义上的永恒的过渡;其次阐明康德预设万物的终结的缘由,揭示其思维方式的基本特征;最后笔者还将深入分析他在附释中对超自然的终结论和反自然的终结论的批判。通过这三部分的论述,笔者试图呈现康德独特的历史终结论点,以及该文本在康德历史观、时间观上的贡献,乃至它对康德批判早期思想的深化。

---

① Helmut Holzhey, “*Das Ende aller Dinge*: Immanuel Kant über apokalyptische Diskurse”, Helmut Olzhey, Georg Kohler (Hrsg.), *In Erwartung eines Endes*: *Apokalyptik und Geschichte*, Zürich: Pano Verlag, 2001, ss. 23, 25.

② Reinhart Herzog, “Vom Aufhören Darstellungsformen, menschlicher Dauer in Ende”, *Das Ende*: *Figuren einer Denkform*, München: Wilhelm Fink Verlag, 1996, s. 285.

③ Giovanni Panno, “The End of All Things and Kant's Revolution in Disposition”, Rafael V. Orden Jiménez, Robert Hanna, Robert Louden, Jacinto Rivera de Rosales and Nuria Sánchez Madrid (eds.), *Kant's Shorter Writings*: *Critical Paths Outside the Critiques*, Cambridge: Cambridge Scholars Publishing, 2016, pp. 132 – 153.

④ 孙海腾:《〈万物的终结〉的历史哲学意义》,广州:中山大学硕士学位论文,2017年。

在《万物的终结》中，康德从当时宗教语言对一个临死的人的流行说法中获得灵感，引出了**"从时间进入永恒"**[①]的话题。而当人们探究从时间到永恒(Ewigkeit/eternity)的过渡时，就会遭遇时间中一切经验事物的终结问题，这同时也是人类历史的终结问题。因此，对时间和永恒的关系的澄清将是正确理解万物终结乃至人类历史之终结问题的关键。康德在这篇文章中区分了两种永恒观念。

时间意义上的永恒指涉"无限绵延的时间"[②]本身。这种永恒是感官世界在时间上向前和向后无止境地延伸的观念，康德在1780年代对这种时间观念有较多论述。在《纯批》中，他指出，感官世界中的具体现象都是受时间限制的，因而都是有条件的。但这个世界本身"既不是有条件地，也不是以无条件的方式受限制的"[③]，而是可以无限地、永恒地伸展下去的，至于伸展到哪里是不确定的。笔者在第二章第三节等多处提到这种不确定性，这是理解康德的时间整体概念和普遍历史理念的核心要素，也是理解其历史终结论的重要线索。

在向过去回溯的方面，康德举例说："我们是否可以从现在活着的人通过他们祖先的序列而上溯至无限，还是只能说，不论我退回到多么远，永远也不会碰到一个经验性的根据来把这个序列看作以某处为边界的。"[④]他所持的是第二种观点。第一批判中的时间上的世界整体概念所包含的就是这种回溯意义上的完备性。而在这种完备整体中，回溯总是可以无限进行下去的，不会以任何方式被截停。康德将这种无限称为"无限性的真实的(先验的)概念"[⑤]，理性借此引导人们不间断地，亦即永恒地为每一个回溯到的现象继续寻求其时间上在先的条件。

在《普遍历史》中，康德指出了世界在向将来延伸方面的无限性或永恒性：每个人都将面临死亡，其类却是不死的[⑥]。普遍历史理念是指人类一切经验性行动的系统整体概念，"一切行动的系统联结就是一切时间段的系统联结，由此构成的是无限绵延的时间整体"[⑦]。历史无论是向人类过去世代回溯还是向将来世代延伸，都不能停止在某个确切时间点上。因此，绵延是不间断地、无止境地进行着的。这就是时间意义上的永恒的唯一可能的方

---

① 《万物的终结》，8:327，第330页。
② 《万物的终结》，8:327，第102页。
③ 《纯批》，A522/B550，第426页。
④ 《纯批》，A512/B540，第419页。
⑤ 《纯批》，A432/B460，第365页。
⑥ 《普遍历史》，8:20，第27页。
⑦ 刘凤娟：《康德时间观的三个维度》，《自然辩证法研究》2016年第9期。

式。单从这种意义上看，历史是无终结的。

《万物的终结》延续了这一立场："我们把绵延设想为**无限的**（设想为永恒）。"[1]时间和历史中的现象序列的无限绵延（永恒）毕竟是与时间有关的，这种绵延毋宁就是时间本身的无限延展。但时间之外的那种永恒就真的与时间不具可比性了。万物的终结问题正是在这种与时间不具可比性的永恒观念中产生的。这种永恒不再是感官世界中现象序列延展的无限性，而是一种完全陌生的无限性。康德指出，如果仅仅将永恒理解为无限绵延的时间，则"这种说法就会事实上没有说出任何东西来；因为这样的话，人就绝不会脱离时间，而只是一直从一段时间前进到另一段时间"[2]。在他看来，人们在宗教甚至日常语言中所说的"灵魂不朽""来世生活"，应当意指灵魂在时间和感官世界之外的持存性，而不是它在时间中不停地轮回转世的思想。时间意义上的永恒只适合于普遍历史理念，亦即人在时间进程中世世代代不停地绵延生息的观念[3]。而那种陌生的永恒观念"指的必须是虽然人不间断地持存却有**一切时间的终结**，但这种持存（人的存在作为量来看）毕竟也是作为一个完全无法与时间相比的量（duratio Noumenon）[作为本体的绵延]，对它来说，我们当然不能形成任何概念（除非是纯然否定的概念）"[4]。《万物的终结》中谈到的两种永恒概念，实际上就是现象界中时间绵延的无限性和本体界非时间性的无限性，这对应于他对现象和物自身的区分。

康德认为，在本体领域"不再有任何事情发生"[5]。非时间性的永恒观念的设定必然导致一切时间和时间中万物的终结。这种终结并不意味着时间和历史的戛然而止，而是说，现象界及其一切事物对于（例如）一个单纯灵魂来说好像完全成了另一个世界。甚至，只有从本体领域人们才能合理地思考现象界乃至人类历史的完成，这种完成被设想为至善之终极目的的实现或上帝治下的伦理共同体（道德世界）的实现。而单从现象中看，历史毋宁永不终结（即永不终止）；至善乃至伦理共同体也只能被无限迫近，而不能被看作是可达成的。所以，真正意义上的终结无非意指从时间向永恒（或者从现象界向本体界）的过渡，而这种过渡是发生在人类历史乃至自然界的全部时间进程中的。由此，终结就是需要在全部时间中完成的、由一切个体的过渡事件

① 《万物的终结》，8：334，第337页。
② 《万物的终结》，8：327，第330页。
③ 笔者曾认为，灵魂是像时间本身那样永恒持存的事物，并依此推出，康德的普遍历史理念就是用以替代灵魂理念的。现在看来，此论点是武断的。灵魂的不朽与历史的生生不息是两种不同的永恒观念，它们之间不是替代关系，而是相互补充和辅助的关系。
④ 《万物的终结》，8：327，第330页。
⑤ 《万物的终结》，8：328，第331页。

所形成的完备性过程。

这就好像说:一个人生下来就开始死亡,他每时每刻都在"死亡着"。生死本是一体两面,他的全部人生就是一个完整的死亡过程。与此相类比,世界一经创造就开始终结了;万物的终结对应于全部时间行程,并发生在每时每刻。每个个体的死亡都是全部终结过程中的一个终结事件,而能够将所有人乃至世界万物的终结通盘把握为一个完成了的整体的,只能是本体领域的上帝。

但终结本身毕竟还是发生在时间中的。康德将其终结观念与宗教的末日观念相联系:"我们的语言喜欢把最后的日子(结束一切时间的那个时刻)称为**末日**。因此,末日仍然属于时间;因为在这个日子还要**发生**某件事情。"[①]这件事情就是康德所说的从时间向永恒的过渡,或者就是临死之人在其生命最后时刻要面对的事情,亦即末日审判。他通过对时间与永恒的一体两面乃至过渡关系的论述,将话题转到道德审判上,万物的终结和人在本体领域的永恒持存都具有了道德的规定性。然而,康德为什么要预设这种终结呢?或者用他自己的语言,"人们**究竟**为什么在期待**世界的终结**呢"[②]?他在这种预设中的思维方式又是怎样的呢?

康德对该问题的直接回应是,"只是就世间的理性存在者合乎其存有的终极目的而言,世界的绵延才有一种价值,但如果这个终极目的无法达成,创造本身就对他们来说显得没有目的:就像一出戏剧,根本没有结局,也看不出有任何理性的意图。"[③]这个回应看起来漫不经心,实则深有蕴意。

在康德这里,万物的终结"同时是万物作为**超感性**的因而并不处在时间条件之下的存在物的一种持存的开端"[④],这实际上就是自然乃至历史之终极目的的实现或道德世界的开端。康德将人的道德存在(本体存在)设定为自然的终极目的:"人对于创造来说就是终极目的……但也是在这个仅仅作为道德主体的人之中,才能找到在目的上无条件的立法,因而只有这种立法才使人有能力成为终极目的,全部自然都是在目的论上从属于这个终极目的的。"[⑤]整个自然界的存有的终极目的就是创造的终极目的,换句话说,上帝在创造世界时,就已经将作为道德存在者的人预设为这世界的终极目的

① 《万物的终结》,8:328,第331页。
② 《万物的终结》,8:330,第334页。
③ 《万物的终结》,8:331,第334页。
④ 《万物的终结》,8:327,第330页。
⑤ 《判批》,5:435-436,第294页。

了[①]。唯其如此,整个世界乃至人类历史才会被把握为合目的性的整体。而这种终极目的必须被设想为在万物的全部终结过程中可实现的;一个不具有终极目的或者虽然具有终极目的但无法设想其实现的世界,将会使万物的存在显得毫无价值。人们对万物的终结的期待就是对自然的终极目的或者一种道德世界的期待。但这种思考更多地是属于"目的论判断力批判",而不是属于"审美判断力批判"。这是因为美学领域处理的是主体的感性表象,揭示的是想象力的自由游戏;而历史哲学涉及的是目的论的逻辑表象,揭示了知性与理性的相互协调作用。两者不能混淆。对万物或人类历史的合目的性评判以及对其终极目的的预设,这些都是在一种客观合目的性视域下进行的。并且,相对于主观合目的性视域下的审美活动,这种客观合目的性的自然观或历史观才是上帝理念最恰当的运用领域。就此而言,笔者不能理解也不赞同莱因哈特·赫尔佐格(Reinhart Herzog)的论断:"在这点上,历史思想就过渡到美学领域了。"[②]

康德将这样一个以人的道德存在为终极目的的自然进程比喻为一出戏剧,这种寓意可追溯至奥古斯丁,其《上帝之城》"致力于描述和解释的是人类戏剧的浮沉,而这出戏剧确实具有重大的意义,因为这出戏剧和世界历史是同一的"。奥古斯丁从中要传达的主旨是,"从起源到终结,整个世界是以建立一个神圣社会作为唯一目标的,而正是为了这个目标,一切事物,甚至连宇宙本身才被创造出来"[③]。康德在其历史哲学中设置一种神意概念,这的确是延续了奥古斯丁的思想。罗蒂(Amélie Oksenberg Rorty)与施密特(James Schmidt)在其编辑的关于康德《普遍历史》的论文集中指出:"康德追随着奥古斯丁,在历史中看到一种神意;但奥古斯丁将上帝之城的神圣秩序区别于时间上的人类之城,康德则关注人在其历史中(通常是对抗性地和无意地)努力实现千禧年的方式。"[④]对于康德来说,人类历史是一种无限绵延的时间进程,也是合乎上帝创世的终极目的的系统整体。他像奥古斯丁一样认为,上帝创造这个世界就是为了实现那种终极目的;假如这个目的无法达成,那么上帝的整个创世计划都是无意义的。世界万物的终结就是历史的终结,历史必须有始有终,如此才能彰显上帝在人间排演这一出戏剧的圆满性。

---

① 在康德这里,道德世界的实现同时就是德福一致在上帝治下的伦理共同体的实现。因而,以作为道德存在者的人为终极目的实际上就相当于以人类德福一致的至善为终极目的。

② Reinhart Herzog, "Vom Aufhören Darstellungsformen, menschlicher Dauer in Ende", *Das Ende: Figuren einer Denkform*, s. 285.

③ 〔古罗马〕奥古斯丁:《上帝之城》,庄陶、陈维振译,第 8 页。

④ Amélie Oksenberg Rorty and James Schmidt(eds.), *Kant's Idea for a Universal History with a Cosmopolitan Aim*, New York: Cambridge University Press, 2009, pp. 1 - 2.

但是，将人类历史看作是一出戏剧，这种做法多少带有一点虚构意味。康德在《开端》中指出，“让一部历史完全从揣测中**产生**，这似乎比为一部小说拟定提纲好不了多少”，“尽管如此，在人类行动的历史的进程中不可冒险去做的事情，对于其**最初**的开端，就**大自然**造成这种开端而言，倒是可以通过揣测去尝试”[①]。在历史的进程之中，人们可以通过各种文献报道来经验性地考察自由的发展状况，而在开端处，人们无法借助任何报道。所以，权宜之计就是借助一种合理揣测，设想人类历史以其始祖“**业已长大**为开端”[②]。这个人像我们当下任何一个人一样面临各种选择，也能够做选择。“他在自身发现一种能力，即为自己选择一种生活方式，不像别的动物那样受制于惟一的一种生活方式”，“而从这种一度品尝过的自由状态中，他现在已不可能重新返回(在本能统治下的)臣服状态”[③]。就像本书第二章所论述的，人类历史就是自由的历史，这种历史发端于人类始祖第一次运用自己的理性做出一个自由行动，而“理性的真正使命必定是产生一个并非在其他意图中**作为手段**，而是**就自身而言就是善的意志**”[④]。善的意志就是人的道德存在，它是在人类历史的无限发展进程中或者在与之一体两面的万物的终结过程中被逐渐实现的。按照康德在历史开端问题上的揣测方式，其终结也可以具有一种合目的性的悬设性质。康德将历史看作是人类从恶向善的道德进步过程或者就是道德世界的实现过程。这个过程有开端有结局，并且出自上帝的计划。

这是一种建立在人的理性权威和道德存在之上的神学目的论思维方式。在康德哲学中，人类历史乃至整个自然界的合目的性时间进程，都被看作是作为至善之原型的上帝的外化物。上帝在其创造的世界中的最终意图是实现那种在人类身上的德福一致，亦即一种派生意义上的至善[⑤]。从上帝视角看，世界实际上是一个合目的的圆圈式的时间整体。其开端和终结都出自上帝，甚至可以说，时间本身都来自上帝的创造。世界并不是从一个陌生的端点走向另一个陌生的端点，而是全部都在上帝的计划之中。万物的终结是在世界被创造之初就已经作为预设而存在着并开始了，它包含了人类道德上的终极目的的实现乃至人类从时间向永恒的道德世界的过渡。这个过渡与人类始祖从受上帝监护的状态向其自由状态的过渡遥相呼应。终点已经隐秘地包含在开端之中，并在全部时间进程中呈现出来。

---

① 《开端》，8:109，第112页。
② 《开端》，8:110，第113页。
③ 《开端》，8:112，第115页。
④ 《奠基》，4:396，第403页。
⑤ 《纯批》，A810/B838，第615页。

个体的价值被系于这种合目的性的世界图景：对于道德进步的全部行程，“每一个人都受到大自然本身的召唤，来尽自己的力量作出自己的一份贡献”[①]。这个大自然就是上帝，康德将每一个人乃至其生死都编织进上帝的宏大计划中（如下图所示[②]）。为使这个计划得以实现，每个人都应当以道德法则为动机而行动，由此其生命最后的审判才能真正开启一种非时间性的、永恒的道德世界。道德世界（伦理共同体）不是在遥远的某个时间点上瞬间达成的，而是需要普遍历史中每个个体以其全部人生为之努力，由此就需要一个在全部时间中无限绵延着的万物的终结过程。如此这般的终结论体现了个体之人和人类整体在普遍历史进程中以及在历史的实践性目的的实现过程中的主体能动性。这是本书反复强调的一个论点。无论传统基督教教义（如上帝观念、末日观念等）对康德有怎样深刻的影响，他要宣扬的只是人的主体性。在此论调下，康德也批判了两种流俗的终结立场。

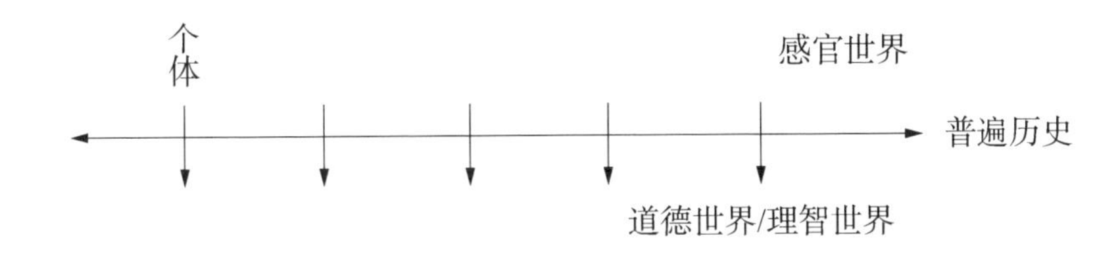

从目的论视角对万物之终结的预设是康德直接的和显性的思维方式，而其隐性的思想背景则在于西方的神义论传统：“为人类制造一个终结，确切地说一个可怖的终结，是惟一（在绝大多数人看来）与最高的智慧和正义相称的措施。”[③]康德将人类普遍历史描述为人性基于其自身的社会性和非社会性的内在矛盾而自我驱动和自我完善的时间进程，这同时也就是人类由恶向善的发展进程；万物之终结的预设、至善在世间的实现彰显着上帝的正义。“神义论”这个词是由莱布尼茨的著作《神义论》引入哲学思考中的，朱雁冰在这本书的译者导言中指出，神义的意思是“面对世界上存在着的种种邪恶和苦难证明上帝之正义。所以，神义问题就是恶与全知、全能、至善的上帝的关系问题”[④]。在康德这里，全部人类历史乃至万物的终结是以至善的实现为旨

① 《开端》，8：123，第126页。

② 横轴表示向过去和未来无限伸展的全部历史进程，每个纵轴表示历史中的每个个体，并且是无限多的。诸个体从感官世界向道德世界的过渡成就了人类整体或普遍历史上的至善的实现。这种实现必须从个体与整体、感官世界与作为道德世界的理智世界统一性的角度来思考。

③ 《万物的终结》，8：331，第335页。

④ 〔德〕莱布尼茨：《神义论》，朱雁冰译，北京：生活·读书·新知三联书店，2007年，第4页。

归的。至善的实现意味着在人类整体意义上道德和幸福之间的完满而公正的配比。而上帝的分配的正义又必然以其审判的正义为前提。康德指出："与世界上放荡的人不受惩罚和他们的犯罪之间的不和谐所表现出的弊端相比，世界创造者作为**审判者**的**正义**"[①]，这是针对犯罪与惩罚的不相称的指责而被设想的上帝的正义。但康德在其神义论中强调的是理性自身的主体性，"我们在这里只与理性为它自己创造的理念打交道"，这些理念"是在实践方面由立法的理性自身提交到我们手中"[②]，而万物的终结的概念就具有这种性质。实际上，无论是从其目的论的思维方式还是从其神义论的角度，万物的终结的设定都是一种调节性的举措。借此，人们既可以保留感官世界中时间的无限绵延，又可以设想人类整体意义上道德和幸福的统一性。而这一点正是其自然的终结论所包含的内容，即时间中万物的生生不息与时间之外理智世界或道德世界的完成是并行不悖的。

康德认为，在万物的终结问题上有三种不同的立场：自然的终结（das natürliche Ende/natural end）、超自然的终结（das übernatürliche Ende/supernatural end）、反自然的终结（das widernatürliche Ende/contranatural end）。自然的终结观点就是上文所描述的那种立场。在这种立场中，万物的时间行程与其终结过程是一体两面。道德世界或人的道德存在被预设为这一过程的终极目的，并需要每个个体的道德努力才能实现。由于这种道德世界需要在无限绵延的时间行程中被达成，万物的终结并不会导致该时间行程的终止。与此相反，超自然的终结论则取消一切时间绵延和变化。因为按照这种立场，感官世界的终结和道德世界的开端"被放在同一个时间序列中了，而这是自相矛盾的"[③]。道德世界的开端必须以截断感官世界的时间绵延为代价。康德认为，这种终结是一种"令想象力愤慨的表象"[④]。整个自然界将仿佛瞬间石化一般，甚至连人的生命和思维都停止了。在康德看来，思维包含着反思，而任何反思都只能发生在时间中。对于能够进行思维和反思的理性存在者来说，他的一切理性活动都必须展现在时间和感官世界中。而一种超自然的终结观念在取消时间绵延的同时，也使道德世界乃至人的理性能力完全脱离了时间。换句话说，这种观点将道德世界的永恒安宁看作是与时间不相容的，甚至是互相排斥的。好像只有在时间真的完全消失的地方，才有终极目的的实现。然而，两重世界的实质联系一旦被完全割裂，人们就很难

---

① 《论神义论中一切哲学尝试的失败》，8:257，第260页。
② 《万物的终结》，8:332，第336页。
③ 《万物的终结》，8:334，第337页。
④ 《万物的终结》，8:334，第338页。

理解此岸的道德努力如何能够促成彼岸的道德目的。所以，超自然的终结将万物毁灭于神秘的黑洞，由此也取消了康德道德形而上学的实践意义，甚至使其沦为一种空中楼阁。

康德也花了较大篇幅来讨论反自然的终结论。不同于超自然终结论中人们对时间和永恒的割裂的处置，反自然的终结论将世界末日的奖惩预设为人们道德完善的动机。如此一来，人就不需要为了实现其自身的道德完善乃至配享幸福而做合乎道德的事情，而是仅仅为了得到某个外在审判者的奖赏或者避免其惩罚才去做合乎道德的事情。按照这种观念，“（颠倒的verkehrte/perverse）**万物的终结**就会来临”[①]。笔者认为，“颠倒”在康德的这个文本中有两层含义。首先，末日审判中必然发生的奖善罚恶作为终结处的事件却预先充当人们实践活动时的内在动机，甚至凌驾在道德动机之上，这是一种人心的颠倒。在人类历史中，每个人都应当努力完善自己的德性，不是以末日审判的恐怖情境督促自己向善，而是以自身理性的道德立法为动因实施好的行动。仅仅以这种末日奖惩为目标的历史进程不具有道德意义，也不可能产生真正合理的宗教信仰。康德明确指出：“当基督教许诺报酬……不得把这诠释为：这是一种赏格，要借此仿佛收买人去达致善的生活方式；因为这样的话，基督教自身就又不可爱了。”[②]在他看来，基督教除了以其法则的神圣性引起人的敬重和折服，还有其自身的可爱之处，亦即它所建立的道德秩序。上帝将整个人类历史策划为以德福一致的至善为终极目的的时间行程，并且以每一个人自己的道德为根据公正地分配幸福；如果人们不想放弃对该终极目的的诉求，那么以实践上信其为真的思维方式信仰上帝就是合理的，也是必须的。这样的上帝不是一个外在的神秘审判者，而毋宁是每个人理性内部的道德良知。所以，真正的末日审判应当是每个人在临死时其内在良知的自我审判；上帝在此是道德良知的象征。

由此就引出了“颠倒”的第二层意思：经由人手的万物的终结和经由上帝之手的万物的终结的颠倒。康德认为，历史进程之中的人是不完善的，也是无知的，他们往往为了自己的私人目的而使用违背终极目的的手段。与之相比，上帝则拥有智慧，它本身也是至善的原型。在上帝视角下，人类历史本身就是他策划的一出完满的戏剧。德福一致的终极目的，作为世间的和派生于上帝的至善，不可能仅仅按照每个人的私人意图而实现，而是需要在上帝的智慧和筹划之中才有可能最终完成。所以，执行末日审判的和带来万物之终

---

① 《万物的终结》，8:339，第343页。

② 《万物的终结》，8:339，第342页。

结的都是作为人的内在良知的上帝。如果人们仅仅遵照自己的私人意图，并将末日审判中的奖善罚恶看作其动机，那就只是从其感性存在视角理解万物和历史的终结。由此，他们就体会不到基督教及其纯粹信仰的合理之处，也无法赋予其自身行动任何道德价值。甚至，万物的终结乃至全部人类历史就失去了其道德形而上学的理论根据。在笔者看来，出于人手和出于上帝之手的终结的颠倒，实际上就是出自人的感性欲求和出自人的纯粹理性的终结的颠倒。对上帝的纯粹信仰无非意味着对人类纯粹理性能力的自信，这是康德在其自然的终结观中所持的立场。而反自然的终结观则将人类理性的立法权威及其道德法则委身于一个外在的上帝，由此造成行为动机上的人心的颠倒。

但需要注意的是，正如上节所述，康德并没有将人们按照自身意图的实践活动和对一个外在上帝的启示性信仰看作是完全消极的。人们仍然可以按照自己的方式甚至是无意识地促进历史的合目的性进程。“因此，也就有了时时变化的、往往不合乎情理的策划，为的是有适当的手段，使**宗教在全体人民中成为纯洁而又有力的**。”[①]这就意味着，历史中以教会规章而非道德法则为根基的各种启示性信仰并非毫无价值：启示性信仰“在把人们改造成为一个伦理的共同体方面，以自然的方式走在了纯粹宗教信仰的前面”[②]，并且，“规章性立法所包含的职能是促进和扩展纯粹道德立法的手段”[③]。在此意义上，启示性信仰可被容纳于纯然理性界限之内。世人对上帝的出自其自身纯粹道德意图的实践信仰，不是瞬间就能在人心中建立起来的，而是需要伴随人性的发展、道德的进步逐步被实现。所以，纯粹信仰的建立“需要一种规章性的、仅仅通过启示为我们所得知的立法，从而也需要一种历史性的信仰”[④]。

对人们出自私人意图的实践活动的积极解读也可见于康德的多处文本中。本书第三章对此有详细论述。康德指出，只有在这种非社会性和普遍对抗的基础上，整个社会才能“最终转变成一个**道德的**整体”[⑤]。而道德的世界就是经由万物的终结所开启的那种超感性的和永恒持存的世界。从这里也可以看出，万物的终结和道德的最终实现必须是人们自己奋斗的结果，哪怕这种努力往往是无意识地做出的。

这也表明，康德对待反自然的和超自然的两种终结论的态度是不同的。

① 《万物的终结》，8：336，第339页。
② 《宗教》，6：106，第107页。
③ 《宗教》，6：104，第105页。
④ 《宗教》，6：105，第105页。
⑤ 《普遍历史》，8：21，第28页。

对于后者他的语气中只有否定，并将其等同于一种怪诞的神秘主义玄想。而对于前者，他是既有批判也有肯定。人应当建立一种纯粹道德的信仰，并在此基础上理解万物的终结。但那种基于人心颠倒的反自然的终结论并非毫无意义，其中所包含的启示性信仰以及人们基于其私人意图和感性动机的实践活动，对于建立纯粹信仰乃至促进道德目的而言是必要的手段。

而在永恒概念的理解上，康德延续了其批判时期现象与物自身的区分框架：他一方面承认时间序列向过去回溯和向未来延展的无限性，另一方面将时间之外或非时间性的自在之物看作是永恒持存的。康德站在自然终结论立场上，驳斥了那种将灵魂的不朽看作是在时间中不停轮回的观念，也建立了与时间的无限进程并行不悖甚至与其一体两面的非时间意义上的道德世界的持存性。由此，全部时间行程也获得了一种合乎道德目的的秩序。该秩序以至善的实现为终极目的、以上帝对整个世界的筹划为调节性原则。人类历史就好像上帝在人间排演的一出有始有终的戏剧，历史终结论就是这种神学目的论思维方式的具体呈现。但这种终结乃至由之开启的道德世界并不会截断时间的无限绵延。相反，超自然的终结则意味着对时间绵延的取消。而反自然的终结论将一个外在的上帝的审判纳入人的行为动机，由此就颠覆了人类理性的立法权威。但康德并未全然否定这种对一个外在上帝的启示性信仰的价值，而是将其作为促进纯粹道德信仰的手段纳入理性界限之内。

康德在其《万物的终结》中的自然终结论和反自然终结论，实际上就对应于以道德解释《圣经》和以《圣经》解释道德的路径之争，也对应于哲学学科与神学学科之间的争执。这涉及他 1790 年代的宗教思想背景。《万物的终结》《宗教》都是在 1788 年 12 月 19 日威廉二世颁布严厉的书报审查令[①]之后发出来的。《宗教》中关于“论人性中的根本恶”的内容发表于 1792 年 8 月的《柏林月刊》上，《宗教》整体文本初版于 1793 年春，再版于 1794 年初[②]。《万物的终结》发表于《柏林月刊》1794 年 6 月。后来在 1794 年 10 月，康德收到了威廉二世的信，训斥他“您是怎样滥用您的哲学来歪曲和贬低《圣经》和基督教的一些主要的和基本的学说的；您是怎样尤其在您的《纯然理性界限内的宗教》一书中，此外在其他短篇论文中做这件事的”[③]。可以想见，康德在《宗教》和《万物的终结》等著述中的思想在当时引起了当局的强烈不满。《万

① 关于这一审查令的详细背景，请参见〔美〕曼弗雷德·库恩：《康德传》，黄添盛译，上海：上海人民出版社，2008 年，第 385—387 页。

② 参见 Lawrence R. Pasternack, *Kant on Religion within the Boundaries of Mere Reason*, pp. 4 - 6。

③ 《学科之争》，7：6，第 6 页。

物的终结》延续了《宗教》中的基本立场，即以道德解释《圣经》，而不是以《圣经》解释道德。这大概就是当局所说的他对《圣经》的“歪曲”。这之后，他沉寂了几年，不再公开发表关于宗教的任何言论。1797 年威廉二世去世，康德随即在 1798 年的《学科之争》中继续对自己的这种立场进行辩护，同时，他借助对哲学学科的自由本性和独立学科地位的维护，实际上也是重新为哲学家的言论自由（尤其是在宗教思想上的言论自由）做辩护。

《万物的终结》的主旨就是，通过在人类纯粹理性视域中重新解读末日审判、灵魂不朽等观念，为纯粹道德信仰做辩护。而其中所传达出来的终结观就在于：从现象界看，历史永不终结，而是无限地、永恒地延伸着的；这对应于普遍历史理念中所包含的人类整体的不朽的立场。从本体界（特别从上帝视角）看，整个世界的开端和终结都出自上帝。人类历史就是有始有终的、圆圈式的时间整体，该整体自始至终都在上帝隐秘计划之中。人们在现象界看历史，就像“不识庐山真面目，只缘身在此山中”；而从本体领域看历史，其全貌才能尽收眼底，其终结和终极目的的实现才是可设想的。历史的终结乃至其终极目的的实现不是在一个遥远的时间点瞬间达成的，而是在全部人类历史的时间进程中并通过每个个体的努力而完成的。所以，单从现象界看，历史的终极目的只能被无限迫近；而从本体领域或上帝视角看，它是可完成的。这种完成是通过上帝对全部人类历史的设计而可能的。当然上帝及其隐秘计划只是一种调节性的、范导性的原则，康德要强调的仍是人在历史中的主体能动性。

康德最精华的思想之一是其现象与物自身的二元论，而导致其哲学中各种理论困境的也是这种二元论。在这篇文章中，他更成熟地以一体两面的思路解决现象和物自身的统一性问题。这对其批判时期专注于时间回溯的世界理念和置身于政治视域的普遍历史理念，是一种思想补充。但是，由于其终结论仍然受制于二元论，所以显得比较机械化。康德之后的哲学家们逐渐抛弃了其两重世界相区分的哲学立场，甚至也扬弃了其理性哲学的思辨特质，由此将时间、历史乃至人的价值全部还归于人的最真实的生命体验和最原始的存在活动。

第三节　人类历史中的道德平等问题

康德历史哲学中存在着一个与其道德哲学核心立场貌似相矛盾的论点。《普遍历史》命题三指出，人类各个世代之间的关系在于，先前世代似乎只是为了后来的世代从事艰辛工作，只有最后世代的人才有幸生活在幸福之中[①]。换言之，人类历史的所有世代之间具有从手段到目的的等级性发展历程。从中可得出一个结论：历史中人与人之间的地位是不平等的，先前世代的人无论如何都不能成为后世之人的目的，而只能充当其手段。这与其道德哲学中的立场看起来是直接相悖的。《奠基》中定言命令式的人性表达式是：**“你要如此行动，即无论是你的人格中的人性，还是其他任何一个人的人格中的人性，你在任何时候都同时当做目的，绝不仅仅当做手段来使用。”**[②]该命令式不是针对个别世代、个别民族、个别人，而是针对历史中作为理性存在者的一切人的道德律令。这就意味着，历史进程中每个个体都应当被视为目的自身，因而他们都是平等的。这两个文本分别发表在1784、1785年，难道康德在如此短的时间跨度内持两种完全相反的主张吗？人与人之间究竟是平等的还是不平等的呢？假如人们的地位不平等，他们如何有动力完善自身德性并心甘情愿为后世福祉充当手段呢？

克莱恩戈尔德早在1999年就注意到了这一道德平等问题（the moral equality problem），他指出：“通过宣称某些人比另一些人‘更自由’，道德进步的观念看起来与所有人的尊严和道德平等是相悖的。”[③]这就造成其历史哲学与道德哲学的不相容。克莱恩戈尔德通过区分康德哲学中理性与理性运用的禀赋来解决这一难题。理性在历史进程中是不发生变化的，因而也不具有发展的可能性，但人类运用理性的那种禀赋是不断发展变化的。对此，《普遍历史》命题一开宗明义：**“一种造物的所有自然禀赋都注定有朝一日完全地并且合乎目的地展开。”**[④]而对于作为理性存在者的人而言，其自然禀赋旨在运用其理性，并且只能在类中亦即在整个社会乃至全部人类历史中得到发展完善。但这并不意味着历史进程中每个个体的原始自然禀赋是不同的，因而也并不意味着人与人之间道德地位的不平等。康德在人类自然禀赋问题上所持的观点是这样的：“进入世界的所有世代的人都具有完全相同的理性禀赋。”[⑤]这就是说，每个人甚至每个物种中个体的自然禀赋都随着时间而发展完善，但其原初形态是普遍的和不变的。那么能够在历史中发展变化的自然禀赋究竟是什么呢？

---

① 《普遍历史》，8:20，第27页。

② 《奠基》，4:429，第437页。

③ Pauline Kleingeld, “Kant, history, and the idea of moral development”, *History of Philosophy Quarterly*, 1999(1).

④ 《普遍历史》，8:18，第25页。

⑤ Pauline Kleingeld, “Kant, history, and the idea of moral development”, *History of Philosophy Quarterly*, 1999(1).

克莱恩戈尔德指出,“外部影响能够造成个体的发展,并解释同一物种不同个体间的差异”①。即便每个人都具有相同的先天原始禀赋,但由于后天的社会环境的差异,人与人之间的自然禀赋的发展程度仍是千差万别的。然而,克莱恩戈尔德并没有解释清楚人身上可变的东西究竟是什么,以及它与不可变的理性究竟是什么关系,只是将个体发展和个体间差异的归因于外部影响。笔者赞同他对理性的先天原始禀赋的恒定性的判断,但需要进一步指出的是,在历史中可以不断发展变化的就是理性的外在表现,或者就是作为现象的理性的结果,即人类行动。人类历史中的各种文化形态都是其实践活动的产物,文化发展体现的就是其行为方式乃至行为能力的逐渐完善和进步,这才是康德所说的在历史中得到发展的自然禀赋的实质。而在其道德哲学中体现人的尊严和道德地位的不是这种外在行动和文化形态,而是在所有个体身上具有普遍性的本体性理性能力,亦即绝对自发性能力本身②。就每个人都具有上帝创世之初就赋予其族类的这种天然禀赋而言,任何世代乃至任何个体之间都是平等的。理性或者这种原始禀赋是恒常不变的,然而理性在时间中表现出来的行动结果是可变的和逐渐完善的,作为现象的行动就是理性或者理性禀赋的展开。这与本书反复强调的理性与时间的相容思想是相对应的。尽管理性需要将其绝对自发性能力的结果展现在时间中,因而从这个角度看,理性与时间是相容的,其行动结果也被看作是在时间中发展变化的,但理性的自发性本身绝不在时间中。人身上体现其人格尊严和道德地位的不是外在行动,而是内在的、本体性的自发性。

但仅仅从这种本体性的理性能力角度思考个体间的平等关系还是不充分的。笔者认为,该问题还应该从康德德福一致的思想来考察。历史中每个个体所配享有的幸福的份额都是与其德行相匹配的;换句话说,任何个体的幸与不幸都是其自我招致的。上帝作为一个分配正义的统治者,并不真的只将幸福恩赐给最后世代的人,甚至最后一个人,而是按照历史中每个个体的德行赋予他适当的和配享的幸福。

无论是作为本体性能力的理性还是基于这种理性的道德能力都是所有个体普遍具有的内在属性,从这个角度推论出来的平等观念仍然还是抽象的和超验的。真正的平等还应该体现在道德和幸福的统一性上。道德和幸福

---

① Pauline Kleingeld, “Kant, history, and the idea of moral development”, *History of Philosophy Quarterly*, 1999(1).

② 伍德认为,康德哲学中每个理性存在者所具有的道德尊严是一种道德能力,而不是表现出来的道德行动。从这个角度也可以推论出来人们道德地位的平等。参见 Allen Wood, *Kant's Ethical Thought*, New York: Cambridge University Press, 1999, p. 133.

的因果统一性是理性的自由因果性能力的完满体现。而这种统一性既需要在整个人类社会及其普遍历史进程中得到实现，也需要在个体身上得到具体呈现。《普遍历史》给人造成的最大疑惑就在于，后世之人似乎是以先前世代为手段才享有其幸福的，先前世代辛苦劳作，却没办法生活在他们所创造的福祉之中。但康德也将上帝当作是一个在幸福问题上分配正义的道德统治者。上帝严格按照每个个体的德行赋予其相应的幸福，这是建立在其审判正义的属性之上的。

康德对上帝作为正义的审判者的描述并不多。《宗教》在描述上帝“**拣选**的奥秘”时指出：“说在他里面应当有一种天国的**神恩**在起作用，这种圣宠不是按照劳作的功德，而是通过无条件的**决定**赐给一个人这种帮助，拒绝给予另一个人这种帮助的；我们人类的一部分被拣选出来获得永福，另一部分则被永罚，这同样不能使人理解上帝的公正。”[①]这处引文从侧面揭示了上帝在为人类分配幸福时的公正属性的特征，这种公正不能绕过每个个体自身积累的功德而独断地、神秘地仅仅依赖上帝的预先决定来呈现。康德将信仰观念中的一切奥秘视为不可理解的或启示性的，并且这种奥秘“是与自发性（它对于一个人自身可能具有的所有道德上的善和恶来说，都是前提条件）相悖的。根据自发性，这样一种善如果应该被归功于他的话，就必须不是出自另一个人，而是出自他自己”[②]。上帝的分配正义是按照每个个体出自其自身自发性而所做的善或恶来实施的，这就必须以每个理性存在者自身的绝对自发性能力以及出自这种能力的德行为根据。每个个体的德行与其配享的幸福之间通过上帝的公平分配而具有了因果统一性。这就是其关于上帝的实践公设的精神实质。

而在这样的实践公设中，“我们感兴趣的并不是知道上帝就其自身而言（就其本性而言）是什么，而是知道他对于作为理性存在者的我们而言是什么”[③]。上帝理念的预设不是出自理性的思辨兴趣，而是出自对每个个体道德和幸福的完满配比乃至全部人类社会至善的实现的实践意图。在对个体的道德审判和幸福分配问题上，上帝甚至并不直接地被看作是审判者，而是借助其在人间的代表耶稣来实施。而耶稣这一神圣形象在人世间就是“人子”，并且同样应当被视为存在于每个个体的理性之中。由此推出的结论是康德宗教哲学中最具革命性的观念：“**世界审判者**……不是被设想和称做上帝，而是被设想和称做人子。这似乎表明，人类自己由于意识到自己的局限

① 《宗教》，6：143，第147页。
② 同上。
③ 《宗教》，6：139，第143页。

性和脆弱,将在这一拣选中判决自己。”[①]康德将上帝纳入纯粹理性之中,是其宗教思想革命中最关键的一个环节,他由此扬弃了那种使人类理性的主体性依附于上帝神圣权威的宗教立场,也为其实践公设思想提供了理论前提。西方哲学中关于上帝实存的经典的本体论证明都是将上帝当作理性之外的客观存在者,并对其展开理论证明。康德通过上帝理念的内在化处理奠定了其道德宗教的根基,但上帝与人之间的疏离观念仍然被保留下来。在康德看来,上帝与人之间总是需要一个中介,这是他将真正的审判者视为耶稣而不是上帝的原因。

笔者在上文(第四章第三节)揭示了纯粹理性中的耶稣概念作为道德榜样的论点,康德借助这种论点更深刻地表达了其道德自律思想。人们依靠自身内部的纯粹榜样的力量而不断向善,就是在其自身纯粹理性和道德法则的影响下的自我提升。自律的精神实质就在于自己立法,同时自我服从,而不是被外在的某种神圣权威迫使着、威慑着去执行道德法则。而在宗教哲学中,康德则阐发了一种自我审判的思想。笔者认为,从人类纯粹理性的自我立法,到其任意性意志按照理性中的耶稣形象的自我执法,再到借助同一个耶稣理念的自我审判,这实际上呈现了康德自由精神的全部内涵。每个个体的自我审判说到底就是将其功过得失全部在自身纯粹理性的法庭中进行判决,从而衡量其配得的幸福份额。因为建立在这种意义上的新的宗教以“从每一个人自己的理性发展出来的内在法则”[②]为根据,而不是以神对人的超验的立法和判决为根据。耶稣在这种自我审判观念中仅仅是人们“使自己凌驾于恶的诱惑之上的(成功地抵制了恶的)人性的象征”[③],或者就是纯粹理性的道德法则的拟人化概念。康德通过将传统宗教中的道德审判观念纳入其纯粹理性的视域中,而使自由获得了更加丰满的意义。假如人虽然能够自我立法和自己服从,但审判的主导权却旁落他者,那么就仍然有丧失其自由、沦为神权之附庸的可能性。

每个个体基于这种自我审判能够在其德行和配享的幸福之间达成一种因果统一性。上帝的分配正义说到底也是个体通过其理性独立完成的。这就形成一个人人自我立法、自我执法、自我判决,最后也自我受报的完整的因果序列。在康德哲学中,每个个体所享受的福报真正说来并不完全依赖于他人和先前世代的劳作,而是以其自身道德为基础。人类历史的确是文化不断

---

① 《宗教》,6:140,第 143 页脚注。

② 《学科之争》,7:36,第 32 页。

③ 《宗教》,6:80,第 81 页脚注。

进步、道德不断提升的持续性、普遍性时间行程，但每个人并不能够仅仅乐享其成，而不完善自身并有所作为。历史中的一切成就是留给为此做了充分准备的人。从普遍历史中每个个体都在自身之内具有道德和幸福的统一性而言，人与人之间的道德地位也是平等的。

笔者认为，康德哲学中的道德平等必须从纯粹理性的本体论基础，乃至基于纯粹理性的道德和幸福的因果性统一性来思考。全部人类历史中道德和幸福的统一性是通过每个个体自身内部基于理性法庭的德福一致而实现的。历史过程中绝大多数人都是不完善的，他们所配享有的幸福的份额也是不完满的。就像笔者在本章第二节所论述的，全部历史实际上就是一个完整的终结过程，历史的终结不是发生在某个遥远的时间点上，而是在整个时间进程中时时刻刻发生着。德福统一性也不是在未来某个时刻瞬间达成的，而是通过历史进程中的每个个体来实现的。康德在德福因果一致的问题上实际上具有个体性和整体性双重视角。人们最容易理解的是其整体性视角，往往忽视个体内部道德和幸福的一致性。从全部人类历史的整体性视角看，道德和幸福都可以被设想为递增的，这似乎就能推论出来：先前世代人们的实践活动都是为后世之人做嫁衣裳，充当其享受幸福的工具。但从个体角度看，每个个体所享有的幸福完全出自其自身功德，而不是由他人无条件赐予。

康德从普遍历史的视角将人类世代设想为从手段到目的的等级性秩序，这是其调节性和反思性视角下的观念，是人们站在道德的高度反思人类一切经验性行动和文化成果所形成的权宜思想。康德将这种反思观念与构成性的知识判断严格区别开来。每个理性存在者的自我立法、自我执法以及自我审判不是调节性思想，而是出自其纯粹理性的构成性知识。康德所宣扬的人类主体性和平等观念是建立在这种构成性知识之上，不是建立在理性反思之上。这种反思视角下的人与人之间的关系仅仅着眼于其外在行动和经验性现象，而不考虑其理性根据。但平等必须建立在人的纯粹理性及其内在的和本体性的道德素质上。

然而，康德也并不否认在历史进程中，特别是在一个具体共同体或团体内部人们之间的不平等现象，现实生活中也的确存在人与人之间社会地位、权势的悬殊。重要的是，在康德哲学中，人们应当区分清楚本体和现象两个不同视域。就理性的本体性能力以及基于这种能力的道德和幸福的统一性而言，人与人之间是平等的。但仅仅就现象而言，人们倒是可以设想不同个体之间乃至不同世代之间的差异。

除了从本体与现象相区分的视角思考道德平等问题，人们也可以从历史性维度对该问题进行分析。个体之间的平等地位取决于每个人身上普遍具有的纯粹理性能力，在历史进程和现象界中，不论人们之间的社会地位有多大差异，其内在道德地位是平等的。而普遍历史则趋向于一种既内部完善也外部完善的政治共同体，这是一种普遍管理法权的人们的系统联结整体。在《道德形而上学》的法权论部分，康德对这种完善的政治共同体中人们之间的平等关系进行了描述："这样一个社会，亦即一个国家为立法而联合起来的成员们，就叫做**国家公民**(cives)，而国家公民法权上的、与其共同体(作为这样的共同体)不可分离的法律属性，首先是合法的**自由**，即除了他表示赞同的法律外，不服从任何别的法律；其次是公民的**平等**，即就自己而言不承认**人民**中有什么上司，而只承认他在法权上有道德能力赋予其责任的人，就像这人也可以赋予它责任一样。"①康德认为，在一个真正完善的政治共同体中，人们所服从的不应当是某个上司的独断立法和律令，而是由所有人联合起来的普遍意志的立法；这就是一种普遍法权原则，该法则规定："如此外在地行动，使你的任性的自由应用能够与任何人根据一个普遍法则的自由共存。"②法权原则就是规定人与人之间外在行动上或外在自由上的和谐共存关系的法则，个体之间是交互强制的关系，任何个体都没有凌驾于其他人之上的权力。这样的自由就其能够与任何其他人的自由共存而言，就是每个人凭借自己的纯粹理性而应当具有的法权和生而具有的平等。

康德将政治或法权意义上的平等看作是一种独立性，即"除了人们也能够相互赋予责任的事情之外，不在更多的事情上被他人赋予责任的独立性"③。换言之，我对其他人的法权的尊重不是因为其他人的地位更高，而是由于这种尊重是普遍法权原则规定的；该法则同时规定了其他人对我的法权和自由的尊重。出自普遍联合起来的意志的法权原则，在规定个体之间的交互强制和共存关系的时候，同时就规定了他们之间的平等关系和相互独立性。这是人们在外在自由或外在行动上的完善关系的实质。尽管这种终极的平等在历史进程的具体阶段中还不具有现实性，但仍然可以作为历史的最后目的，并能够在经验世界中被实现。"康德对平等概念的分析是从法权和德性两个方面展开的"④，前者只涉及人们外在行动的和谐共处，后者涉及人们内在意念上的完善和对等关系。当然，无论是哪种意义上的平等都是基于普遍理性的。个体之间是由于具有普遍的理性能力才能在外在行动和内在意念上具有平等关系，历史进程之中人们在外在社会地位和行动上的差异并

---

① 《道德形而上学》，6:314，第324页。

② 《道德形而上学》，6:231，第239页。

③ 《道德形而上学》，6:237，第246页。

④ 王超：《论康德的平等思想》，《理论学刊》2018年第5期。

不取消他在道德形而上学上的平等立场。人们可以将康德的普遍历史观念看作是人类从不平等到平等的进步过程。

因此，康德哲学在平等问题上并不存在自相矛盾。平等存在于本体领域，存在于道德和幸福的统一性上，也构成历史的最后目的；不平等的现象最多存在于历史进程之中和经验世界。并且，康德对全部人类历史中不同世代之间手段和目的的关系描述仅仅是一种反思性思想，而不是基于纯粹理性的构成性知识判断。

小　结

本章主要讨论了康德历史哲学所涉及的几个问题。在历史与宗教的关系问题上，康德哲学中既存在宗教神学框架中的历史观，也存在着普遍历史视角下的宗教观念。康德的历史观是在传统神学历史观的基础上改造而来的，在这种思想框架中，人类历史被看作是上帝演练其隐秘意图的世间道场。康德将人类一切经验性行动看作是按照大自然隐秘计划并在时间进程中展开的；该时间进程开端于人类始祖违背上帝戒命的恶的行动，终结于一种上帝治下的伦理共同体。全部人类历史在康德这里呈现为由恶向善的道德进步过程。他在这个神学视域下的历史理念中强调的不是上帝的至上权威，而是人类基于其自身本性自我驱动、自我完善的主体性。而在其宗教观上，康德秉承着其先验逻辑的思维方式和普遍历史理念的思想特性。他一方面完成了从宗教道德到道德宗教的彻底革命，另一方面又以道德的和纯粹的宗教为理念将历史中的启示性或经验性信仰统摄起来，从而达成一种系统的和合目的性的宗教信仰史观。在康德看来，纯粹信仰或纯粹宗教就是一种隶属于纯粹哲学的形式宗教，而各种历史性信仰则构成宗教的质料；以纯粹信仰统摄历史性信仰就是形式和质料的统一性。历史性信仰虽然自身并不属于纯粹哲学，但却能够作为促进纯粹信仰的手段而被纳入理性界限之内，并由此获得合理性意义。康德对纯粹信仰和历史性信仰的这种统一性处理是对宗教思想史上奥古斯丁-路德主义和贝拉基-伊拉斯谟主义两条路线的调和。

在历史的终结问题上，康德批判了两种流俗的终结论：超自然终结和反自然终结。前者将感官世界的终结和道德世界的开端放在同一个时间体系中，由此就截断了一切时间和绵延，使永恒的道德世界和时间内的感官世界成为不相容甚至相互取消的；反自然的终结论则将世界末日的审判和奖惩预先作为人们道德行动的动机，如此一来，人的道德价值就不是出自其自身纯粹理性的自我立法,而是来自人对一个外在立法者和审判者(上帝)的服从。后者揭示了启示性信仰的精神实质。但康德并没有完全否定历史中这种信仰方式的价值,而是将其作为促进纯粹道德信仰的手段统摄在理性界限之内。与这两种终结论不同,康德提出了自己的终结论:历史的终结不是发生在未来某个时间点上,也不是由一个外在的上帝预先规定了的,而是在全部时间行程中依靠每个个体的道德努力而实现的。换言之,历史终结和末日审判不是一个瞬间事件,而是在普遍历史中每时每刻都发生着的。每个个体在其生命终结之时都要面临道德审判,审判的主体不是某个外在的神圣权威,而是内在于其理性的耶稣理念。这就意味着,人不仅能够自我立法,也是能够自我审判的。这种审判并不需要真的在遥远的某个时间点上才被实施,而是发生在历史过程中与每个个体身上。由此,历史之终结就是普遍历史中所有个体通过自身的道德努力和道德审判而完成的恒久性事业。

就人类历史中的道德平等问题而言,康德虽然描述了普遍历史进程中不同世代之间的手段和目的关系,但这并不意味着个体之间道德地位的不平等。康德的平等观念是基于其内在的和本体的纯粹理性能力,也基于道德和幸福的因果统一性,而不是基于历史中人类的经验性行动。就历史中一切个体都具有天赋的和原始的理性禀赋而言,他们之间是平等的,这种理性禀赋决定了个体之间道德能力的一致性。理性与道德能力在历史中是不发生变化的,但理性的结果(即行动)是可变的。人类历史中文化的进步和道德水平的提升都是从人类经验性行动的角度来思考的。历史中个体之间的平等也体现在道德和幸福的统一性上,按照康德哲学中自我审判的观念,每个个体的配享的幸福是按照其德行并在其自身理性法庭中被分配的。个体的配享幸福被康德看作是其自身德行的结果,就此而言,历史进程中任何个体之间都是平等的。此外,平等还是普遍历史的最后目的中所包含的意涵。尽管在历史进程之中存在着人与人之间外在行动和生存状况的不平等,但人类历史总是不断趋向于一种内部完善和外部完善的政治共同体。在这样的共同体中,所有人都是交互强制的,并具有对等的权利和义务关系。这是一种外在自由上的平等观念。

到此为止,康德历史哲学的思想体系已经基本建立起来了。本书重点从康德历史哲学的时间观理论前提、辩证思想、实践性目的三个角度展开论述,由此也呈现其历史哲学与理论哲学、道德哲学、宗教哲学等思想部门的内在联系。在接下来这一章,笔者计划简要梳理康德之后历史哲学的发展逻辑。其中重点论述从康德到黑格尔再到马克思的具有逻各斯的发展路径,以及从狄尔泰到海德格尔再到伽达默尔的去逻各斯中心主义的发展路线。

第六章　康德之后西方历史哲学的两条发展路径

历史研究最早是作者对自身时代和民族事件的描述，后来比较流行的是宗教视角下的关于人类整体的普遍性考察。人们对经验历史的描述逐渐摆脱特定个体、特定民族和特定时代的狭隘视角，具有了整体性反思和系统性建构的维度。到了赫尔德、康德、黑格尔等人那里，历史成为一种融合经验生活和普世视角的世界历史。从基督教中引申出来的这种历史研究带有哲学最核心的逻各斯精神，即普遍法则精神①，只是在不同哲学家那里的表现有所不同。到了狄尔泰、海德格尔、伽达默尔等哲学家那里，历史的意义不再直接地由逻各斯来决定，更准确地说，不再直接地由某种普遍法则或思辨概念来决定。相反地，逻各斯精神乃至一切科学中的思辨概念、抽象法则，都被看作是从人的生命体验和原始存在中发源的。存在与逻各斯的这种本体论地位反转成为现当代欧陆哲学的普遍特征。在一定程度上，现当代欧陆历史哲学中有一种去逻各斯中心主义的研究思路。在这部分，笔者将从逻各斯视角考察康德之后历史哲学的两条发展路径；一条是具有逻各斯的路径，另一条是去逻各斯中心主义的路径。当然，这并不意味着康德之后的一切历史研究仅仅具有这两种路径，而是说，当人们专注于从逻各斯视角来思考该问题时，所呈现出来的恰好是这两种路径。同时，在每种路径中，并不是只有本书提到的这几位哲学家，而是说，这些人物是最具有代表性的。笔者首先考察具有逻各斯的历史哲学路径。

第一节　具有逻各斯的历史哲学路径

西方逻各斯精神在近代得到了最精彩的呈现，特别是在历史与逻辑的关

① “逻各斯”这一概念的含义当然是非常丰富而繁杂的，本书选取的是其中的普遍法则的含义。

系方面。以运动的、矛盾的、合乎规律的、合乎目的的视角考察世界的思维方法自古就有，哲学从其童年时期就已经以朴素的辩证思维来思考几乎一切问题了；只是随着人们逐渐关注并反思其自身认识能力，这种思维方式才被总结为一种明确的方法论。尽管在近代时期由于各种机械论学说的冲击，这种哲学思维有所式微，但经过康德在其历史哲学中所做的努力，历史与逻辑的统一性甚至同一性关系重新为之后的德国古典哲学家所重视，直至在马克思哲学中被完善为一种科学的辩证法。可以说，康德是使得这种辩证思维在近代重新焕发魅力的关键人物。

在康德哲学中，逻各斯精神被全面内化为人类理性的立法，上帝则被转化为人类理性的先验理念。就此而言，无论是理论哲学中为现象赋型的自然法则，还是实践哲学中为自由意志提供最高规定根据的道德法则，抑或是在历史哲学中对人类一切经验性行动进行系统规整的合目的性原则，都出自人类理性。康德虽保留了神学目的论和历史观的框架，但在这种框架下尽可能地提升了人类理性的立法地位，甚至也揭示了人性自我驱动的辩证发展力量。相对于自然法则在思维内部对现象的理智静观，以及道德形而上学中自由法则对人内心准则的无形制约，其历史哲学是最能体现逻各斯精神与历史性精神之融合的思想部门。在康德看来，普遍历史的合规律性进程就是人类理性站在道德的高度以合目的性原则反思全部人类经验性行动的结果。历史的合规律性意义来自人类理性的先验设定。逻各斯精神就是作为先验的合目的性原则来反思性地、调节性地看待人类历史的。这一点在本书前面章节已有论述。本节重点论述逻各斯精神在黑格尔和马克思哲学中的表现[①]。

一、黑格尔哲学中的历史性精神和逻各斯精神

康德历史哲学中的辩证思想还没有上升到普遍方法论高度；作为先验预设的主体原则，其逻各斯精神与现象性对象仍然是疏离的。这是其二元论思维方式所决定的。因此，在康德哲学中，历史与逻辑无法具有真正的统一性。

---

① 本书选取康德、黑格尔、马克思来呈现近代西方逻各斯精神的演历，但这并不意味着其他哲学家就是完全无关的。笔者认为，近代理性主义哲学家（笛卡尔、莱布尼茨、费希特等）都从各自不同立场和视角对逻各斯精神有所发扬。然而这一历史阶段中最具有代表性的是康德、黑格尔、马克思。康德将古希腊和中世纪时期作为客观的和外在的普遍法则的逻各斯彻底内化到人类理性之中，这一点是独树一帜的。黑格尔从思辨的逻辑演绎角度将逻各斯诠释为既包罗万象又自我成就的活生生的主体，这代表着西方形而上学的巅峰。马克思将辩证法奠基于人的劳动实践和物质世界，使逻各斯精神真正从天上回到尘世，从而也开启了一条科学的、开放性的、具有现实关怀的哲学路径，这在哲学史上的贡献是其他人无法超越的。

但是“他的理论成果连同他提出却未能解决的问题成为席勒、费希特、黑格尔等人历史哲学的出发点，构成了思辨历史哲学传统的一个重要环节”①。特别在黑格尔这里，历史和逻辑演变为同一个东西，其逻各斯精神真正获得了历史性的载体；也只有在这种情况下，历史与逻辑之间的统一性才能真正得到实现。

实际上黑格尔不仅在其历史哲学中，而且甚至在其全部哲学体系中都贯穿着历史与逻辑的统一性原则。这是因为，他的思维方式相对于康德而言发生了重大推进。在康德哲学中，占据主流地位的思维方式或方法论是先验逻辑，人的任何思维原则与具有历史性的存在物都是相疏离的。在很大程度上，黑格尔哲学要解决的就是这种思维与存在的统一性难题。而他对该难题的解决方式就是，将思维与存在理解为同一绝对主体在其历史性发展过程中的不同衍生物。他“不接受有任何先验而终极的原则可用来建立哲学系统”②，而是到处强调一种历史性的哲学精神。

黑格尔在《小逻辑》中批判他之前一些哲学家以反思性的抽象思想把握有关物质方面、精神方面，乃至宗教方面的活生生的事实，结果反而歪曲了这些事实。因为他们总是将范畴理解为直接的、自明的、固定的，并且只有通过其前提才能得到规定，而“没有人知道，一个定义的意义和它的必然证明只存在于它的发展里”③。这的确道出了从笛卡尔到康德的几乎每一个理性主义哲学家的问题。这些哲学家热衷于揭示、阐明、批判一系列先天范畴和法则，并以这种脱离事实的抽象思维活动标榜哲学的反思精神。而在黑格尔看来，真正的反思“意指跟随在事实后面的反复思考”④，任何定义、范畴、规则“只是从发展过程里产生出来的结果”⑤。离开活生生的哲学事实及其历史性发展过程，抽象反思的概念就仅仅成了片面的和有限的东西。而以这种片面又抽象的概念去规定任何对象都无法获得真理性的知识。近代哲学中典型的符合论的真理观，无论是以客观对象为中心还是以主体思维为中心都是不成功的。究其原因就在于，这种抽象的反思性哲学方法从一开始就是脱离事实的。无论以任何方式，概念都不可能真正过渡到其对象。

黑格尔用以打破这种抽象方法论的措施就是将精神看作是活生生的、发展着的主体。他指出，“认为绝对者即**精神**，这个想法表达出来的意思是，真

---

① 李秋零：《历史是由恶向善的进步——康德历史哲学述评》，《哲学动态》1989 年第 3 期。

② 刘创馥：《黑格尔的绝对知识与历史理性》，《哲学分析》2010 年第 5 期。

③ 〔德〕黑格尔：《小逻辑》，贺麟译，北京：商务印书馆，1980 年，第 7 页。

④ 同上。

⑤ 同上书，第 8 页。

相只有作为一个体系才是现实的，或者说实体在本质上是一个主体”①。黑格尔所说的作为实体和主体的绝对精神，就是那种在各种外在存在（他者）中仍然能够停留于自身之内的东西。这是一种遍布于世界之中，既规定着任何自然现象和人的意识，又在这种规定性中成就自己和认识自己的主体。如果要在哲学史中寻找一种与之类似的东西，那就是古希腊时期的火本原。这是一种支配一切事物的原始动力，“即赋予事物生机的通贯性力量”②。在黑格尔看来，世界只有唯一的一个。绝对精神不是处在某种抽象世界中先验地规定着人类生活世界中的各种现象，而是自身下降到人类中间；它创造并规定着人的意识、思维，也在人的精神之中获得关于它自身的知识。人对绝对精神的认识同时就是绝对精神的自我认识，这就是一种绝对知识。这种自我异化和折返回自身的绝对精神主体，区别于斯宾诺莎和谢林式的无差别的形而上学主体。后者毋宁是抽象的无生命的东西。精神必须在一种创造性的和历史性的发展过程中才成其为主体，离开了其创造的对象或自我异化的对象，它从何处标榜其主体性呢？黑格尔以精神与其对象在世界之中既相互区别又相互同一的发展进程，取代了近代那种抽象的和自身同一的主体。后者只能以先验反思的方式把握自身和对象，但却囿于它与对象的二元对立，无法实现思维的真正主体性，也难以达成思维与存在的内在统一性。

但黑格尔的历史性的精神主体也并非漫无目的地开展其创造活动的，而是按照一定的方法论和逻辑规则进行的。笔者将此称为历史性精神与逻各斯精神的同一性。康德将逻各斯内化为人类理性的先天法则，黑格尔则将其理解为活生生的精神主体。他将康德历史哲学中还没有上升到普遍方法论的辩证思维，普遍地运用于其一切哲学著作和全部思想体系中。其逻各斯精神的实质就是这种表征绝对精神运动方式的辩证逻辑（或辩证法）。

黑格尔的辩证法是一个为人所熟知但又很难说清楚的哲学方法论。人们可以轻易地列举例如对立与统一、量变与质变、否定之否定等概念，用以描述辩证法的特征，但似乎又无法穷尽黑格尔全部辩证思维的内涵。甚至他本人也并未全面而详尽地对其方法论有所论说。辩证法在黑格尔这里不能被简单概括为几条固定的思维模式，这毋宁取消了其绝对精神的生动性和能动性。在笔者看来，黑格尔的逻各斯精神不同于康德甚至近代任何一个理性主义哲学家的立场。康德将任何思维原则都理解为先天的、纯粹的，能够发生变化的是理性能力在现象界的运用以及各种现象本身。科学知识乃至人的

---

① 〔德〕黑格尔：《精神现象学》，先刚译，北京：人民出版社，2013 年，第 16 页。

② 庄振华：《黑格尔辩证法探本》，《武汉大学学报（人文科学版）》2015 年第 5 期。

道德价值就在于自然法则乃至自由法则的固定不变的普遍性和必然性。但在黑格尔这里，在绝对精神发展过程中，概念与概念之间的运动和联结方式是变化多样的。黑格尔的逻各斯精神不是某种或几种固定的逻辑规则，究其原因大概在于，黑格尔的思维方式不是那种对绝对精神及其产物的抽象反思和先验预设，而是跟随着这种主体的发展过程及其各种事实的反复的思考。历史性的主体是活生生的，对这主体的反思活动也应当具有相同特质。康德将历史性哲学精神主要展现在其理性的运用中，亦即现象界，黑格尔则将其绝对精神的全部行程都理解为历史性的；甚至可以说，除了历史性的事物，在他那里不再有其他事实。

从这里可以看出，黑格尔哲学尽管有其庞大的思辨体系，但却也尽可能地传达出一种生动的思维方式。绝对精神的历史性演变过程同时就是精神以生动变化的思维方式把握自身的过程，简言之，精神的历史演变与精神把握自身的逻辑具有同一性。其逻各斯精神就表现在历史与逻辑的同一性原则上。也只有在这种哲学原则的基础上，近代哲学中纠缠着多位哲学家的思维与存在的统一性难题才能得到根本解决。

黑格尔的历史与逻辑的统一性甚至同一性原则在其历史哲学中表现的尤为显著。不难看出，黑格尔对人类历史的理解与康德有相似之处。康德将人类历史看作是由上帝的隐秘计划操控的，黑格尔则将其看作是由世界理性支配的。在康德那里，历史的使命是叙述人类的经验性行动，而在黑格尔这里，历史是用以描绘出现在世界历史舞台上的人类的热情。黑格尔有时也把世界理性说成是上帝，世界历史是人与人、民族与民族相追逐的修罗场，也是圣灵借助人力实现其自由自觉的世间道场。相对于康德对上帝计划的谨小慎微的限制，黑格尔则全面地提升了上帝的主体性，只是这是一种在世界历史中才成就自身的思辨主体。

历史发展的规律就是由世界理性来掌控的，历史的进展是一种合理的过程。世界理性是历史的隐秘的驱动力，而它用以实现其自由目的的工具则是人类的热情，亦即“从私人的利益，特殊的目的，或者简直可以说是利己的企图而产生的人类活动”[1]。世界理性与人类的热情交织成为历史的经纬线，共同驱动着历史的全部行程和发展。在黑格尔看来，“世界历史无非是‘自由’意识的进展，这一种进展是我们必须在它的必然性中加以认识的”[2]。世界理性通过人类的热情实现其自由意识和目的，人类也通过对世界理性及其

① 〔德〕黑格尔：《历史哲学》，王造时译，上海：上海书店出版社，2006年，第21页。

② 同上书，第17页。

自由观念的自觉而反思全部历史的规律。所以,历史的规律就是人类自由的发展规律,就是世界理性从其潜在的状态发展到自由自觉的状态。历史以实现所有人的自由为理想,只有当人们真正具有自由的时候,他们才能认识到那隐藏着的世界理性。而人对世界理性的自由的认识实际上就是世界理性的自我认识和自我成就。

所以,历史无非是世界理性实现其自身观念的舞台。这种历史性发展进程区别于自然界的生灭变化,后者只能表现为一种周而复始的循环,就像康德将宇宙的运动比喻为循环地涅槃重生的火凤凰;在这种循环往复的宇宙论中,似乎没有什么真正的新事物。但世界历史的运动就是精神的发展过程,亦即自由的观念从潜在到实现的全部演历。在世界历史的进程中,每一天都有新的事情发生;越来越多的人将成为自由的,并认识到精神的活生生的主体力量。黑格尔简要描述道,"希腊和罗马世界只知道一部分人是自由的,至于我们知道一切人们(人类之为人类)绝对是自由的"[①]。历史的发展规律在他这里不是某种先验法则;人类的活动不是符合于抽象预设的逻辑法则,而是自身表现出一种发展规律。这种规律是在历史中被成就的,也是人类在实现其自由的过程中反思到的。人并未超出于世界,历史的规律也不可能被先天地预设。历史与其逻辑规律是一道被实现的。

二、马克思的唯物史观及其逻各斯精神

相对于康德的局限于先验逻辑的历史性和黑格尔的囿于唯心主义立场的历史性,马克思将历史性精神真正拉回了社会现实。这种现实性是"马克思思想的强大生命力"[②]。他继承了黑格尔的辩证逻辑,以矛盾性和运动性视角看待社会发展和人的解放,也继承了康德与黑格尔对社会历史的规律性的、合目的性的研究方式。对于康德而言,世界历史从人性最初的堕落开始,以人性的道德完善为终极目的;对于黑格尔来说,世界历史就是由精神所支配的人类自由的发展进程。而在马克思这里,世界历史以人类解放和共产主义的实现为目标;但其驱动力不再是思辨的和唯心的精神主体或世界理性,而是物质性的劳动实践活动。

马克思的历史观是建立在唯物主义立场上的,这是他与其德国古典哲学的思想先驱们最根本的区别。他将历史发展的驱动力理解为唯一的,这就是

---

① 〔德〕黑格尔:《历史哲学》,王造时译,第17页。

② 金永兵,朱兆斌:《"回到马克思"与当代性建设》,《安徽大学学报(哲学社会科学版)》2018年第6期。

人的劳动实践活动。马克思的劳动概念不同于康德的道德实践活动。后者将人的行动的价值限定在一种抽象的和先验设定的道德法则上，任何人在判定自身行动的价值时，都要将其放在纯粹理性的法庭中。而在普遍历史的发展进程中，个体行动的意义还在于对上帝的隐秘计划的合目的性。无论如何，康德哲学中现象性行动似乎并不具有自身独立的价值。当然，黑格尔那种作为世界理性之工具的人类热情虽然被称为历史发展的动力之一，但也不具有独立的主体性地位。而马克思将劳动看作是具有奠基性地位的物质生产活动，在这种实践活动中，“一边是人及其劳动，另一边是自然及其物质”[①]。他“把对象性的人、现实的因而是真正的人理解为人**自己的劳动**的结果”[②]。在他看来，劳动毋宁就是人之为人的本质。人是在生产各种物质产品，在认识自然和改造自然的过程中逐渐成其为人的；人的主体性也是在其劳动过程中，在他与物质世界打交道的过程中逐渐建立起来的。马克思在这种唯物主义的立场上，彻底颠覆了西方哲学史上看待人之主体性的一切形而上学的和机械的视角。人不再需要借助于某种抽象设定和外在存在者才能被看作是主体，而是以自己的劳动成就自身。在此意义上，马克思的劳动概念获得了本体论地位，成为人的价值源泉。

从劳动概念中，马克思不仅为人的主体性赢得了历史性和物质性的维度，更找到了理解全部社会史的锁钥，他指出：“**整个所谓世界历史**不外是人通过人的劳动而诞生的过程。”[③]这表明，人在劳动过程中不仅建立起自身的主体性，也创造着历史。人是历史的被创造者，也是历史的创造者；人就是一种历史性的存在者。人与历史的这种关系只能通过劳动概念来理解。历史中人的劳动首先是对自然的改造活动。自然界自然而然无需人力所产生的东西不是劳动的产品，只有经由人力改造和加工的事物才是人的劳动的对象。在这种意义上，劳动体现了人与自然之间的动态关系。人改造自然制造各种劳动产品以供自己所用，人是自然的主人。但人的生存和发展也依赖于自然为其提供原始的加工材料，人又是依赖于自然的。人与自然事物应当被看作是一个普遍联系的系统整体，但这个系统不是像康德那样的以人为目的和以自然物为手段的等级性系统，而应该是人与自然和谐共生、相互尊重的有机系统。个人乃至整个社会的发展都不应该独立于自然界的有机系统。

---

① 《马克思恩格斯文集》(第5卷)，中共中央马克思恩格斯列宁斯大林著作编译局，北京：人民出版社，2009年，第215页。

② 《马克思恩格斯文集》(第1卷)，中共中央马克思恩格斯列宁斯大林著作编译局，北京：人民出版社，2009年，第205页。

③ 同上书，第196页。

劳动概念也决定了人的社会性。马克思承认，人是一种社会性的存在者，但这不是一种独断的设定，而是在劳动过程中通过劳动分工和产品交换逐渐完成的：分工“决定个人在劳动材料、劳动工具和劳动产品方面的相互关系”[①]。人作为自然中的有限存在者，其能力是有限的，不同的人可能会使用不同的工具制造出不同的劳动产品。他们之间通过交换互通有无，以此满足自己的各种生存和发展需要。在劳动分工和产品交换过程中，必然发生人与人之间的社会协作，人的社会性本质就是这样产生的。

而在劳动过程中推动历史发展的就是生产力和生产关系。黑格尔以世界理性和人类热情的经纬线交织解释历史的发展动力问题，马克思则以生产力和生产关系来加以说明。生产力的核心要素就是具有生产经验和劳动技能的劳动者，生产关系则是指人们在物质资料的生产、交换、分配和消费等方面结成的相互关系。简言之，生产力和生产关系就是具有劳动能力的人以及这样的人之间的社会性关系，乃至人与自然、人与生产工具等的普遍联系。历史的发展形态是由生产力和生产关系的辩证关系决定的。首先，生产力决定生产关系，生产力发展到何种程度，就会产生相应的生产关系。其次，生产关系也反作用于生产力，推动或者阻滞生产力的发展。马克思在解释历史的发展时始终着眼于历史本身，历史中的劳动者和他们之间的关系，以及历史中人与自然的关系，才是决定历史发展的主要因素。历史之外的任何东西都是超验的和抽象的，不符合马克思的唯物主义历史观。

如此这般被驱动的历史是具有一定的发展规律的。马克思对社会发展规律和自然规律的区分继承了康德和黑格尔的研究路径，他们都将自然规律看作是机械的，甚至盲目的，而人类社会是辩证发展的、合目的性的。但是马克思是从社会生活中人的劳动实践活动来解释社会发展规律的，或者说他将这种规律建立在人的现实存在及其社会关系之上，而不是抽象的人性或者神性之上。在这种现实性基础上，马克思科学地阐释了社会发展规律的思想。他在《德意志意识形态》中提出了社会存在决定社会意识，经济基础决定上层建筑等社会发展的最一般规律。这是由其历史唯物主义立场所决定的。社会存在和经济基础都是由社会中从事现实的物质生产活动的劳动者及其生产关系所形成的，离开了物质生存环境的人和社会关系是抽象的和无意义的。社会存在与经济基础的第一性就是唯物主义的第一性。而社会意识和上层建筑是在一定的社会存在和物质基础上形成的精神生活产物，是人对世界和自身的认识的总和，乃至这种意识的客观产物，亦即政治制度、国家机器

① 《马克思恩格斯文集》(第1卷)，第521页。

等。意识总是对物质现实的反映，但反过来也可以影响社会存在。社会的发展不仅受制于生产力和生产关系的对立统一关系，也被社会存在和社会意识的矛盾所影响。

马克思在唯物主义和历史性视域中诠释了社会生活中物质和精神的辩证关系，并将它们统一于人的劳动实践活动。无论是经济基础、上层建筑，还是社会存在与社会意识，都是通过人类的劳动实践而被创造出来的。劳动是使这一切社会性和历史性概念获得其意义的本体论依据。这类似于黑格尔以绝对精神为创造性主体，以自然界和人的精神为被创造者的一元论哲学构思，但马克思强调的是劳动的生动性、现实性、物质性。由此造成的社会发展秩序不是各种社会形态的僵化序列。具有普遍性的是生产力和生产关系、社会存在与社会意识、经济基础与上层建筑的矛盾关系，而这些矛盾关系的具体表现形式却是可以多种多样的。那种教条式的理解社会形态更迭的思路是对马克思社会发展理论的误读，好像每一个共同体都会经历原始公社制、奴隶制、封建制、资本主义、社会主义这几种社会形态。按照马克思的劳动实践理论和社会发展理论，"人类社会在沿着历史发展的根本趋向发展的进程中，各个国家和民族由于历史和国情等方面的差异，其所表现出来的具体形态和各个发展阶段实际上更为丰富生动和绚丽多彩"[①]。

马克思哲学中的逻各斯精神主要体现在其辩证的社会发展理论上。但是，他已经有意识地扬弃了逻各斯的决定论。马克思并不是以某种形而上的和僵化的逻辑规律来解释人类的劳动实践和社会生活，而是相反，以历史进程中的劳动和社会现实来解释社会发展规律的形成。相对于黑格尔和康德，马克思在唯物主义基础上更彻底地发展了历史性哲学精神，这就形成了其唯物史观的基本内涵。在此基础上，其逻各斯精神才具有现实意义。

总而言之，从康德到马克思，有一条贯穿始终的思想线索，那就是历史与逻辑的统一性原则，而这种原则与西方哲学自古以来的逻各斯精神具有莫大关联。逻各斯精神在康德哲学中被内化为人类理性的先验立法，特别在其历史哲学中，自然合目的性原则与动态的历史进程达成了外在的统一性；这是历史与逻辑的统一性原则在近代的复兴，也是古希腊的辩证思维方式在德国古典哲学中的最初显现。但康德毕竟没有将其上升为普遍方法论。而在黑格尔哲学中，历史性的哲学精神得到了全面贯彻。黑格尔扬弃了整个西方哲学中主流的先验设定的逻各斯精神，在绝对精神的历史性发展中呈现概念的

---

① 孙继虎：《对马克思社会发展规律理论两个重大问题的再认识》，《华东师范大学学报（哲学社会科学版）》2007年第3期。

逻辑演变。在这种视域下,历史与逻辑的统一性不再寄托于某种先验法则与后天经验的机械调和,而是绝对精神这唯一的主体在其自我成就过程中的内在统一性。但由于黑格尔仍将其思想体系和历史性哲学精神置于思辨的和唯心主义视域中,其逻各斯精神就仍然抽离于人类现实生活。

马克思在黑格尔哲学的一元论和辩证论基础上进一步扬弃了其唯心主义特质,使历史与逻辑的动态统一性植根于现实世界和人的劳动实践,从而创建了辩证的唯物史观。马克思的哲学具有开放性,使每一个具体的劳动者都获得了与自然、他人乃至整个世界的实际关联。逻各斯精神在马克思哲学中是伴随着人类社会生活的历史性发展而逐渐显现出来的,它不再是决定人之存在的先验预设的法则,也不是一种思辨的概念演变逻辑,而是人类社会自身的发展规律。所以,历史与逻辑在康德哲学中只是达到了有限的和外在的统一性,在黑格尔哲学中实现了内在统一性,直到马克思哲学中才具有现实的和真正的统一性。但是,即便存在这种思想差异,他们在总体上都隶属于一种理性主义的历史哲学,这是以逻各斯精神为建构原则的西方哲学的基本特征。

现当代哲学家大多不再执着于从合规律的、合法则的角度理解人的存在和世界的运行,而是从人的生命体验、此在的原始生存等本体论基础上来阐发抽象法则和思辨概念的意义。逻各斯精神在这种语境中失去了其作为哲学根基的地位,甚至也不再是伴随人类社会生活的历史规律,而是演变为有待被建构的东西。换言之,它从建构者、奠基者变成了被建构者。这是近代以来逻各斯精神从中心走向非中心主义的大致情形。康德、黑格尔、马克思在这种哲学转向中的意义在于:使逻各斯逐渐接近人的现实存在,为现当代欧陆哲学家在人的原始存在和逻各斯之间进行本体论的置换做铺垫。

第二节　去逻各斯中心主义的历史哲学路径

现当代哲学中有意识地对那种理性主义历史观进行批判的是狄尔泰、海德格尔、伽达默尔等人。这些哲学家将历史研究奠基于人的生命体验、原始存在以及理解者视域之上,从而规避了从普遍法则和客观规律的视角考察人类社会生活的理性主义思维方式。本节选取上述三位哲学家进行重点论述,以此揭示一种去逻各斯中心主义的历史哲学路径。

一、狄尔泰的元逻各斯历史哲学

如果人们要考察从德国古典哲学到现当代哲学的思想演历，狄尔泰是不可绕过的关键环节。一方面，他继承了康德通过理性批判建构哲学体系的思想路径，甚至也推进了黑格尔的历史性哲学精神；另一方面，他有意识地扬弃了近代理性主义哲学中思辨的、抽象的思想元素，并凸显了以社会实在和历史实在为主题的各种精神科学，为胡塞尔、海德格尔、伽达默尔等人的哲学运思做了铺垫。而狄尔泰承担的这种思想过渡的使命在其历史哲学中有集中的体现。以康德、黑格尔为代表的近代哲学家，既保留了基督教的神学历史观的思想框架和目的论的思维方式，也受维科对人类历史的科学化研究态度的影响。这些人共同将一种作为历史哲学的“新科学”呈现在人们的思想领域。狄尔泰正是在此背景中开展其历史研究的。

狄尔泰历史哲学能够被表征为一种去逻各斯中心主义的思想门类，其根本原因就在于，按照其哲学立场，历史中的人以及对历史进行描述、理解的人都不是传统理性主义或法则精神视域下的主客体。描述历史的人不是具有现成在手的评价规则的既定主体，在历史中被描述的人也不是简单承载着人类理性或某种绝对理性之法则的对象。无论是作为抽象的评价主体还是作为被理解的对象，以往历史哲学中的人都或多或少被当作了可科学规整和量化分析的存在者；换句话说，人的存在被趋同于自然事物。而狄尔泰则将其哲学奠基于活生生的人的生命，这“比康德的先验哲学和经验主义者前进了一大步”[①]。

狄尔泰最重大的贡献之一就在于区分精神科学和自然科学的不同思维方式和研究对象。在《精神科学引论》(第一卷)中，他将人的生命体验与自然界的事实区分开来。人类世界的全部体验与有关自然界的各种感觉经验是不可通约的，“这种不可通约性使人们对这些精神世界的事实进行的把这些事实当做物质所具有的特性或者侧面来加以解释的分类，都变得不可能了”[②]。狄尔泰由此一起批判了以外在自然对象为中心的消极认识论思维路径，以及以先验认识能力为中心的康德式认识论路径。无论是从外在物质到内在心理，还是从内在心理到外在物质，试图将其一概而论并寻求两者因果统一性的科学研究都会遭遇矛盾。狄尔泰取消了物质和精神之间的因果一律性预设，从而根本上取消了在某种既定法则中看待物质和精神的那种认识

① 谢地坤:《狄尔泰与现代解释学》,《哲学动态》2006 年第 3 期。

② 〔德〕狄尔泰:《精神科学引论》,艾彦译,南京:译林出版社,2014 年,第 22 页。

论思维方式。其精神科学的根基不是某种普遍法则以及按照这种法则被科学分析的主体或客体,而是具有历史性的活生生的生命。一切精神科学研究本质上都是历史研究;任何用以认识世界的法则、规则、思辨概念,离开生命及其历史性存在都不能成立。对人的生命和内在体验的研究将构成其历史哲学的重要内容,而历史哲学也构成其他一切科学研究的"第一哲学"。

狄尔泰从结构学和发生学的角度对个体生命进行了界定。个体是由心理方面和生理方面构成的整体,任何个体都与众不同,都可以构成一个世界。各种理论研究都可以通过对个体生命整体的某些方面的抽象而得到发展,但生命本身作为一种生理心理单元是独立自足的,因为生命的经验对于其自身来说是不证自明的,是真实的和符合实际的。但狄尔泰也强调,个体生命是不能脱离其社会-历史的生活整体的。每个个体生命都必须接受外部事物和其他生命个体的影响,他们共同构成社会-历史的经验整体。狄尔泰不承认那种既在历史之中又超越于时间和历史的复杂的人性概念,后者是康德哲学中最难以令人信服的症结之一。他从康德历史哲学中去除的就是作为先验预设的逻辑主体的那种人的概念,也就是拥有对世界历史进行合目的性评判原则的那种先验主体。在狄尔泰看来,人需要在时间和历史中发展自身,但人也仅仅只能具有这种历史性存在,不可能再具有什么超越社会和历史的本体论意义。由于扬弃了人的先验逻辑的主体性,那种在先验主体那里占支配作用的逻各斯精神也随之隐退。在狄尔泰看来,一切理论规则和思辨概念都是在对活生生的生命体验的抽象基础上建构起来的:生命的原始经验"既为有关历史生活的全部知识提供了基础,也为引导社会和使社会进一步发展的所有各种规则提供了基础"[①]。

但是,狄尔泰历史哲学所要达到的真正目标是"以生命把握生命",这不是结构主义的心理描述能够实现的,更不是传统哲学中以先验预设的抽象法则所能够达成的,而需要一种全新的方法论。按照这种方法,人们应当尽可能地在保持生命的原初流变的状态下理解其精神世界的关联体[②],并在这种动态理解中揭示精神世界中各种逻辑规则的创造过程,由此也规定着这个世界的意义。这样的精神世界既是生命主体的创造物,也是生命主体在其精神运用中要体认的对象世界。换句话说,生命在其精神活动中创造着精神世

① 〔德〕狄尔泰:《精神科学引论》,艾彦译,第49页。

② 狄尔泰比较擅长使用各种"关联体"概念,其含义大致是,一个整体结构中可以辨别出来的各个部分之间的关系,这种关系又涉及生命体验活动和体验内容的关系;各种体验及其内容构成的关系体相互勾连,又可以形成一种完整的精神世界的关联体。只是在这些关联体之中,生命的体验和认识不是一种单纯的逻辑活动和逻辑关系。

界，也表达和理解这个精神世界，并试图建构其客观知识[①]。

在狄尔泰看来，康德、费希特、黑格尔都没有提出真正的历史问题："关于实际存在的历史科学中的历史关联体的知识何以可能"[②]。这实际上就是如何在精神科学中构造历史世界的问题。狄尔泰仍将其视为认识论的问题加以研究，而这种构建工作"开始于体验，并且从实在走向实在"[③]；因为甚至全部精神科学的出发点就是体验，只有体验才能提供出有关生命的各种意义的关联体。这一点既区别于康德和费希特的从实在到先天逻辑规则的反思性的先验历史观，也不同于黑格尔的从观念到实在的形而上学化历史观。作为对历史中个体生命的最直接、最基础的把握方式，体验可以从中汲取更多的内容和更全面的实在，而且"不存在假设，因而也不会有什么额外的内容被强加于历史给定物"[④]。《狄尔泰文集》的中译者安延明十分重视体验概念，他认为，"体验(Das Erlebnis)是德国思想家们在几百年的艰苦工作中，合力铸造出的一个重要概念"[⑤]。而在狄尔泰看来，只有这种体验才能传达生命本身的流变和实在。

但是通过体验对生命之流的把握，往往是发生在个体之内的，如何在诸多生命之间把握历史世界的整体呢？狄尔泰提出了理解的方法："理解以理解者自身的丰富体验为基础，通过一种转换活动，深入陌生的表现之中。"[⑥]体验、表现、理解就是狄尔泰用以建构历史世界的生命解释学方法。历史陈述的生命主体通过直接性和奠基性的体验，以及在此基础上的理解，呈现人类整体的历史世界。对于理解，狄尔泰说道："理解和解释是精神科学的通用方法。精神科学的一切功能和真理都集中于理解。在每一点上，理解都开启了一个世界。"[⑦]而个体之间的联结就在于，每个人在其自我理解中，同时形成了对他人的理解。当然，这种理解仍是以体验为基础，并且是与体验相互交织着的。个体生命自身的精神现象构成意义的关联整体，个体与他人之间也构成生活的关联整体。在狄尔泰看来，理解之所以能够在个体之间形成联

---

① 狄尔泰将此称为历史理性批判的任务。处于历史之中的人，在其创造的历史和精神世界中把握生命及其精神世界的意义整体。这是一个动态的意义创造的过程，狄尔泰尽可能地在其中扬弃任何既定的和现成预设的逻辑规则。

② 〔德〕狄尔泰：《精神科学中历史世界的建构》，安延明译，北京：中国人民大学出版社，2010年，第99页。

③ 同上书，第105页。

④ 同上书，第106页。

⑤ 安延明：《狄尔泰的体验概念》，《复旦学报(社会科学版)》1990年第5期。

⑥ 〔德〕狄尔泰：《精神科学中历史世界的建构》，安延明译，第106页。

⑦ 同上书，第188页。

结，是因为理解就产生于人们相互交往的实际生活需要。而关于理解过程的一个重要结论就是："个体所体认到的并非孤立的生活展现。事实上，它充满关于共同体的知识"[①]；虽然每个人体验到的往往是其个体生命的内在经验，但由于狄尔泰将个体放在与他人共在的视域中进行考察，基于体验的理解同时就包含个体对他人乃至整个共同体的把握。

这样的理解同样不是从结果到原因或者从原因到结果的逻辑推理，"我们甚至不应该用更为审慎的语言，将其说成是一个从既定结果到导致该结果的生命关联体之某一部分的回溯过程"[②]。理解所呈现的共同体的生活世界，同时也就是一种客观精神："理解活动专注于被表现出的精神"[③]。狄尔泰扬弃了近代哲学中对个体与个体之间的单子式的分裂理解。个体的精神现象是在人类共同体的整体背景中生成的；对个体生命的体验也必然与个体对他人和共同体的体认联系在一起。狄尔泰指出："客观精神和个体的生产力共同决定着精神世界。历史就建立在对于此二者的理解之上。"[④]这种论点类似于黑格尔将世界理性与个体的热情为交织的经纬线理解历史发展动力的学说。高级的理解总是能够从个体生命、个体物进到与该个体联结着的生活关联整体，实际生活的需要始终迫使理解者去思考他人和整个社会的客观精神世界。相对而言，狄尔泰更加强调个体生命及其体验对于共同体生活行程的奠基地位，黑格尔强调的则是世界理性、客观精神对于个体热情的主体性和主导性优势。由于这种思维方式的差异，狄尔泰能够扬弃黑格尔哲学中思辨的和形而上学的概念体系，并将客观精神奠定在生命及其原初体验之上。

狄尔泰历史哲学的方法论就是这样一种生命解释学。何卫平教授将其理解为一种存在论："虽然狄尔泰是从认识论和方法论出发探讨生命解释学的，但最后的结果却突破了这一界限"；"狄尔泰的哲学的真正目标是建立某种'生命'存在论"[⑤]。他在其中并未完全抛弃逻辑化的、概念式的、规则性的生命意义，而是将其奠基在原初体验之上。其方法论的重大意义就在于不是以某种假设的、先验的、形而上学的既定法则来解释生命，而是在生命及其原初体验的基础上生发出生命对自身意义的逻辑化甚至概念化的理解。就像

① 〔德〕狄尔泰：《精神科学中历史世界的建构》，安延明译，第 191 页。
② 同上书，第 190 页。
③ 同上书，第 191 页。
④ 同上书，第 195 页。
⑤ 何卫平：《西方解释学史转折点上的经典之作——狄尔泰〈精神科学中历史世界的建构〉述评》，《山东大学学报（哲学社会科学版）》2015 年第 3 期。

张庆熊教授所指出的:“精神科学的方法不单是阐明人如何运用概念进行思考,如何运用逻辑的方法进行推理,而且还要阐明这些概念和方法如何从我们的生活经验中成长和发展起来的,阐明它们的社会、历史和文化的特征。”①这毋宁是一种元逻各斯的研究路径。对逻各斯精神的扬弃是为了更好地发掘其生发之源,这是现当代欧洲大陆哲学的共同特征。狄尔泰的建立在生命体验之上的历史哲学成为海德格尔的存在哲学、伽达默尔的本体论解释学的重要思想渊源,甚至对胡塞尔现象学的历史维度也具有重要影响。而这种“生动”的哲学路径在一定程度上也拯救了康德和黑格尔的那种悬空的、无所依附的逻各斯精神。

二、海德格尔的存在论历史观

在西方哲学史上,海德格尔是从时间和历史的关系角度确立历史观的最典型哲学家。如果说时间与历史的关系在康德那里是隐而不显的,人们还需要付出特别的努力才能理清这一点,那么,在海德格尔这里,其存在论历史观就是明确奠基于其时间观之上的。甚至早在其 1916 年的《历史科学中的时间概念》中,他就“把‘时间一般’这一概念规定为‘历史时间’概念”②。因此,其历史观中的去逻各斯中心主义③也必定源于其特有的时间观念。笔者在这部分将从海德格尔对康德时间观的扬弃的视角,探究其去逻各斯中心主义的历史之思。

海德格尔在《存在与时间》中对康德的时间观有这样的评价:“为什么康德终究无法窥时间问题之堂奥。有两重因素妨碍了他。一是他一般地耽搁了存在问题”,“另一重因素在于:尽管康德已经把时间现象划归到主体方面,但他对时间的分析仍然以流传下来的对时间的流俗领会为准”④。在一定程度上,《存在与时间》所做的工作就是对主体之主体性的存在论分析,其中又以此在的时间性和历史性分析为核心。可以说,海德格尔的时间性分析颠覆了以康德为代表的传统的流俗时间观。康德的时间观虽然已经是对近代主流的客观时间观的革命,但其中所蕴含的空间化、无限性、一维性、不可逆性、可量化分析等特征仍与之一脉相承。甚至,从近代以来的宏观哲学史背景来

---

① 张庆熊:《狄尔泰的问题意识和新哲学途径的开拓》,《复旦学报(社会科学版)》2007 年第 3 期。

② 〔德〕海德格尔:《早期著作》,张柯、马小虎译,北京:商务印书馆,2015 年,第 508 页。

③ 这种去逻各斯中心主义仍然主要是指普遍的法则精神的去中心化思路。

④ 〔德〕海德格尔:《存在与时间》,陈嘉映、王庆节合译,北京:生活·读书·新知三联书店,2006 年,第 28 页。

看，尤其站在海德格尔的立场看，康德的时间无非是内在化或主体化了的近代机械时间观念。而在这种机械时间观念中，其空间化乃至无限性等特质是海德格尔要极力扬弃的，这构成他对时间的去思辨化、前科学化等一系列举措的基础。

康德在《纯粹理性批判》中对时间有如下描述："时间的无限性只不过意味着，时间的一切确定的大小只有通过对一个唯一的、作为基础的时间进行限制才有可能。因此时间这一本源的表象必须作为无限制的而被给予出来"[①]；"只有在时间里，两个矛盾对立的规定才会在一个事物中被发现，即前后相继地被发现"[②]。这些描述中包含了作为直观形式的时间的无限性、可量化、不可逆性等特征，而这些特征又是由于康德将时间类比于空间。"时间本身的表象是直观，因为时间的一切关系都能够在一个外部直观上面表达出来"[③]，人们可以"用一条延伸至无限的线来表象时间序列，在其中，杂多构成了一个只具有一维的系列"[④]。康德在先验感性论部分首先界定的就是空间观念：空间被表象为"一个无限的给予的量"[⑤]，并且这不是在后天经验中被给予的无限的量，而是认识主体先天给予的量。就时间被类比于空间而言，时间也是一种先天给予的无限的量。而时间区别于空间的独特性在于从过去到将来的均质流逝的一维性、不可逆性[⑥]。空间中的诸实体倒是可以具有持存性、同时并存两种更进一步的时间规定。后面这两种时间规定尤其需要借助空间直观才能被表象出来。

传统的时空观通常将空间看作是一种自在的容器。这种容器不仅容纳一切物质实体，也承载着诸物质实体之间普遍联系的自然法则。无限的空间与无限多物质实体的普遍法则之间具有天然的亲和性。而在康德哲学中，空间与法则的这种客观一致性通过时空的类比而转接到时间内部，确切地说是被内化到主体自身之中。上一节强调了康德对逻各斯中的法则精神的内化，在这里，笔者要继续指出，这种内化不仅涉及普遍法则，更涉及法则与时空之间的亲和性。康德实际上通过法则的内化和时空之间的类比而将这种亲和性也一并纳入了主体。从而，无限空间对普遍的自然法则的接纳就转化为无限时间对自然法则的接纳。在康德这里，自然法则被界定为知性的先验原

---

① 《纯批》，A32/B48，第 35 页。

② 《纯批》，B49，第 36 页。

③ 《纯批》，A33/B50，第 37 页。

④ 《纯批》，A33/B50，第 36 页。

⑤ 《纯批》，A25/B39，第 29 页。

⑥ 实际上，时间本身的一维性、不可逆性也是通过对空间的类比而获得的。只是，康德去除了空间中一条线的可逆性特征。

则，而时间则提供了知性法则与后天现象杂多相遇的无限性场域或基底。知性在时间中对各种具体的现象杂多进行规定，理性则对时间中的一切现象进行系统统一。人类认识能力中的先天概念或普遍法则不可能在一种有限的时间场域中完成其对现象的规整。康德实际上在其革命性的哲学立场中将时间理解为普遍法则和一切现象的容器。其革命性不在于改变了传统时间观的无限性等特质，而在于改变了其“处所”，即将其置入主体内部。

海德格尔沿着康德在近代肇始的内化路径进一步在主体（此在）自身之中理解时间，而其颠覆性则在于对康德所保存下来的无限性、空间化等特质的扬弃。在海德格尔这里，时间不再被类比于空间并由此获得其无限性特征，而是被系于此在本身的有限生命。此在生命的有限性决定了时间的有限性。海德格尔这里的时间与此在的一体化研究，最初也遵循着事关人自身的历史科学与物理学的区分。这种区分乃是狄尔泰等人对精神科学和自然科学之区分的延续。在康德哲学中，时间乃至一切思维形式都需要空间中外部现象或物理现象的充实。而狄尔泰取消了物理现象与精神现象的可通约性，也消解了时空之间的类比关系，从而确立了这两门科学的相互独立性。在狄尔泰看来，作为生命体验的结构关联体的时间不是与空间以及物理现象具有亲和性，而是与生命具有相似性，“时间之所以能够被主体体认到，是因为生命本身就是一种结构关联整体”，“体验所体认到的不是什么别的东西，就是体验本身或时间流变本身”[1]。狄尔泰对康德的推进就在于，取消时空之间的类比关系，并进一步将时间与生命看作是一体的。而在海德格尔这里，历史科学中的时间概念“完全不具有自然科学的时间概念的那种同质性特征。历史学的时间也就不能用数学的方式通过一个序列而得到表达，因为对于历史学的时间而言，并不存在着这样的定律，即规定了诸时间如何彼此相继的定律”，“历史学时间概念的那种质的东西所意指的仅仅是……一种在历史中被给予的生活的客观化”[2]。这是海德格尔早期著作中对那种数学性的和自然科学化的时间观的批判，以及对时间的较早界定。在1916年的这篇短文中，他区分了自然科学的时间与历史学的时间。前者就是那种典型的空间化和物理化的时间观，后者则与人的“生活”相联系。通过这种区分，海德格尔实际上消解了时间与普遍定律之间毋庸置疑的关系。既然时间不再只是被普遍定律或者自然科学的任何一种普遍法则所规定的对象，那么时间与思辨

[1] 刘凤娟：《从直观形式到体验关联体——康德与狄尔泰历史观的不同基础》，《中南大学学报（社会科学版）》2019年第5期。

[2] 〔德〕海德格尔：《早期著作》，张柯、马小虎译，第525页。

法则之间的亲和性就被悬置了。他要继续探索的则是更为源初的时间概念。这种源初性的时间毋宁是为自然科学的时间概念奠基的。

在1924年的《时间概念》中，海德格尔就对时间概念进行了专题性的研究。这种研究构成了“后来在《存在与时间》(1927年)中公布的生存论时间观的雏形”[①]。他自称其研究视角既不是神学的也不是哲学的，神学讨论“与永恒相关的人类此在的时间性存在”，而哲学“决不能在方法上把永恒用作一个可能的角度来讨论时间”，而是“**根据时间来理解时间**”[②]。海德格尔则从前科学的视角讨论以往哲学与科学中的时间，也提出自己的时间观。在这里，他更明确地将时间联系于“此在”：“对什么是时间的追问就已经把我们的探索引向了此在”，确切地说，“得到正确领会的时间性存在就是着眼于其存在的对此在的基本陈述”[③]。海德格尔对此在的最重要的陈述在于：“**此在的本真状态**就是构成其**最极端的存在可能性**的东西。通过这一最极端的可能性，此在原始地得到了规定。”[④]这种最极端的存在可能性就是此在的死亡。向其自身死亡的先行构成此在本身的将来，并且“他在这种将来存在中返回到他的过去(Vergangenheit)和当前(Gegenwart)”[⑤]。相对于康德的一维性和均质流逝的时间，以及狄尔泰的“被体验为现在的无休止的前移”[⑥]的时间，海德格尔将时间的重要意义寄托于将来：“**时间的基本现象是将来**”，“将来本真地是时间”[⑦]。这倒是在一定程度上契合了康德对历史的未来维度的强调。

如果说康德从未来维度思考历史终极目的的实现问题，并由此赋予普遍历史以合目的性意义，那么海德格尔则从源初性的时间的将来维度赋予此在生存的意义。康德的作为直观形式的时间概念无法承载人的存在乃至世界历史的意义，由此，他只能从道德形而上学那里为历史赋义。而一旦人们扬弃时间的这种形式化和科学化特征，时间本身的奠基性就显现出来了。海德格尔对时间概念的奠基性描述体现在：“在其最极端的存在可能性中被把握的此在**就是时间本身**。”[⑧]这就是他对时间与此在的一体性描述。在近代哲学中仅仅作为一种承载容器和有待普遍法则规定的时间，在海德格尔这里毋

---

① 〔德〕海德格尔：《海德格尔选集》，孙周兴选编，上海：上海三联书店，1996年，第7页。

② 同上书，第7—8页。

③ 同上书，第12—13页。

④ 同上书，第16页。

⑤ 同上书，第19页。

⑥ 〔德〕狄尔泰：《精神科学中历史世界的建构》，安延明译，第178页。

⑦ 〔德〕海德格尔：《海德格尔选集》，孙周兴选编，第19、20页。

⑧ 同上书，孙周兴选编，第19页。

宁演变为一种可创造意义的“主体”。此在从其最极端可能性(即死亡)中获得存在的意义,由此也就使将来给出了时间。在《时间概念》中,此在、死亡、将来、时间构成海德格尔讨论存在问题的场域,其时间观的特征也需要在这种场域中得到理解。

由于海德格尔将时间系于甚至等同于作为有限生命的此在,传统时间观中的无限性、永恒性等抽象特质就被摒弃了,取而代之的是有限性。在海德格尔看来,“此在在它的死亡中达成了它的整体”[1]。而从个体死亡中得到界定的时间概念就带有此在生命最本己的有限性特征。这与康德从灵魂不朽的角度对人的来世之永恒生命的描述形成鲜明对比。在康德哲学中,人的认识能力的有限性和灵魂的永恒性是一个难以跨越的张力。人的整体性存在恰恰不是他自己能够掌控的,而是需要借助于上帝(即便是作为一种调和性原则的上帝)的预见。而海德格尔将有限性贯彻到底,扬弃了那种抽象的、形而上的永恒性主体,甚至“此在在根本上就是它的死亡”[2]。由此他就使此在能够通过对其死亡的本真理解而通达时间本身和历史本身。这一思路在1925年的《时间概念史导论》和1927年的《存在与时间》中得到了更充分的阐发。

在《存在与时间》中,海德格尔对历史性的界定是:“时间性也就是历史性之所以可能的条件,而历史性则是此在本身的时间性的存在方式……历史性这个规定发生在人们称为历史(世界历史的演历)的那个东西之前”[3]。因此,一种合适的领会秩序应该是:(1)从此在的死亡到此在的以将来为基本现象的时间性,(2)从此在的时间性到此在的历史性,(3)从此在的历史性到世界历史的演历。在这个领会的过程中,此在也获得其最本真的存在意义。这当然不是一种类似于康德的逻辑秩序的严格序列,而毋宁是一种存在论的秩序。其区别在于,例如,康德的从时间到历史的秩序是不可逆的,并且是由普遍法则思辨地规定了的。被赋予了合目的性意义的时间整体就是普遍历史,时间构成历史的形式上的前提条件。而在海德格尔这里,此在、死亡、时间是一体的,它们构成历史性的基础;而要把此在说清楚,则需要“从此在的时间性与历史性着眼”[4]。这种看似“循环”的论证在海德格尔这里随处可见。究其原因就在于,海德格尔不是根据逻辑推论的规则理解这些概念的,而是在存在论的视域下展开其内在关系的[5]。存在论语境下的有限的时间无法像

---

① 〔德〕海德格尔:《时间概念史导论》,欧东明译,北京:商务印书馆,2014年,第485页。

② 同上书,第493页。

③ 〔德〕海德格尔:《存在与时间》,陈嘉映、王庆节合译,第23页。

④ 同上书,第25页。

⑤ 参见同上书,第359页。

康德的无限时间那样接纳一种普遍法则，从而直接地获得一种普遍历史理念。海德格尔的世界历史必须从此在的历史性和时间性入手，因为与时间具有亲和性的是此在最本己的有限性生命，而不是某种普遍的、世界性的东西。他从根本上颠覆了康德的无限时空与普遍法则的天然联系。

海德格尔批判了传统的对待死亡的态度："如果说死亡被规定为此在的亦即在世的'终结'，这却绝不是从存在者层次上决定了'死后'是否还能有一种不同的、或更高级或更低级的存在，以及此在是否'继续活着'甚或是否是'持存的'、'不朽的'。这并不从存在者层次上决定'彼岸'，仿佛应得预先设置对死亡的态度的规范与规则以资'教化'似的。"[①]相对于康德将个体死亡编织进普遍历史的终结中，并通过一种合目的性原则使人的死亡获得道德上的意义，海德格尔始终在此在的存在层面上理解死亡，也摒弃那种先验预设的来世、不朽等思辨观念。在此基础上，时间性在由死亡所昭示的此在的整体存在中被经验到。既然死亡不是由某种规则预先规定了的，那么此在的时间性存在也就同样不需要规则的预先设置。唯其如此，死亡、此在、时间才是内在地一体的。对此，他明确指出："知性'原则上'要把自己与筹划活动栅隔开来……它忽视了：即使还不曾从概念上把握了存在，但只有已领会了存在，才能'从事实上'经验到存在者。"[②]这是海德格尔的典型的前科学的、前反思的路径。这种路径使他扬弃康德的与世界绝缘的逻辑主体，而确立了一种作为在世存在的此在。

但上述对此在和时间的论述还是一般而言的，还没有深入到此在的存在内部。"时间性作为此在存在的建构，根本地是通过历史性体现出来的。"[③]此在的存在是在其自身的生与死之间展开的，"这种伸展开来的自身伸展所特有的行运我们称为此在的演历"，历史就是"生存着的此在所特有的发生在时间中的演历"[④]。海德格尔虽然并不接受康德的无限性时间观和历史观，但仍然在时间与历史的关系上隐约保留着康德的如下思路：历史性植根于时间性中，并且历史表达的是此在在时间中演变的内容。因此，此在"并非因为'处在历史中'而是'时间性的'，相反，只因为它在其存在的根据处是时间性的，所以它才历史性地生存着并能够历史性地生存"[⑤]。在此意义上，对此在

① 〔德〕海德格尔：《存在与时间》，陈嘉映、王庆节合译，第 285 页。

② 同上书，第 359—360 页。

③ 李日容：《流俗与本真——〈存在与时间〉中的时间性问题研究》，北京：人民出版社，2018 年，第 128 页。

④ 〔德〕海德格尔：《存在与时间》，陈嘉映、王庆节合译，第 425、429 页。

⑤ 同上书，第 426—427 页。

的历史性的阐释就是对其时间性的更具体的研究。

历史性由于奠基于此在的时间性而具有了个体化的、有限性的特征。海德格尔从这种历史性过渡到对世界历史的描述。不同于康德对世界历史的“人类整体”的定位,海德格尔的世界历史指的是在世界之中演历着自身的此在、此在的上手事物、现成事物。在他看来,此在的历史性就是世界的历史性,“只要此在实际生存着,世内被揭示的东西也就已经照面了。上手事物与现成事物向来已随着历史性的在世界中存在的生存被收入世界的历史”[①]。所以,海德格尔的世界历史是以此在为基点的,从此在的演历到此在的上手之物的历史性,再到其他事物乃至自然的历史性。此在由于其自身的时间性而是历史性的,其他事物作为与此在在世内照面的东西而具有其历史性。此在的演历由此辐射出整个世界的历史,世界历史所包含的就是此在与世界的关系上的演历,以及上手事物与现成事物在世内的演历。

海德格尔从对此在的历史性和世界历史的描述中引出历史学的研究思路。他指出:“常人及其知性都要求尺度的‘普遍有效性’,要求声称‘普遍性’;而这些东西在本真的历史学中比在任何科学中都更不是‘真理’的可能标准”;“历史学的课题既不是仅只演历一次之事也非漂游于其上的普遍的东西,而是实际生存曾在的可能性”[②]。对于海德格尔来说,像康德的那种普遍历史观念就是一种以漂游于存在之外的普遍法则来建构的历史学,即一种以普遍性为尺度的历史学。这样的历史学缺乏此在的本真的历史性演历,从而也就丧失了其生存论源头。

既然康德在历史问题上依赖于某种普遍法则,那么对康德的超越就必须扬弃其普遍的法则精神。海德格尔的存在论历史观在此意义上可以被看作是去逻各斯中心主义的。他不是将普遍法则或某种普遍性的尺度设定为时间观和历史观的基础,而是将此在的有限存在设定为其基础。海德格尔的哲学中隐秘地包含着这样的路线:对时间的空间化的扬弃——对时空的无限性的扬弃——对无限性时空与普遍法则的亲和性的扬弃——对此在的有限生命的描述——对此在的基于有限[③]生命的时间性和历史性的描述——对基于此在之演历的世界历史和历史学的描述。在海德格尔与康德的历史观之

---

① 〔德〕海德格尔:《存在与时间》,陈嘉映、王庆节合译,第439页。

② 同上书,第446页。

③ 当然,海德格尔的“有限性”不仅仅是指此在生命的有限性,因而“不是仅仅附在我们身上的某种特性,而是我们的存在之根本方式”。这种有限性概念正是对传统形而上学中现成的、作为先验预设的无限性时间乃至各种无限性理念的扬弃,它所描述的是个体化的、生成着的、活生生的此在及其存在。参见〔德〕海德格尔:《形而上学的基本问题》,赵卫国译,北京:商务印书馆,2017年,第10页。

间构成鲜明对比的就是他们对有限和无限的态度,以及对普遍性尺度的态度:"'时间是无终的'这一流俗时间解释的主论题最入里地表明:这样一种解释敉平着遮蔽着世界时间,并从而也敉平着遮蔽着一般时间性。"[①]海德格尔认为,恰恰由于这种流俗的无限性时间观的遮蔽,本真的时间性和历史性反而成为不可通达的。在他看来,时间性和历史性问题不是与普遍法则可相互协助的对等关系,而是沉淀到普遍法则的基底,并将一切普遍法则烘托为抽象的形上物。与之具有天然亲和性和一体性的是此在的源初存在,在这种源初存在中还没有能够与无限性时间具有统一性的普遍法则、思辨概念等。有的只是此在的个体化的、有限性的操心、畏等生存体验。

三、伽达默尔的效果历史

海德格尔的存在论历史观具有鲜明的个体性根基,因为其历史观乃至其世界历史概念都是从此在的时间性存在展开的,而此在具有个体性特征。他将这种历史观称为本真的。但这一点受到了质疑。例如,方向红认为,本真的历史或本真的历史性"这一表述并不像它以之为基础的另外两个概念'此在的本真状态'以及'本真的时间性'那么不言而喻"[②]。究其原因在于,历史不仅仅是个体此在意义上的,还应该是诸此在之间或类的意义上的。但是,如果每个此在都是本真意义上的,那么建立在本真的此在之上的历史又有可能成为敉平此在之个体性和有限性的"均质"的世界史了。换言之,本真的此在在海德格尔的历史观中恰恰是一个"成也萧何败也萧何"的症结点,尤其对于一种世界史的观念来说更是如此。方向红指出,海德格尔哲学中存在着对该难题的自我调解的路线:"存在或历史性有其自身的开显和展开力量,此在的作用仅仅在于参与和看护……由于此在的作用的降低,不再担任'限定'者,围绕此在的本真性所建立起来的历史的本真性便失去了依托,对历史所作的本真性与非本真性的区分也随之消失。"[③]但是,不再执着于"本真性"的历史是否真的能够既不敉平此在的特殊性又可通达历史的整体性?伽达默尔的效果历史给出了别样的解决思路。

在一定程度上,伽达默尔的效果历史是在海德格尔的存在论视域中继续发展起来的;而海德格尔的此在及其时间性、历史性则是对康德的奠基于先验法则的普遍历史观的解构,也是对黑格尔的建立在思辨的自由理念之上的

---

① 〔德〕海德格尔:《存在与时间》,陈嘉映、王庆节合译,第478页。

② 方向红:《从"本真的历史"到"效果历史"——论〈真理与方法〉对海德格尔早期历史观的改造》,《同济大学学报(社会科学版)》2012年第6期。

③ 方向红:《海德格尔的'本真的历史性'是本真的吗?》,《江苏社会科学》2011年第2期。

历史哲学的超越。在康德和黑格尔那里，历史的意义不在于每一个活生生的人，而在于被表现为先验法则或思辨概念的逻各斯精神。海德格尔的历史观是对这种特定的逻各斯精神的有过之而无不及的扬弃。伽达默尔则在其效果历史理论中承担着双重的任务：一方面是对逻各斯精神的这一面向的继续扬弃，另一方面是重建在海德格尔那里成为难题的历史的整体性、统一性等。为此，伽达默尔不是将历史偏颇地寄托于某种"主体"或"对象"，而是将其寄托于两者所共属的运动着的视域，从而其历史观更能体现历史概念所应有的整体性含义。伽达默尔之所以重视历史的整体性，是因为他将诠释学奠定为历史学的基础[①]，而诠释学最重视的就是整体与部分之间的关系。历史学家"探究的主题不是个别的文本，而是整个世界史（Universageschichte）。这就规定了历史学家将以理解整个人类历史关系为己任"[②]。

伽达默尔首先给予海德格尔的"理解"以高度评价和肯定："传统的诠释学曾经以不适当的方式使理解所属的问题境域变得很狭窄"，海德格尔则将其看作是"人类生命本身原始的存在特质"[③]。海德格尔对理解的这种措置使得在狄尔泰和其他人那里作为方法论和认识论的诠释学彻底转向本体论，"由于人类此在在生存论上的未来性，历史理解的结构才在其本体论的全部基础上得以显现"[④]。正是在这种本体论转向上，他深刻地影响了伽达默尔。在海德格尔看来，理解活动就是此在的存在方式，而存在甚至就是时间；就历史性奠基于此在的时间性而言，理解、存在、时间、历史在海德格尔哲学中具有本体论上的原始同一性。伽达默尔是在这同样的本体论视域中发展其历史观的。

在历史理解问题上，海德格尔对伽达默尔的影响超过其他人。从海德格尔的思想中衍生出来的历史哲学的立场应当是："认识者与被认识物的相适应性并不依据于它们具有同样的存在方式这一事实，而是通过它们两者共同的存在方式的特殊性而获得其意义。这种特殊性在于：不管是认识者还是被认识物，都不是'在者状态上的'（ontisch）'现成事物'，而是'历史性的'（historisch），即它们都具有历史性的存在方式。"[⑤]这种特殊性鲜明地区别于狄尔泰对认识者与被认识物的同质性和同时性的设想。并且，海德格尔将认

---

① 参见〔德〕伽达默尔：《诠释学Ⅰ：真理与方法》，洪汉鼎译，北京：商务印书馆，2010年，第286页。

② 同上书，第283页。

③ 同上书，第372、370页。

④ 同上书，第372页。

⑤ 同上书，第372—373页。

识者和被认识物之间的特殊性奠定在其各自存在的历史性上，这就承认了发生历史关联的不同事物在时间上的距离。或者说，正是由于事物之间或者此在与诸多事物之间时间上的特殊性，其各自的历史性才是不容忽视的。狄尔泰虽然将其历史观溯源到一种活生生的生命体验，但发生历史联系的诸生命之间或诸事物之间的时间特殊性被忽视了。如此一来，不同认识者之间又被敉平为同质的主体。这虽然有助于塑造一种客观的、普遍的历史科学和历史世界，但却带着形而上学历史观的残留物。狄尔泰从康德、黑格尔那里抛弃的无非是那种先验预设的普遍法则或思辨理念，但并未完全扬弃他们对人的主体性的同质性理解。海德格尔和伽达默尔则要在此基础上进一步突出每一个历史理解者本身的特殊性。

伽达默尔的效果历史理论内在地包含了时间距离和视域融合的思想，而这两种思想凸显了理解者与被理解者的特殊性。首先来讨论时间距离。与海德格尔相似，伽达默尔也将时间因素置于其诠释学的关键位置："哲学揭示了时间是自我理解的隐秘基础。"[①]他在很大程度上继承了海德格尔对存在和时间的本体论描述，并在此基础上发展自己的诠释学和历史观。伽达默尔指出，"只有当海德格尔对此在的存在方式作出时间性的解释之后，时间距离的诠释学创新意蕴才能够被设想"[②]。海德格尔的时间性是基于此在向死而生的有限性存在而言的，甚至在他那里，此在的存在就是时间。时间本身的创造性和奠基性意义在海德格尔哲学中达到了前所未有的高度。就伽达默尔基本上赞同海德格尔对存在、时间乃至理解的同一性的描述而来，他所说的"理解在任何时刻都受到存在的历史性的制约"[③]，就意味着"理解总是受到理解者的时间性制约"。这里的时间当然不是自然科学上的可量化的均质时间，例如，不是意指2020年的某位理解者与公元前的亚里士多德之间可精确测量的时间位置和关系，而主要是指他们的存在方式。在理解活动中，理解者和被理解者都具有自身特殊的存在方式，因而也都具有自身特殊的时间性。这决定了理解者与其被理解者之间必定存在一种时间性的差异。伽达默尔将这种差异描述为"时间距离"，他同时明确指出，此处的时间概念"不再主要是一种由于其分开和远离而必须被沟通的鸿沟"，而是"现在植根于其中的事件的根本基础"[④]。这种基础就是事件的存在方式。诸事件的存在方式

---

① 〔德〕伽达默尔：《诠释学Ⅰ：真理与方法》，洪汉鼎译，第146页。

② 同上书，第420页。

③ 〔德〕伽达默尔：《哲学诠释学》，夏镇平、宋建平译，上海：上海译文出版社，2004年，第127页。

④ 〔德〕伽达默尔：《诠释学Ⅰ：真理与方法》，洪汉鼎译，第420页。由于伽达默尔将时间概念理解为理解者与被理解者的存在方式，时间距离就不是科学化的时间间距概念，而 （转下页）

是有差异的，这种差异不是可以精确测量出来的，而是需要在动态的理解活动中不断被揭示，并达成理解的统一性。伽达默尔像海德格尔那样扬弃了均质的物理时间观念，从而在均质的时间序列上不可逆以及不可重叠的两个点在伽达默尔的时间观语境中就是可融合的。这一点在其视域融合思想中得到更鲜明的体现。从差异到统一，这里隐秘地包含着一种辩证法的思想。伽达默尔将理解者与被理解者之间的时间距离和存在方式的差异，当作是理解活动中的诸要素。通过理解的深入，这种差异走向统一，并形成历史性的认识。这种理解过程抛弃了先验预设的思辨概念或抽象法则，但保留了辩证法的运动性和内在的对立统一性。

伽达默尔也将这种时间距离直接地理解为"历史距离"：理解者和原作者之间具有不可消除的差异，"而这种差异是由他们之间的历史距离所造成的"[①]。在理解活动中，每个文本的真实意义并不完全源自作者及其最初的读者，而是"总是同时由解释者的历史处境所规定的，因而也是由整个客观的历史进程所规定的"[②]。伽达默尔通过将其时间距离界定为一种历史距离，从而引出了解释者的历史处境问题；在他看来，历史距离"对我们的诠释学处境（Hermeneutische Situation）具有根本性意义"[③]。这种演进思路与海德格尔从此在的时间性过渡到此在的历史性的路径是相似的。凭借这种历史的术语，伽达默尔能够更切近地探讨其效果历史问题。他不同意那种完全摒弃理解者自身历史处境，并将理解者完全置入被理解者的处境中的理解活动，由此达到的恰恰不是什么客观的历史认识。对伽达默尔来说，理解者自身的历史处境以及他在这种处境中的前见和前理解，是不可消除的。对此，伽达默尔的学生、诠释学专家让·格朗丹（Jean Grondin）评价道："我们的历史性不是一种限制，而是理解的绝对原则。"[④]因为这就是理解者自身的存在方式。就像海德格尔放弃了近代哲学的那种抽象的理性主体（一种现成在手的

（接上页）是揭示了不同的存在方式的差异。在这点上，千夏·小林与马修·马里昂从一种空间隐喻的时间观角度对伽达默尔时间距离的指责是不合适的。毕竟空间化的时间观与伽达默尔的存在论意义上的时间观是完全不在同一个哲学频道上的。一种科学化的、空间化的时间距离只能设想其分开和远离，而存在论意义上的时间距离却可以设想其视域融合。所以，时间距离对于像施莱尔马赫这样的传统解释学家意味着必须被克服的难题，但对于伽达默尔却可以积极地成为其理解的前提条件。参见 Chinatsu Kobayashi and Mathieu Marion, "Gadamer and Collingwood on temporal distance and understanding", *History and Theory*, *Theme Issue* 50 (December 2011), pp. 81 - 103。

① 〔德〕伽达默尔：《诠释学Ⅰ：真理与方法》，洪汉鼎译，第 419 页。

② 同上。

③ 同上书，第 425 页。

④ 〔加拿大〕让·格朗丹：《哲学解释学导论》，何卫平译，北京：商务印书馆，2009 年，第 178 页。

存在者)那样,伽达默尔也不承认有那种无需任何历史处境和不带任何前见的理解者。任何理解者总是具有自己的时间性和历史性,也总是在动态的理解活动中去接近历史上的各种传承物。伽达默尔的理解者的历史处境实际上就是海德格尔的此在的历史性的另一种表述;失去其处境的理解者就好像是从其存在中被强行抠出的主体,这种主体是不可能真正呈现历史之整体性的。伽达默尔对这种抽象理解者的拒斥,同时也是对这种抽象主体先验预设的普遍法则,以及由此所建构的普遍历史观念的拒斥。

伽达默尔对时间距离和历史距离的强调伴随着他对理解者之前见以及对传统和权威的正名。在他看来,"一切理解都必然包含某种前见"[①],前见毋宁就是理解者的存在的本体论基础。对历史中某个文本的理解就是对他人的理解,而这种理解应当保持开放的态度,即"我们要把他人的见解放入与我们自己整个见解的关系中,或者把我们自己的见解放入他人整个见解的关系中"[②]。我与他人的理解的统一体就存在于各自见解的关系之中。基于这种立场,理解就不是用自身的前见强制解读某种文本或他人,也不是完全放弃自身的前见而陷入该文本的见解中。这两种错误的理解方式毋宁都是独断论。伽达默尔提出这种观点是对启蒙运动的反对传统、不承认任何权威的一个反思。其实,即便是以启蒙运动思想家著称的康德也在一定程度上承认传统,尤其是基督教思想的合理价值,而不是完全予以抛弃。康德虽然主张将一切放在理性法庭上加以审判,但是他的理解是具有包容性的,能够包容历史中的各种思想元素。康德所做的无非是在理性本体论的基础上重新改造传统。所以,伽达默尔也看到:"德国启蒙运动大多都曾经承认基督宗教的'真实前见'。因为人类理性太软弱,不能没有前见去行事,所以,曾经受到真实前见的熏陶,乃是一种幸福。"[③]

既然没有人可以无前见地去理解,那么前见就构成理解的必然的前提条件,而前见又总是来源于传统或权威。所以,伽达默尔对前见的重视必定导向对传统和权威的正名。在他看来,"诋毁一切权威不只是启蒙运动本身所确立的一种偏见,而且这种诋毁也导致权威概念被曲解"。相反地,"权威也是一种真理源泉"[④],它依赖于理性和自由,而不是无理性的和随心所欲的。同样,对于传统,伽达默尔也指出,"传统和理性之间并不存在这样一种绝对

---

① 〔德〕伽达默尔:《诠释学I:真理与方法》,洪汉鼎译,第383页。

② 同上书,第381页。

③ 同上书,第387页。

④ 同上书,第395页。

的对立”[①]。可以看得出来，伽达默尔对启蒙运动的反思不是要完全摒弃其中的理性精神，而是试图调和启蒙与传统、权威之间的尖锐矛盾。这种矛盾是近代启蒙运动的强势推进所造成的不良后果。伽达默尔的诠释学对前理解、前见的揭示，在一定程度上缓和了这种矛盾。启蒙运动对理性的推崇有其合理性，也有其独断性，伽达默尔要做的就是批判其中的独断性，但保留其合理性。甚至我们可以说，启蒙运动中的理性精神实际上也是处于该运动中的思想家的不可规避的前见。任何一个启蒙思想家在理解历史文本、作者时都可能会带着这种前见与其照面。伽达默尔对传统和权威的证明恰恰也是对自古以来的理性精神的正名。因为理性在传统中、在权威中、在启蒙运动等几乎一切思想活动中都占据重要位置。

但需要注意的是，伽达默尔对理性精神的包容态度并不意味着，他要用某种抽象的理性法则或思辨概念来操控理解活动，而是将理性精神作为其诠释学尤其是其效果历史理论可涵摄的对象。换言之，理性精神在伽达默尔这里不是作为本体论基础或方法论基础被考察的，而是奠定在其诠释学和效果历史学说之上的被构造物。按照这种思路就可推出：不是诠释学依赖于理性精神，而是理性精神依赖于其诠释学。就像在海德格尔那里，以理性法则为核心的逻各斯精神不是被完全放弃了，而是被取消了本体论地位。在以往哲学思想中占据本体论基础地位的理性，在海德格尔和伽达默尔这里演变为有待被承认和建构的对象。哲学上的本体论基础从理性精神转向了此在的时间性和历史性。而理性精神就是伽达默尔所理解的逻各斯精神。在他看来：“随着黑格尔哲学的瓦解，逻各斯（Logos 即理性）和存在之间的自明的符合关系最终被摧毁了。由于黑格尔在一切地方，甚至在历史上强调理性，他成为古代逻各斯（即理性）哲学的最后一位最全面的代表。”[②]

笔者基本同意伽达默尔的这一判定，因为将理性（无论是人类理性还是客观的世界理性）作为哲学的本体论基础，这种做法确实是西方哲学自古以来的典型思想形态，而黑格尔确实是最后一位大张旗鼓地论证理性本体论地位的哲学家，尤其是在其历史哲学中。马克思的唯物史观虽然也被笔者描述为一种具有逻各斯的哲学形态，但其历史的基础或主体不是某种先验设定的理性精神，而是生产力和生产关系。逻各斯精神在马克思哲学中是同步地伴随在唯物主义的历史进程中的，或者说，历史与逻辑的统一性在他那里是以唯物论为本体论基础的。而在以狄尔泰、海德格尔、伽达默尔为代表的另一

---

① 〔德〕伽达默尔：《诠释学Ⅰ：真理与方法》，洪汉鼎译，第 398 页。

② 同上书，第 316 页。

历史哲学路径中,逻各斯精神甚至连伴随历史进程的资格也被取消了,转而成为有待被建构和确立的形上物。

对伽达默尔自己来说,“现代的历史研究本身不仅是研究,而且是传统的传递。我们并不是只从进展的规律和确切的结果方面去看待现代的研究……历史的研究被带到了生命自身所处的历史运动里,并且不能用它正在研究的对象从目的论上加以理解”[①]。像康德和黑格尔那样在普遍历史中设置某种理性主体和终极目的的思维方式,在现代的历史研究中是不合适的。“一种真正的历史思维必须同时想到它自己的历史性。只有这样,它才不会追求某个历史对象……的幽灵……真正的历史对象根本就不是对象,而是自己和他者的统一体,或一种关系。”[②]伽达默尔从理解者的历史运动和历史处境中考察传统和现代之间的动态融合。同样,历史研究和理解“甚至根本不能被认为是一种主体性的行为,而是要被认为是一种置自身于传承物事件中的行动……在这行动中过去和现在不断地进行中介”[③]。综合来看,伽达默尔不再将历史认识看作是像自然科学认识那样的主客体之间的静观。在后面这种认识中,存在着先验预设的主体和抽象的对象;而在历史认识中,并不存在永恒对峙着的主客体,人们必须思考理解者和被理解者的历史处境的交融关系。

伽达默尔指出:“效果历史意识首先是对诠释学处境的意识”[④]。但是,如上所述,历史认识的特殊性决定了人们不可能将处境作为一种确切对象来加以认识,每个人在认识活动中本来就已经处于其自身的历史处境中了。理解者的前理解、前见构成了现在处境中的必然要素,被理解者身上所呈现的传统和权威则构成了某种过去的处境;“过去和现在不断地进行中介”实际上就是两种历史处境的不断融合。伽达默尔形象地将处境描述为“一种限制视觉可能性的立足点”[⑤],即视域;“诠释学处境的作用就意味着对于那些我们面对传承物而向自己提出的问题赢得一种正确的问题视域”[⑥]。就此而言,过去和现在的处境的不断融合实际上就是其视域的逐渐融合。这同时可以推导出来:每个人的视域以及每个文本和他人的视域都是变化着的:“人类此在的历史运动在于:它不具有任何绝对的立足点限制,因而它也从不会具有

---

① 〔德〕伽达默尔:《诠释学I:真理与方法》,洪汉鼎译,第402—303页。

② 同上书,第424页。

③ 同上书,第411页。

④ 同上书,第426页。

⑤ 同上书,第427页。

⑥ 同上书,第428页。

一种真正封闭的视域。视域其实就是我们活动于其中并且与我们一起活动的东西。”[①]伽达默尔以这种运动着和变化着的视域、处境概念扬弃了那种抽象设定的逻各斯精神(即理性精神),从而将人的历史性存在奠定为哲学研究的本体论基础。这是他从海德格尔那里继承过来的最精华的东西。

效果历史就存在于现在与过去、自我与他人、理解者与被理解者之间的时间距离和视域融合中。格朗丹曾准确地总结道:“发展效果历史意识与意识到一个人自己的解释学处境和时间距离的生产性是并驾齐驱的。然而,效果历史意识,伽达默尔指某种更基本的东西,对他来讲,它具有一种‘原则’(Prinzips)的地位,实际上,他的全部解释学都可以从这个原则中推导出来。”[②]何卫平进一步将效果历史、时间距离、视域融合看作是“一个有机的统一体:时间距离造成了理解者与被理解者之间的隔阂、离间、对立和陌生化(异化),理解和解释就是一种对‘时间距离’的居间‘调解’(Vermittlung),也就是一种解释学的‘应用’,由此来扬弃一种主体间性的断裂,从而达成一种连续性,这就是‘视域融合’所要做的工作,视域融合使对立双方达到统一,而这种统一是效果历史的”[③]。效果历史既然在其诠释学的思想整体中占据如此举足轻重的地位,那么,这个概念的具体含义是什么呢?

伽达默尔对效果历史的正式定义是:“真正的历史对象根本就不是对象,而是自己和他者统一体,或一种关系,在这种关系中同时存在着历史的实在以及历史理解的实在。一种名副其实的诠释学必须在理解本身中显示历史的实在性。因此我就把所需要的这样一种东西称之为‘**效果历史**’(Wirkungsgeschichte)。理解按其本性乃是一种效果历史事件。”[④]伽达默尔将效果历史确立为其诠释学的基本原则,这是由其对理解者乃至一切事件的历史性的揭示决定的。无论是理解活动中的理解者还是被理解者,都具有自身不可摆脱的历史性;由于这种历史性,他们就带着最切近的历史视域和处境,并因而都具有自身的前见。理解活动的本质是不同主体之间历史视域的融合过程,因此,理解是多种历史性存在方式之间发生相互关系并产生实质效果的事件。并且这种事件或理解活动是生产性和开放性的,因为发生效果历史关系的双方是处于运动变化之中的,其历史性决定了这种运动性。也因为这个缘由,理解必定是一个连续性过程,而不是某种瞬间的、一次性的事

① 〔德〕伽达默尔:《诠释学Ⅰ:真理与方法》,洪汉鼎译,第430页。
② 〔加拿大〕让·格朗丹:《哲学解释学导论》,何卫平译,第181页。
③ 何卫平:《辩证法与现象学的会通——以伽达默尔的“效果历史意识”为例》,《天津社会科学》2020年第4期。
④ 〔德〕伽达默尔:《诠释学Ⅰ:真理与方法》,洪汉鼎译,第424页。

件。任何对理解的一次性描述实际上都是对效果历史的背弃,以及对发生效果关系的双方的抽象。

由于理解是一个开放性的效果历史事件,理解双方的视域融合就是连续的、始终进行着的活动。理解者的视域与被理解者的视域不仅是不断变化着和扩展着的,而且它们之间“共同地形成了一个自内而运动的大视域”[①]。在伽达默尔看来,这个大视域是一种唯一的视域,它包含着历史意识中的一切东西,“人类生命总是得自这个运动着的视域”[②]。相对于海德格尔以此在为立足点而蔓延开来的世界历史,伽达默尔从理解活动中双方所属的唯一的大视域着手考察历史。这样的历史更容易具有世界性和整体性。因为视域融合“总是意味着向一个更高的普遍性的提升,这种普遍性不仅克服了我们自己的个别性,而且也克服了那个他人的个别性”[③]。因此,伽达默尔虽然在本体论上继承了海德格尔的时间性和历史性学说,但作为其诠释学基本原则的是效果历史理论,而不仅仅是理解者(此在)的历史性。这就相当于说,在历史研究上,伽达默尔从海德格尔的“从点到域”的历史理解过渡到直接以某种域(视域、处境)为基础的历史理解。这就超越了海德格尔那种单一立足点的局限性。并且对于理解者的现在视域,伽达默尔的态度是:“现在视域就是在不断形成的过程中被把握的”,甚至,“如果没有过去,现在视域就根本不能形成”[④]。这表明,视域本身的形成就离不开过去和现在,以及不同主体之间的互动。理解双方的视域不仅具有各自的特殊性,更具有向来已经在进行中的交融性,这就是众多学者将伽达默尔的诠释学理解为一种辩证过程的理由。任何理解事件都是理解双方各自视域从特殊、对立走向统一和唯一整体的动态过程。效果历史的精神实质就是这种对立统一的运动。

当然,伽达默尔也很清楚这种辩证运动过程不同于黑格尔的那种辩证法。其本质区别就在于伽达默尔对那种理性精神即逻各斯精神的扬弃。他不仅在自身哲学思维中意识到了这种扬弃,也在狄尔泰、海德格尔那里意识到这一点。他指出,对于狄尔泰来说,哲学自我思考“抛弃了那种凭借概念的纯粹认识的要求”,而是“作为人类历史事实本身也使自己成为对象”[⑤]。如果说历史性在康德和黑格尔那里是被“包容”在他们的先验预设的普遍法则、世界理性、思辨概念之下的,那么,历史性在狄尔泰这里已经突破了这种逻各

---

① 〔德〕伽达默尔:《诠释学Ⅰ:真理与方法》,洪汉鼎译,第 431 页。
② 同上。
③ 同上。
④ 同上书,第 433 页。
⑤ 同上书,第 338 页。

斯精神的硬性条件的规制。到了海德格尔哲学中，“现象学探究的本体论基础，应当是那种不能证明和不可推导的此在的事实性，即生存（Existenz），而不是作为典型普遍性本质结构的纯粹我思”①。他从“主体”角度对以往的理性主义哲学进行了彻底的清算，也使其在历史观上扬弃了理性精神的框架。

但需要再次强调的是，逻各斯概念含义丰富，无论是狄尔泰、海德格尔还是伽达默尔本人，都只是扬弃了其中的理性精神，亦即那种先验预设的普遍法则、思辨概念等，但并没有抛弃其所有意蕴。毋宁说，对语言、文本的看重是他们乃至现当代大多哲学家的共识，这未尝不是逻各斯精神的另一面向。所以，本书所说的这第二种历史哲学路径是仅就其中理性精神的去中心化而言的。并且，在这第二种路径中，世界的普遍性和整体性也不是完全被忽视了，而是在存在和理解的过程中不断被实现着。哲学家们所扬弃的只是在这种整体性尚未实现之前，就预先设定其思辨概念以及建立在这种概念之上的普遍法则的做法。世界将要趋向于什么样的整体，以及世界将如何运动变化，这是无法事先用抽象概念和普遍法则来规定的；而以往的哲学研究总是从理性视角出发从上至下地去规定经验实在。以狄尔泰、海德格尔、伽达默尔为代表的诠释学路径，则将人的最切近的生命体验、存在、理解等奠定为哲学的本体论基础，由此就逐渐地使哲学研究的旨趣得到了根本反转。

小　结

本章从逻各斯精神的视角区分了德国古典哲学以来的两种历史研究路径：一种是以康德、黑格尔、马克思为代表的具有逻各斯的路径，另一种是以狄尔泰、海德格尔、伽达默尔为代表的去逻各斯中心主义的路径。当然，如笔者反复强调的，这里的逻各斯精神主要是一种理性精神，即以某种普遍法则、思辨概念等来理解人类历史的那种思维方式。与之相反的那种路径就表现为，扬弃这种理性精神，以人的最源初的和最具体的生命体验、存在方式、理解活动来奠定历史研究之基础。

在第一种路径中，康德将世界历史的建构寄托于人类理性先验预设的合目的性原则之上。这是一种反思性的和调节性的原则，是人们用以考察历史整体的普遍原则。历史中一切经验性的行动都被系统地规整在这一原则之下，并趋向于人类理性所设定的终极目的，即至善。这样一种宏大的历史观

---

① 〔德〕伽达默尔：《诠释学Ⅰ：真理与方法》，洪汉鼎译，第363页。

影响了整个德国古典哲学的运思方向。在黑格尔那里，虽然他不再将全部人类历史的发展进程寄托于某种先验预设的普遍法则，但历史的意义和动力仍然是由抽象的世界理性及其思辨概念来提供的；人自身的行动和激情只是被淹没在世界理性的隐秘狡计之中。康德是将大自然的隐秘计划与人的具体行动分别归属于理性的抽象原则和经验实在，这是一种二元论的思维方式。黑格尔则在此基础上推进到绝对精神的一元论，从而将表现为世界理性的精神与人的经验行动看作是相互交织的经纬线。这种一元论的交织学说体现了黑格尔对历史性哲学精神的更为彻底的阐发。马克思继承了黑格尔的历史性的哲学精神和辩证的思维方式，但是将整个人类历史奠定在唯物主义的基础上。历史发展的动力不再是某种抽象的和观念上的东西，而是在现实劳动实践中的生产力和生产关系。生产力就是具有劳动能力和生产能力的劳动者，生产关系就是这样的劳动者在各种实践活动中发生的相互关系。从物质性的劳动实践着手，马克思将人类历史的发展描述为一种唯物史观。而如此这般的历史进程同样具有其辩证的逻辑规律。

在康德、黑格尔、马克思的历史哲学中，逻各斯精神表现为历史与逻辑的统一性原则。康德在其二元论和先验逻辑的方法论之下展开这一原则，黑格尔继续将其推进到一元论的哲学视域中，马克思则在黑格尔的基础上进一步扬弃了其唯心论，将历史与逻辑的统一性建立在人类物质生活基础上，从而也扬弃了康德和黑格尔的抽象的理性本体论。可以说，马克思的唯物史观实际上已经走在了这两种路径的过渡之处，只是由于他对社会发展过程的合乎逻辑的描述，笔者仍然将其纳入具有逻各斯的历史研究路径中。

在去逻各斯中心主义的路径中，狄尔泰、海德格尔、伽达默尔的历史观奠基于他们对以康德为代表的空间化的、可科学量化的时间观的颠覆。在他们的这种分歧背后是现当代自然科学与精神科学或人文科学的分野。正如钱穆先生所言："自然科学以数学为基础"，而"对人文界之研究，须从人类的生活过程着手，故人文科学以历史为基础"[①]。这是现当代哲学重视历史研究的重要原因。在一定程度上，康德的历史思想仍处在近代自然科学式的研究视域中，他对数学何以可能的考察、对时空的量化处理都显示了这一点。康德将时间类比于空间，并将时空理解为无限的、均质的感性直观形式。这种无限时空观对理性先验预设的普遍法则具有天然的亲和性。但在狄尔泰那里，哲学的本体论基础是个体意义上的生命体验，时间就是个体的体验之流，历史的普遍性和整体性不是来自某种抽象的普遍法则的规定，而是来自每个

① 钱穆：《中国史学发微》，北京：九州出版社，2011 年，第 27 页。

人的生命体验之间的动态联结。在他看来,“康德的理性批判并未充分论及历史理性所要解决的问题”,“我们必须离开康德纯粹理性批判那纯净、清新的空气,去处理具有完全不同性质的历史客体”[①]。

狄尔泰的个体意义上的时间观无法承载理性的普遍法则,海德格尔的此在之存在意义上的时间性同样不能承载这种普遍法则。海德格尔的时间概念更彻底地依赖于人的存在经验,并且其时间性就源自生命向死而生的有限性,这样的时间不仅更加疏离于抽象的理性法则,甚至更加具有创造性。时间不再只是被动接受赋型的空壳,而是自身就能够创造存在的意义。因此,在海德格尔哲学视野中,此在的时间与此在的存在是同一的。这种奠基性的此在本体论甚至为世界历史学说提供了思想前提。从此在对自身存在的时间性、历史性理解,到对其上手之物的历史性的理解,再到对周围世界其他事物的理解,通过这一系列的演历,世界历史就建立起来了。伽达默尔继承了海德格尔对此在的时间性和历史性的理解,但是,他不是将世界历史奠基于此在的演历,而是将其奠定在理解者与被理解者的时间距离、视域融合之上,由此将历史认识和理解看作是一种效果历史事件。视域之间的融合以及融合之后的唯一的大视域都是具有开放性、包容性、运动性的,由此就更容易建构的历史的整体性。

通过对这两种历史研究路径的考察,人们可以发现,历史的整体性和普遍性是哲学家们的共同诉求。只是对于理性主义哲学家来说,这种普遍性的合法依据是理性先验预设的普遍法则和思辨概念;而对于另一路径中的哲学家来说,普遍历史无需理性的外在设定,而是需要建立在历史中每个人的存在方式上。康德之后这两种历史哲学路径的分野,揭示了哲学研究旨趣的根本变革以及本体论的根本反转:古希腊以来占据核心地位的逻各斯精神在现当代哲学(尤其历史哲学)中没落了,取而代之的是对人们最原始的、最具体的存在方式的关注,并在此基础上动态地建构世界的整体性。哲学研究一改从普遍到特殊的思路,转而走上从特殊到普遍的路径。康德在这种哲学史演变中的地位是不容忽视的,他不仅是近代宏观叙事的普遍历史观念的主要开创者之一,也对现当代历史哲学研究提供了诸多启发。可以说,无论是要继承其核心思想,还是要批判和颠覆其哲学精神,康德都是绕不过去的。

---

① 〔德〕狄尔泰:《精神科学中历史世界的建构》,安延明译,第252页。

第七章　康德历史观对构建中国历史哲学的意义

通过本书第六章以及前面几个章节的论述，人们可以发掘出康德与黑格尔、马克思、海德格尔等哲学家的历史观的共性。在笔者看来，他们之间的共性可以总结为三点：时间上的未来维度、空间上的世界主义、内容上对人自身的关注。康德将政治共同体、伦理共同体分别设定为普遍历史的最后目的和终极目的，黑格尔基于个体主观的热情和理性的客观理念而寻求自由王国的实现，马克思则从生产力与生产关系的辩证发展上理解共产主义实现的具体路径，海德格尔将此在将来的死亡作为时间性开显的基础，并从中阐发历史性的意义以及一种世界历史，这些在哲学史上占据举足轻重地位的哲学家在各自不同的立场上都呈现出这三个面向。而中国哲学，尤其是先秦哲学，也比较重视这三个面向上的问题研究。这表明未来维度、世界主义、对人的关注是历史哲学研究的主流思路。历史哲学研究不同于通常的经验性的历史研究，而是往往带有一种广博的视野和全局性的关切。这三个向度并不一定适合于具体的历史研究，但却可以为当代中国历史哲学建构提供某种原则性的、方法论的指引。本书所阐释的康德历史哲学是在特定的西方近代文化语境中发展出来的一种理论形态，对于我们当下的社会现实和理论建构来说并非完全契合。但就其在主流的历史哲学研究向度上具有典型性而言，其中总还存在某种积极的思想要素可以呼应或者启发中国当代历史哲学研究。在这一章，笔者将尝试着对照中国哲学的相关思想，考察康德对中国历史哲学建构的意义。

从时间观切入历史研究是康德哲学中一个被遮蔽的研究视角，而对普遍历史的未来维度的重视则构成康德历史哲学既区别于其时间学说，又区别于许多其他哲学家历史思想的关键之处。他在《学科之争》中明确指出，如果存在一部人的历史，那么这种历史就是关于人的未来时代的历史，而不是关于其过去时代的。在其关于历史哲学的多种零星著述中，康德确实贯彻着这种未来维度的关切。例如，在《普遍历史》中，他断言，任何一种造物的自然禀赋都将"有朝一日"合乎目的地展开；还有，有理性的存在者的个体都将死亡，但其类却是不死的。这些论述在本书的行文过程中多有提及，其中所暗含的时间要素就是一种未来维度。在《宗教》中，确切地说在"关于在地上逐步建立善的原则的统治的历史观念"这一章，康德详细描述了信仰领域中的普遍历史观。在其中，纯粹信仰构成了一种终极的目的和理念，一切历史性信仰则构成其质料。这样一种历史描述与广义上的人类历史具有类似的思想框架，同样也具有类似的对未来维度的关切。在康德看来，宗教领域中的纯粹信仰的实现不能作为一种经验性的事件来预期，"而是只能在持续不断的进步中和向尘世可能的至善的迫近中……来**期望**这一实现"[①]。康德习惯于将一切作为理念的东西的实现都放在未来维度。尽管如本书所述，在现象领域内，历史是没有终结的，而是永恒地、无止境地向未来绵延的，但诸理念的实现毕竟需要时间进程中每个人的辛苦劳作。从时间中看，人类历史是不断地向未来迫近的。每一种理念都是在时间的整体中才得以实现的，对于康德来说，这一整体最重要的是未来维度；它最大限度地包含着、扩展着各种理念在实践上的客观实在性。

从康德对未来维度的关注中，人们可以推导出来一种持续的发展观念。普遍历史相对于作为单纯形式的时间整体来说带有一种目的论的内涵，亦即历史是趋向于某种终极目的的，因而全部历史呈现为合目的性的时间整体。这样的目的论历史观内在地包含着发展的观念。无论是道德的进步还是幸福的提升，都是在整个历史进程中，并逐渐地向着未来维度展开的。经验性的历史研究往往侧重于对过去历史事实的考察，但对于一种历史哲学的建构而言，未来维度却是相当重要的。人们不仅应当从过去吸取历史的教训、以史为鉴，更应该有预期地、有计划地、有目的地从未来维度返回当下。未来的预期对于指导当下的实践活动，甚至对于指导当下对过去历史的考察都具有积极的意义。

中国哲学中本身就具有对历史的未来维度的重视。钱穆在谈到"中国史学之精神"时指出："历史不能和时间脱离。时间有过去、现在和未来。一位理想的史学家，由其所观察而记载下来的历史，不独要与史实符合，且须与其所记载的之一段历史过去、未来相贯通。"[②]对未来维度的关切可以被看作是中西历史研究相互呼应之处。

---

① 《宗教》，6：136，第138—139页。关于该论题的详细论述，可参见刘凤娟：《康德的理性信仰史观研究》，《哲学与文化》2020年第8期。

② 钱穆：《中国史学发微》，北京：九州出版社，2011年，第28页。

在中国历史研究的思想发展中,《春秋公羊传》的地位是极其重要的。其中三次提到的"所见异辞,所闻异辞,所传闻异辞"①,成为后世思想家们建构历史的持续发展观的原始依据。这句话的原意是亲见的时代、亲闻的时代、传闻的时代,由于历史记载的详略不同而需要不同的文字处理。例如,越是临近当下时代的事迹,越是需要用忌讳隐晦的语言来表述。后人从文字处理、语言表述的差异上深入到历史的本体中去,将历史看作是变异的和发展着的,由此衍生出一种较早的历史发展观,并与邹衍所确立的"五德终始"历史循环论形成鲜明对照。虽说这两种历史观都持一种变异的观点,但是只有从发展的观念中,人们才能期待从过去时代到未来时代的合理的、完整的、一元的历史叙述。这就是《春秋公羊传》虽没有详细论述未来维度,但人们仍然可以从中阐发出一种历史发展观(进化观)的原因。例如,何休《春秋公羊解诂》把所传闻世、所闻世、所见世解读为"'据乱世—升平世—太平世'这一具有系统性的历史哲学",他所讲的就是"包括未来在内的历史全局的'变'"②。之后龚自珍、魏源、康有为等思想家对公羊学说的历史发展观都有不同程度的继承和阐发,甚至从中推演出历史的合规律性的进化观念。

与公羊历史观的未来维度相对应,《论语》中也有对未来的重视。《论语·季氏》中有三世说:"天下有道,则礼乐征伐自天子出;天下无道,则礼乐征伐自诸侯出。自诸侯出,盖十世希不失矣;自大夫出,五世希不失矣;陪臣执国命,三世希不失矣。天下有道,则政不在大夫;天下有道,则庶人不议。"段熙仲认为,"《论语》中所言十世、五世、三世,即公羊家所谓衰乱世、生平世与太平世。"③从中可推测,《论语》与《春秋公羊传》具有类似的历史变异观。另外,《论语·微子》中楚狂接舆"往者不可谏,来者犹可追"的微言大义,直接揭示了未来与过去的本质区别。过去的是不可改变的,可改变的只有未来,人们无法对过去做出革新,但可以对未来有所期待。如果说公羊学中的历史观注重从过去向未来的推进,那么此处的"来者犹可追"则强调人们对未来之筹划的主体能动性。其中包含着这样的思想:历史的大变局不仅是持续发展和进化着的,也是能够使每一个人参与进去的。以儒家积极入世的态度来看,历史的进步是由人们积极推进乃至相互协作的结果。

相对于儒家从社会变迁和朝代更替层面讨论历史发展观,佛教中流行着

① 参见《春秋公羊传》隐公元年"冬,十有二月,公子益师卒"条,桓公二年"三月,公会齐侯、陈侯、郑伯于稷,以成宋乱"条,以及哀公十四年"十有四年,春,西狩获麟"条。

② 陈其泰:《春秋公羊"三世说":独树一帜的历史哲学》,《史学史研究》2007年第2期。

③ 曾亦、郭晓东:《春秋公羊学史》(上),上海:华东师范大学出版社,2017年,第351页。

个体层面的三世轮回和因果业报的思想；在此基础上，逐渐形成了一种"为几乎所有的佛教史家所共同具有的"[①]业报史观。不同于《春秋公羊传》中针对具体历史时段的三世观念，业报史观中的三世观念具有神秘性、抽象性等特点，并且更明确地包含了过去、现在、未来三个维度。强调未来维度大概是大多数宗教史观的一种共性，包括康德的理性宗教在内。康德将灵魂不朽界定为人死后在"来世"的永恒持存，以此为人们配享幸福的可能性创造条件。但众所周知的是，康德乃至整个基督教文化中都没有轮回的观念，因此，其"来世"观不是时间意义上的未来世，而是本体意义上的未来世。然而，佛教中的来世仍然是个体灵魂在时间中的存在方式，准确地说，前世、今生、来世乃是以轮回的形式呈现于时间中的。同时，在佛教思想中，"业报轮回理论强调的是自作自受，与他人无关"，这就区别于中国古代的基于血缘世代的善恶报应观念；在后面这种观念中，"后代的幸福与灾祸是维系在祖先的行为中的"[②]。个体在三世之间的轮回为善恶业报的统一性提供了前提条件，而所得果报却取决于这个人的业力。甚至，从更广阔的视野看，"世界的成坏，完全是由众生自己的业力造成的，其中没有任何神意的色彩，与其他主张神创论的宗教或神话传说迥然有别"[③]。因为善恶祸福之间的因果统一性完全取决于每个人自己，甚至世界的成坏变异也是人的业力所致，佛教的这种历史观就最大程度地为人的主体能动性提供了理论依据，并逐渐演化为世俗教化的重要思想根基。

综合来看，中国思想文化中的上述历史观倾向于从过去推进到未来的"正序"叙事，并且，按照这种时间秩序，未来维度总是过去和现在的"果"，而过去和现在则是未来的"因"。这样一种因果秩序和时间秩序的统一性的历史描述，也暗含着发展的历史观念和对未来维度的关注。但是，在这种历史观中未来维度并不能够成为最重要的，从而人自身的能动筹划的空间就仍是有限的。只有将未来维度置于第一位，人的主体能动性才能发挥到极致。因为人对自身乃至社会能够施加的影响不是呈现在过去的时间中，过去的任何事件都是无法改变的；甚至也不是主要地呈现在当下，而是呈现在未来。人们对未来的筹划使得当下的活动具有了指向性和目的性，也使得过去的事件重新参与到当下活动中，成为人们实际行动中的深厚经验累积。从过去的经验到当下的实际行动，再到未来的筹划，这是"正序"的历史描述；但反过来，

---

① 宋道发：《佛教史观研究》，北京：宗教文化出版社，2009 年，第 188 页。

② 林伟：《"三世"概念与"善恶报应"——佛教中国化的一个范例分析》，《现代哲学》2006 年第 1 期。

③ 宋道发：《佛教史观研究》，第 215 页。

从未来的目的到当下的活动和过去的经验，这种“逆向”的历史描述能够体现历史哲学的本质。历史哲学的研究不同于经验性的历史研究和历史记述，而是具有一定程度的超经验和超现实的意义。这一点恰恰是时间的未来维度所赋予的。这从《春秋公羊传》对过去和当下的重视到后世公羊学对“太平世”未来维度的开显，就可以揭示出来。作为在历史中被成就的、同时创造着历史的主体，人们不仅从过去向现在和未来推进，也从未来的筹划返回过去和当下。而西方历史哲学，尤其康德、海德格尔等人对未来维度的关注恰恰能够与中国思想文化中的历史研究相呼应、相互补。在笔者看来，当代中国历史哲学建构的最关键的环节之一就是对历史的未来维度的理论建设，这是中国传统历史哲学研究乃至西方近代以来历史哲学研究中的一个共同诉求。

对未来维度的理论建构是从时间上来思考的，而从空间上来思考，中国历史哲学研究向来就有并且应当继续阐发世界性的理论视野。包含未来维度在内的时间的整体性与一种空间上的世界性视野是近代以来普遍历史观念中的两个不可分割的重要元素。在康德哲学中，时空的无限性必然导向人类历史在时间和空间上的双重的普遍性定位。就此而言，其普遍历史不同于仅仅叙述某个民族或国家的自古以来的发展过程的“通史”概念，也不是对世界格局的断代式的历史描述，而是一种真正意义上的宏观历史概念。这样的历史观对应的是对人类整体的历史研究。而“人类整体”概念必定同时带有时间和空间上的普遍性、无限性。

在中国古代哲学中，道家思想中具有最广博的普遍性视野。《道德经》的“道生一，一生二，二生三，三生万物”的宇宙生成论，隐含着最朴素的无限性空间观念，并且其中也包含着历史性和发展性的思想因素。《庄子》中则有“天地与我共生，而万物与我为一”，“道未始有封，言未始有常”等表述，这些都表达了万物齐一，扬弃分别与边界的普遍性之思。《庄子·天下篇》中更明确地表达了这种思想，并将其深入到国家治理层面。其中，“天下大乱，贤圣不明，道德不一”这一段，以反证法说明了大道圆融一体在现实层面的意义。假如切分天地的完美，离析万物的常理，使每个人各执一见，那就会众说纷纭，莫衷一是。逢太平世，则人们勉强能够各司其职，但遭逢乱世，社会生活就很难有一个普遍性的准则。《庄子》将这种现象看作是对道的背反和远离，并且其中似乎隐含着“人类社会越来越背离大道、趋于分崩离析”的历史倒退论。但道家的历史观并不是从对过去的历史事实中归纳并升华到本体论，而是一开始就具有其明确的本体论哲学根基，同时也没有将这种在“天下”“万物”观念中的广博的空间视域，充分地发挥到对人类社会的普遍研究上，而是更多地用于一种宇宙论的玄虚设想上。因此，相对于儒家的积极用世的历史发展观，道家首先宣扬的是一种自然历史观，并且就人类社会与自然的圆融一体而言，自然历史才适合于人类社会。

道家的“天下”概念与儒家的“天下”概念虽具有本体论语境的差异，但仍有某种相通之处。两者都具有地理空间层面的含义，同时都涉及人类社会的历史演变。相对而言，儒家的天下观更注重对人以及人的共同体的考察。“天下”这个概念在中国历史典籍中非常常见，甚至在先秦文献中就开始流行了。《诗经》中就有“普天之下，莫非王土，率土之滨，莫非王臣”这样的语句。但这个概念与当今包括两百多个国家和地区的世界概念并不完全相等同，而是带有中国古代人民的认知特征。根据北京大学干春松教授的观点，“‘天下’所指或是‘四海之内’的‘九州’。但在更为具体的表述中，天下往往与‘中国’相重合，有时候也包括围绕着‘中国’的‘四夷’”[①]。其实，不言而喻的是，无论是西方文化中对世界范畴的界定，还是中国文化中对“天下”“四海”等概念的理解，都是随着地理大发现和人们认识领域的拓展而不断推进的，但其中不变的是那种空间上的普遍性诉求。即便中国古代文献中所记载的“天下”不等于现在的全人类、全世界的范畴，但当时哲人的理论高度和思想抱负并不逊于当今的普遍历史哲学；他们所心怀的“天下”在那个时代就是对“所有人”的考量。在这种背景下，我们再来考察儒家天下观中的历史思想才是最契合实际的。

不同于道家哲学对差别的批判态度和对历史的消极态度，儒家的天下观中具有明确的夷夏分别的一面。但这种分别很难被理解为对不同民族地位高低的判定，而是可以归之于一种文明发展程度的差异。毋庸置疑的是，儒家对自身思想文化具有强烈的自信心和认同感。这从《论语》中一句较有争议的话就可看得出来，孔子曾说：“夷狄之有君，不如诸夏之亡也”（《论语・八佾》）。孟子也说过：“吾闻用夏变夷者，未闻变于夷者也”（《孟子・滕文公上》）。与夷夏地理位置的远近秩序相伴随的除了文化上的差异外，还有儒家对血缘关系的排序。或者说，夷夏地理上的远近是儒家家国文化中血缘关系的外化和表象，地理位置的远近映射着血缘上的亲疏。董仲舒《春秋繁露・王道》中就有这种典型的亲疏关系的描述：“亲近以来远，未有不先近而致远者也。故内其国而外诸夏，内诸夏而外夷狄。”在国家治理上，这种亲疏关系表现为先治内，再治外，契合儒家“修身—齐家—治国—平天下”的修养秩序。并且平天下的“平”并不是平均、均等、等量的意思，而是一种和谐、平衡、公平。这与康德、黑格尔等人历史哲学中有意无意透漏的欧洲中心论是有区别

---

① 干春松：《儒家“天下观”的再发现》，《探索与争鸣》2019年第9期。

的。后者既在时间的先后秩序上又在空间的远近秩序上强调欧洲的中心地位，但儒家天下观中的夷夏关系更多的是从空间地理、血缘关系、文明发展程度上来思考的，其中并未传达夷夏地位上不平等的思想。相对于西方的如此这般的历史观，中国哲学中更能够达成一种四海一家的和谐、公平观念。

与儒家的天下观相联系的就是其大同思想。《礼记·礼运》描述了大同世界的理想："大道之行也，天下为公。选贤与能，讲信修睦，故人不独亲其亲，不独子其子，使老有所终，壮有所用，幼有所长，鳏寡孤独废疾者皆有所养，男有分，女有归。货恶其弃于地也，不必藏于己；力恶其不出于身也，不必为己。是故谋闭而不兴，盗窃乱贼而不作，故外户而不闭，是谓大同。"相对于儒家通常所倡导的亲疏远近观念，大同思想甚至更加理想化，其中甚至有超越亲亲和私有财产的意味。这种超越实际上就是对分殊观念的扬弃，颇有道家哲学的齐物和归一的影子。对此，学界就有一种观点认为："《礼记》虽然成书时代较晚，而其中关于'大同'之道的思想却是先秦的。"①

大同世界的理想的核心是"天下为公"。这里的"公"从单纯空间地理上的公平、平衡关系，上升到整个共同体对普遍法则的遵循："以自觉的修养处理好各种关系，自觉遵守社会规则和社会规范，有较高的公共意识，才是孔子所说的'公'的主要内涵。"②但是，儒家所宣扬的家庭伦理与这种共同体层面的普遍法则并非直接相统一的。从注重血缘关系的家庭伦理上升到注重普遍法则的社会共同体规范，这既是一个理论上的升华过程，也是需要每个人不断去修养自身、逐渐达成的实践过程。而如此达成的理想状态就是"不独亲其亲，不独子其子"这样的公共意识。大同思想中所描述的境界不是一种现实层面的东西，而是在时间和空间上，甚至在社会规则上都达到最大的普遍性的情形。达到这种境界的人与道家所描述的至人还有所不同，后者对社会中的区分和各层面的规则持一种批判的态度，追求一种无待无分的普遍性，前者是基于家庭和社会中的各种规范和区分意识，达到在各种关系秩序中的和谐状态。虽说道家和儒家的终极目的都是达成一种人与人乃至人与世界的统一性和普遍性，但各自遵循的路径和工夫论是有巨大差异的。由此推导，大同思想即便受到道家哲学的影响，其精髓并不尽然与之相同。

而到了中国近代时期，康有为的大同理想则有其自身的创造性发挥。他在《大同书》中提出破除"九界"，其中第一条就是"去国界合大地"。在康有为

---

① 杨朝明：《重新认识〈礼运〉的"大同"思想》，罗安宪主编：《儒学评论》第十二辑，北京：社会科学文献出版社，2018年，第27—28页。

② 同上书，第34页。

看来，“国界进化，自分而合，乃势之必然”[1]。这既是对《礼记・礼运》大同思想的发展和推进，也融合了西方的空想社会主义的思想成分。因此，“康有为所建构的‘大同之世’的理想社会既有东方文化色彩又极具世界意识，是中国传统文化与西方文化充分融合的产物”[2]。这种思想融合为当代中国历史哲学建构提供了致思的方向。西方的世界主义与中国的大同思想都具有空间上的普遍性诉求，体现在历史哲学中则是世界各国逐渐趋向于利益相连的共同体的必然性。康德哲学中的目的王国、伦理共同体，黑格尔哲学中的自由王国，以及马克思主义哲学中的共产主义等，实际上都是这种历史发展观中的终极目的概念。其中所蕴含的空间上的普遍性诉求与中国哲学自古及今的天下观、大同观都具有异曲同工之思。由此可见，空间上的世界性观念可以成为中国历史哲学建构的第二种关键要素和原则。从未来维度的世界主义出发，反思过去的历史事实和当下的社会现实，当是历史哲学之合理构思方向。

当然，除了以时间上的未来维度和空间上的世界主义为原则外，当代中国历史哲学思想体系的建构还需要注重对人自身的研究，甚至这种人性关怀应当成为历史哲学的精神内核。概观古今中外诸多哲学家的历史研究，普遍历史无非就是时空之中的人性发展过程。区别往往只在于人们对时间、空间、人性的具体认知和定位。对于康德而言，人类历史被描述为人性基于善恶两种属性的内在对立而辩证发展并趋于统一的过程。这个过程在时间上是无限的，在空间上是世界性的和普遍性的。历史的终极目的则是人性发展至最完善状态的情形，亦即人类整体的道德和幸福达到统一性的至善理想。康德历史哲学乃至其全部哲学体系中对人性的关注在西方思想文化中是具有典型意义的。而对于其他哲学家（尤其是中国古代的哲学家）来说，其人性观点则又各有不同立场。从中西人性观的不同立场和定位上，人们可以获取关于历史研究和思想建构的灵感。

西方近代时期主体性哲学的兴盛促进了人性论的研究，而中国哲学中自古就有丰富的人性论思想；并且相对于像康德这样对人性的二元处置，即将其看作是善恶二元，乃至现象与本体二元的，中国哲学对人性的描述往往是一元的。徐复观指出，人性论“乃由追求人之本性究系如何而成立的”，而“在春秋时代，虽由道德的人文精神之伸展，而将天地投射为道德法则之天地；但在长期的宗教传统习性中，依然是倒转来在天地的道德法则中，求道德的根

---

① 康有为：《大同书》，邝柏林选注，沈阳：辽宁人民出版社，1994 年，第 87 页。

② 刘星：《康有为‘大同之世’的理论建构及其现代价值》，《孔子研究》2020 年第 6 期。

源，而尚未落下来在人的自身求道德的根源”[1]。所以，中国哲学中的人性往往首先是由天命所决定，或者说，天命乃是人性的本体论根基。这就是《中庸》“天命之谓性”的道理。而从上至下来看的人性，一方面承载着天命，另一方面深入到人自身之内。就天道通常被看作是善的而言，人性也通常被看作是善的。这是中国哲学中人性本善思想的重要渊源。

儒家经典《论语》中关于人性的描述主要有两处：“性相近也，习相远也”（《论语·阳货》）；“夫子之文章，可得而闻也。夫子之言性与天道，不可得而闻也”（《论语·公冶长》）。第一处文本将“性”与“习”相区分，实际上是奠定了人性作为日常行为的根基的地位。相对于表现在行动中的习惯，内在的人性是先天性的，与天命相通。从由天所命的性，到外在的行动，这是一个从上到下、由内而外的实践过程。内化到人性中的天命通过人们的行动表现出来，而人们的行动又是由内在的人性甚至超越的天命所决定。学界倾向于将孔子的这种人性观解释为向善的。这种善体现在，人在其生命历程中逐渐显露出“仁”。徐复观先生认为：“孔子实际是以仁为人生而具有、先天所有的人性，而仁的特质又是不断地突破生理的限制，作无限的超越。”[2]在个体甚至整个共同体中，“仁”都是逐渐显现出来的人之天性。仁的这种实现过程就是人的修养和实践过程，也就是一种工夫论。这表明，孔子的人性既是一种与天命、天道相贯通的、先天性的道德主体，又是需要在人的修养工夫中逐渐显现出来的道德客体。因而，其人性论自身带有历史性的维度。换言之，历史也可以被看作是人性（天命、仁）的逐渐完善和显现的过程。

与第一处文本的性与习的对照关系相类似，第二处文本进一步描述了文章与性、天道的对照关系。文章是外在的，是表达出来的东西；而性与天道是内在的，是不容易言说清楚的，所以夫子才很少讲。如果联系到其人性发展观，尤其是具体地联系到孔子所说的“三十而立，四十而不惑，五十而知天命”（《论语·为政》），就能更清楚地推论出来：性与天道虽然是人生而具有的，是先天性的，但对它们的认知不是一蹴而就的，自然就很难在文章和语言中表达出来。对人之本性乃至人性背后的天命或天道的认知，是随着阅历增长和修养工夫的累积逐渐获得的。综合孔子关于人性的这两处关键文本可以得出这样几点结论：其一，天道、天命决定人的本性，这是从上至下理解人性的思路，这种思路也彰显了中国哲学，尤其是先秦哲学天人合一的思想底蕴。其二，从内在的人性到外在的行动和文章，这是一个认知和实践上不断完善

---

① 徐复观：《中国人性论史·先秦篇》，北京：九州出版社，2014 年，第 54—55 页。

② 同上书，第 91 页。

的过程，也是人性及其核心精神“仁”逐渐显露的过程。其三，天命、人性、行动、认知，这四个层次不是相互孤立的，而是一以贯之的。这就区别于西方的二元论思维方式，使人性被呈现为动态实践过程中“上承天命，下达民生”的枢纽。

孔子的人性论在中国哲学史上最具有代表性，并被孟子、荀子等人所继承和发展。就像在孔子的人性论中存在着历史性维度那样，孟子的人性论也需要从一种动态的视角来考察。孟子的性善论集中在这一表述上：“人性之善也，犹水之就下也。人无有不善，水无有不下。”（《孟子·告子上》）刘笑敢指出：“孟子之所以认为人的本性是善的，原因之一是由于儒学在逻辑上混淆了理想中人和现实中人这两个概念”，“他没有解释圣人和普通人为何会如此的不同”[①]。而李锐则从历时性角度解读孟子的人性论，认为孟子已经注意到了圣人与常人的区别问题：“孟子的性善论存在圣人与一般人的差别，有可能是为了应对教化的难题”，“一般人的四端虽善，却不像圣人那样完满自足，故需要教育、教化”[②]。如果从一种发展的、动态的观点看待孟子的人性概念，那么从普通人到圣人就是一个不断完善的过程。其性善论就不是对每个人的现成所是的状态的静态框定，而是对人们通过其自身的实践努力和外部教化可以成就的理想状态的描述，也是对先天地潜存于人自身之中的向善的禀赋的揭示。由此看来，人性完善的过程就是现实中人不断趋向于理想中人的过程，就是潜在的善不断外显出来的过程。即便在此过程中，人有可能作恶或表现出各种恶习，但并不取消善的原始禀赋，也不会阻碍人性向善的必然进程。由此也可以推论出来孟子的“人人可以为尧舜”的观点。

区别于儒家主流的性善论立场，荀子基于其经验主义立场提出了性恶论。《荀子·儒效》有这样的论点：“不闻不若闻之，闻之不若见之，见之不若知之，知之不若行之……不闻不见，则虽当，非仁也。”荀子作为儒家思想的传承者，对孔子的“上承天命，下达民生”的人性论有较大的改造。孔子的天是一种道德意义上的天，因此“由天所命”的性才能具有善、仁的特质。荀子的“所认定之天，乃非道德的自然性质之天”，而仅仅是“自然性质的天”[③]。这样的天无法为人性规定道德的属性，因此天人之间的关系就疏离了：“天尽天的职，人尽人的职，天人分工而各不相干。”[④]由于这种天人分离，荀子切断了从“天”的形而上学层面界定人性的路径，而是基于人自身的经验特征对之加

---

① 刘笑敢：《取向、入径与科学启示：孟子人性论研究的再思考》，《齐鲁学刊》2020 年第 5 期。

② 李锐：《从历时性角度再论孟子的人性论》，《江淮论坛》2019 年第 3 期。

③ 徐复观：《中国人性论史·先秦篇》，第 203、204 页。

④ 同上书，第 205 页。

以描述。在荀子看来,“生之所以然者,谓之性。性之和所生,精合感应,不事而自然,谓之性”(《荀子·正名》)。这样的自然之性,其内容是情和欲。欲望本身无所谓善恶,但放纵欲望会导致恶。因此,荀子从欲望之性中引出恶。其实人们可以做如下推论:荀子尽管没有孔孟等儒家先哲的天人合一的观念,但他所理解的人性仍然与其所理解的“天”具有某种一致性。“天”不是人格化的、道德化的,人性也不是靠主观人为而成就的,两者都是自然而然的。而这样的人性一旦被施加了人的主观操作就有可能堕向恶。所以,恶毋宁是人对天然质朴之性的不正当作为所导致的结果。学界有一种观点就认为,不能将荀子的人性论完全归结于性恶论,其中存在着性朴说的层面,甚至“性朴是荀子对人性的基本认定”[①]。既然人们施加主观作为可以使人性堕向恶,就有可能施加另一种力量使之向善。徐复观先生认为:“孟子主张寡欲,而荀子主张节欲,对欲的态度更是一致。”[②]从性朴到性恶再到性善,这在荀子的思想体系中也可以构成一个动态的人性发展过程。相对于孔孟,荀子对性恶的强调和论述确实是其独创性之处。这使其人性发展观具有了更丰满、更辩证的意义,也体现了人的主体能动性。

需要强调的是,无论是孔孟的性善论,还是荀子的性恶论,以及他们文本中对善恶的具体描述,都没有呈现出像康德哲学中那样的善恶二元论。康德二元论的根基在于他对人自身乃至世间万物的现象与本体的二元区分的理解,这两种领域是被严格划界和不相逾越的。中国哲学中虽然有天、人,善、恶等区分,但并不存在不可逾越的鸿沟。因此,包含康德的人性论在内的西方思想文化中往往会引入上帝来解决人的由恶向善的问题;多数情况下,人类被看作是不具有自身向善的能力。康德虽然赋予了人自身极大的能动性,但仍然需要在其普遍历史哲学中引入调节性的上帝的隐秘计划。而中国哲学在处理善恶关系的时候给人自身的自主性留足了空间。就像上述所提到的三个思想家,不论他们的立场、观点有多大差异,从其文本中都能分析或推论出来一种人类自身由恶向善的发展进程。这也从侧面说明了,中国哲学中的典型的人性论本身就带有历史性维度,并可以在一种历史哲学的视域中加以研究。

当然,上述关于中国古代历史哲学的论述只涉及少数几个代表人物或流派,不可能面面俱到,但从中已经能够管窥中西文化中历史哲学研究的共性。本书所研究的康德历史哲学,在西方历史哲学中是具有典型意义的,他对未

---

① 王军:《性朴、性恶与向善:荀子人性学说的三个层次》,《现代哲学》2016 年第 1 期。

② 徐复观:《中国人性论史·先秦篇》,第 216 页。

来维度、世界主义、人性发展观的重视与中国哲学中这些思想要素形成对照和呼应。正如上文所说，历史哲学无非是对普遍时空中人性发展过程的研究。这一结论虽不能概括古今中外一切历史研究的所有面向，但却揭示了其主流精神。因此，当代中国历史哲学以这三个视角为建构原则是恰当的。我们当下要做的就是以未来的远见、以世界性的视域来思考人类整体何去何从，思考每个具体而鲜活的个体何去何从。历史上这些哲人的分殊的观点也许在当下并不具有多少借鉴意义了，甚至其中可能包含着某种思想局限性和不合理之处，但他们的研究视角却可以具有永恒的生命力。

结　语

行文至此，笔者是时候对贯穿全书的康德历史哲学的方法论作出概括，并在此基础上总结全书的研究工作；当然，也需要指出康德历史哲学的局限性。

一种学说能够称得上“哲学”，必然具有某种普遍方法论或思维方式作指引。成熟的方法论是使思想成为哲学、使思想史成为哲学史的东西。在康德历史哲学中，其思维方法使之区别于经验视域下的一切历史研究，也使之区别于其他人的历史哲学，甚至区别于其自身体系中其他思想部门。这种思维方法就是以先验逻辑中的合目的性原则为主领、以隐秘的历史辩证法为辅助和手段的复合方法论。

康德对合目的性观念的重视及其与机械的运动规律的分殊，早在其前批判时期就有所体现。对于物质世界的存在方式，他指出：“如果秩序井然且美好的世界结构只是服从其普遍运动规律的物质的一种结果，如果各种自然力量的盲目机械性能从混沌中如此美妙地发展出来，并自动地达到如此的完善性，那么，人们在观察世界大厦之美时所得出的神性创造者的证明就完全失效了……人们已经习惯于发现和强调大自然中的和谐、美、目的以及手段和目的的完善关系。”[①]康德在其前批判时期还未摆脱上帝对整个世界的超自然影响的独断思想。世界的完美秩序不是仅仅靠机械规律就能解释得清楚的，而是需要一种目的和手段的完善关系的观念。这种观念的最高根据就是作为神性创造者的上帝，整个世界在康德看来是毋庸置疑地符合于上帝创世意图的。这是其合目的性观念的较早表达方式。这种观念虽然被看作是与机械规律同样客观有效的，但似乎还没有被康德明确地当作一种普遍方法论。随着《纯粹理性批判》的问世，其独断思想也得到了比较彻底的清算，但基于上帝概念的合目的性观念却以调节性原则的方式得到了普遍方法论的改造和提升。

① 《一般自然史和天体理论》，1：222 - 223，第 218—219 页。

在第一批判中，康德明确揭示了纯粹理性的合目的的系统统一性原则。在他看来，“理性真正说来只把知性及其合目的性的职能当作对象……因为它为知性行为的目的设立了某种集合的统一性”[①]。理性的这种合目的的系统联结功能甚至是人类一切先天认识能力中最源始的能力。在时间秩序上，人的认识能力的运作开始于感性，然后是知性，最后是理性。而按照所有认识能力的逻辑秩序，理性首先“按照理念来考虑自己的对象并据此来规定知性，然后知性就对自己的……概念作一种经验性的运用”[②]。理性寻求合目的性的系统统一性的这一法则也是必然的，“因为我们没有这种统一性就不会有任何理性，而没有理性就不会有知性的任何连贯的运用，并且在缺乏这种连贯运用的地方也就不会有经验性真理的任何充分的标志了，所以我们必须就这种标志而言把自然的系统统一性绝对地预设为客观上有效的和必然的”[③]。在康德这里，自然的系统统一性就是一种合目的的统一性，并对应于知性运用的合目的的统一性。换言之，人类认识能力中知性对理性的合目的性，与自然现象的合目的性的系统统一性是相对应的；前者就是后者被称为一种系统的自然科学知识的先验认识条件。

理性所寻求的知识的系统化实际上就是“知识出自一个原则的关联”，而“这种理性的统一性任何时候都是以一个理念为前提的”[④]。理念为知识提供了一种整体性，这种整体性在逻辑上先于知识中各个分殊的部分，并对各个部分在整体中的位置以及诸部分之间的相互联结予以先天的规定。在康德哲学中，整体与部分的关系往往是在一种合目的的系统论中得到阐述的。在知识的系统整体上，知性的分殊性知识就是具有目的和手段的因果联结的诸要素(或部分)，由此联结成的则是自然科学知识的系统整体；该系统整体本身对于诸知识要素来说也是一个目的。而能够提供出来知识的最大整体或目的的理念，是上帝。上帝理念所提供的是一种“完备的合目的性的统一性”，即绝对的完善性或“合目的性的最大统一性”[⑤]。因为在康德看来，尽管人们不能独断地论证上帝的客观存在，但这并不妨碍人们“把经验的对象仿佛是从这个作为其根据或是原因的想象出来的理念对象中推导出来。这样一来例如说，世界上的事物都必须被看作好像是从一个最高的理智那里获得

① 《纯批》，A644/B672，第386页。
② 《纯批》，A547/B575，第337页。
③ 《纯批》，A651/B679，第390页。
④ 《纯批》，A645/B673，第387页。
⑤ 《纯批》，A694/B722，第411—412页。

其存有似的"[1]。因此,理性对知性及其分殊性知识的最大的系统把握,是一种出自原则的、合目的性的系统统一性,这种原则需要预设上帝理念。上帝理念为理性的源始的和必然的统一性提供了整体性和最高目的的图型,"知性概念在理性图型上的应用……是一切知性运用的系统统一的一条规则或原则"[2]。

按照理性的这种合目的性的系统统一性原则,一切自然现象在遵循机械法则的同时必须被看作是合目的性的,由此联结成自然科学知识的系统整体。历史哲学以描述人类经验性行动为使命,而行动也是一种现象。就此而言,人类行动也必须被设想为按照理性的合目的性的系统统一性原则,能够联结成一个系统整体,这就是康德在其历史哲学中所说的普遍历史理念。普遍历史或者人类社会的历史整体实际上就是自然界的目的系统的一部分。康德在《纯批》中虽然将世界的合目的性观念提升为理性的普遍的合目的性原则,并由此为历史哲学奠定了方法论基础,但明确而成熟地将历史性意识融入其合目的性原则的是《判断力批判》这一著作。可以说,第一批判仅仅只是奠定了历史哲学的方法论基础,并未给予充分阐述。我们只是从理性的合目的的系统统一性原则和自然现象的合目的的系统联结中,推论出来普遍历史中人类行动的合目的性。

合目的性原则与历史哲学在第一批判中的关系是隐秘的,而在第三批判中则是明确的。这是因为,康德在《判批》中赋予系统哲学或目的论明显的时间或历史性维度。首先,具有内在合目的性并被叫做自然目的的有机物,"必须自己与自己处于交互作为原因和结果的关系中"[3]。这实际上是一种交互的目的和手段的因果关系。按照这种目的论的因果秩序被思考的有机物,其各部分只有通过与整体的关系才可能,并且各部分在交互的目的和手段关系中产生出来其整体。康德在第三批判中同样将"整体的理念"看作是"作评判的人对包含在给予质料中的一切杂多东西的形式和关联的系统统一进行认识的根据"[4]。但他继续强调说,"一个这样的产品作为有组织和自组织的存在者,才能被称之为自然目的"[5]。一个自组织的存在者就是按照部分与整体的系统结构在时间中"自己产生出自己"[6]的自然物。康德在差不多同时

① 《纯批》,A670/B698,第400页。
② 《纯批》,A665/B693,第397页。
③ 《判批》,5:372,第169页。
④ 《判批》,5:373,第170页。
⑤ 《判批》,5:374,第171页。
⑥ 《判批》,5:371,第168页。

期(1788年)的《论目的论原则在哲学中的应用》一文中,也曾明确将有机生物看作是"属于自然历史"[①]的。这区别于那种只是有组织,但不能够自组织的机械物(如一只钟表),后者不具有在时间和历史中的自我生产性和发展性。

其次,康德以有机物的自组织的合目的性为跳板将全部自然界看作是一个发展着的系统整体。自然界作为一个目的系统整体是从诸存在物的存有及其外在合目的性来看的,而能够作为自然的最后目的的东西是人的法制文化。康德指出:只有在法制状态中,"自然素质的最大发展才可能进行"[②]。康德将全部人类历史看作是向着一种世界公民整体行进的合目的性过程,人自身的各种自然素质也在此过程中得到发展完善。但由于人类历史乃至整个自然界的合目的性表现为一种手段和目的的等级性的系统整体,因而包含的是一种外在的合目的性,这就需要一个超越于自然之外的终极目的作为其目的链条上的最高根据。而"一个世界的存有的终极目的即创造本身的终极目的"[③]。这里的创造本身可以理解为上帝的创世活动,上帝创造世界的意图是包含在世界的终极目的概念中的。整个世界包括人类历史的发展变化,都是在上帝的创世意图中被预先规定好了的。

康德在其合目的性原则中隐秘地包含了传统理性神学的历史观和自然观,所不同的是,他将这种合目的性原则看作是调节性的。第三批判与第一批判在合目的性原则上的相似之处在于,两者都将该原则看作是"自然科学的内部原则"[④],并且是调节性原则。其差异在于,第三批判不再将其看作是理性的本土原则,而是婉转地将其视为"反思性的判断力的一条由理性托付给它的准则"[⑤]。康德借此凸显了反思性判断力在知性和理性之间的联结和中介作用,但并未消减理性在诸认识能力中的源始地位。康德历史哲学的主要方法论就是这种在第一批判中得到奠基、在第三批判中得到清晰阐述的先验合目的性原则。虽然这种思维方式本身不是历史性的,但却可以容纳历史性维度。历史哲学由此得以确立。

康德有关人类历史的宏观架构是在先验的合目的性原则之下得到论述的,但为了充分解释现实世界中诸多矛盾、冲突与最后的完善目的的统一性,他还引入了一种辩证思维方式。该思维方式并不是作为普遍方法论,而是作

---

① 《应用》,8:178,第177页。
② 《判批》,5:432,第221页。
③ 《判批》,5:434,第222页。
④ 《判批》,5:381,第177页。
⑤ 《判批》,5:398,第192页。

为合目的性原则的辅助手段，使人们能够更好理解历史中的对立统一关系以及历史的具体演进方式。

康德历史哲学中的辩证思想表现在两个方面：社会性和非社会性是在人性内部对立着的，而不是一种外在对立；完善的社会秩序被看作是基于社会性与非社会性的内在对立而被驱动并促成的。这构成近代**对立统一的辩证思维方式**的较早表现形式。由此来看待的人类历史就呈现为人性自我驱动和自我成就的完整过程。

康德对人性自我驱动的描述主要有三种：第一种是对人性自我驱动的宏观景象的描述。“每个人在提出自己自私的非分要求时必然遇到的对抗，就是产生自非社会性”，“正是这种对抗，唤醒人的一切力量……这时，就迈出了从野蛮到文化的真正的第一步，而文化真正说来就在于人的社会价值；于是，一切才能都逐渐得到发展……就这样使形成一个社会的那种**病理学上**被迫的协调最终转变成一个**道德的**整体”[①]。换言之，“一切装扮人的文化和艺术及最美好的社会秩序，都是非社会性的果实”[②]。社会性与非社会性不仅在人性内部互相对立着，也在历史进程中走向统一。这个历史进程可以理解为人格性禀赋中的善的原则最终战胜恶的原则的过程，也可以理解为人类从社会本能逐渐过渡到在纯粹理性基础上自由自主、自觉自愿地构建道德社会的过程。在这个过程中，非社会性与社会性的内在矛盾以及由此带来的社会上的普遍对抗，构成了历史发展的驱动力。因此，完美的社会秩序看起来恰恰是非社会性的结果。非社会性“被自身所逼迫而管束自己”[③]，人类追求自我利益的活动反而造成对自我利益的规制和约束。

第二种是康德对战争与和平关系的描述。《论永久和平》揭示了“从自然状态的战争状态产生人与人之间的和平状态”[④]。《判断力批判》则更明确地指出：“尽管战争是人类的一种（由于不受约束的情欲的激发）无意的尝试，但却是深深隐藏着的、也许是无上智慧有意的尝试，即借助于各个国家的自由，即使不是造成了、但毕竟是准备了各国的一个建立在道德之上的系统的合法性……战争更多的却是一种动机……要把服务于文化的一切才能发展到最高的程度。”[⑤]战争对和平的驱动力最鲜明地体现在其自我否定上，战争是以对战争的否定而实现和平的。

---

① 《普遍历史》，8:21，第 28 页。

② 《普遍历史》，8:22，第 29 页。

③ 《普遍历史》，8:22，第 29 页。

④ 《论永久和平》，8:375，第 382 页。

⑤ 《判批》，5:433，第 221 页。

第三种是在信仰历史或教会历史中启示信仰对纯粹信仰的驱动作用。《宗教》“关于在地上逐步建立善的原则的统治的历史观念”一章指出，教会历史“从它的最初的开端，就包含着趋向真正的、**普遍的**宗教信仰的客观统一的种子和原则，它在逐步地接近这样的宗教信仰”①。而这种发展过程是以如下方式呈现的：“一种历史性的信仰作为引导性的手段，刺激了纯粹的宗教，但却是借助于这样的意识，即它仅仅是这样一种引导性的手段。而历史性的信仰作为教会信仰包含着一种原则，即不断地迫近纯粹的宗教信仰，以便最终能够省去那种引导性的手段。”②这里的历史性信仰就是启示信仰，就是需要借助经验证明或感性方式来把握的东西。人类信仰观念的变迁史与人性的完善、道德的进步是同一个历史进程，对启示信仰的依赖是人性尚未达到其最完善程度的具体表现。在宗教领域，启示信仰也是以自我否定的方式逐渐促进纯粹信仰的确立。

康德对战争、启示信仰、非社会性、趋恶的倾向的态度本身包含着辩证因素。他一方面批判其道德缺陷，另一方面又肯定其道德驱动作用；这种表面上自相矛盾的评价只有在一种历史的和辩证的视域中考察才是合理的。但需要反复强调的是，历史哲学中的辩证思维方式并非已经就是一种普遍的方法论。人们最多只能说，康德在其历史哲学中已经触及历史辩证法，但只是将其作为先验的合目的性原则的辅助手段。合目的性原则呈现了普遍历史的宏观整体性，历史的辩证法则有助于人们理解普遍历史的具体演进方式。合目的性原则对辩证思维方式的这种涵摄，符合康德哲学整体的先验逻辑方法论。辩证思维是作为先验的合目的性原则的手段、内容而被统一在历史哲学中的。人类行动全都趋向于一种道德上的形而上学目的，但诸行动间的协作、对立甚至对抗等复杂关系需要在一种辩证思维之下，才能被合理地理解为符合该目的。

在这种复合方法论之下，本书着重从作为其历史哲学之理论前提的时间观、历史的辩证法、普遍历史的实践性目的这三个方面展开论述。

就时间与历史的关系而言，本书的主要论点是，微观视角下每一个经验性行动都是发生在具体时间段上的现象，而普遍历史中的一切经验性行动的系统整体就意味着一切具体的时间段的系统联结，因而也就对应于一种时间整体概念。而时间整体概念就是从形式上来看的世界整体概念。世界理念出自人类纯粹理性对一切现象杂多的系统统一性，其中呈现的就是康德的先

---

① 《宗教》，6：125，第127页。

② 《宗教》，6：115，第116页。

验逻辑的思维方式，确切地说，呈现的是其纯粹理性的建筑术和合目的性原则的方法论。就此而言，从时间上来思考的普遍历史理念就落入其合目的性原则的普遍方法之下。

普遍历史的形式是时间整体，而其内容是在时间中辩证发展着的、自我驱动着的人性。康德的人性概念中具有内在对立的要素，即非社会性和社会性两种倾向，或者向善的原始禀赋和趋恶的倾向。这些要素可以静态地得到阐明，也可以在一种普遍历史过程中动态地得到呈现。从普遍历史的角度看，人性就是基于其两种属性的内在矛盾而自我驱动、自我发展、自我成就的能动主体。普遍历史由此也被呈现为人性由恶向善、由非社会性向社会性持续过渡和发展完善的过程。其中所包含的就是对立统一规律，即辩证法的最重要的思维方法之一。

按照康德历史哲学的合目的性原则，普遍历史不仅需要从时间形式、人性内容两个角度来思考，更需要设置一种形而上学的目的。纯粹理性不仅借助于一种时间整体概念使人类社会联结成普遍的历史，也通过完善的政治共同体甚至上帝治下的伦理共同体两种目的概念，使之成为一种合目的性的系统整体。同时，普遍历史作为人性自我驱动、自我完善的时间进程，也必然趋向于某种实践性的目的。这种目的是其道德形而上学中的概念，但却为其历史哲学提供了依据。由此，其道德形而上学也获得了实践上的客观实在性，普遍历史就是完善的政治共同体和伦理共同体在现实世界逐渐被实现的全部过程。

此外，本书第五、六、七章分别论述了康德历史哲学所关涉的几个问题、康德之后西方历史哲学的两条发展路径、康德历史观对中国历史哲学建构的意义。核心的观点主要有：康德的理性界限内的宗教史可以从一种普遍历史的视角来考察，其普遍历史观则可以在一种神学目的论的视角下得到呈现，历史和宗教是可以相互依托的。普遍历史从时间中看是没有终结的，但从本体领域，尤其从调节性的上帝视角来设想，必须具有一种终结。但这种终结不是终止于某个确切的时间点上，而是在全部时间进程中每时每刻都进行着，并需要每个个体的参与。历史中个体之间并不存在道德地位的不平等，因为道德地位取决于人的本体存在方式，在这个层面，人性是普遍而一致的。同时，个体层面上道德和幸福之间也具有统一性，因而人与人之间的幸福所得也是公正、平等的。每个人配享的幸福主要取决于其自身的德行，而不取决于他人的赠与。那种“前人栽树、后人乘凉”的观念是从普遍历史的反思层面来看的结果，每个人要想获得先前世代的劳作成果，还需要自己德行上配得上，并且也需要自己付出各种努力。康德之后的历史哲学可以区分为具有逻各斯和去逻各斯中心主义两种路径，前者以普遍的法则精神为普遍历史的建构原则，以康德、黑格尔、马克思为代表，后者以个体生命的体验、存在等为基础建构历史，代表人物是狄尔泰、海德格尔、伽达默尔。康德历史观对当代中国历史哲学建构的意义表现在三个方面：时间上的未来维度、空间上的世界主义、内容上对人性的关注。并且，这不仅仅是康德普遍历史所包含的三个面向，也是古今中西历史哲学研究的共性和主流思路，故而可以成为当下中国历史哲学建构的指导原则。

总而言之，对历史的终结等问题的思考是对康德历史哲学思想体系的一种补充和深化，对康德之后历史哲学发展路径的研究则有助于揭示其哲学史地位，而对康德历史观在中国历史哲学建构中的意义的思考则是进一步提升其当代价值。因此，本书的研究工作从康德自身的思想语境延伸到西方哲学史的整体语境，又从哲学史语境推进到中西思想文化对照的宏观语境。笔者希望从这种层层递进的研究中呈现康德历史哲学的全貌。

但康德历史哲学也具有局限性，其中最大的困难在于其二元论。康德哲学的基础无疑是纯粹理性。纯粹理性奠定了其理论哲学和实践哲学的思想体系，也导致了现象与物自身、自然与自由的割裂。纯粹理性的自我批判将知识限定在现象界，将信仰和道德实践推到本体领域，但最终又不得不靠自身去联结这两个被分割开来的领域。这就造成普遍历史的两面性：普遍历史的内容是人的经验性行动以及体现在这种行动上的人性，而历史的终极目的和绝对整体则被设想为上帝隐秘计划的施展场域。换言之，人类的普遍历史概念一头联系着现象，另一头却衔接着神学和信仰的超验对象。这样的历史仍然显得过于抽象，由此而呈现的人性也显得“不切实际”。无论康德想要在普遍历史的时间框架内填充多少经验性的现象，历史的整体仍然是神学目的论之下的玄虚理念。

因此，康德之后的哲学家大多对其二元论避之唯恐不及。而在思考他对中国历史哲学建构的意义时，其中他对人性的关注虽具有启发意义，但其人性观念上的同样的二元论也是要被摒弃的。普遍历史中被不断发展完善的人性实际上是作为基底的人性的经验性表现，经验中发展至最完善状态的人性与作为基底的、本体的人性是重合的。如果康德不将历史推进到宗教领域，就无法设想最完善的人性以及最完善的社会秩序（伦理共同体）的达成，但是，这种推进又一步跨越了其现象和本体的鸿沟，很难使人信服。并且，无论是这两重世界的区分还是它们的沟通都是建立在人类理性之上的。这就等于说，理性一方面设置了一个不可达成的本体领域、理知世界，另一方面又非要靠自身达成两重世界的统一性。这根本是无法完成的任务。但如果不将最完善的人性以及伦理共同体当作是终极目的和理念，历史的合目的性进程就无从立起。

康德继承了西方哲学由来已久的神学目的论和历史观，又陷于二元论的窠臼。这些理论前设就像是无法挣脱的罗网，限制了康德的思想活力。他之后的黑格尔虽然极力扬弃其二元论，但并没有根本解决康德留下的哲学困境。黑格尔在一元论的哲学体系中自信地宣告绝对精神的完成，这本身就是不合理的。再之后的一些哲学家不再将精力寄托于某种宏大的终极目的的实现与否，甚至也不再感兴趣于一种合目的性的历史观，而是注重每个人的最切己的生存体验。从对目的的关注转向对存在本身的关注，从人类整体语境转向个体语境，这是康德之后历史哲学演进的基本方向，也表明了现当代哲学家们彻底走出西方哲学传统思维方式的决心。一旦人们不再纠结于几乎已经成为近代哲学思维定式的二元论，历史哲学便能开启无限的可能。笔者也期待中国历史哲学研究能够在这无限的可能性中建构起自身的思想体系，并将努力投身其间。

参考文献

中文类

康德著作中译本:

〔德〕康德:《纯粹理性批判》,邓晓芒译,杨祖陶校,北京:人民出版社,2004 年。

〔德〕康德:《实践理性批判》,邓晓芒译,杨祖陶校,北京:人民出版社,2003 年。

〔德〕康德:《判断力批判》,邓晓芒译,杨祖陶校,北京:人民出版社,2002 年。

〔德〕康德:《康德著作全集》(1—9 卷),李秋零主编,北京:中国人民大学出版社,2003—2010 年。

其他中文文献:

安延明:《狄尔泰的体验概念》,《复旦学报(社会科学版)》1990 年第 5 期。

〔德〕奥特弗里德·赫费:《康德的〈纯粹理性批判〉》,郭大为译,北京:人民出版社,2008 年。

〔古罗马〕奥古斯丁:《上帝之城》,庄陶、陈维振译,上海:复旦大学出版社,2011 年。

〔古罗马〕奥古斯丁:《忏悔录》,许丽华译,合肥:安徽人民出版社,2012 年。

〔古罗马〕奥古斯丁:《论原罪与恩典》,周伟驰译,北京:商务印书馆,2012 年。

北京大学哲学系外国哲学史教研室编译:《西方哲学原著选读》(上),北京:商务印书馆,1981 年。

〔古希腊〕柏拉图:《柏拉图全集》(第二卷),王晓朝译,北京:人民出版社,2003 年。

〔古希腊〕柏拉图:《柏拉图全集》(第三卷),王晓朝译,北京:人民出版社,2003 年。

〔法〕柏格森:《时间与自由意志》,吴士栋译,北京:商务印书馆,1958 年。

陈其泰:《春秋公羊"三世说":独树一帜的历史哲学》,《史学史研究》2007 年第 2 期。

储昭华:《康德历史哲学中的"自然"概念及其意义》,《广西社会科学》2002 年第 5 期。

邓安庆:《康德意义上的伦理共同体为何不能达成?》,赵广明主编:《宗教与哲学》第七辑,北京:社会科学文献出版社,2018 年。

邓晓芒:《黑格尔辩证法讲演录》,北京:北京大学出版社,2005 年。

邓晓芒、赵林:《西方哲学史》,北京:高等教育出版社,2005 年。

邓晓芒:《康德时间观的困境和启示》,《江苏社会科学》2006 年第 6 期。

邓晓芒:《康德历史哲学:"第四批判"和自由感——兼与何兆武先生商榷》,《哲学研究》2004 年第 4 期。

〔法〕笛卡尔:《谈谈方法》,王太庆译,北京:商务印书馆,2000年。

〔德〕狄尔泰:《精神科学中历史世界的建构》,安延明译,北京:中国人民大学出版社,2010年。

〔德〕狄尔泰:《精神科学引论》,艾彦译,南京:译林出版社,2014年。

丁三东:《从康德的观点看:历史哲学是否可能?》,《世界哲学》2005年第1期。

方向红:《从"本真的历史"到"效果的历史"——论〈真理与方法〉对海德格尔早期历史观的改造》,《同济大学学报(社会科学版)》2012年第6期。

方向红:《海德格尔的"本真的历史性"是本真的吗?》,《江苏社会科学》2011年第2期。

〔德〕福尔克·格尔哈特:《哲学的弃权——论哲学和政治在现代的关系》,孙迎智译,洪涛主编:《复旦政治哲学评论》第7辑,上海:上海人民出版社,2015年。

傅永军,《基督教信仰的理性诠释——康德"哲学释经原理批判"》,《武汉大学学报(人文科学版)》2012年第5期。

干春松:《儒家"天下观"的再发现》,《探索与争鸣》2019年第9期。

〔德〕海德格尔:《存在与时间》,陈嘉映、王庆节合译,北京:生活·读书·新知三联书店,2006年。

〔德〕海德格尔:《早期著作》,张柯、马小虎译,北京:商务印书馆,2015年。

〔德〕海德格尔:《海德格尔选集》,孙周兴选编,上海:上海三联书店,1996年。

〔德〕海德格尔:《时间概念史导论》,欧东明译,北京:商务印书馆,2014年。

〔德〕海德格尔:《形而上学的基本问题》,赵卫国译,北京:商务印书馆,2017年。

〔德〕海涅:《论德国宗教和哲学的历史》,收录于《海涅全集》第8卷,孙坤荣译,石家庄:河北教育出版社,2003年。

何卫平:《西方解释学史转折点上的经典之作——狄尔泰〈精神科学中历史世界的建构〉述评》,《山东大学学报(哲学社会科学版)》2015年第3期。

何卫平:《辩证法与现象学的会通——以伽达默尔的"效果历史意识"为例》,《天津社会科学》2020年第4期。

〔德〕黑格尔:《小逻辑》,贺麟译,北京:商务印书馆,1980年。

〔德〕黑格尔:《哲学史讲演录》(第一卷),贺麟、王太庆等译,上海:上海人民出版社,2013年。

〔德〕黑格尔:《历史哲学》,王造时译,上海:上海书店出版社,2006年。

〔德〕黑格尔:《精神现象学》,先刚译,北京:人民出版社,2013年。

何兆武:《"普遍的历史观念"是怎样成为可能的——重评康德的历史哲学》,《学术月刊》1990年第5期。

〔美〕赫伯特·施皮格伯格:《现象学运动》,王炳文、张金言译,北京:商务印书馆,1995年。

〔德〕胡塞尔:《内时间意识现象学》,倪梁康译,北京:商务印书馆,2010年。

〔德〕胡塞尔:《欧洲科学的危机与超越论的现象学》,王炳文译,北京:商务印书馆,2001年。

胡好:《康德定言命令式的演绎》,《道德与文明》2012年第2期。

黄毅:《康德、雅可比与泛神论之争》,《南昌大学学报(人文社会科学版)》2015 年第 1 期。
〔英〕霍布斯:《利维坦》,黎思复、黎廷弼译,北京:商务印书馆,1985 年。
〔德〕伽达默尔:《真理与方法》,洪汉鼎译,上海:上海译文出版社,1999 年。
〔德〕伽达默尔:《诠释学Ⅰ:真理与方法》,洪汉鼎译,北京:商务印书馆,2010 年。
〔德〕伽达默尔:《哲学诠释学》,夏镇平、宋建平译,上海:上海译文出版社,2004 年。
金永兵、朱兆斌:《"回到马克思"与当代性建设》,《安徽大学学报(哲学社会科学版)》,2018 年第 6 期。
〔德〕卡尔·洛维特:《世界历史与救赎历史:历史哲学的神学前提》,李秋零、田薇译,北京:生活·读书·新知三联书店,2002 年。
〔德〕卡西勒:《康德历史哲学的基础》,吴国源译,《世界哲学》2006 年第 3 期。
〔美〕凯利:《多面的历史:从希罗多德到赫尔德的历史》,陈恒、宋立宏译,北京:生活·读书·新知三联书店,2003 年。
康有为:《大同书》,邝柏林选注,沈阳:辽宁人民出版社,1994 年。
〔英〕柯林武德:《历史的观念》,何兆武、张文杰、陈新译,北京:北京大学出版社,2010 年。
〔德〕莱布尼茨:《单子论》69 条目,收录于《神义论》,朱雁冰译,北京:生活·读书·新知三联书店,2007 年。
〔德〕莱布尼茨:《莱布尼茨与克拉克论战书信集》,陈修斋译,北京:商务印书馆,1996 年。
〔德〕莱布尼茨:《神义论》,朱雁冰译,北京:生活·读书·新知三联书店,2007 年。
李明辉:《康德的"历史"概念》,《学灯》2008 年第 1 期(总第 5 期)。
李秋零:《历史是由恶向善的进步——康德历史哲学述评》,《哲学动态》1989 年第 3 期。
李秋零:《从康德的"自然意图"到黑格尔的"理性狡计"——德国古典历史哲学发展的一条重要线索》,《中国人民大学学报》1991 年第 5 期。
李秋零:《道德并不必然导致宗教——康德宗教哲学辩难》,金泽、赵广明主编:《宗教与哲学》第二辑,北京:社会科学文献出版社,2013 年。
李秋零:《康德与哈曼往来书信集》,金泽、赵广明主编:《宗教与哲学》第二辑,北京:社会科学文献出版社,2013 年。
李秋零:《德国哲人视野中的历史》,北京:中国人民大学出版社,2011 年。
李日容:《流俗与本真——〈存在与时间〉中的时间性问题研究》,北京:人民出版社,2018 年。
李锐:《从历时性角度再论孟子的人性论》,《江淮论坛》2019 年第 3 期。
林伟:《"三世"概念与"善恶报应"——佛教中国化的一个范例分析》,《现代哲学》2006 年第 1 期。
刘创馥:《黑格尔的绝对知识与历史理性》,《哲学分析》2010 年第 5 期。
刘凤娟:《康德的真无限概念》,《哲学研究》2020 年第 8 期。
刘凤娟:《康德因果性理论研究》,北京:社会科学文献出版社,2017 年。
刘凤娟:《个体和整体双重视角下康德的人性发展观》,《中山大学学报(社会科学版)》2020 年第 6 期。

刘凤娟:《从任性角度解读康德的自律思想》,《哲学与文化》2017 年第 8 期。

刘凤娟:《康德的理性信仰史观研究》,《哲学与文化》2020 年第 8 期。

刘凤娟:《康德时间观的三个维度》,《自然辩证法研究》2016 年第 9 期。

刘凤娟:《从直观形式到体验关联体——康德与狄尔泰历史观的不同基础》,《中南大学学报(社会科学版)》2019 年第 5 期。

刘笑敢:《取向、入径与科学启示:孟子人性论研究的再思考》,《齐鲁学刊》2020 年第 5 期。

刘星:《康有为'大同之世'的理论建构及其现代价值》,《孔子研究》2020 年第 6 期。

刘作:《论康德从道德到宗教的推理》,《海南大学学报(人文社会科学版)》2017 年第 5 期。

刘开会:《伽达默尔对海德格尔历史观的发展》,《兰州大学学报(社会科学版)》1997 年第 2 期。

〔法〕卢梭:《论人类不平等的起源》,高修娟译,上海:上海三联书店,2011 年。

〔法〕卢梭:《社会契约论》,李平沤译,北京:商务印书馆,2011 年。

〔德〕路德:《路德文集》(第一卷),上海:上海三联书店,2005 年。

〔德〕路德:《路德文集》(第二卷),上海:上海三联书店,2005 年。

罗久:《泛神论之争中的理性与信仰问题——以雅可比的理性批判为中心》,《南昌大学学报(人文社会科学版)》2015 年第 3 期。

〔英〕洛克:《政府论》(上),瞿菊农、叶启芳译,北京:商务印书馆,1982 年。

〔英〕洛克:《政府论》(下),叶启芳、瞿菊农译,北京:商务印书馆,1964 年。

罗久:《泛神论之争中的理性与信仰问题——以雅可比的理性批判为中心》,《南昌大学学报(人文社会科学版)》2015 年第 3 期。

《马克思恩格斯文集》(第 1 卷),中共中央马克思恩格斯列宁斯大林著作编译局,北京:人民出版社,2009 年。

《马克思恩格斯文集》(第 5 卷),中共中央马克思恩格斯列宁斯大林著作编译局,北京:人民出版社,2009 年。

〔美〕曼弗雷德·库恩:《康德传》,黄添盛译,上海:上海人民出版社,2008 年。

〔德〕摩西·门德尔松:《耶路撒冷:论宗教权利与犹太教》,刘新利译,济南:山东大学出版社,2007 年。

倪梁康:《胡塞尔早期内时间意识分析的基本进路》,《中山大学学报(社会科学版)》2008 年第 1 期。

聂敏里:《〈理想国〉中柏拉图论大字的正义和小字的正义的一致性》,《云南大学学报(社会科学版)》2010 年第 1 期。

〔英〕牛顿:《自然哲学之数学原理》,王克迪译,西安:陕西人民出版社,2001 年。

庞思奋:《康德论历史信仰的明智状态》,《"实践智慧与全球化实践"国际学术研讨会》会议论文集,2012 年 11 月。

〔古罗马〕普罗提诺:《九章集》(上),石敏敏译,北京:中国社会科学出版社,2009 年。

钱穆:《中国史学发微》,北京:九州出版社,2011 年。

〔加拿大〕让·格朗丹:《哲学解释学导论》,何卫平译,北京:商务印书馆,2009 年。

任继愈主编:《宗教词典》,上海:上海辞书出版社,2009 年。

尚文华:《希望与绝对——康德宗教哲学研究的思想史意义》,南京:江苏人民出版社,2018 年。

舒远招:《完美神圣的理性存在者的意志:定言命令之第三者》,《山东科技大学学报(社会科学版)》2012 年第 5 期。

舒远招:《直指人心的人性善恶论——康德人性善恶论的层次分析》,《哲学研究》2008 年第 4 期。

舒远招:《从世界公民概念看康德的普世主义思想》,《广东社会科学》2012 年第 4 期。

舒红跃、张黎:《何为时间:从柏格森、胡塞尔到海德格尔》,《江汉论坛》2014 年第 6 期。

孙继虎:《对马克思社会发展规律理论两个重大问题的再认识》,《华东师范大学学报(哲学社会科学版)》2007 年第 3 期。

孙海腾:《〈万物的终结〉的历史哲学意义》,广州:中山大学硕士学位论文,2017 年。

宋道发:《佛教史观研究》,北京:宗教文化出版社,2009 年。

王超:《论康德的平等思想》,《理论学刊》2018 年第 5 期。

王亚娟:《逻各斯的退隐——柏格森对康德时间观的批判》,《哲学分析》2013 年第 4 期。

王建军:《论康德对普世主义的理性奠基》,《广东社会科学》2012 年第 4 期。

王平:《目的论视域下的康德历史哲学》,上海:上海交通大学出版社,2012 年。

王军:《性朴、性恶与向善:荀子人性学说的三个层次》,《现代哲学》2016 年第 1 期。

王焱麒,《康德论理性宗教对启示宗教的超越》,《中国社会科学报》2018 年 5 月 22 日。

〔英〕沃尔什:《历史哲学导论》,何兆武、张文杰译,北京:北京大学出版社,2008 年。

谢地坤:《狄尔泰与现代解释学》,《哲学动态》2006 年第 3 期。

谢舜:《神学的人学化》,南宁:广西人民出版社,1997 年。

〔英〕休谟:《人类理解研究》,关文运译,北京:商务印书馆,1957 年。

〔英〕休谟:《人性论》,关文运译,北京:商务印书馆,1980 年。

徐复观:《中国人性论史・先秦篇》,北京:九州出版社,2014 年。

〔古希腊〕亚里士多德:《物理学》,张竹明译,北京:商务印书馆,1982 年。

〔古希腊〕亚里士多德:《工具论》(下),余纪元等译,北京:中国人民大学出版社,2003 年。

〔古希腊〕亚里士多德:《政治学》,吴寿彭译,北京:商务印书馆,1965 年。

杨朝明:《重新认识〈礼运〉的"大同"思想》,罗安宪主编:《儒学评论》第十二辑,北京:社会科学文献出版社,2018 年。

俞吾金:《从康德的"理性恨"到黑格尔的"理性的狡计"》,《哲学研究》2010 年第 8 期。

詹世友:《康德历史哲学:构建原则及其道德趋归》,《道德与文明》2017 年第 6 期。

赵敦华:《从自然状态到社会状态的历史过渡:从圣经的观点看》,《哲学研究》2013 年第 1 期。

赵敦华:《西方哲学史》,北京:北京大学出版社,2001 年。

赵林:《西方文化概论》,北京:高等教育出版社,2008 年。

张骏:《康德历史理论中的批判哲学因素》,《社会科学战线》2018 年第 9 期。

张庆熊:《狄尔泰的问题意识和新哲学途径的开拓》,《复旦学报(社会科学版)》2007年第3期。

张文杰:《从奥古斯丁到汤因比——略论西方思辨的历史哲学》,《史学理论研究》1998年第3期。

张守夫:《被遗忘的亚里士多德辩证法》,《山东社会科学》2006年第4期。

张会永,《康德对传统宗教哲学的批判与继承》,《中国社会科学报》2016年3月8日。

钟锦:《康德哲学语境中的辩证法思想研究》,上海:复旦大学博士学位论文,2005年。

庄振华:《黑格尔辩证法探本》,《武汉大学学报(人文科学版)》2015年第5期。

曾亦、郭晓东:《春秋公羊学史》(上),上海:华东师范大学出版社,2017年。

德文类

Holzhey, Helmut, "*Das Ende aller Dinge*: Immanuel Kant über apokalyptische Diskurse", Helmut Olzhey, Georg Kohler (Hrsg.), *Erwartung eines Endes*: *Apokalyptik und Geschichte*, Zürich: PanoVerlag, 2001.

Kant, Immanuel, *Kant's gesammelte Schriften*, Königlich Preußische Akademie der Wissenschaften (Hrsg.), Reimer, später de Gruyter, Berlin, später Berlin und New York, 1900ff.

Kant, Immanuel, *Kritik der reinen Vernunft*, Hamburg: Felix Meiner Verlag, 1956.

Kant, Immanuel, *Kritik der praktischen Vernunft*, Hamburg: Felix MeinerVerlag, 1974.

Kant, Immanuel, *Kritik der Urteilskraft*, Hamburg: Felix Meiner Verlag, 1974.

Kant, Immanuel, *Grundlegung zur Metaphysik der Sitten*, Hamburg: Felix Meiner Verlag, 1999.

Kant, Immanuel, *Metaphysik der Sitten*, Hamburg: Felix Meiner Verlag, 1966.

Klein, J. T., "Die weltgeschichte im Kontext der Kritik der Urteilkraft", *Kant-Studien*, 2013(2).

Thyssen, J., *Geschichte der Geschichtsphilosophie*, Bonn, 1974.

Weyand, K., *Kants Geschichtsphilosophie. Ihre Entwicklung und Ihr Verhältnis zur Aufklärung*, Köln, 1963.

Kleingeld, Pauline, *Fortschritt und Vernunft*: *Zur Geschichtsphilosophie Kants*, Würzburg: Königshausen und Neumann, 1995.

Herzog, Reinhart, "Vom Aufhören Darstellungsformen, menschlicher Dauer in Ende", *Das Ende*: *Figureneiner Denkform*, München: Wilhelm Fink Verlag, 1996.

英文类

Bardon, Adrian, Winston-Salem, North Carolina, "Time-awareness and projection in Mellor and Kant", *Kant-Studien*, 2010, 101(1).

Wood, Allen, "The antinomies of pure reason", *The Cambridge Companion to Kant's*

Critique of Pure Reason, edited by Paul Guyer, New York: Cambridge University Press, 2010.

Wood, Allen, "Kant's forth proposition: the unsociable sociability", *Kant's Idea for a Universal History with a Cosmopolitan Aim*, New York: Cambridge University Press, 2009.

Wood, Allen, *Kant's Ethical Thought*, New York: Cambridge University Press, 1999.

Rorty, Amélie Oksenberg, and Schmidt, James, *Kant's Idea for a Universal History with a Cosmopolitan Aim*, New York: Cambridge University Press, 2009.

Kleinherenbrink, Arjen, "Time, duration and freedom—Bergson's critical move against Kant", *Diametros*, 39 (2014).

Kobayashi, Chinatsu, and Marion, Mathieu, "Gadamer and Collingwood on temporal distance and understanding", *History and Theory*, *Theme Issue* 50, December 2011.

Firestone, Chris L., and Jacobs, Nathan, *In Defense of Kant's Religion*, Bloomington: Indiana University Press, 2008.

Watkins, Eric, *Kant and the Metaphysics of Causality*, Cambridge: Cambridge University Press, 2005.

Venturelli, Giulia, "The end of all things—morality and terror in the analysis of kantian sense of sublime", *Governare La Paura Journal of Interdisciplinary Studies*, 10 (2013).

Panno, Giovanni, "The end of all things and Kant's revolution in disposition", *Kant's Shorter Writings: Critical Paths Outside the Critiques*, edited by Rafael V. Orden Jiménez, Robert Hanna, Robert Louden, Jacinto Rivera de Rosales and Nuria Sánchez Madrid, Cambridge: Cambridge Scholars Publishing, 2016.

Gordon E. Michalson, Jr., "Kant, the Bible, and the recovery from radical evil", *Kant's Anatomy of Evil*, edited by Sharon Anderson-Gold and Pablo Muchnik, New York: Cambridge University Press, 2010.

Linden, Harry van der, "Review of Sharon Anderson—Gold, unnecessary evil: history and moral progress in the philosophy of Immanuel Kant (2001)", *Kantian Review*, 2002.

Holzhey, Helmut, and Mudroch, Vilem, *Historical Dictionary of Kant and Kantianism*, Lanham, MD: The Scarecrow Press, 2005.

Hirsch, Henrik Hdez-Villaescusa, "Anxiety about history (towards a practical philosophy of history)", *Actasdel Congreso Madrid*, November 2010.

Allison, Henry E., *Kant's Theory of Freedom*, New York: Cambridge University Press, 1990.

Allison, Henry E., "Teleology and history in Kant: the critical foundations of Kant's philosophy of history", *Kant's Idea for a Universal History with a Cosmopolitan Aim*, New York: Cambridge University Press, 2009.

Allison, Henry E., *Kant's Transcendental Idealism*, New Haven: Yale University Press, 2004.

Allison, Henry E., *Kant's Groundwork for the Metaphysics of Morals*, New York: Oxford University Press, 2011.

Kant, Immanuel, *Philosophical Correspondence 1759 - 99*, edited and translated by Arnulf Zweig, Chicago: The University of Chicago Press, 1967.

Kant, Immanuel, *Notes and Fragments*, edited by Paul Guyer, translated by Curtis Bowman, Paul Guyer, and Frederick Rauscher, New York: Cambridge University Press, 2005.

Kant, Immanuel, *Religion and Rational Theology*, translated and edited by Allen Wood and George Di Giovanni, Cambridge: Cambridge University Press, 1996.

Schneewind, J. B., "Good out of evil: Kant and the idea of unsocial sociability", *Kant's Idea for a Universal History with a Cosmopolitan Aim*, New York: Cambridge University Press, 2009.

Timmermann, Jens, *Kant's Groundwork of Metaphysics of Morals*, New York: Cambridge University Press, 2007.

Timmermann, Jens, "Reversal or retreat? Kant's deductions of freedom and morality," *Kant's Critique of Practical Reason: A Critical Guide*, ed. by Andrews Reath and Jens Timmermann, Cambridge: Cambridge University Press, 2010.

Ameriks, Karl, "Once again: the end of all things", *Kant on Persons and Agency*, edited by Eric Watkins, New York: Cambridge University Press, 2018.

Flikschuh, Katrin, *Kant and Modern Political Philosophy*, Cambridge: Cambridge University Press, 2003.

Flikschuh, Katrin, "Kant's kingdom of ends: metaphysical, not political", *Kant's Groundwork of the Metaphysics of Morals: A Critical Guide*, edited by Jens Timmermann, Cambridge: Cambridge University Press, 2009.

Sweet, Kristi E., *Kant on Practical Life: From Duty to History*, New York: Cambridge University Press, 2013.

Pasternack, Lawrence R., *Kant on Religion within the Boundaries of Mere Reason*, New York and Abingdon: Routledge, 2014.

Krüger, Lorenz, *Why does History Matter to Philosophy and Sciences*? Berlin: Walter de Gruyter, 2005.

Dupré, Louis, "Kant's theory of history and progress", *The Review of Metaphysics*, Vol. 51. No. 4 (Jun., 1998).

Papastephanou, Marianna, "Kant's cosmopolitianism and human history", *History of the Human Sciences*, 2002, Vol. 15.

Hughes-Warrington, Marnie, *Fifty Key Thinkers on History*, third edition, *Key Guides*,

New York and London: Routledge, 2015.

Despland, Michel, *Kant on History and Religion*, Montreal and London: McGill-Queen's Press, 1973.

Guyer, Paul, *Kant*, second edition, London and New York: Routledge, 2014.

Guyer, Paul, "The crooked timber of mankind", *Kant's Idea for a Universal History with a Cosmopolitan Aim*, edited by Amélie Oksenberg Rorty and James Schmidt, New York: Cambridge University Press, 2009.

Guyer, Paul, "Problems with freedom: Kant's argument in Groundwork III and its subsequent emendations", *Kant's Groundwork of the Metaphysics of Morals: A Critical Guide*, edited by Jens Timmermann, New York: Cambridge University Press, 2009.

Guyer, Paul, *Kant's Groundwork for the Metaphysics of Morals: A Reade's Guide*, London and New York: Continuum, 2007.

Guyer, Paul, *Kant and the Claims of Knowledge*, Cambridge: Cambridge University Press, 1987.

Kleingeld, Pauline, "Kant's changing cosmopolitanism", *Kant's Idea for a Universal History with a Cosmopolitan Aim*, New York: Cambridge University Press, 2009.

Kleingeld, Pauline, "Approaching perpetual peace: Kant's defense of a league of states and his ideal of a world federation", *European Journal of Philosophy*, 2004(3).

Kleingeld, Pauline, "Kant, history, and the idea of moral development", *History of Philosophy Quarterly*, 1999(1).

Fenves, Peter, *Late Kant: Toward another Law of the Earth*, New York and London: Routledge, 2003.

Sturm, Thomas, "What did Kant mean by and why did he adopt a cosmopolitan point of view in history?" *Working Papers Series*, no. 12, Open Anthropology Cooperative Press, 2011. 或访问 http://creativecommons.org/licenses/by-nc-nd/3.0/。

Galston, William A., *Kant and the Problem of History*, Chicago: The University of Chicago Press, 1975.

Yovel, Yirmiahu, *Kant and the Philosophy of History*, Princeton: Princeton University Press, 1980.

图书在版编目(CIP)数据

康德历史哲学新论/刘凤娟著. —上海: 复旦大学出版社, 2023. 12
ISBN 978-7-309-17132-7

Ⅰ. ①康… Ⅱ. ①刘… Ⅲ. ①康德(Kant, Immanuel 1724-1804)-历史哲学-思想评论 Ⅳ. ①B516. 31②K01

中国国家版本馆 CIP 数据核字(2023)第 246519 号

康德历史哲学新论
刘凤娟 著
责任编辑/陈 军

复旦大学出版社有限公司出版发行
上海市国权路 579 号 邮编: 200433
网址: fupnet@ fudanpress. com http://www. fudanpress. com
门市零售: 86-21-65102580 团体订购: 86-21-65104505
出版部电话: 86-21-65642845
上海崇明裕安印刷厂

开本 787 毫米×1092 毫米 1/16 印张 17. 25 字数 300 千字
2023 年 12 月第 1 版
2023 年 12 月第 1 版第 1 次印刷

ISBN 978-7-309-17132-7/B · 795
定价: 88. 00 元